主　　编　程绍沛
副 主 编　卞　葆（执行）　韦志榕　魏运华
本刊编选者　程绍沛　卞　葆　蔡鸿程

中国编辑研究

ZHONGGUO BIANJI YANJIU

（2013）

中国编辑学会　编

人民教育出版社
·北京·

图书在版编目（CIP）数据

中国编辑研究．2013/中国编辑学会编．—北京：人民教育出版社，2015.10

ISBN 978－7－107－29051－0

Ⅰ．①中…　Ⅱ．①中…　Ⅲ．①编辑工作—中国—2013—文集　Ⅳ．①G232－53

中国版本图书馆 CIP 数据核字（2015）第 249291 号

人民教育出版社出版发行

网址：http://www.pep.com.cn

人民教育出版社印刷厂印装　全国新华书店经销

2015 年 10 月第 1 版　2015 年 12 月第 1 次印刷

开本：890 毫米×1 240 毫米　1/32　印张：15.625

字数：360 千字　印数：0 001～1 000 册

定价：35.00 元

如发现印、装质量问题，影响阅读，请与本社出版科联系调换。

（联系地址：北京市海淀区中关村南大街 17 号院 1 号楼　邮编：100081）

目录

⊙ 卷首篇

⊙ 改革发展论坛

⊙ 理论探讨

⊙ 期刊研究

⊙ 新媒体与编辑出版

⊙ 装帧设计

⊙ 个案研究

推进全民阅读　建设书香中国*

柳斌杰

在这6月生机盎然的美好时节里，我们齐聚“塞上湖城”银川，共同探讨党的十七届六中全会后中国出版业改革发展繁荣大计，非常有意义。

我结合本届论坛“阅读·生活·传承”的主题，围绕如何进一步推进全民阅读、建设书香中国谈几点意见。

出版是阅读和传承的基础

最是书香能致远，千秋万代传精神。人们常说文化是民族的血脉，是人民的精神家园。也说，在我国五千多年文明发展过程中，各族人民紧密团结、自强不息，共同创造出源远流长、博大精深的中华文化，为中华民族发展壮大提供了强大精神力量，为人类文明进步做出了不可磨灭的重大贡献。那么，这个血脉、家园、文明、力量承载在哪里呢？回答非常清楚，就是书和一代一代的读书人、教书人。正因为如此，中国自古就有“耕读传家宝”“唯有读书好”的祖训。

在当代中国，人们对读书有了新的认识，读书是改变命运的关键，读书是精神发育的唯一途径，读书是人生一本万利的

* 本文系作者在2012年6月第22届全国书博会中国出版发展论坛上的演讲，发表时略有删节。

投资，读书使人智慧、给人力量、助人立业，读书可以使人更好地融入社会、服务社会，成为高素质的人。温家宝总理曾在世界读书日那一天讲过："读书决定一个人的修养和境界，关系一个民族的素质和力量，影响一个国家的前途和命运。一个不读书的人、不读书的民族，是没有希望的。"

正因为如此，几年前，在党中央、国务院的统一部署下，我们在全国开展了全民读书活动。几年来，随着活动的逐步深入，读书已日渐深入人心，全社会阅读的氛围越来越浓厚，许多地方涌现了一批"书香之城""书香之家""读书之星"，全民阅读活动的成效日益显著。尽管如此，和发达国家相比，我们的阅读水准还比较低，仅就年人均读书量进行比较，欧美国家人均大约是16本，北欧国家约为24本，而我国还不足6本，如不引起重视，差距还会拉大。

既然图书是阅读和传承的基础，我们首先要保障全民有书可读。于是我们从解放和发展出版生产力入手，解决"文化大革命"造成的"书荒"问题。这就是为什么出版业要改革的缘由。

实事求是地说，改革开放以来中国新闻出版业发生了举世公认的巨大变化，现在每年出版图书30多万种、71.7亿册，报纸500多亿份、杂志35.4亿册、电子音像产品4.43亿份和上千亿元规模的数字出版（包括网络出版）产品。我国的图书、报纸出版发行居世界第一位，电子出版居世界第二位，印刷能力居世界第三位，精品力作越来越多，影响力越来越大。这些变化和成绩来之不易，归根结底得益于文化体制改革的推进。通过改革，我们找到了文化与市场、与资本、与消费者接轨的体制；通过改革，解放了人的思想观念，激发了人们文化创意、文化创造的能力；通过改革，建立了完善的市场体系；通过改革，在文化生产、传播、消费方面营造了一个新的适应市场经济发展的新体制。特别是党的十六大以来，在党中央、国务院的支持下，我国新闻出版业的迅猛发展，新闻出版产品的不断丰富，为进一步推进全民阅读、建设书香中国提供了坚强的内容保障。当前，我们最重要的一项工作任务，就是在贯彻党的十七届六中全会、推进社会主义核心价值体系建设中，努力形成正确引导图书出版产品创作生产的新体制、新机制，推出更多传承中华文化、弘扬时代精神、体现国家水平、群众喜闻乐见，并且能传之久远的精品力作，服务全民阅读，满足群众需求。

平台是阅读和传承的支撑

为了进一步推进全民阅读活动，我们正全力建设联通城乡的重要文化平台。

一是建设农家书屋。农业、农村和农民是我国全面建设小康社会的核心问题，只有大力提升农民乃至全体国民的阅读水平，才能使农民富裕、农村变美、农业发达，才能全面实现小康社会。

农家书屋工程是党中央、国务院部署实施的一项重大文化惠民工程，农家书屋建设工作实践使我们认识到，建设农家书屋，推动农村阅读，在全面建设小康社会进程中显得十分迫切和需要，这是由我国的基本国情、发展阶段和现实需求所决定的。相对于城市而言，农村人口更集中、更庞大，但农村发展还处在相对落后的状态，城乡之间反差较大，如不尽快改变这一局面，小康社会和现代化建设从根本上就无从谈起。农村发展之所以滞后，重要的根源就是在文化上，说到底还是农民读书少、文化素质低，读书多的人都进城了。

为此，中央下决心要解决城乡文化差距这个问题。几年来，从中央到地方，各级政府先后投入了180多亿元建设农家书屋工程，160多亿册图书到了农家书屋。2011年年底已有北京、天津、辽宁、吉林、上海、江苏、山东、广东、重庆、宁夏10个省、自治区、直辖市提前完成了农家书屋的建设任务。2012年6月底，全国将基本达到农家书屋村村有。从目前的情况看，农家书屋的作用非常大，从根本上解决了农民买书难、看书难、读报难的问题。我有一次到农家书屋调研，有一位农民为农家书屋编了一段顺口溜："现代农民跟时代，钢笔本子随身带；不玩麻将不打牌，没事就到书屋来：读书看报取真经，富了脑袋富口袋。"这说明，农家书屋工程是实实在在的民心工程、德政工程，受到农民的欢迎。

农家书屋是国家搭建的大平台，我们要认真研究如何在这个平台上通过开展丰富多彩的读书活动，营造农村良好的读书氛围。一句话，我们一定要把农家书屋真正打造成"农民身边的图书馆""没有围墙的学校""没有门槛的文化之家"，让它成为新农村建设的文化地标，吸引农民主动参与，培养阅读兴趣，用书籍增长知识，用知识改变命运，创造美好未来。

二是打造技术平台。从文字的出现、纸张的发明、印刷技术的不断革新，到今天世界范围内各种媒体并用的出版业高速发展，都可以看到阅读使人类文明精神变得丰富多彩、充满魅力。在前不久开展的第九次全国国民阅读调查中，2011年，各类数字化阅读方式的接触率与2010年相比均有不同程度的上升，且呈现较快增长势头，网络在线阅读的接触率增幅已达65.2%。可见，随着技术进步和网络的普及，现代人阅读方式和阅读习惯正在发生深刻的变化，急需新的技术平台。

以网络技术为基础的在线阅读方式大规模发展和流行起来，

包括网络文学、掌上电子书、数据库搜索、博客图书、按需出版、电子杂志、手机媒体等新兴媒体不断涌现，可供阅读的内容越来越丰富，信息量越来越大，阅读载体越来越环保、经济。同时，交互式阅读、个性化阅读、多媒体阅读等阅读形式和阅读体验也不断有新的变化。这种新载体、新方式也在改变着人们的阅读方式，改变着人们的阅读习惯，给人们带来了一种全新的阅读体验。

为了适应数字阅读新趋向，这几年新闻出版总署大力实施数字出版战略，出台了一系列有效的产业政策，大力研发新媒体、新技术，全面提升数字出版产业的整体发展水平，成效十分显著。今后，我们更应抓住科技发展的难得机遇，加快推进文化与科技的融合，做好数字出版工作，推送更多的阅读内容。可以说，作为战略性新兴产业，数字出版前景广阔，潜力巨大，必将成为未来发展的重点，也必将成为阅读的巨大平台。

三是加快“书香中国”建设。“书香中国”是发扬中华民族崇尚读书的优良传统，吸引城乡人民群众参加的重要读书平台。最近两年的试点证明，创建“书香中国”的活动有力地调动了家庭、社会、知识界、文化人的积极性，推动全民阅读深入持久地发展。

联合国有“书香之都”的活动，每年在读书环境、氛围、效果最好的大城市评选，优胜者接受“书香之都”的称号。我们在全国开展“书香之家”“书香之村”“书香之镇”“书香之县”“书香之市”，也是要把读书、用书、藏书最好的家庭、村庄、乡镇、县区、城市推荐出来，命之以“书香之家”“书香之市”等荣誉称号，扩大它们的影响力，发挥带头示范作用。

我们要借鉴试点单位的经验，广泛开展建设书香家庭、单位活动，使城乡群众、单位都能进入到这个平台上，提升全民阅读的水平。要严密组织、加强领导、制定标准，推出标兵。不搞形式主义、不搞达标竞赛，而是实实在在培养读书风尚，推动全国阅读城乡融合、共同推进。2012 年这项活动将扩大试点，条件成熟时会在全国推开，促进“书香中国”建设在社会文明进步中发挥特殊的作用。

市场是阅读和传承的手段

改革开放三十多年来，在我国无论是农村还是城市，恩格尔系数都是逐年持续下降。不排除个别年份由于物价水平的变化，恩格尔系数稍微有一些波动，但总的趋势是下降的。这充分说明我国国民随着收入水平的提高，人们由总体小康向全面小康变化，已经摆脱了原来以吃、喝、穿这种生存为目的的消费结构，开始注重享受精神文化生活。广大人民群众对精神文化生活的需求和文化消费大大增加，改变着自己的消费结构。我国正在进入向精神消费升级的新阶段，阅读消费具有很大潜力。

阅读是人们的基本文化需求，阅读消费是社会消费的重要组成部分。国际经验表明，当人均 GDP（国内生产总值）超过 3 000 美元时，文化需求会快速增长。我国人均 GDP 已经超过 3 000美元，一些发达省份已超过 5 000 美元。据有关专家的估算，现在我国文化消费支出总量应在 4 万亿元以上，但我国的实际阅读消费水平还很低，人均消费水平仅为发达国家的 1/4。如果我国每个人阅读费增加 100 元，就是 1 300 亿元的购买力。推进全民阅读将会带来巨大的消费市场，而文化产品同其他产品一样，只有在市场竞争中才能优胜劣汰、推陈出新，形成新的消费热点，也才能调动消费者的热情。所以，我们要学会用市场手段推进阅读、传承文明，丰富人民群众多样化、个性化、对象化的读书生活。下决心打通城乡的发行网络，实现省、市、县、乡、村并网，点、线、面贯通，快捷、安全、及时地把各类阅读产品送到城乡读者手中。要加快发展农家书屋、超市、连锁店等大众代销点，鼓励民营、个体经营书店、书摊，为群众服务，方便就近购书、读书。这样，既培养了读书消费群体、发展了出版产业，又推动了全民阅读和“书香中国”建设，是繁荣发展文化的长久之计。

中华民族自古就有治书、出书、读书、藏书的传统，“读万卷书，行万里路”是数千年来中国读书人的传统，热爱学习、勤奋读书是中华民族生生不息的文化血脉。在浩瀚的书卷里，蕴藏着古今中外的知识和智慧。通过阅读，人类精神世界得以发育成长；通过阅读，人类的文明成果得以转化为推动社会进步的强大力量；通过阅读，人类的伟大精神得以继承与弘扬。在大力建设文化强国、和谐社会的今天，多读书，读好书，对有着悠久诗书礼仪传统的当代中国来说，更是十分重要而迫切。我们要准确把握推进全民阅读面临的新形势、新变化、新任务、新要求、新机遇，集各方之力，倡导阅读风尚，引导阅读方向，建设书香中国，为推动社会主义文化大发展大繁荣，推进学习型社会和全面小康社会的建设做出新的更大的贡献。

（原载《中国出版》2012 年 6 月上）

加强学术著作出版规范 扎实推进文化繁荣发展*

邬书林

经过新中国成立后60多年特别是改革开放30多年的发展，我国出版物的数量和质量有了长足进步，为建设文化强国奠定了坚实的基础。出版物数量的增长一定要有质量的提升做保障，特别是作为文化集中体现的学术著作出版，一定要严格遵循出版规范，提高出版质量。我们要把加强学术著作出版规范作为提升我国出版发展水平，推进文化强国建设的一项基础性工作，深入扎实地抓好、抓出成效。

加强学术著作出版规范关乎中国的学术风气，关乎整个文化建设，要以严谨的科学态度，推动出版一批反映思想创新、科学发现、技术进步、方法创新的优秀学术著作，发挥出版工作传播知识、传递信息、推动社会进步的功能，促进社会主义文化大发展大繁荣，为中华民族伟大复兴做好基础性文化工作。

一、统一思想，进一步认识加强学术著作出版规范的重要意义

大力出版高质量的学术精品是实现社会主义文化大发展大

---

* 本文系作者在加强学术著作出版规范座谈会上的讲话，刊发时略有删改。

繁荣的重要途径，也是出版业自身实现快速发展的根本所在。通过加强学术著作出版规范，多出时代呼唤、社会需要的学术精品力作，对贯彻落实党的十八大精神，加快把我国建设成为社会主义文化强国意义十分重大。

1. 加强学术著作出版规范是发挥出版功能、推动经济社会发展、促进科技创新、提升国家软实力的迫切需要

出版的本质功能在于传播和积累知识、传递信息。学术著作出版在整个出版当中起着基础性、引领性的作用，最能体现出版功能。学术出版就是要在人类已有文明的基础之上，以出版物的形式反映思想成果、科学发现、技术进步、方法创新，服务当代，并为我们的后代留下一笔宝贵的精神财富。所以从本质上讲，我们的出版物只有在传播知识、传递信息上做了创新性的工作，它在人类历史的长河当中才有地位，也才可能成为传世之作。

2. 加强学术著作出版规范是引领学术风气、推动学术创新、提升出版质量的迫切需要

加强学术著作出版规范，探索实施学术著作同行匿名评审制度，严格规范引文、注释、参考文献、索引等学术著作的基本要素，制定符合不同学科发展规律的规范细则等，可以遏制学术抄袭现象、减少学术平庸之作，进而提升出版质量，推动学术创新，引领学术风气。学术著作正文本身的学术规范是关键，索引、引文、注释、参考文献、前言、序等配套的规范可以使正文更好地发挥作用。学术著作出版规范真正加强之日，则是学术著作出版质量进一步提升之时。

3. 加强学术著作出版规范是开展国际文化交流、提升中华文化影响力的迫切需要

学术无国界，学术交流从来是促进学术文化发展的重要手

段。特别是随着我国科研投入的大幅度增加，对外学术交流日益广泛，做好学术出版规范是更好地推动文化交流不可或缺的基础性的工作。当前，因为我们缺乏对学术著作出版规范应有的重视，使一些本来可以输出的版权贸易项目，由于缺乏基本的出版规范，而无法让国外出版商接受，妨碍了中外学术的交流，也阻碍了这些学术出版成果走出去。因此，抓紧构建具有中国学术著作出版特点、能够与国际学术同行交流对话的学术著作出版规范体系，促进中外学术、文化、思想交流，提升中华文化的影响力，是推动文化走出去的一项紧迫的重要工作。

4. 加强学术著作出版规范是促进社会主义文化大发展大繁荣的迫切需要

党的十八大提出，要扎实推进社会主义文化强国建设，强调要“提高文化产品质量，为人民提供更好更多精神食粮”。加强学术著作出版规范，出版更多高质量、高水平的学术著作，是落实党的十八大精神的重要举措，也是推动我国文化繁荣发展的重要基础，是实现中华民族伟大复兴的基础性文化工作。

作为世界出版大国，我国 2011 年出版图书约 37 万种，其中新书 20.8 万种，学术著作大约在 2 万种左右，占有相当的比例。这些学术著作的出版，为繁荣我国学术研究和促进文化发展做出了重要贡献，并为进一步发展奠定了坚实的基础。在学术著作出版取得一定成绩的同时，也应该看到，我们还不是出版强国，特别是我国的学术著作出版还存在一些突出问题：一是与发达国家相比，目前我国有影响的重要学术著作还比较少；二是有国际影响力的学术出版名社、大社还比较少；三是我们的出版规范和世界同行相比，尚不完善，还有较大的差距；四是整体学术研究环境、出版环境还需要进一步改善。

二、创造良好环境，为加强学术著作出版规范奠定良好基础

在新形势下，如何进一步加强学术著作出版规范、推出大批学术精品，既是出版行业的社会责任，也是出版工作者的自觉追求。对此，各个方面、各个环节都要从实际出发，共同努力，不断加大工作力度，为进一步加强学术著作出版规范工作创造良好环境和工作基础。

1. 有关管理部门已经采取了多项措施加强学术著作出版规范

为了加强学术著作出版规范，新闻出版总署、教育部、中国社会科学院等有关部门做了大量工作。2008年12月，新闻出版总署、教育部联合下发的《关于进一步推进高校出版社改革与发展的意见》，要求高校出版社“要出版研究和解决我国经济建设、政治建设、文化建设、社会建设中重大问题的学术著作，促进我国哲学社会科学及自然科学研究的繁荣和发展”。教育部发布的《高等学校哲学社会科学研究学术规范（试行）》《高校人文社会科学学术规范指南》《高等学校科学技术学术规范指南》，中国科学院发布的《关于加强科研行为规范建设的意见》，中国社会科学院发布的《中国社会科学院关于加强学风建设的决定》等，都为加强学术著作出版规范奠定了很重要的基础。

2. 许多重要的学术著作出版单位做出了积极探索

近年来，我国一些出版社已经开始着手加强学术著作出版规范，人民出版社、中国社会科学出版社、社会科学文献出版社、商务印书馆、中华书局、生活·读书·新知三联书店、浙江大学出版社等重要的学术出版社都制定了本社的学术著作出版规范。北京大学出版社、清华大学出版社、华中师范大学出版社、山东科学技术出版社、重庆出版社等还成立了本社的学术

著作出版基金，鼓励编辑出版有影响的学术著作。这些出版单位从各自的实际出发所进行的积极探索，为建立和完善我国学术著作出版规范体系发挥了积极的作用。

3. 我国经济实力的不断增强和建设文化强国等重大决策为加强学术著作出版规范提供了重要保障

目前，国家每年的科研经费已达8 000亿元左右的投入，国家自然科学基金、国家哲学社会科学基金、国家出版基金每年也有数百亿元的规模。这些科研基金的研究成果，有相当一部分会转化成学术著作。不断增强的经济实力、快速增加的科研投入，为优秀学术著作的创作和出版提供了重要的条件与资金保障。特别是自改革开放以来，党和国家制定了科教兴国战略、建设创新型国家、建设文化强国和高度重视人才培养等一系列重大战略决策，这些战略决策的实施为提升我国学术研究和学术著作的出版，提供了良好的政策环境和文化环境。

三、加大工作力度，认真落实好加强学术著作出版规范工作的八项措施

学术著作出版规范问题，贯穿于学术出版的各个环节。加强学术著作出版规范，不仅需要创造良好条件，制定相关措施，更重要的是要把这些措施切实落到实处。

1. 要认真贯彻落实《关于进一步加强学术著作出版规范的通知》精神

2012年9月，在广泛征求社会各界意见的基础上，新闻出版总署下发了《关于进一步加强学术著作出版规范的通知》（以下简称《通知》），界定了学术著作的范围，明确了学术著作出版的基本原则和要求、学术著作必须具备的基本要素，并对出版社、行业协会、主管部门提出了具体工作要求。出版界要按

照《通知》精神要求，认真加以贯彻落实。

2. 要率先抓好大社名社的出版规范工作

人民出版社、社会科学文献出版社、商务印书馆、生活•读书•新知三联书店、浙江大学出版社等重要的学术著作出版单位要在已有工作的基础上，率先做好出版规范工作。要加强学术著作选题论证，积极探索实施学术著作同行匿名评审制度；要加强编辑队伍建设，安排具备较强学科背景的专业编辑人员担任学术著作的责任编辑；要制定符合学术著作出版规范的编辑出版流程和考评体系；要加强和国内外同行的合作交流，认真学习借鉴国内外学术著作出版的先进经验，打造学术出版的知名品牌。要通过发挥大社名社的表率作用，不断推动出版行业进一步加强学术著作出版规范工作。

3. 要在出版界营造良好氛围

社会科学文献出版社等 50 余家出版社已经向社会发布了《加强学术著作出版规范的倡议书》，出版界要响应并共同遵守五项原则：一是严格遵守、切实贯彻《通知》精神；二是严格依据目前学术界、出版界关于学术著作出版规范所达成的共识，认真处理学术书稿；三是秉持专业立场，严格区分书稿学科边界，逐步实施编辑按学科编审稿件；四是根据各自实际情况，逐步推进专家匿名审稿制度；五是尊重学者的原创劳动，以学术质量为第一要义，确保高水平学术著作的出版。希望今后有更多的出版单位响应并参与进来，在业界形成浓厚的加强学术著作出版规范风气。

4. 要尽快制定学术著作出版规范的国家标准

要按照标准化工作的内在规律，加大投入，健全机制，通过加强新闻出版标准体系建设、加强与国际标准化机构的交流合作，在系统梳理整合现行有关国家标准的基础上，尽快制定并颁布中国学术著作出版的国家标准《中文学术著作出版规范》，编写《中文学术写作及编辑出版手册》，让学术著作出版有规可依，有章可循。

5. 要加强对学术著作出版规范的引导

要通过评奖评优引导学术著作出版规范，在中国出版政府奖评奖、国家级优秀图书推荐、国家重大出版项目和国家出版基金申报与验收中增加学术著作出版规范的考核比重，对不符合学术著作出版规范的学术著作在资格审查阶段就一票否决。此外，在出版单位年检、等级评估等工作中，也要将学术著作出版规范的执行情况作为重要参考指标，鼓励出版单位认真加强学术著作出版规范。

6. 要做好学术著作出版规范的专业培训

新闻出版总署的各项培训和中国编辑学会等有关行业协会的各项培训，都要把学术著作出版规范问题作为重要的培训内容。要在职称评定、重要岗位的上岗培训和出版专业职业资格考试等方面，不断增加出版规范方面的内容。

7. 要共同营造学术规范的社会环境

加强学术著作出版是一件涉及多部门、多学科、多方面的文化工作，需要管理部门、科研机构、专家学者和出版单位的共同努力。特别是要把学术著作的评价和整个国家对科研教育的评价体系结合起来。

8. 要积极发挥新闻媒体的重要作用

新闻媒体要充分负担起自身的文化担当、文化良知，宣传好加强学术著作出版规范的重大意义，让更多的人关注学术著作的出版规范，推动文化繁荣发展。

（原载《中国出版》2012 年 11 月下）

关于文化改革与发展的若干思考*

高书生

十七届六中全会发布了《中共中央关于深化文化体制改革推动社会主义文化大发展大繁荣若干重大问题的决定》，大家都在学习六中全会精神，我也在学习，不断加深理解，下面仅就文化改革与发展的基本情况提出一些想法供大家参考。

一、文化体制改革的进程和脉络

文化体制改革是从 2003 年启动的，党的十六大做出了部署。2003 年 6 月，中央在北京召开了文化体制改革试点工作会议，选择了 9 个试点地区、35 家试点单位进行试点。这 9 个地区分别是 3 个直辖市（北京、上海、重庆），2 个省（浙江、广东），3 个副省级城市（沈阳、深圳、西安）和 1 个地级市（云南省丽江市）。35 家试点单位分别涵盖了文化、广电、新闻出版的公益性单位和经营性单位，其中最多的是新闻出版，包括报业集团和出版集团，当然报业集团和出版集团在试点之前，大多数都是事业性质的集团。

2005 年 12 月，在试点的基础上，中共中央、国务院颁发了

* 本文系作者在中国出版集团公司、中国教育出版传媒集团有限公司、中国科学出版集团有限责任公司高管培训班上的讲话，刊发时有删节并经本人审定。

《关于深化文化体制改革的若干意见》，即中发 14 号文件，对文化体制改革做出了新的部署。文化体制改革在继续试点的基础上，进入了扩大试点的阶段。2006 年 3 月，中央在北京召开了全国文化体制改革工作会议。这次会议的主要任务是两项：第一项是总结 2003 年以来文化体制改革试点工作的经验，第二项是贯彻落实中发 14 号文件。这次会议之后，全国除了新疆和西藏以外的省份分别指定了几个试点地区和若干家试点单位进行试点。在这个阶段，文化体制改革由点向面扩展。

2009 年 8 月，中央文化体制改革工作领导小组在南京召开了全国文化体制改革经验交流会。在这次会上，最大的特点就是不存在试点概念，而是全面推开。不仅是全面推开，还是全面提速。按照中央的要求，文化体制改革的重点任务在十八大召开前要基本完成，现在看来整个进程还是比较快的，特别是出版发行、电影，现在最难的问题文艺院团和非时政类报刊社，这两项工作 2011 年都已经做出了部署。

要把握文化体制改革的脉络，最重要的就是要区分公益性文化事业和经营性文化产业，这是我们理解文化体制改革最精髓的东西。也可以说区分公益性文化事业和经营性文化产业是十六大提出来的命题，这些年的实践证明，这既是我们党的一大理论创新，更是推动文化体制改革的重要的理论依据。文化体制改革如果说有一个逻辑起点的话，那就应该是区分公益性文化事业和经营性文化产业，为什么这样说呢？

首先，文化体制改革的基本思路是坚持两手抓，一手抓公益性文化事业，一手抓经营性文化产业。公益性文化事业的重要目的是为了满足人民群众的基本文化权益，而经营性文化产业的主要目的是为了满足人民群众多方面、多样化、多层次的精神文化需求，这是两者之间最大的区别。抓公益性文化事业重点还是要抓住公共文化服务体系的建设。六中全会非常明确地提出，基本文化权益是有界定的，主要包括四项：看电视、听广播、读书看报、公共文化鉴赏和公共文化活动。2011年李长春同志在论文化改革发展十大关系当中还有一项，就是农村电影放映。2012年我们在做“十二五”文化改革发展规划的时候，大家也在讨论这个问题，说要搞公共文化服务体系是为了满足人民群众的基本文化权益，这个范围怎么界定，我们也曾经展开过一些讨论，实际上李长春同志在十大关系里面已经讲得很清楚了。

公共文化服务体系建设主要是两个方面的工作：一方面是它的硬件建设，包括通常我们所说的公共文化设施，图书馆、博物馆、美术馆，也包括广电的发射台、转播台，广电的一些基础设施等；另外一个方面是它的软件提供，主要是公共文化产品和服务。无论是硬件建设还是软件提供，都是以政府投入为保障的。除了基本文化权益以外，人民群众的多方面、多样化、多层次的需求，一般是通过市场体现出来的。从需求的角度看是这样的。从供给的角度看就是各类文化企业提供文化产品和服务，供求双方形成文化商品市场。但是各类文化企业要想提供文化产品和服务，必须有相应的生产要素，包括资金、技术、信息、人才，等等。实际上商品市场和要素市场共同构成了我们现在所说的文化市场体系，这种市场体系必须加强监管。在文化体制改革的过程中实际上还做了一件很大的事，就是把文化、广电、新闻出版这些部门下面的综合执法机构和队伍统一起来，形成了文化市场综合执法机构。同时，实现了在副省级以下城市的文化、广电、新闻出版三局合一，这项工作现在已经基本结束。

其次，文化改革的基本路径是划清政府和市场的边界。公益性文化事业肯定是坚持政府导向，而且强调投入保障。经营性文化产业一定是市场导向，人民群众多方面、多样化、多层次的需求，如何体现？只有通过市场来体现。文化企业也必须按照市场的需求去进行决策和生产经营。政府主要起引导的作用。

区分事业和产业的第三个方面，是把国有文化单位一分为二，一类叫作公益性文化事业单位，一类叫作经营性文化单位。这两种类型的单位面临的改革任务是不同的。公益性文化单位是保留事业体制，但是必须突出它的公益属性。经营性文化单位，它的任务就是转制为企业，通过建立现代企业制度，成为市场主体。

到目前为止，文化单位一分为二的工作已经基本结束，最早能够确定公益性和经营性的实际上是两个方面，一个是文化馆、图书馆、博物馆、美术馆，肯定保留事业体制，作为公益性文化单位存在。电影公司也就是过去的电影发行和放映公司肯定是作为经营性的。在区分公益性单位和经营性单位的时候，并没有按照行业来分，实际上每个行业当中既有公益性的，也有经营性的。

二、消除文化体制改革中的某些误解

目前对文化体制改革还有一些误解。第一个误解认为文化体制改革就是文化产业化。这个提法本身就是对文化体制改革不了解。通过刚才梳理文化体制改革的脉络可以看出，我们的基本思路是坚持两手抓。更重要的是通过这十年的改革发展，尤其是在“十一五”时期，我们已经基本建成了公共文化服务的框架，实施文化惠民工程。如新闻出版系统的农家书屋；广电的广播电视村村通，在20户以上的自然村都通了广播电视；

文化部的文化资源信息共享工程，在图书馆可以通过互联网，查看我们过去多少年积累下来的一些文化资源，包括戏曲、电影，等等。

公共文化设施的建设，这些年的步伐也比较快，现在基本上已经实现了村村有文化室，县县有文化馆，省一级、地市一级文化设施更好一些。

还有一项工作就是从 2008 年以后推动的博物馆爱国主义教育基地的免费开放，这项工作也应该是为了提高公共文化鉴赏水平而做的一项基础性的工作。

第二个误解认为文化体制改革就是甩包袱。这个更无从谈起，至少我们这些年推动文化体制改革从来没有这种想法。在转制的时候，我们一般情况采取两种办法：一个是让这些转制的单位要卸下包袱，特别是一些历史欠账问题，要通过改革、通过转制予以解决。比如有的文艺院团欠职工的养老保险费将近二十年了。这次改革的时候，财政一次性全给。另一个是改革过程中有一些成本，基本上财政也采取分担的方式来解决，特别是我们允许设立职工权益保障基金，可以在净资产当中提取一块来解决这个问题，解决改革成本的问题。

在转制以后，我们现在通过多种方式扶持企业发展：一个是税收优惠政策，特别是企业所得税；还有一个就是这些年来在文化体制改革过程中，形成了一个文化产业发展专项资金，这个专项资金就是对转制以后的文化企业的产业项目进行资助。同时，在文化体制改革当中坚持以人为本，不走减员增效之路，不允许一个人下岗，冗员通过发展文化产业来消化吸收。

第三个误解是有一些划到经营性系列的文化单位，提出也在一些公益性的事业中承担着责任，虽然不能算纯粹公益性的，但能否算准公益性的。文化体制改革没有采取这种办法，没有准公益性的。凡是提准公益的都是两种倾向，一种是不负责任的理论探讨，认为你要分两类，肯定是形而上学的，另一种是许多人不想改，找一个借口而已。所以文化体制改革非常坚决，只分两类，一类公益的，一类经营的，公益的就保留事业体制突出公益属性，强化服务职能，增强服务活力，提高服务效果。作为经营性的转制为企业。这些年下来，出版发行单位特别是地方的出版发行，确实是真正改革的受益者。

三、文化产业发展的一些现状和潜力

关于文化产业的统计，中宣部会同国家统计局从 2003 年立项课题，2005 年结题，通过 2004 年第一次经济普查的数据进行验算，这意味着我们国家的文化产业统计是从 2004 年开始的。2004 年全国文化产业增加值只有 3 102 亿元，到 2010 年，文化产业增加值已经突破了一万亿元，达到了 11 052 亿元。从增长速度上来看，2004 年到 2008 年，文化产业的年均增长速度是 23.28%，高于 GDP 同期年均增长速度 18.4%将近 5 个点。2008 年到 2010 年，文化产业年均增长速度 24.19%，而同期 GDP 的增长速度只有 12.6%，文化产业年均增长速度这三年时间高出同期 GDP 年均增长速度将近一倍。这些统计数据说明，文化产业的增长速度是非常快的。

关于文化产业的发展潜力，也有一些估算数据。根据国内一些学者结合国外一些理论研究和数据模型来估算，我们国家目前的文化消费总量应该在 4 万亿元。而现在我们每年能够提供的，如果把文化单位的营业收入和消费总量进行对比，2010 年也就是 3 万亿元多一点，这两者之间的缺口是 8 000 亿元。这 8 000 亿元就是我们的发展潜力。

另外，我们通过一种推算，也可以看出来这种理论的分析还是有一定道理的。2010 年按照城镇居民的抽样调查来算，人均文化娱乐消费大概是不到 1 000 元，占城镇居民消费总量的比例是 7%左右，不到 8%。按照一些学者参考国外的算法，人均 GDP 达到 5 000 美元以后，文化消费占居民消费的比例应该在 15%到 18%，我们取一个低限，15%的话，那等于是每个城镇居民要增加 1 000 元。而我们国家城镇居民总量是 6.7 亿，每个人 1 000 块钱就是 5 700 亿，如果再加上农村居民的文化消费，应该是不低于 8 000 亿。这就是我们文化产业发展的潜力所在。

四、文化产业发展存在的一些突出问题

按说我们文化产业的潜力很大，增长速度也很快，发展得还是可以的。但是我们现在也认识到确实存在着一些问题。

第一个问题，我们的文化产品和服务的供给能力严重不足。出现 8 000 亿元的缺口，问题在哪儿呢？问题不在老百姓身上，而是我们没有提供出这么多文化产品和服务。2010 年五中全会，中央明确提出要推动文化产业成为国民经济的支柱性产业，最近一段时间，大家都在探讨支柱性产业到底是什么样。我们还是先算算账。2010 年文化产业增加值占 GDP 总量是 2.75%，实际上这里面有一个小问题，2010 年我们只是算了法人单位，没有算个体户，如果把个体户算上，应该是在 3%或者是接近 3%。按照一般的理解，如果说一个产业要成为支柱性产业，占 GDP 的比例应该达到 5%。按照国家公布的“十二五”规划，到 2015 年底，也就是“十二五”末期，全国 GDP 按照 7%的增长速度是 55 万亿元。但这些年来我们整个经济发展速度不会低于 8%，如果按照 9%的话是 62 万亿元，如果按照 10%的话是 66 万亿元。我们取一个中数，60 万亿元，如果 60 万亿元 GDP 的话，5%就是 3 万亿元。2010 年和 2015 年差距是 1.9 万亿，这是增加值。就是五年内，每一年的文化产业增加值的增量4 000亿，相当于2005年一年的文化产业增加值总额。从2011年开始，到2015年期间，每年我们增量要超过4 000亿元文化产业增加值，如果4 000亿元按照营业收入的30%变成增加值的话，那就需要1.2万亿元的营业收入，再加上3.2万亿元应该是4.4万亿元，基本上是我们文化消费的总量。

解决总量不足的途径只有扩大生产能力。想保持文化产业年均增长速度20%以上的话，文化产业领域里面的固定资产投资不会低于30%，这是一个产业的基本规律。那就只有大量地吸收外面的资本，靠我们自身的积累肯定是不够的。

产品和服务供给中还存在另外一个问题就是产销不对路。产销不对路在我们文化领域当中普遍存在。2011年全国的电影产量526部，真正能够上院线的不到200部，剩下300多部到哪里去了？有的可能是作为DVD发行了，有的可能是在电视台放了放。但是我们也听到了电影界的一个新词叫作影院一日游，电影放映一天就不放了。这是什么原因？产销不对路。

第二个问题，对文化产业的理解存在着严重的偏差。大概有这么几个方面：

（1）概念不清。集中体现为，很多人，包括我们现在的许多新闻媒体，用文化创意产业取代文化产业。联合国教科文组织2009年发布的文化统计框架，把文化领域概括为六个方面，一是文化和自然遗产，二是表演和庆祝活动，三是视觉艺术和传统手工艺，四是书籍和报刊，五是音像和交互媒体，六是设计和创意活动。也就是说，按照国际上的一些说法，所谓的文化创意产业只是文化产业的一个组成部分，而且创意一般情况下是和设计紧密相关的。所以2009年国务院发布的文化产业振兴规划当中，第一次把文化创意与出版发行、影视制作、动漫等作为一个并列的概念提出来。也就是说，文化创意产业只是文化产业的一个子系统。文化产业大，文化创意产业小。联合国对设计和创意活动的界定是对物体、建筑和景观进行创意、艺术和审美设计所产生的活动、产品和服务。比如，时装设计、平面造型设计、内部设计、园林设计、建筑设计和广告设计，这是指的创意的概念。

（2）以偏概全。现在很多媒体认为文化产业就是文化部管的产业。这个认识是不对的。文化部主管的只是一部分，还应该包括广电总局和新闻出版总署主管的产业。

（3）盲目追捧。比如，在地方政府眼里，文化产业就是动漫产业。动漫企业也是哪儿给的优惠政策多就去哪儿。再有风险投资追捧我们的影视制作公司，一说文化产业，他们说影视制作公司就是文化产业。包括我们国家的其他一些部委对文化产业的理解是很片面的，既片面又盲目。

第三个突出的问题就是文化发展方式亟需转变。2010 年胡锦涛同志在中央党校省部级班上，专门有一个关于加快经济发展方式转变的讲话。他提出了八项重点工作，其中一项就是加快文化产业发展。为什么把加快文化产业发展和经济发展方式转变结合到一起呢？是因为这些年的实践证明，文化产业发展在调整经济结构、促进或者是加快经济发展方式的转变方面所起的作用越来越明显，越来越突出。但是我们在推动经济发展方式转变的过程中，自身也面临着一个发展方式转变的问题。就是要从过去封闭式的、作坊式的小生产方式，转变为分工协作严密的社会化大生产方式，这是文化发展下一步必须面对和解决的问题。

我们现在一定要拓宽视野。现在文化的载体越来越多样化，业态也越来越丰富。从产品上来讲，我们过去比较重视文化产品，比如说书报刊，这是文化的载体，但是我们现在要提醒的是，还要重视非文化产品，比如说建筑装饰材料。大家都知道建筑本身就属于艺术范畴，可是看看我们新建起来的一些城市全城一面，缺少中华民族的特色。现在故宫要重新修缮，最头疼的问题不是缺钱，而是缺制造故宫所需的建筑材料的企业或产地。比如佛山是搞建筑瓷砖的。我 2008 年去的时候，他们在做陶瓷文化园区，把一幅字画做在瓷砖上，消费者买回来以后，贴到墙上，它就承载了一定的文化内涵，当然相应地它的附加值也就提高了。而且这个东西是可以实现个性化的，我们的有些室内装饰，真是有些中华文化元素在里面。举这个例子的目的，在于提醒我们在关注文化产品的同时，一定要关注非文化产品，它也是文化的载体。从文化服务上来讲，文化服务我们过去都比较熟悉的有广播影视、文博图演艺、广告会展，另外非文化服务它也是文化的载体。比如说养生保健，中国的养生保健就是中国的传统文化，它传播的就是中国传统文化，所以它也是文化的载体。我们现在一定要把我们的视野从原来的文化产品、文化服务向外拓展，只要向外拓展，路就会越走越宽。

以大家比较关注的动漫产业为例，现在中国动漫产业最核心的问题，是没有找到盈利模式，没有盈利模式，就谈不上怎么去发展。经过这几年的思考，我提出了一个思路，就是三个“跳出来”做动漫。

第一个，就是跳出电视做动漫。不要单纯地为电视台来做动画片，而是进一步拓展视野，面向国民经济的各行各业，面向人民生活的各个方面。比如说房地产在展示楼盘的时候，你用动画片做，是不是会好一些？比如说现在的职业教育的教材，如果用动画片的形式表现一些特殊环境，如高温下的锅炉，是不是效果会更好一些？等等。

第二个，就是跳出少儿做动漫。不要说做动漫就是为了少儿，太偏了，太窄了。比如说我们现在的年轻人都是看着动画片长大的，他们都已经到了生儿育女的年龄了，但是不大会带孩子。如果用动画片的形式来教他们怎么养育孩子，特别是年轻人在遇到孩子哭闹、生病不知所措的时候，他能够用简单的检索技术，通过有线电视看这样的动画片，是不是可以自助？

第三个，就是跳出娱乐做动漫。就是要盯住科教节目，包括科普的和教辅的。动画片或者动漫真的要以科教节目为主的话，就是这个产业成熟的标志。

五、推动文化产业发展的战略与布局思路

文化产业发展必须考虑的问题，首先是技术层面的，一定要牢牢抓住数字化、网络化；其次就是打好体制基础实现市场化；还有一个很重要的问题，就是怎么能够适应国际化。在这样的前提背景下，产业发展的思路应该抓住如下三个方面。

第一，一定要迅速提高文化产品和服务的供给能力。前面我们已经谈到了供需缺口的问题。现在在供给和需求这对矛盾当中，我们要牢牢抓住供给，或者说第一位的是供给。

第二，一定要抓住布局的问题。从国家来讲有一个布局的问题，从地区来讲有一个布局的问题，作为一个企业来讲，也有一个布局的问题。事业有布局，城乡有布局，产业更要讲布局。

第三，要抓住我们的薄弱环节，在转变发展方式上下功夫。

布局要抓住如下四个方面。第一个方面就是产业组织。我们一定要抓住两个，一个是培育骨干企业，一个是扶持中小企业，目的是要形成一个分工协作体系。在培育骨干企业上做文章，原因有三个：（1）要想迅速提高文化产品和服务的供给能

力，必须有一批骨干企业，现在我们最大的问题是企业的市场占有率低，整个产业集中度低，所以说必须把培育骨干企业放在更加突出的位置；（2）现在这个时代是技术变革迅速的时代，如果说没有一定的实力，特别是资金实力，要想采用先进的技术几乎是不可能的；（3）要想维护国家的文化安全，也必须培育一批能够走向国际市场、能与国外的文化企业巨无霸竞争的文化企业，这个必须是国有企业。

培育骨干文化企业就好像要建一个高架桥，这个高架桥靠什么支撑呢？第一，财政的支持，特别是文化产业专项资金的支持；第二，金融的支持，金融既包括了上市融资，也包括了银行贷款；第三，就是文化资源的倾斜和支持。

对中小企业来说，我们最重要的问题就是解决它的贷款问题，通过担保和再担保的方式，以及通过推动中小企业上中小板、创业板进行融资，实现我们既培育了骨干企业，同时也扶持了中小企业的目的。如果把骨干企业比作航母，中小企业就是舢板，航母不远行，中小企业既会失去方向，又很难继续发展。

布局要抓的第二个方面就是在渠道功能上。文化产业是不是可以分成两块，一块叫渠道，一块叫内容，渠道就像高速公路，内容就像高级轿车。我们现在一定要坚持渠道优先。说文化产业内容为王，这句话没错，但是就中国目前的情况来看还不行。为什么呢？内容为王是欧美人提出来的，它提出的前提就是渠道很成熟，所以说谁有内容，谁就为王。但是中国不是，中国的渠道基本上是支离破碎的，从大的方面来讲，渠道有四条：（1）出版物发行，包括图书和报刊两类，图书在新华书店系统，报刊主要在邮政系统。但是这些年的格局有所打破，互相在争对方的市场。邮政部门前几年对图书发行，特别是教材发行志在必得，我们的一些报刊社也开始自办发行，以便尽快回笼货币，收货款。（2）广播电视的网络，或者说叫传输网络，包括有线和无线两类。接到电视机的叫有线电视网络，无线就是我们现在自主知识产权的移动多媒体，英文名字叫 CMMB，就是看电视。手机看电视比联通、移动、电信画面清晰，而且流畅。（3）电影院线，就是现在把电影院联在一起的电影院线。（4）现在正在发展，就是剧场的连锁。现在在前两个渠道当中，最大的问题就是地区封锁，不管是新华书店系统还是我们的有线电视网络，基本上都是一个省一张网，下一步怎么建成高速公路，互联互通是我们要推动的工作。

布局要抓的第三个方面就是区域的布局。现在区域之间同构化的问题、重复建设的问题比较严重，跟我们的产业是一样的。下一步就是要通过鼓励各地进行特色发展、差异发展，在全国选一些地区做文化产业示范区，而不是园区，不是要搞房地产，圈一块地，然后把文化企业搬到那儿。但是这个示范区一定得有政策，要有资金投入。

布局要抓的第四个方面是海外布局。我们也要坚持，多个渠道在做。在坚持对外文化交流的同时，一定要搞好对外贸易，一定要用贸易的方式走出去。同时要重视海外的文化传播渠道的建设和国际传播能力的建设。

六、文化产业的转型升级

第一，转变发展方式，这是文化产业转型升级的重要内容。

第二，如何从内部的循环，进入国民经济的大循环，这是必须从战略上重视的问题，文化和经济必须结合在一起。

第三，就是如何从生产者主权型转到消费者主权型，不要老想着市场应该怎么样，而是要看看到底市场需要什么，不要生产多少，最后都进入仓库。

第四，就是如何从过去传统型，发展到现代型，这里面都有非常深的内涵。我们要想转型升级，必须促进文化产业和相关产业融合，要让我们的文化产业渗透于国民经济的各行各业，深入到人民生活的各个方面，只有这样的话，文化产业的发展之路才更宽广。

如比，旅游是服务业当中一个很重要的新兴产业，文化和旅游怎么结合？现在文化和旅游的结合，大家比较关注了，但是这个结合还是浅层次的，把它限定在一个旅游景区搞一场晚会，演艺搭台旅游唱戏，这样不行。下一步要发展深度旅游，看自然，还要看人文。旅游纪念品的开发，是必须跟文化产业结合在一起的。现在我们的旅游纪念品是粗放的、简单的、鸡肋型的。能不能搞一些能摆得上台面的旅游纪念品。我估计下一步这要作为文化和旅游结合的一个重要方面。

再有一个就是其他制造业，包括建材、装饰，还有包装等。关于跟制造业的结合，过去我们一般讲制造业要提高科技含量，下一步我们应该大张旗鼓地提倡要提高产品的文化含量。靠什么呢？这个时候最需要创意就是设计。实际上创意产业是制造业发展到一定阶段的自然产物，没有制造业的支撑，创意产业是做不了的；反过来如果制造业发展到了一定的程度，要想增加产品的品牌价值和附加值，必须加入文化的元素，这是世界产业发展已经证明的道理。

文化产业转型升级过程中，一定要高度重视数字化和网络化。它有两个作用，一个是改造提升传统的文化产业，二个是培育发展新型文化产业。下面举几个实际的例子从三个方面进行阐述。

第一个方面，先说说我们的文化资源保护问题。中华文明五千年，有大量的物质形态和非物质形态的成果。物质形态的包括文物、遗址、建筑。非物质形态的包括节庆、武术，等等。通过数字化的形式，我们可以让这些资源保存下来，通过专业的团队解读，能够在我们这一代传承下去、传播出去。

2010年我们在做“十二五”规划的时候，参观了故宫做的一个《清明上河图》的数字化产品。跟世博会中国馆的《清明上河图》表现形式不一样，故宫是用高清设备把《清明上河图》扫描出来，然后找专业人员写对白，《清明上河图》当中的人物对话，最后再找到专业的演员去配音，然后把声音文件和扫描的《清明上河图》的文件，压缩在一起，就实现了只要你去触摸某一个场景的时候，它就可以把当时繁华的景象，用声音再现出来。看完后非常震撼。我们公共文化服务体系当中有一个博物馆的免费开放，确实对公众增长知识、进行公共文化鉴赏有好处，但是随之带来两个问题，一是看不全，二是看不懂，特别是有一些专业性很强的，要通过专业的人士解读才能明白。现在通过数字化，我们就可以解决这两个问题。同时，数字化的传播方式更易于被年轻人接受，有利于传统文化的传播和传承。

第二个方面说说数字出版。对数字出版现在大家有不同的认识，我也做了一些思考，我觉得现在有一些问题需要大家统一认识，提高我们对数字出版的未来发展趋势的把握能力。

首先数字出版，绝对不是传统出版的平移，更不是办公自动化。另外一个情况就是我们现在对数字出版有一些恐惧心理，好像数字出版来了以后，我们整个的传统出版业就面临很大的危机。我们一般情况下，把出版看作三个方面，一个是大众出版，一个是教育出版，一个是专业出版。我觉得现在大众出版在数字出版这个方面，基本上被三个层面的人占领了：一是电信运营商。当我们对数字出版还很困惑的时候，中国移动从2000年开始在杭州建了一个阅读基地，2010年8月份正式上线，现在一个月的收入一亿元，点击率最高的一本书，它的收入是400万元。中国移动的经营者已经尝到生产的甜头了，他们在成都建有一个音乐基地，实际上就是研发彩铃等，收入是200多亿元。现在中国联通据说也建了一个阅读集团。二是技术商。就是以汉王为代表的，通过购买数字版权，发展起来了，一上市就非常火爆。当然现在遇到很大的问题，这是另外一个症结。三是互联网网站，以盛大文学为代表。互联网网站在大众出版这块，他们占有优势。

我觉得现在做数字出版，最大的两块就是在教育出版和专业出版，但是一定要找到终端，没有终端做不起来。作为教育出版，必须把电子书包研发提到足够的高度。电子书包既可以变革教学方式，也真正实现了节能低耗，还可以带动终端制造业的发展。将来的电子书包可能是数字出版在教育出版领域的一个终端，而这一方面教育出版集团大有可为。最后一个就是专业出版，也得找到终端，并提供个性化服务，越小众越赚钱，越大众未必赚钱。

第三个方面说说电视，要从看电视向用电视转变。广电有线网络当中，现在正在推动一省一网，下一步实现全国一张网，我们想把这个平台作为文化资源内容集成和整合的平台，在不久的将来，我们可以看到电视互联网。以电视机为显示，以有线网络为基础的电视互联网是可以大有作为的。这张网首先必须是绿色的，内容要严格审查，不能什么都放进去。其次它有赢利模式。因为每家是唯一的IP地址，下一步我们要发展金卡项目，有了结算平台，谁用多少、支付多少清清楚楚。我们可以把电视机作为图书馆的终端机，通过电视机去借阅图书，查阅图书，现在歌华正在给国家图书馆做试验。一些适合在电视上播放的报纸期刊，也可以放到有线电视网上，特别是一些科技类的，包括一些生活类的报刊。上网的既可以是文字的、图片的，还可以是根据报刊做成的某一段视频，甚至是一些有声音的文件。这个市场也非常大。

对于教育出版来说，一定要牢牢抓住现在广播电视网络双向化、数字化改造的时机，做起来，通过电视，借助于网络去做互动教育，这个市场是非常大的。其实我们的资源都是现成的，只不过是要适应新的业态。

转型升级，希望大家关注立体视觉产业。《阿凡达》给人带来的是一种 3D 的冲击，实际上我们国家现在发明了一种新的技术，就是 4D 真立体技术。所谓的 4D 真立体是什么意思呢？就是我们现在看 3D 片子有两个问题，第一个必须戴眼镜，第二，我们现在看到的所谓的 3D 片不是真立体，是假立体，是平面立体，中景和后景不立体，它是靠每一个人的眼睛和大脑的一种错觉来实现立体成效。所以下一步发展的趋势，第一，不戴眼镜，第二看到真立体，就是中景后景也立体。沈阳的一家公司已经研制出了这个技术。我们要发挥文化产业对国民经济的发展促进作用，一定要有新的技术出现，我们把这种现象叫作立体视觉革命，这场革命我想不会用太久的时间就会实现。

七、巩固和扩大文化体制改革的成果

随着时间的推移，巩固和扩大文化体制改革的成果越来越重要了。以新闻媒体的改革为例，要巩固的第一个成果就是一定要坚持改革的思路，绝对不能半途而废。如果说电视台的制播合一不改的话，将来电视台的垄断对我们这个产业的发展危险巨大；关于非时政类报刊社的改革，从趋势上来讲，我们建立了两类公司，一类是综合类的媒体公司，另一类肯定是一种专业化的媒体公司，专业化体现在市场占有率在30%以上。

作为制播分离改革，我们现在把电视剧制作机构分离出来了，下一步除了时政类的节目以外，也要实现整体的分离。上海现在已经走在了前面，过去有一个上海文广新闻集团，现在一分为二，一块叫作上海广播电视台，主要的业务就是新闻的采编，包括总编室的节目安排、技术保障，这是一个播出机构，肯定保留事业体制，无论到什么时候，都不会把频道、频率去市场化、公司化，这是最基本的。另外一块，就是把节目的制作变成了上海东方传媒集团有限公司，这个是公司性质的。下一步就是面向市场，而且会成为中国的广电节目内容提供商。中央电视台实际上改革的雏形已经出现了，特别是从2009年开始，搞新闻立台，整合了新闻采编的资源。现在中央电视台一万多人当中，有一个庞大的新闻中心，人数在三千以上，过去每一个频道都有自己的新闻中心，现在合在一起了，统一叫中央电视台新闻中心。记者采编制成节目以后，适合在哪一个频道播，就在哪一个频道播。这个做法叫作大厨房理论，就是说大家都去采购菜，回来了以后，在同一个厨房里面做，做完了以后，适合端给谁就端给谁，就是这样的一种模式，对出版业来说，可能也是一个很好的借鉴。

要巩固的第二个成果，就是培育骨干文化企业。首先就是要加快已经转制的大型文化企业的改革上市。只有完成了改制上市，才能拿到上高架桥的通行证。其次一定要抢占发展的制高点，在转型升级方面，千万不要再犹豫，一定要赶快往上走，把骨干企业打造成真正意义上的航母。最后，坚持谁改革就支持谁。除了落实已有的优惠政策以外，下一步结合贯彻落实六中全会精神和即将发布的国家“十二五”时期文化改革发展规划纲要，要出台一些更有利于发展的新政策，比如说我们规划当中，提出了许多的工程和项目，都有相应的政策和资金的支持。

八、关于文化走出去方面的一些想法

现在的文化走出去，实际上是两个主体，三个方面，或者说三种形式。

第一，是政府主导的对外文化交流。

第二，是以企业为主体的文化贸易和对外投资。

下一步一定是支持企业为主体，一个是文化贸易，一个是对外投资，当然这样的支持，肯定要突出重点，就是渠道和内容两个方面。渠道重点支持海外并购一些书店、剧场、影院、电台、电视台，国家通过贷款贴息支持这些走出去的企业设备改造更新，让他们在海外能够真正站稳脚跟。内容方面，重点就是图书、剧目、电影、广播电视节目。现在最大的问题就是要翻译成外文，需要大量的费用，这个下一步我们可能要支持。还有一些为了教育去参加的展览展示活动，现在也有一些支持。对外文化交流一定要逐步过渡到政府采购，非贸易的方式对文化企业走出去产生了一些影响，而这些影响有一些对文化贸易是致命的。在这样的情况之下，我们怎么能够实现对外文化交流和对外文化贸易相得益彰、互相促进的良好局面，还是有大量的工作需要做的。

（原载《中国编辑》2012年第1期）

我国出版业的政策变迁轨迹分析

周志萍

我国出版业的现行体制模式形成于计划经济时代。从 1978 年开始的改革首要问题是解决图书供给严重不足与国民文化饥渴的问题，可以说，中国出版业的改革是从增量发展开始的。纵观三十多年的改革历程，大体经历了三个阶段。

第一阶段（1978—1991）：增量发展与发行体制改革阶段

这一阶段，出版方针从以阶级斗争为纲转向以经济建设为中心，初步明确了出版具有文化和经济双重属性，出版单位由单纯的生产型逐步转变为生产经营型，同时，发行体制改革也开始起步并逐步深化。这个阶段发展的重心是放松对出版社经营活动与发行领域的规制，以扩大出版产业的整体规模，增加图书品种和单位印数量，使发行主体多元化，从而拓展图书流通领域，迅速满足国民的文化需求。

总的看来，增量发展策略在出版业中体现为逐步放开图书流通领域，从而增大了图书供给量，壮大了出版业的整体规模和出版能力。但是在这种急速的增量发展过程中存在着许多问题，应该引起我们反思。首先，改革尚未触及出版体制问题，带有浓重的计划经济色彩，主要是通过行政手段推动，常常与实际情况抵牾。其次，国有出版产业规模的扩大并不是通过市场主体自然发展的结果，而是按行政结构模式设置的产物，因此，产业结构基本上是延续了计划经济时代的模式，而不是通过市场竞争的优胜劣汰。这样一来，整个产业就会呈现出“优不胜，劣不汰”的低水平重复建设，形成行政化的垄断格局。再次，从组织结构上看，国有出版机构仍然没有脱离行政区域化的科层制模式，更像是一个个的政府机构，而非市场主体。增量发展也只是在行政模式下的同质复制，最后，由于政策和法规的缺陷，民营书业不能正常发展，大量的出版资源流向了一些素质不高、单纯追逐金钱的不法书商手中，从而造成极大的资源浪费与产业的畸形发展，同时为权力寻租提供了可能。

第二阶段（1992—2002）：增质发展与集团化改革阶段

1992 年，中共十四大确定了建立社会主义市场经济的改革目标，1993 年，十四届三中全会明确提出“整体推进、重点突破”的战略，直逼国有部门，决定要在 20 世纪末初步建立社会主义市场经济制度，至此国有部门的市场化改革趋向上升到了体制变革的层面。

与前一个阶段相比，这阶段的重点从增大规模和数量转向提高质量和效益。与广电业相比，出版业的增质发展重点不是减少机构的数量，而是旨在优化出版机构的集团化。1998 年 12 月，新闻出版总署批准了以资本运营为纽带的上海世纪出版集团和广东出版集团，开始了政府主导下的资本化的出版集团试点改革。2001 年 8 月，中共中央宣传部、国家广播电视电影总局、新闻出版总署下发的《关于深化新闻出版广播影视业改革的若干意见》提出要以资本和业务为纽带，组建多媒体兼营和跨地区经营的媒介集团，以期打破政府命令式的市场运作模式与行政区域化的发展格局，但实际上直到现在出版集团的组建仍无法摆脱行政力量和突破行业界限与行政区域格局。

总的来说，这个阶段的改革旨在纠正低质同构性的规模扩张，通过集团化战略实现优化结构和提高质量，取得了相当的成绩，然而这种减量增质发展仍旧是没有脱离行政结构框架，没有上升到出版体制层面的变革。其一，集团的组建是在行政事业体制下，由各级政府以行政命令的形式组合而成的，其性质是在各级党委领导下的事业机构。其二，各级集团的出现使得中国的出版产业结构发生了变化，形成了集团、专业出版社为基本框架的结构模式。但这种变化与前一个阶段具有同构性，同样是由中央部委（国家级）集团和地方集团构成的行政化格局。国家级和地方级集团、地方集团间也具有同构性。出版集团既无核心主体，也很难进行实质性运作。其三，没有将实际上打破地域界限的民营书业纳入规制与发展的范畴，民营书业依旧在二渠道的名分下潜行。

第三阶段（2003年至今）：体制改革及全面推进阶段

2003年，新闻出版总署下发了《新闻出版体制改革试点工作实施方案》等文件，昭示着中国出版业，乃至整个媒介业的改革全面推进。首先，将出版业按意识形态属性的不同分为公益性事业和经营性产业两类，把除人民出版社、民族出版社、盲文出版社等以外的其他出版社从现在的事业体制中分离出来，按现代产权和企业制度改制，实行所有权与经营权分离，并推进出版集团区域整合和跨地区经营。其次，全面放开对经营性资源的资本运作，允许各类所有制机构作为经营主体进入非新闻宣传类的其他项目运营，步入了资本化的历程。

至此，中国出版业的改革与发展开始触及体制层面，政府对出版等媒介的干预范围和程度有了相对明确的分野。人民出版社等公益性事业属于意识形态宣传范畴，由政府来主导；其他出版社等经营性产业由市场来调节，政府只管不办，并进一步放松了对其的经济规制。这样一来，出版业就会形成两种体制并行的格局，一是中央和地方人民社所保留的事业体制，二是转制后的其他社所实行的国有商业（市场）体制，这意味着大部分出版机构将转变为国有企业，将逐步打破行政区域化的结构模式，形成以市场机制调节为基础的出版机构。此外，民营发行机构的隐性状态开始得以改变，在一定程度上打破了长期以来的体制内外之别，民营商业体制浮出水面，从而在流通领域基本打破了国有垄断的市场格局。

我们以一种历史动态变迁的角度考察了中国出版业的改革与发展的历程，即用演化经济学的方法[1]来考察了出版业的历史路径。纵观中国出版业改革发展历程，从整个产业的角度来看，中国出版业的现状是不断改革中的国有出版机构（显性机构）与逐渐浮出水面的民营机构交织发展的结果。从政策变迁层面上来看，则是党和政府逐步放松对出版业的经济规制和调整、强化和巩固政治规制的结果。从产业市场竞争结构来看，则是从行政性垄断向着市场化蜕变的结果。而中国出版业现在所面临的是资本全球化、新的信息传播技术发展与全球媒介放松政府规制所构建的复杂而多变的世界媒介格局，这不仅仅意味着我们将应对跨国媒介集团的冲击，还意味着要应对媒介过剩与产业融合的挑战，也意味着将应对出版形态乃至整个媒介形态变化所带来的挑战。

注释

[1] 柯武刚，史漫飞. 制度经济学：社会秩序与公共政策 [M]. 韩朝华，译. 北京：商务印书馆，2000：45.

（原载《现代出版》2012 年第 5 期）

回归与守望，大学出版的方向*

蔡　翔

深秋的一个午后，我在自己的办公室里发呆。一缕斜阳从窗外洒进，在满墙的书柜上婆娑。我追随着光影，用目光去触摸那些书脊，去查阅那或明或暗的书名，追忆那或长或短的故事。对于一个出版人来说，这应是一份惬意，还带着些许的自豪，因为在那一本本饱含他人成果的著作背后，悄悄记录着我们的名字。

可是这个午后与我的图书两两相望，却是一个失意的邂逅。这些宝贝图书，从过往到今天，给我呈现的却是一个文化价值日益单薄、印制册数逐年下降的过程。满目的样书中，令人珍视、值得馈赠的良品佳作已寥若晨星。可是这些年编辑的任务涨了又涨，出版补贴的门槛高了又高，要上缴的利润多了又多。于是我的耳边骤然回荡起编辑们的无奈、教授们的牢骚，还有领导们的不满……

我们心中那寄托理想、视若生命的大学出版，究竟怎么了？

当前，中国的出版正处在一个历史的变革时期，转企改制给出版产业带来了前所未有的生机和活力，但经济改革与制度创新并非万能，出版显现的问题终究要回到文化的母体中去寻

---

* 本文系作者 2011 年 11 月 17 日在宁波“大学出版论坛”上的演讲，刊发时略有删节。

求答案。

大学出版作为出版中的出版，面对的是文化中的文化。大学出版人应当以深刻的文化自觉，去认识大学出版的本质，担当大学出版的重任。大学出版人的这种文化自觉是对理性与思辨的回归，对激情与创新的守望，是引领大众在高尚与媚俗、进步与倒退之间科学抉择的一股内在力量。

一、大学出版应该是文化的

文化是民族之魂魄、国家之根基。文化一旦生成，它对个体的生存将具有决定性的制约作用，像血脉一样构成人存在的灵魂；同时它构成了社会运行的内在机理，从深层制约着社会的政治、经济和其他领域的发展。文化看似柔弱，实则刚强，因为它总是以无形的精神意识和观念，深刻影响着有形的存在与现实，深刻作用于社会发展和百姓生活。

出版自诞生以来，历经千年演变、百年沧桑，其载体从甲骨的、简帛的、雕版的、印本的，到电子数字的，已发生根本性的改变；其受众从王权专享到普世共有，已遭遇颠覆性的推动；其社会功能从政治的、教育的，到经济的，甚至娱乐的，也已得到全方位的开发。无论载体、受众、功能如何变迁，出版的本质是文化，始终如初。没有思想的图书是一堆废纸，没有内容的互联网是一片死海。没有文化的出版，言语苍白，精神颓废，它又如何教化育人，又怎样推动经济发展？因此，是文化给出版以血肉，是文化给出版以骨骼，是文化给出版以魂魄。离开文化，出版将烟消云散。

大学自其诞生以来就对社会文化产生巨大影响。大学是文化发展的区域中心。它包括众多学科领域，集学术研究、科学发现、人才培养及精神建构于一体，成为新文化的孵化器。它有科学、民主、创新的精神理念，有开放、平等、自由的文化氛围，有几十年甚至几百年的文化积淀。大学出版根植于大学，更应该回归文化，守望文化，致力于构筑大学的文化精神。所以柳斌杰同志说，大学出版理应努力营造高雅的文化氛围，坚持引领社会文化的批评精神与超然态度，追求大学的社会责任之大，追求大学的学问之新，以大气魄、大气派，引领社会的文化潮流。

二、大学出版应该是服务大学与学术的

大学出版的特点在于，它是办在大学里的出版社，即背后有大学母体作为依托。这一特点几乎是天然地造就了大学出版服务大学、传播学术的特殊使命。中国古代大学的雏形——国子监，既是封建时代最高的教育管理机构，也是重要文献典籍的编纂刊印场所。真正以大学出版社命名的，是 1929 年成立的南开大学出版社，后因日本侵略华北而停办。之后直至中华人民共和国成立前，大学出版事业一直与中国无缘。新中国成立后，国家为适应教育，特别是高等教育发展的需要，适时成立了中国人民大学出版社和华东师范大学出版社。到 1959 年，华东师范大学出版社因国家对出版事业的调整而暂停，之后中国人民大学出版社随着中国人民大学的解散也被迫停办。以此为起点，直至“文化大革命”结束，我国大学出版事业一度陷入停滞。到 1978 年，随着各行各业的拨乱反正，为适应教育特别是高等教育以及科学发展的需要，大学出版在我国得以恢复和发展，大学出版体系一步步建立成形。

我国大学出版事业一波三折的发展历程证明，政府对出版资源的行政配置决定了大学出版服务大学的生存目的，大学对大学出版的客观需要决定了大学出版传播学术的自身价值。大

学出版的使命和高等教育的性质及其基本职能由此紧密相连。高等教育旨在培养精英，研究学术，以此发展科技文化，推动社会进步。大学出版作为大学的一个有机组成部分，以自己独特的内容和方式践行服务大学、传播大学学术的使命，与生俱来，唯我独尊。

大学教育与科研的发展催生并壮大了大学出版，大学管理体制的每一步变革也带动了大学出版的功能性转型。大学因知识密集、科研丰厚，为大学出版提供了永续不绝的选题资源；因人才荟萃、大师辈出，为大学出版提供了成熟稳定的作者队伍；大学为社会所重视、受百姓之敬仰，更为大学出版提供了卓尔不群的品牌效应。这些得天独厚的出版资源优势，是大学出版的安身立命之本，更是成长壮大之本。因此，大学出版以大学为依托，受大学之恩泽，服务教育、服务学术理当义不容辞。离开大学，大学出版将不复存在。

当今数字时代，现代科学技术的革新与传播方式的演变既丰富了大学出版，也考验了其适应能力。但大学出版推动学术发展这一使命仍会薪火相传，彰显更加独特的专业价值。耕作于出版行业最精尖、最冷僻的领域，大学出版的长处和深度均得自学术出版的专业性。大学出版在内容过滤、开创品牌方面始终维持质量标准，它通过市场推广来提升学术科研成果的可见度，并资助供应链、投资未来。这些经过长期锤炼的真本事，是大学出版积累起来的无形资本，也是大学出版迈向发展升级之路的通行证。未来的行业格局多变，大学出版若能转化自身优势，一如既往地致力于知识、文化与学术的自由传播，不仅能够转型为知识产权潜在市场的投资者与创新者，同时也能成长为供应链上最终可以依赖的债权人和风险承担者。

三、大学出版即便为产业，也应该是现代的

今天的大学出版，已经成为中国现代出版产业的一个重要组成部分。转企改制后的大学出版作为独立的市场主体，应当彰显现代企业的精神风范。现代企业发展到今天，已由纯粹的经济组织转变为既有经济责任，又有社会责任的二元组织。也就是说，对一己之利的追求已经不是现代企业的唯一目标，大多数成功企业是在一种远远超过对财富的渴望，同时兼顾其他利益主体的目标激励下，走向卓越的。

对现代企业而言，利润对公司犹如呼吸对生命一样，呼吸对生存来说，是必不可少的，但它并不是生活的目的；同样，利润可以决定公司的生存，但它并不是公司存在的原因。尽管那些与更广泛的社会道德目标联系起来的企业价值观，有时可能会抑制企业对获利能力的追求，但大多数研究结果和企业的发展实践反复证明，这些价值观实际上是可以长期地促进而不是阻碍利润和绩效的。

现代企业社会责任的担当，直接影响企业的品牌和声誉，也逐渐成为社会对企业评估的重要指标。可以预见在不久的未来，企业的竞争，在某种程度上就是企业社会责任的竞争。作为现代企业，大学出版社在追求经济利润的同时，必须担当起兼顾其他利益主体的社会责任。作为现代文化企业，大学出版社的社会责任必定是采用以文化人、以文育人、以文助人的形式，来增进民族的精神幸福，促进社会的和谐发展。从这个意义上讲，大学出版的企业身份，不仅没有远离文化传承与学术创新的本质，反而是以更加清晰、更加具体的方式去追求经济利润，从而实现自身的价值诉求。

更进一步说，出版可以产业运营，但绝对不能产业化。现代出版产业的本质目标，依然是文化。或者用老一辈出版家刘

果的话来说，文化是目的，经济是手段。离开文化的出版经济不过是空中楼阁，随时都有可能坍塌。

大学出版，无论是从出版本质还是从天赋使命的角度来追溯，无论是从传统出版事业还是现代出版产业的眼光来看待，都具有鲜明的文化色彩、浓厚的学术气息。作为现代大学出版人，一旦我们明了，是大学给了大学出版以生命，是利润给了大学出版以呼吸，而文化和学术则赋予大学出版以生命的意义，则大学出版，分花拂柳，拨云去雾。路，就在不远的前方。回归大学文化，坚守学术出版的使命，守望文化与学术的品位，拒绝庸俗。这，正是我们大学出版人奋进的方向！

回归大学出版的文化本质和学术使命，离不开制度保障和政策支持。

大学出版作为学术出版的排头兵，对高尖学科、冷僻学科、濒危学科学术成果的出版功在当代，利在千秋，具有典型的正外部性，需要合理的政策支持，更需要建构起一套科学的评价体系或考核机制。即使在注重资本主义理性的英美国家，大学出版也是依靠政府扶持和社会资助，以非营利的出版方式存在、发展并壮大的。用大学出版的盈利所得来弥补教育投入的不足，只是权宜之计；大学出版过度的商业化，终将摧毁大学的灵魂和精神，伤害民族和国家的利益。党的十七届六中全会将文化命题定为全会议题，之后的十七届六中决定指出，要完善文化产品的评价体系和激励机制。在这一利好形势下，相信我们的大学出版也将迎来机遇。

坚守大学出版的文化本质和学术使命，更需要我们大学出版人的勇气和激情。

任何一项伟大事业的背后，总是涌动着一股不朽的精神力量。大学出版作为文化与学术的守望者，在低俗文化泛滥、拜金主义横行的今天，对科学理性、审美价值和社会批评的坚守，那是一种可贵的文化担当。这种担当饱含人文主义情怀，饱含自由与独立、引领与创新的精神，堪称一种文化英雄主义，即所谓以文化兼济天下，以文化普度众生，舍我其谁?!

正如我们知道广西师范大学更知道广西师范大学出版社，相信有那么一天，我们所有的大学出版社，不仅是大学的附属和延伸，更是大学的一段佳话、一个品牌、一份荣勋！

（原载《现代出版》2012 年第 1 期）

中小专业出版社经营管理问题初探

邓宁丰

多年来，多数中小专业出版社致力于出版相关专业的教材、专著和科普读物，依靠出版高水准的产品在专业领域内获得了很好的声誉和口碑，其中一部分出版社也对大众图书市场有所探索。与此同时，中小专业出版社规模不大，独立运行，特别是在市场无序竞争、市场挤压以及数字出版冲击等压力下，存在诸如难以同时构建多个盈利点、抗风险能力不强等发展问题。如何承担发展重任，适应发展环境，同时立足专业，扩大盈利能力，是中小专业出版社亟待解决的问题。笔者根据自身实践体会，归纳提出了中小专业出版社面临的10个现实问题及解决途径。

一、领导体制问题

我国大多数中小专业出版社多年来一直作为中央国家机关、企业的直属事业单位存在，虽然规模不大，但政治地位较高，所承担的社会责任也较大。目前，我国中小专业出版社规模一般为50～150人，组织功能健全完备，行政色彩浓厚，社级领导干部大多在5人以上，每位领导干部所管理的员工平均在15人左右，这难免会产生管理成本过高、中层干部管理幅度过小等问题。出版社虽经转企改制，但仍存在很大惯性，而且又增加了适应现代企业管理体制所产生的成本。这些都使作为独立竞争实体的中小专业出版社更难适应市场竞争，且层级越高的出版社压力越大，社会负担也相对沉重。

中小出版社转企改制后，迫切需要建立适应市场竞争的领导体制。一方面需要建立和完善董事会、经理层体制，尽可能使经营管理团队拥有更多的自主运营权；另一方面需要建立高效的内部管理体制，降低管理成本。考虑到组织规模的限制，董事会人数不宜超过5人，或只设立执行董事；经营班子不超过5人，各有分工，互相协助，其中1人主持全面工作，1人分管出版业务工作，1人分管发行营销工作，1人分管行政工作，适当设立副总编分管重要板块的编辑工作；党委工作与经营管理工作充分融合，将政治优势转化为组织管理优势，强化管理的有效性。与此同时，大量的管理实务由职能部门承担，领导者进行必要的分担。

如上设置可以尽可能地降低出版社管理成本，使其将更多的精力投入到经营管理和业务发展上。

二、组织运行方式问题

中小专业出版社转企改制为独立运行的企业后，人员数量少，流程事务多，经济负担重，市场竞争压力大，其规模小、经济实力不强、骨干力量薄弱的软肋更加突出。旧有的金字塔模式已无法适应环境要求，因此在领导体制变革的同时，组织运行方式也必须进行深入变革，应建立面向市场、以领导核心驱动各部门发展的扁平型组织结构，将全员推向生产与市场一线。领导核心应将“组织干”与“亲自干”相结合，推进职业化队伍建设进程。

扁平型组织需要特别重视组织凝聚力建设，主要方式有：(1) 目标牵引。用企业发展愿景和中长期规划激励员工。

(2) 信息共享。建立公开透明的企业内部信息平台，为员工的学习和经验共享创造条件。(3) 制度约束。制定可行性强的企业制度，既能充分激发内在活力，又能确保发展的有效性和有序性。(4) 流程控制。适应出版项目管理要求，持续完善出版流程，确保选题质量和经济安全。(5) 公共利益保证。以公共利益引导员工价值观，营造积极上进的企业文化。(6) 灵魂人物的凝聚作用。构建领军人物带领的创意团队，形成团队携手共进的发展机制，用领军人物的示范作用凝聚人心。

在领导核心的带领下，整个企业以出版项目管理为基础运行，重视与客户的关联，实现项目的全过程管理，确保项目运行的有效性。产品研发部门重点关注如何构建有生机的产品线和产品板块，组织有活力的研发队伍；职能部门重点关注如何构建高效的运行平台，形成良好的企业文化。

三、企业定位问题

中小专业出版社，传统上定位于为所属行业服务，转企改制后不得不重新思考企业经营定位问题。

中小专业出版社大多依托行业而设立，在行业的支持下形成了独特的产品结构，在经营方式上也打上了较深的行业烙印，因此，适应市场发展的首要问题就是要重新认识立足本行业发展的可能性。而各行业是不同的，有的行业规模很大，原创作品很多，历史上对出版工作也很重视，从而使得专业出版社足以赖之生存；而有的行业或因本身规模不大，或因历史原因，出版工作基础不好，从而使得专业出版社仅仅依赖行业难以生存，需要面向更大的图书市场，至少要将一部分力量投入到大众出版之中，探索新的发展空间。

对于依托行业发展的部分中小专业出版社的经营定位，就是要继续确立和巩固自身的优势领域，通过立体化发展，形成别人无可赶超的领先地位。一方面适应信息化趋势，构建数字出版平台、数据库等新产品，形成资源管理和数字出版能力，从纵向上丰富专业出版产品呈现形式及范围；另一方面应建立针对行业的综合媒体服务方案，进行包括图书、报纸、期刊、网络、音像等在内的一体化经营，从横向进行行业影响力建设。同时，不同行业的中小专业出版社可以联合起来，打造一些有社会效益的大型精品工程，提高影响力。

对于大众市场，因为只是部分力量投入，所以与大社和大出版集团相比，既不具备规模优势，也没有长期孵化的条件，因此需要特别关注切入点选择的合理性和竞争力。从市场板块容量和自身承受力综合考量，一是要按照发展潜力，合理布局起点规模，既要对市场产生一定影响，也要在投资能力上适当留有余量，确保生存的底线；二是要控制好发展速度，图书出版是淘汰率和更新率很高的行业，既不放过任何能做大的机会，也要控制经营风险；三是要细分市场，应当将进入国内图书零售三级细分市场的前 5 名作为战略目标，以确立大众市场的立足点，步入良性发展的轨道。

目前，在大社大集团挤压、人工成本日益增高和渠道风险日益增大的形势下，诸如卖书号、与文化公司共生、多方向的表层探索和无规律出击等初级经营方式难以为继，必须在经营过程中有意识、有效率地积累自身的核心资产和核心竞争力，如产品研发能力、渠道控制能力等，才能在面向大众市场的探索中找到盈利点。

由此可见，中小专业出版社经营定位越简单，越实在，越聚焦，效益越好。

出版业的最核心资源是人才。目前，中小专业出版社的人才引进和培养工作面临的形势更加复杂：一方面，有的中小专业出版社仍有旧体制的历史负担，人员结构不合理，人才吸引力不够；另一方面，人才职业发展通道不畅，有限的人才资源还要流失。因此，中小专业出版社必须尽快完成人才队伍的建设，既要提高用人门槛，又要建立灵活的用人机制，使人才真正成为发展的动力之源。

四、经营规模问题

中小专业出版社作为独立运行的经营实体，必须保持适度的规模。如果规模太小，难以保证经营自主权，也会使企业缺乏活力和抵御风险的能力；而如果规模盲目扩得太大，核心竞争力没有得到相应提升，就会使企业发展力不从心，甚至失控。因此，对经营规模的恰当评估、判断和控制，是中小专业出版社必须审慎考量的问题。

笔者曾提出，出版企业有效经营的起步规模应确保年均3 000万元的收入。时至今日，随着人力成本等各项成本的增加，这一数字应提升至4 000万元。也就是说，4 000万元的年收入规模，是使一家中小专业出版社走上生存和发展良性轨道的下限。

某些仅依托行业发展的专业出版社，可能难以突破有效经营规模这道门槛，还需要拓展1～2个大众图书细分市场。如前所述，中小专业出版社必须进入国内图书零售三级细分市场的前5名，才算找到了大众图书市场的立足点，因此必须在选定的细分市场上全力以赴，力求做深、做精、做透，使之成为出版社真正的盈利支点。而如果形不成盈利支点，没有内在实力，为了规模而做规模的做法，是不可能长久的。

特别需要提到的是，上面提出的经营规模，是出版社独立运作的经营规模。同文化公司的合作只是满足出书规模的权宜之计，因此尽快由靠文化公司出书转向形成自身的竞争力，方是长久发展之策。

五、员工激励问题

中小专业出版社要实施人才强企战略，就需要有适合于行业和企业特点的员工激励方式，应对员工兼顾公平性、竞争性和稳定性。

出版业是持续积累并迅速更新、不断前行的行业，特别是对中小专业出版社而言，对未来价值的判断更加重要。激励政策的设计既要基于对过往成绩的认可，又要基于对未来发展的期许，应以有利于未来发展为主要考量。

中小专业出版社的员工待遇结构应包含以下几个维度：

（1）基础工资。基础工资是根据员工资历、职称、学历等设定的工资，是待遇结构中刚性最强的部分，一般占整体待遇的20%左右。

（2）岗位工资。岗位工资是员工竞聘不同工作岗位所对应的报酬，根据出版社相关业务，可划分为管理类、技术类（含编辑、发行等）、支持类（含校对、印制等）等岗位，同时设定一定的岗位层级。岗位工资的设定应具有一定的竞争性，在待遇结构中具有一定的刚性，一般占整体待遇的35%左右。

（3）工作量计酬。工作量计酬是出版业的通常规则，是对员工工作任务完成情况的直接考核，一般占整体待遇的15%左右。

（4）效益提成。效益提成是对员工业绩的奖励，是员工待遇中最具激励性的部分，一般占整体待遇的20%。这部分待遇也可采取按比例分年滚动发放的方式，以体现对未来的导向作用。

(5) 福利。福利一般由工会通过多种形式实现，占整体待遇的6%左右。

(6) 企业年金。企业年金与基础工资和岗位工资挂钩，外加突出贡献附加，按年度累计，是员工待遇中体现对未来期许的部分。一般而言，企业年金占整体待遇的4%左右。

(7) 特殊贡献奖。特殊贡献奖是对员工特殊贡献的附加奖励，一般包括综合考核奖励、总经理奖励基金等。其发放范围和发放标准都有适度的浮动性，与企业当年总体经营情况和激励重点相关。一般而言，特殊贡献奖励占整体待遇的3%左右，特殊情况下可以更高。

中小专业出版社将上述7种激励方式组合使用，以体现企业价值导向和人才培养方向。从鼓励稳定和发展的角度出发，其中效益提成和特殊贡献奖，原则上员工离开企业就不再享受。

六、数字出版问题

目前，传统出版向数字出版转型，寻求新的盈利模式和经济增长点成为出版企业发展必经的进程。中小专业社在资金、技术、人才方面并无优势，所以不能盲目从众，要根据自身的特点，发挥自身的资源优势，找到合适的盈利点，这是中小专业出版社数字化转型的关键。

中小专业出版社数字化转型目前主要有两方面内容：一是进行包括门户网站在内的企业信息化平台建设，以提高工作效率和流程控制力；二是进行包括数据库、电子书、多媒体产品在内的数字化产品研发，以扩充产品范围和服务模式，形成新的盈利点。

在信息化平台建设方面，将信息技术应用到编辑出版工作的流程中，推动编辑出版资源信息管理水平的提升，从而达到降低运行成本、提高工作效率和增强流程控制力的目的。对于中小专业出版社来说，信息化平台建设不能贪大求全，其关键在于各环节逻辑清晰、流程顺畅和管理有效，从而运营有效。

在数字化产品研发方面，中小专业出版社可以利用自身具有独特的内容资源、具有较为知名的品牌、具有相对固定的读者群、可以提供基于专业知识结构的定制模式等优势，对内容进行数字化、碎片化和二次加工，构建数字化内容资源出版发行平台。目前数字出版产品模式包括文献和引文数据库模式、图书和期刊数据库模式、数据在线服务模式和按需出版模式等，其中数据库平台模式是目前最主要的数字出版模式，盈利的关键是特色、精准的数据资源和便捷、立体的服务。

对于中小专业出版社而言，其核心专业内容资源是进行数字化产品研发的基础和最宝贵资源。对核心内容资源要加以保护性的开发和利用，廉价地转让或束之高阁都不是积极的办法，同时要不断积累高质量的内容资源，不断把内容资源的蛋糕做大。

七、大众图书探索问题

如前文所述，一部分中小专业出版社仅仅依赖行业难以生存，需要面向大众图书市场，赢得更大的生存空间；另一部分中小专业出版社虽然依托行业可以生存，但为了提升市场能力，也需介入大众图书细分市场。对大众图书细分市场的介入应作为出版社整体战略，而不是事业部甚至编辑的个人行为，否则，杂乱无序的竞争很难构成出版社的盈利点。

中小专业出版社如果不能进入大众图书三级细分领域的前10名，几乎很难盈利；如果不能进入前5名，则很难确保竞争地位。中小专业出版社只能经过仔细调研，审慎选择 1～2 个细分市场进行探索，同时，加速大众图书细分市场的专业化进程，从而形成良性发展机制，确保竞争地位。

在对细分市场进行探索时，所选择的领域如果能和专业领域相关，可以延伸或者借鉴部分资源，那么成功的可能性就会更大，同时专业出版优势也可得到更大的发挥。因此，探索应尽可能和已有的专业领域建立关联。如果暂时没有合适的关联领域，那么最好在出版社内部形成相对独立的部门从事探索工作，采取相对特殊的员工考核和激励方式，以减少组织内部冲突。

八、渠道建设问题

专业图书的读者规模有限且集中度高，对卖场贡献率不大，所以卖场在缩减销售面积时首先缩减的就是这部分专业图书，从而导致专业图书在书店很难上架；因此，专业图书必须建立自身的专有渠道来进行销售，通过馆配、团购、电商、直邮、征订、自营书店等多种渠道的综合配置，自成体系，扩大销售量和影响力。

直销体系的建立是一个重要方面。中小专业出版社既要充分利用已有渠道，和图书馆、科研院所、高等学校建立联系，又要充分利用网络资源，直接和读者互动。通过直销体系，可以更有效地接触和了解终端读者，甚至可以发现选题资源，在专业板块形成编发闭环体系的良性互动。

面向大众市场的图书板块，由于不具备规模优势，因此可对每一本书、每一个店面都采取精细化管理，将发货、添货、退货的数据管理精确到每一本书、每一个店面，最大限度地挖掘产品的销售潜力，以弥补规模上的劣势。同时出于成本的考量，对于销售活动的管理也要精细化，什么书适合什么时间、什么地域、什么活动，中小专业出版社的发行人员对此都要做到更加精准、更加细致。

九、研究型出版问题

目前，出版业的表层出版能力过剩，深度出版能力不足。所谓表层出版能力，就是传统意义的来料加工，即对书稿进行标准化、合格化的编辑加工能力，这只是最基础的出版能力，要参与市场竞争是远远不够的。同时，诸如跟风出版、买卖书号、合作出版等行为，也是深度出版能力缺乏的表现。出版是创新的行业，研究是创新活动的基础，必须开展研究型出版，研究出版规律、技术发展和市场，提高企业的核心竞争能力。

从专业角度来说，研究型出版的内容，既包括对专业发展进程和前沿的研究，也包括对专业体系和结构的研究，还包括对专业作者和读者群的研究；从出版角度来说，研究型出版的内容，既包括选题规划研究、设计形式研究，还包括制作方式研究、营销方式研究等。

研究型出版要求建立学习型组织。通过培训、头脑风暴等方式，进一步激发员工自发学习的主动性。领导者也要融入学习型组织之中，带动学习型队伍的建设。

中小专业出版社要形成一支潜心做出版的研究型出版队伍，只有具备了一支职业意识强、职业素养高、职业规范好，同时具有团队意识和市场意识的职业化队伍，限制浮躁的、没有根据的、不切实际的空想，才能使得研究结果落实，促进自身不断发展前行。

十、企业文化问题

出版业是文化产业，但中小专业出版社受规模和人员限制，往往会忽视企业文化建设。在市场竞争越来越激烈的今天，企业文化对企业凝聚力和发展驱动力的影响日益凸显。一种务实的、积极进取的企业文化，是企业生存、发展壮大的重要因素，是提升企业竞争力的关键。

笔者在所在单位推行一种务实的、积极进取的企业文化，以“十是十要”为表征，形成了发展的逻辑与理念。

关于环境：竞争是常态。

关于驱动力：创新是灵魂。

关于出版平台：流程是支撑，读者是上帝，作者是财富。

关于行动：诚信是底线，视野要高远，态度要积极，日常要勤勉，做事要到位，团队要协力。

关于路径：质量是根本，品牌要打造，渠道要深耕，发展要积累，所得要所失。

关于目标：目标要坚守，盈利是尺寸，成长是力量，未来是希望。

在上述企业文化的熏陶和感染下，加之流程的把控作用、制度的规范作用、灵魂人物的示范作用，每位企业员工都认可企业，都愿意并努力去为企业奋斗。

结语

笔者根据自身管理实践和思考，总结出中小专业出版社在转企改制后自身发展所面临的10个现实问题及其对策。在未来发展中，中小专业出版社应充分保持独立性，在坚持“专、精、特、新、实”发展特征的基础上，立足行业，充分利用行业资源优势，利用信息化技术和多媒体手段，打造立体的出版模式。

（原载《科技与出版》2012年第12期）

出版精品力作，是出版的永恒主题

于国华

近年来，党和国家十分重视文化问题，先后出台了一系列决定和政策，推动文化体制改革，推动文化大发展大繁荣。十七届六中全会关于文化大发展大繁荣的决定及《国家“十二五”文化改革发展规划纲要》，充分反映了党和国家对文化大发展大繁荣的高度重视。我们如何落实这一决定呢？笔者以为，首先我们要弄清文化的含义及出版与文化的关系。笔者的理解：（1）“文化”就是以“文”“化”人，即以科学之理、技术之理、人文之理、人类之理、民族之理、国家之理，感化人、教育人、塑造人、帮助人，使人形成良好的道德风尚、文明素养、科学态度和精神追求，从而形成良好的社会风气、和谐的社会秩序、团结的民族关系和坚强的国家力量；（2）文化是一个国家、一个民族、一个单位、一个家庭甚至一个人的生存之基、发展之力、强壮之魂；（3）文化以其影响范围之广泛、延续时间之久远、影响人类之深刻而彰显其魅力。出版与文化的关系是：出版是文化的核心，是其他文化的基础，发挥着其他文化不可替代的作用。出版存在的价值是以好书化人，以好书育人，以好书塑造人，以好书帮助人。

一、加强精品力作出版的意义

第一，加强精品力作出版，是出版发展繁荣、建设出版强国的要求。没有精品力作，就谈不上出版发展繁荣与出版强国。

第二，加强精品力作出版，是出版社生存发展与出版转型的要求。没有精品力作，就谈不上出版社的生存与发展。

第三，加强精品力作出版，是出版“走出去”的要求。没有精品力作，就谈不上“走出去”“走进来”。

第四，加强精品力作出版，是出版媒体转型、数字与网络出版的要求。没有精品力作，就谈不上数字与网络出版，从而也就谈不上出版社的未来。

二、原创选题与精品力作

既然“三个一百”原创出版工程实施的目的是推动精品力作出版，那么我们首先要弄清什么是原创选题，什么是精品力作，以及原创选题与精品力作的关系。

第一，所谓原创，是通过创意、创造和创新而发现、发明和发展的成熟的新理论、新技术、新手段、新知识、新形式、新方法。所谓原创选题，一是与重大的发现或发明相关的选题，二是与重大科学研究成果相关的选题，三是与重大工程实践经验相关的选题，四是与长期研究或实验相关的选题，五是与填补国内外空白相关的选题，六是与内容、体裁、形式等创新相关的选题。概括地讲，就是对我国经济建设、政治建设、文化建设、社会建设和生态文明建设乃至对人类进步有重要乃至重大影响的选题，是对人们的精神文明建设有积极作用乃至深远影响的选题。

第二，所谓精品力作，一言以蔽之，即选题是原创的，制作是精益求精的，它是同类产品中的极品。

第三，原创选题与精品力作的关系是，原创选题是精品力作的基础，但原创选题不等于精品力作。原创选题要想成为精品力作，还要严把制作关，要精益求精地制作。精品力作不等于效益，特别是不等于经济效益，要想使精品力作有较好的效益特别是经济效益，还必须做好营销工作。

三、怎样才能出版精品力作

如何出版“三个一百”这样的精品力作，笔者认为应做到以下六点：

第一，树立正确的出版理念，是出版精品力作的前提。正确的出版理念就是，出版精品力作是出版的使命，是出版的永恒主题，而不是出版精品力作是为了参加评选。

第二，提高出版队伍特别是编辑队伍素质，是出版精品力作的基础。有了正确的出版理念，能否出版精品力作，取决于出版队伍特别是编辑队伍的职业精神和职业能力。只要我们做到严肃做人，诚信笃实；严谨做书，执着求真；严格做事，精益求精，就有可能出版精品力作。

第三，定准位、选好题、找对人、精制作、会营销、深发展，是出版精品力作、创造效益、培养品牌的基础。

第四，政策激励，是出版精品力作的重要条件。出版单位要制定激励政策，鼓励引导编辑人员积极开发原创选题，努力出版精品力作；形成出版精品力作的氛围，造成出版精品力作的环境，养成出版精品力作的职业素养。

第五，领导的职业道德水平，是出版精品力作的关键。作为出版社的领导，应静下心来，潜心研究出版，全心做出版。为此，一要带头开发原创选题，二要亲自抓精品力作出版，三要制定精品力作的出版规划，四要明确出版精品力作的要求，五要制定精品力作的出版政策。只有这样，才能出版更好更多的精品力作。

第六，用好各种扶持优惠政策，大力推动精品力作出版进程。我们要认真学习研究十七届六中全会《关于深化文化体制改革推动社会主义文化大发展大繁荣若干重大问题的决定》和《国家“十二五”文化改革发展规划纲要》，充分认识文化使命的重大意义，充分利用党和国家给予文化企业的各种扶持优惠政策，加大原创选题的开发力度，系列开发，重拳出击。加强精品力作的出版管理，使出版社的精品力作的出版规划与国家的各种出版项目相衔接、相协调、相配套，保证出版质量，按时完成出版规划。

上述出版精品力作的六点，概括地讲，就是要在“重、专、精、配”四个字上下功夫。“重”，就是领导要高度重视；“专”，就是选准专业或学科——经营方向，选好读者——市场，选对作者；“精”，就是精心加工，精心制作，精心营销，精心服务；“配”，就是配套资金，配套政策，配套管理。实施定准位、选好题、出精品、创效益、树品牌、育人才的出版精品力作的经营管理机制，实现结构优化、品种精选、成系配套、大家名家、高重印率、高重版率的精品力作的出版目标。

四、提高对出版精品力作意义的认识，发挥精品力作在强社与强国中的作用

第一，要不断提高对出版精品力作意义的认识。出版精品力作不是权宜之计，是出版的永恒主题，使命所在，发展命脉。

第二，要不断提高精品力作在出版物中的比例。目前，精品力作在出版物中的比例不高，这与广大人民群众的文化需求很不相称，与经济强国的地位很不相称，与文化大发展大繁荣的要求很不相称，对出版社的发展强壮不利。

第三，要不断提高精品力作的选题起点与出版水平，不断

提高精品力作的价值与质量，使精品力作不仅在国内有影响有地位，而且在境外也有影响有地位，形成品牌。

第四，要不断提高精品力作的效益。目前，精品力作的两个效益尤其是经济效益，还没有充分发挥出来。我们要加大营销力度，使精品力作能发挥最大的价值和产生最佳的效益，使精品力作出版走上良性的健康的发展轨道。

五、转变观念，转变发展方式、经营模式和管理方法，是出版精品力作的基础

目前的以产值增长为主要指标的发展方式、以品种增加为主要手段的经营模式、以经济考核为主要导向的管理方法，不符合文化产业的特点，不符合出版产业的规律，不符合智力工作的性质，不利于精品力作出版，不利于出版社发展强壮，不利于出版业的繁荣昌盛。那些国内外发展得好的出版企业它们的发展历史和发展经验告诉我们，我们当前的这种出版理念、发展方式、经营模式和管理方法的雷同，产品的同质化的局面，到了非改不行的地步。我们要认真研究出版形势与出版前景带来的机遇与挑战，抓住有利时机，克服各种困难，认真转变出版理念、发展方式、经营模式和管理方法，为出版精品力作、为发展繁荣出版构建坚实的基础。

第一，转变思想观念。一要将观念从计划经济向市场经济转型中形成的大而全、小而全的粗放型的经营转变到大而专、小而专的集约型的经营轨道上来，二要将观念从形式上的花样翻新转变到本质上创新上来，三要将简单模仿转变到自主创新上来。

第二，转变发展方式。要将以产值增长为主要目标的发展方式转变到做深专业、做强专业、创造品牌而产生两个效益的

发展方式上来。为此，一要认真解决定位问题，即要解决出版什么（经营定位），为谁出版（市场定位），怎样出版（战略、策略、技术定位）和什么目标（发展定位）的问题；二要确立正确的发展思路，即建立以专业效益为基础、以质量效益为保障、以品牌效益为目标的规模效益、媒体效益、开放效益、资源效益、市场效益等相结合的发展思路。其他企业、海外出版业和我国出版业的成功经验告诉我们，只要专注一个或几个有前景能做好能做强的专业方向，坚持下去，深挖、精耕、做好、做全、做强，就能发展壮大，就能成为行业的佼佼者。

第三，转变经营模式。要将以品种增加为主要手段的经营模式转变到以创新为动力的经营模式上来。通过创新理念、创新机制、创新产品，做出方向，做出品牌，做出规模，育出人才。

第四，转变管理方法。要将以经济考核为主要导向的管理方法转变到以人为本、科学奖励的管理方法上来，从物质企业的机械式的管理方法转变到文化企业的人性化的管理方法上来。通过人格平等、机会均等、待遇对等的管理方式和企业文化建设，关心每个人，培养每个人，激励每个人，约束每个人，形成群情昂然、群策群力、热爱出版、忠诚单位、做出版事业的氛围。

第五，建立发展机制。建立定准位、选好项、出精品、创效益、树品牌、育人才的发展机制。我们要看得远，抓得准，起步早，做得实，销得好；要把选题变成产品，把产品变成商品，把商品变成地区品牌、全国品牌、全球品牌。

第六，培育出版文化。一要弘扬真善美，批判假恶丑，培养扬真除假、扬善除恶、扬美除丑的出版精神；二要尊重知识，尊重人才，形成人人肯学习、人人肯研究、人人肯拔尖的氛围；

三要重视文化特点，遵循出版规律，按照文化特点和出版规律从事出版经营管理工作；四要建立彰显文明、引导思想、规范行为的出版社文化，使员工的聪明才智得到最大限度的发挥，使文化成为出版社的魂，使经营管理符合文化特点和出版规律，使出版社成为真善美文化的传播者、传承者、护卫者。

我们要做出版，要做好出版，要出版精品力作，就要读书、爱书、研究书乃至写书。因为书是宝贵的精神财富，蕴含着巨大的力量。

今天，出版业正处在改革发展的关键阶段，我们要以“不畏浮云遮望眼，只缘身在最高层”“欲穷千里目，更上一层楼”的境界，站得高，看得远，找准方向，把握命运，抓住时机，以变治变，推动出版改革发展，创造美好的明天。

（原载《科技与出版》2012 年第 4 期）

关于学术出版的若干思考

王旭坤

一、对学术出版的认识与思考

学术出版属于专业出版的领域，是专业出版的一个重要方面或者说是一个专门的领域。各个知识领域最高端的部分都属于学术出版的范畴，涵盖社会科学和自然科学，它满足了人们对原创性、前沿性知识消费的需求。学术出版产品是学术研究成果的基本载体或者基本的实现方式，具有较高的原创性和前沿性，其消费对象一般为具有较高文化水平的读者。

1978 年的改革开放，给出版界带来了新风。1979 年《读书》创刊，1982 年《汉译经典学术名著》第一辑 50 种出版，1984 年往后译著进入最繁荣的“文化热”时期。1988 年全国引发“全盘西化”大讨论。有学者总结，以“全盘西化”的终结为起点，以“重提国学”为先导，自 20 世纪 90 年代始形成了一个文化多元化与市场化的历史阶段。特别是自 1992 年以来市场经济改革往纵深发展，进一步促进了思想解放，市场经济、民主与法治、自由、现代化、传统文化、儒学等字眼在学术出版领域频繁出现。进入 21 世纪，学科划分更为明晰，哲学、政治学、历史学、社会学、经济学、法学等多学科研究呈现繁荣状态，在形式上多体现为主题研究文库[1]。历经多年改革，市场化不可避免地冲击了文化行业，学术出版面临巨大的赢利压力，学术畅销书开始出现，尤以 2006 年以来易中天《品三国》

和于丹《论语》系列为代表。

回首学术出版近几十年历程，有三个问题值得出版人思考：（1）如何看待西学的翻译引进出版？（2）如何寻找中华学术自信？（3）如何在市场赢利的压力下发展学术出版？

翻译引进为主的出版模式在引进西方文明、推动人的解放、了解市场经济运作、学习西方民主政治、介绍学科理论谱系等方面影响深远。从整体的角度而言，“中国现代学术是在西学的冲击下成长起来的，初期从标准到方法都在模仿人家，当年的大学教材中，90%的内容源自欧美、日本，直到20世纪30年代起，中国学者才开始努力发出自己的声音，但在西学框架中，我们很难找到能和世界一流学者比肩的人物，只好在文史哲等传统领域中寻找发展空间，有一些独到的成果。相比之下，在心理学、经济、法律等学科，我们传统学术根基差一些”[2]。

制度的构建短时期可能成功，而文化的生成则需要很多代人的累积。对传统文化的自觉与自信，是国人的精神财富。笔者认为学术出版上“引进西学”和“找寻学术自信”是相辅相成的两条线索。长期行走在求生存、求富强的道路上，知识界习惯了思考问题首先“瞩目西方”，而如何用中国的理论解释中国的问题难倒了很多知识分子。从悠久的传统文明之中，找寻一条不完全同于西方并能实现中国现代文明与法治的发展之路，是学术出版的重任。即运用出版平台，将中国传统文明的精华以学术出版的方式传承、探索与创新，让古代优秀的思想光辉重新释放开来。

如果说引进西学与古典传承是学术出版的两个层面，有可能形成统一认识、凝聚合力的话，那么市场赢利则是学术出版必须面对的物质压力。随着文化体制改革的“时间表”和“路线图”逐渐明确，出版业企业化完成后，商业化的追求对学术出版形成了一些负面效应，个人出书、自费出版、学术补贴书等成为业界新术语，学术出版呈现品种增加、印数减少、品质参差不齐的局面。

出版是文化传播的平台，文化的产业化和市场化是发展文化产业的必然选择，但文化本身却没法快速生成。学术出版是文化出版中最核心也是最脆弱的部分，真正的学术之路非常艰辛。在市场经济的大环境中，文化、学术是最容易受冲击、被轻视、被扭曲的。但如果轻视文化、忽略学术，一个民族就没了灵魂，就断了精神的根，也就不会有尊严和长久的发展。急功近利地要求学术图书本本赢利，违背了学术生产规律，是产生学术早产、学术泡沫的土壤。

对学术出版与赢利的矛盾，我们以法学界常讨论的“法治建设与经济发展”的关系作为比照，讲法治、讲规则并不会阻碍经济发展，讲法治可能促进经济发展，形成一个正相关的关系。从实践来看，支持学术出版和实现出版社整体赢利，并不矛盾。例如，20 世纪 90 年代，广西师范大学出版社异军突起并赢得业界尊重，“贝贝特”和“理想国”在学术出版领域贡献很大。北京大学出版社、中国人民大学出版社投入了很多资金做学术书，用赚钱的教材、工具书等项目来贴补不太赚钱的学术书，最终实现出版机构整体的“名利双收”。商务印书馆把对文化理想的追求与对商业利益的追求有机地结合在一起，历经百年而不衰。从长远来讲，有学术价值的图书最终会实现它的经济价值。

随着出版产业改革加速推行，一些传统出版社在转企改制时期，对学术出版有了态度上的改变，一些原本做得很好的专业类出版社，在市场要求和赢利指标压力下放弃了自己的品牌追求，实际上这是在出版企业化、竞争市场化之下的迷失。与此同时，有些民营图书公司在学术图书的策划组织方面获得行业与政府的认可，如智品书业的《当代名家学术思想文库》[3]。从港澳台三地畅销书名单中，可以比照出内地某些出版物在文化底蕴上的缺失。又如台湾远流出版公司，1975 年仅以 40 万新台币创立，现在资本额已达 1.58 亿新台币，远流公司希望成为一所“没有围墙的大学”，而实现这样的企业宗旨和出版理想，没有学术出版是绝对不能的。

笔者认为，学术出版绝不能以营利为第一宗旨，但可以实现赢利——“营利”和“赢利”两词略有差别，前者主要侧重于主观上谋求经济利益，而后者侧重于客观上有收支相减后的收益。产业化、出版改制、兼并重组、发展壮大是时代潮流，但这丝毫不意味着可以强求学术出版“以赚钱为第一要义”。出版作为一个亦文亦商的特殊行业，文化属性和产业属性并不矛盾。时代的潮流从来不会因为它行进过程中的枝节问题，而改变其基本的发展规律。

二、推动学术出版发展的若干建议

1. 建设学术出版品牌

学术不宜以赚钱为第一要义，但也要解决生存问题。出版必须赢利，因为赢利才能发展，一个不能发展的企业是没有生命力、没有出路的。而长久的赢利须建立在品牌的基础上，品牌则是由好产品累积起来的。在出版界，唯有做好书才能有品牌，也唯有品牌，才能为赢利带来长久保障。如何在解决生存的基础上把学术出版做出品牌，笔者以为有三点很关键：(1) 懂得要政策，学会用政策；(2) 培养有学术鉴赏力和自主策划能力的编辑队伍；(3)“凡立社者必有文库”，坚持做好品牌文库的长期建设。

首先，所谓“要政策，用政策”[4]，即是将国家支持文化产业、支持学术研究的各种政策用足，如在《新闻出版业“十二五”时期发展规划》中，就明确提出“积极争取中央和地方政府对新闻出版领域重大项目的资金支持”，如经典中国国际出版工程、两岸出版交流合作工程、民族文字出版工程、国家古籍整理出版工程等。“十二五”期间国家重点图书、音像电子出版物出版规划达 2 000 余种，这些都属于国家的政策支持。除此之外，还有各种国家社科基金、各部委纵向招投标项目、各类横向课题等，这些课题资助中本来就有一块经费属于出版资助。作为出版方，应该和作者一道把国家政策中对于学术出版的经费支持用足、用好，共同承担支持学术出版的社会责任。此外，对学术出版的支持还包括负责学术出版的分支机构要会向总社（或出版集团）要政策。就学术出版资助来讲，出版社应有自己的专项资助或专项奖励，此乃出版企业责任所在。这种资助可以给予年轻的有潜力作者和一些曲高和寡的好作品。在以“经济赢利指标”为单一考核机制下，也是给有鉴赏力的好编辑的激励。一个出版企业如果能达到 20%的高端学术产品，就可以把整个企业带向一个新高度。

其次，筛选好的学术作品需要编辑具备很强的鉴赏能力，所以必须培养具有学术能力和自主策划能力的编辑队伍，自主策划能力提升意味着出版机构自有产品的充实。“参加学术研讨会，密切与学者交往，加深对学者本人能力、贡献和价值取向的了解，加深对他们的研究动向的了解，从源头上确保学术质量，对于今天的学术出版来说，变得超乎寻常的重要。”[5]在某种意义上，编辑除了要为作者“作好嫁衣”之外，还充当了作品和作者的“知音”和“伯乐”。如周振甫作为钱锺书最敬重的编辑，其本人就是学者型编辑。郝振省曾说：“一个具有较高文化理性的编辑才能设计出具有较高文化理性的选题，才能寻觅到具有较高文化理性的作者，也才能编辑出具有较高文化理性的书稿，最终才能形成具有较高文化理性的品牌。”[6]

最后，学术出版的结构性发展策略可简单归纳为著译并重，以原创为主；新老并重，以推动新人新著为己任；专著与文集兼顾，以精为要。北京大学出版社张黎明总编讲过：学术出版的真正实力，不在于规模的扩张，而在于特色和水平。对学术出版而言，低水平重复没有意义。专业化比规模化更加重要。“凡立社者必有文库”，学术出版做出品牌，要善于将许多个作品按照“主体”或者“主题”整合成一套套极具“含金量”的文库，长期坚持下去。比如商务印书馆在30年前开启了《汉译世界学术名著丛书》，2010年又开始筹备《中华现代学术名著丛书》（约300种），以期全面梳理百年中国学人的思想成果，现已出版第一辑。“在中外近现代出版史上，凡是做得有影响的、有作为的出版企业，无一不是出版文化理性的倡导者和践行者。”[6]

2. 运用按需印刷等新技术

现代社会发展学术出版必须重视数字出版。在数字出版之下催生的按需印刷技术（POD，print on demand），解决了学术产品印数、库存和赢利难题，是一个很好的学术出版助力点[7]。POD让出版的模式发生了改变，过去的印书—卖书，是先有供给，再寻找需求，而技术的发展实现了卖书—印书，先有需求，再有供给。

例如，剑桥大学出版社是以出版学术著作为主，它大量的书每年的销售量都不超过500本，其中90%的销售不到50本。以前这类图书慢慢进入每年销售50本左右的稳定状态就不再印刷了，从1997年实施短版图书数字出版的计划以后，有8 000

个品种的图书复活。这些图书每年的销售量都在 50 本以下，哪怕每年只销售 1 本，采用数码印刷，一本就会有一本的利润。这样的模式有赖于剑桥大学出版社的优质内容资源和先进的 POD 技术，极高的学术价值与固定而少量的专业读者，保持了一个持续稳定的需求量。

国外学术出版的 POD 赢利模式，首先依靠出版社有优质的内容资源，其次得益于它们和亚马逊的合作。平台将订单需求迅速整合，反馈给闪电速印（出版社事先即同意将图书的数字文档存在闪电速印的数据库里），每天将万种图书一起用轮转机印刷，再迅速交付物流，送至终端客户。相比而言，国内尚无这样的交易平台、信息管理、信用机制和物流体系等。

POD 赢利模式亦是长尾理论在学术出版领域的运用，绝大部分学术书都处于长尾之中。学术图书具有“曲高和寡”的天然性，其出版应逐步摒弃以“印数多少和赚钱多少”论英雄的评判思维。以某知名出版社的学术分社为例，2000 年左右学术书的平均印数大约是 3 000～5 000 册，而现在多徘徊在 1 000～1 500册左右，甚至更少。在国外，很多学术书实际也就印 1 000 册，如果再有需要，根据订单情况采用按需印刷。学术图书销售周期长，库存是个大问题。如果国内按需印刷能达到 1 000 册甚至更低的平衡点，一些读者群比较少的学术书和专著就可避免一次印几千、一存存几年的窘境，从而增加 POD 的业务量，有效地控制出版社的库存。

笔者坚信，具备学术理想和学术鉴赏能力，才能做好学术出版。缺乏学术鉴赏力，又没有物质支持，来追求学术出版的品牌建设和赢利无异于缘木求鱼。在确立了正确的学术出版宗旨和理念之后，可进一步探讨学术出版的市场问题，如商业营销、数字出版等一系列课题。近日发布的《中共中央关于深化文化体制改革推动社会主义文化大发展大繁荣若干重大问题的决定》，从中国经济转型角度，连用了四个“越来越”的排比句，强调了大力发展文化的重要性，这对于文化产业的未来、学术出版是一个新的机遇。

注释

[1] 雷思温. 二十年学界大事记 [EB/OL]. http：// bbs. scuec. edu. cn/read-htm-tid-41929. html.

[2] 常绍民. 商务印书馆正筹备《中华现代学术名著丛书》[N]. 北京晨报，2010-04-26.

[3] 及烁. 北京部分民营图书公司获得书号 [N]. 中国图书商报，2011-04-26.

[4] 新闻出版业“十二五”时期发展规划 [EB/OL]. http：//www. gapp. gov. cn/cms/html/21/3219/201104/723561. html.

[5] 张黎明. 大学资源已成学术出版制高点 [N]. 中国新闻出版报，2007-09-04.

[6] 郝振省. 重视对出版文化理性问题的研究 [J]. 中国编辑，2010 (4).

[7] “按需印刷：出版的强力推动器” [EB/OL]. http：//www. chinabaike. com/z/keji/ys/383933. html，2011 年 7 月 8 日访问.

（原载《中国出版》2012 年 2 月下）

基于出版流程的责任编辑负责制思考

卢　旭

转企改制后，出版社如何发展是摆在各位出版社“当家人”面前的重大课题。作为企业，出版业必须做大做强，否则，将被市场无情地淘汰，因此，出版业必须快速发展、规模发展、可持续发展，即有追求经济发展的诉求。作为精神文化产品的生产单位，必须从全局高度认识出版业的社会责任和出版物的文化属性，坚持正确出版导向，确保产品质量，服务大局，促进文化大发展大繁荣，即有追求文化发展的诉求。两种诉求冲突时，必须以文化发展诉求为根本，必须要追求社会效益和经济效益的最佳结合。但是，在很多时候，出版物的质量在两种诉求冲突时的表现并不尽如人意。当前，图书质量，尤其是图书编校质量下滑，严重影响到出版业的发展，也不断增加出版业的风险。

对此，笔者认为，造成图书质量严重滑坡的原因在于管理制度和行业运行机制，其中的一个重要原因与对责任编辑负责的责任认识不清，不明确其中的关系。如何在转企改制条件下进一步思考“责任编辑负责制”内涵，本文就此谈一些看法，希望能起到抛砖引玉的作用。

一、责任制与责任编辑负责制

所谓责任制是具体规定企业内部各个部门、各类人员的工作范围、应负责任及相应权力的制度。建立责任制的目的，是在对企业员工进行合理分工的基础上，明确每个部门和岗位的任务和要求，把企业中的工作同人员对应地联系起来。

我国出版社实行责任编辑制度，开始于 1952 年 10 月国家出版总署做出的《关于国营出版社编辑机构及工作制度的规定》。1954 年 4 月，国家出版总署在《关于图书版本记录的规定》中进一步予以明确。1978 年拨乱反正时期，国务院批转了《国家出版局关于加强和改进出版工作的报告》，提出要“恢复总编辑、主任编辑、责任编辑三级审稿制”。1980 年 4 月发布的国家出版事业管理局制定的《出版工作暂行条例》明确规定责任编辑负责“对决定采用的书稿”“认真做好编辑加工整理工作”。

目前引用比较多的是《出版管理条例》第二十五条即“出版单位实行编辑责任制度”。再早有原国家教委 1996 年《关于加强图书质量管理的意见》的表述，即“责任编辑对所编辑加工的书稿负有全面质量把关的责任”，“责任编辑要把好成书前的质量关，尽最大努力把差错消灭在生产过程中，杜绝质量不合格图书进入市场”。

二、图书出版流程与责任编辑负责制

图书产品质量与过程密切相关。各社的具体流程细节不同，但以下的流程大体反映了图书出版的过程：收集信息—策划—选题—组稿—审稿—加工整理—整体设计—发稿—排版（封面设计）—校对—印前质检—付印（印刷）—成书质检—成书入库—销售—图书宣传评价—收款。

图书出版流程涉及编辑部、总编室、设计部、出版部、照排、校对、印制单位、储运部、营销部、财务部等几乎出版单位的所有部门，一个部门就是一个环节，都会对产品质量产生不同程度的影响。因此说，图书的生产过程是一个系统的过程，每个环节及流程，都会影响出版物的最终质量。

在这个流程中，编辑工作是中心环节，所进行的是对原稿进行审查和文字加工的工作，是对图书质量直接产生影响的环节，责任编辑能够直接控制的环节是审稿、加工和读样。当然，其他环节也会对图书质量产生重要影响，如选题论证等。其实书稿的三审三校一通读的过程是一个环环相扣的连续的生产过程。这个过程中，只有每个人都认真做好自己的工作，明确责任，书稿的质量才有保证。如果没有形成下一环节对上一环节的监督机制，各环节的责任不明确，只是到了书稿付印前才对整体书稿进行质检，或者是到了图书出版后才质检，会产生管理漏洞，这就让不负责任的编辑和校对人员有空子可钻。

转企改制后，出版单位作为现代企业的经营管理都是按过程来组织的，编辑出版工作的一个重要特征就是有完整的工作流程。从生产流程的角度考虑，质量与过程密切相关，过程质量决定了产品质量，因此必须把编辑工作放入整个出版过程中来把握，并赋予编辑工作相应的职责，不能失位，也不能越位。

三、出版社转企改制下的编辑责任负责制思考

当前，图书质量尤其是图书编校质量下滑，严重影响出版业的发展，也不断增加出版业的风险。图书质量下滑的一个重要原因与责任编辑的责任不明确有相当的关系，一个“责任编辑负责制”既不符合现代企业管理机制，又让编辑乱了方寸，换言之，责任编辑在出版流程中本来清晰的职责在“责任编辑负责制”下不清楚了，使得编辑没有抓住工作的本质。因此，只有进一步认识责任编辑的责任，才能从认识上、流程上解决

图书出版质量问题，从而为解决图书质量问题在制度上、运行机制上找到途径。

1. 从出版业的行业特点思考责任编辑负责制

首先，出版物是一种特殊的产品，与工业产品有所不同。出版物生产和消费基本是一次性的，出版物单品很难像工业单品那样在一个较长的期间连续生产，加之读者的重复购买几乎无可能，这使得出版物新产品的生命周期相对较短。每出版一本新书，就是一个新产品的诞生，出版业比任何一个行业的新产品都要多，因此可以说，出版是一个新产品驱动的行业。从这个特点看，出版业追求多、快，以品种取胜，以速度取胜，是符合出版业本身行业特点的，是无可厚非的。离开新产品的不断推出，出版社的生存必定是有问题的。这也可以从每个出版社的再版重印品种上简单地得到印证。如西南师范大学出版社建社 25 年，书号使用量 4 500 个，目前新品种加再版重印品种不超过 1 000 种，近 3 500 种不再再版。出版社要生存必须多出、快出。

其次，出版业又是一个高危行业，而这却是出版产业链的特殊属性，出版业经常用“如履薄冰，如临深渊”来比喻，这与出版业加工的“原料”有关。出版是批量复制原稿的精神生产活动，将作者个体化的精神劳动转化成社会化的文化生产活动。这种生产活动赋予图书双重属性，即精神产品属性和物质产品属性。图书生产的风险主要表现在内容风险、图书呈现方式的风险、图书质量的风险（指编校质量和印刷质量）以及市场预测的风险等。在这些风险中，内容风险是第一位的，我们经常说，把好政治关，是办好一个出版社最基本的前提。一本坏书、一个政治错误，就足以使一家出版社付出难以预计的甚至是以生存为代价的成本。对图书质量的风险认识逐步增强，这与近年来我国出版业遭遇严重的图书质量问题引起多方高度重视有关。

最后，出版业就其行业属性来说，属于高知识密集型，如前所述，每出版一本新书，就是一个新产品的诞生，出版业比任何一个行业的新产品都要多，而且，出版业是以个体劳动为主要表现形式，通过大规模现代化手段进行编辑加工目前闻所未闻。不断推出的新产品要求与编辑队伍发展相对滞后之间的矛盾显得相当突出。我们知道，每个编辑一年的发稿量是有限的，超过上限，图书编校质量难以保证。这就是工作总量与个体承受力的矛盾。还有速度与完美质量的矛盾。如果不明确责任划分，这样的工作强度，对提高图书质量和建设品牌无疑是一大威胁。受图书产品质量复杂性的影响，统一的质量标准对于每一本书的表现是不一样的，质检人员把握的标准宽严不一所造成的质检结果有时不能体现一个公平标准基础上的编辑和校对人员的水平和责任心，这将严重伤害编辑工作的积极性，加重编辑的心理负担，使得编辑本末倒置，注重编校质量，忽视书稿内容。

2. 从图书产品质量的特点看责任编辑负责制

质量与产品或服务的属性是密切相关的，不同属性的产品会表现出不同的质量特性。图书的双重属性，使其表现出独有的质量特点。

精神产品不同于物质产品，物质产品的不合格者报废处理即可，而精神产品的内容和表现形式复杂得多，对其鉴定有时具有边界模糊性，且需要相应的文化素质与专业水平，不是简单地进行产品检测即可。这些特性决定了文化产品对社会文化发展具有深刻的影响，决定了其在社会心理构建、社会意识成型与定向中的重要作用，它的导向性渗透在编辑活动的各个环节。

从图书质量的构成上看，对图书质量的控制比一般物质产品质量控制困难得多。图书出版的精神产品生产过程主要集中在编辑工作阶段，其产品是符合出版要求的样稿，其价值主要表现为精神内容。由于精神产品生产的本质属性使然，编辑校对工作是典型的个体化的精神劳动，有着内在的发展规律，无法量化其各项指标。因此，与以设备为主要生产手段的普通物质产品生产相比，对图书精神内容的质量监测、控制都极为困难。“质量来自管理过程”，图书的生产过程是一个系统的过程，每个环节及流程，都会影响到出版物的最终质量。

认识误区和落后的质量管理手段难以控制图书质量。由于图书质量构成复杂，加之出版界对此研究甚少，以至于许多出版机构和从业人员对图书质量产生了认识误区。例如，由于图书精神内容质量难以量化，而日趋严重的图书编校质量问题又使出版管理部门将出版质量检查的重点放在了编校质量上，致使许多出版企业产生了编校质量就等同于图书精神内容质量的错觉，实际工作中忽视了更为重要的思想性、科学性等内容质量。在图书出版质量管理上，多年来一直将工作重点放在出版活动的具体结果（单个图书产品）上，沿用事后筛查的传统管理手段，不能从图书出版文化本位出发，以精神内容质量为中心，对图书进行全面质量管理，因此在遏制持续下降的图书质量方面显得力不从心。

3. 国内外出版单位的一些做法

（1）以美国出版公司为例。柳明在《编校过程对图书质量的影响——对中美图书出版编校流程的比较分析》一文中详细介绍了美国出版公司在出版过程中对图书质量的控制，并与我国出版业进行了对比。从材料中可以看出，美国出版公司的责任编辑可以对图书的审稿、加工和校对的全过程进行控制，当然也能够对图书的审稿、加工和校对的全过程负责。虽然这个过程是分别由不同的人完成的，但他们都对责任编辑负责，由责任编辑安排。这个过程是通过若干次的反复才完成的。这个过程中专业分工精细，职责分明，可以说是真正的责任编辑负责制，这对我们很有借鉴意义。

（2）以广西师范大学出版社为例。广西师范大学出版社从新形势的实际出发，将校对科改造为校对编辑室，对校对部门重新定位，重新规范编校分工，责任编辑主要对内容质量负责，即对图书的思想文化内涵负责，校对编辑主要对文字质量负责，即对文字表达形式，主要为字、词、语法、标点符号等方面的质量负责。

四、结语

图书质量关乎出版社生存。将图书质量下滑归结于责任编辑负责制，归结于一个个责任编辑，实际上是对出版社的一种不负责的态度；而一个责任编辑也无法承担一个出版社生存发展的重任，要从制度和运行机制上找原因。基于以上的分析，笔者认为，必须对责任编辑负责制重新认识，重新定位责任编辑的职责，不能把所有的“板子”不加区别地打在责任编辑身上。这样不利于“以人为本”，不利于图书质量的提高。责任编辑至少有三大责任，其一是业务责任，即技术层面上的观点把握；其二是政治责任，即思想层面上的观点把握；其三是经济责任，即利润层面上的创收指标。对于这些，可以借鉴国内外先进出版社的做法，从出版业自身行业特点，从系统工程的角度，认真思考责任编辑的职责，根据具体情况具体分析，具体的编辑工作由谁完成，相应的责任由谁来承担，而不是“一刀切”。比如，可以参照美国出版公司的做法，使责任编辑真正对图书的审稿、加工和校对的全过程进行控制，实行真正意义上的责任编辑负责制。当然，根据我国出版业转企改制的实际，可以根据《关于编校职责划分与责任界定的建议》来界定，或根据《图书校对工作基本规程》的“现代校对的校是非”的五个方面的任务划分编辑的职责；实行科学化分工和专业化生产，明确编辑、校对、设计、印刷等各个环节分工，责任清晰，形成高效的生产组织体系，确保出版物产品质量；明确在做好本职工作的同时，责任编辑对所编辑加工的书稿负有全面协调的责任等。

同时，对责任编辑负责制应该实事求是，一切从实际出发。从编辑工作的核心地位思考界定责任编辑的责任，不降低要求，但也不能提出超越编辑职责能力的要求。着眼于思考提高图书质量的问题时，把解决主观意识问题放在第一位，即编辑工作模式和编辑生产方式是否能适应出版优质图书的要求。充分认识编校分流是出版生产力发展的必然产物，是出版生产集约化的表现，是历史的进步，并以此界定责任编辑的责任。

参考文献

[1] 蔡鸿程. 图书责任编辑岗位与责任划分新析［J］. 中国编辑，2006（4）.

[2] 王积龙. 瑞典新闻出版公共服务研究［J］. 出版发行研究，2008（3）.

[3] 柳明. 编校过程对图书质量的影响——对中美图书出版编校流程的比较分析［J］. 出版发行研究，2008（9）.

[4] 论图书选题质量管理的意义、内容和方法［J］. 出版发行研究，2008（1）.

[5] 孙江莉，丰捷. 关于图书质量保障机制的若干思考［J］. 出版发行研究，2007（10）.

[6] 王勇安，郝捷. 出版的文化本位与图书质量关系研究［J］. 出版发行研究，2007（8）.

[7] 赵强. 一种令人遗憾的出版软肋——散论当今编辑主体地位的某种丧失 [J]. 出版发行研究，2007 (6).
[8] 朱胜龙. 现代图书编辑学概论 [M]. 苏州：苏州大学出版社，2003：20.
[9] 戴克商，雷金溪. 质量管理的理论与务实 [M]. 北京：清华大学出版社，2004：235.

（原载《中国出版》2012 年 3 月下）

全媒体时代，编辑如何“应变”

马跃明

随着现代科技的飞速发展，网络、智能手机、微博等新媒体以其时效性强、信息量大、覆盖面广、互动性强等特点猛烈冲击着人们接触和选择传媒的方式，深刻改变着传统媒介格局。越来越多的报纸、杂志等传统媒体开始走上数字化转型之路。媒体数字化转型过程中最艰难的是身处核心环节、从事中心工作的采编队伍转型。面对全媒体时代，新闻编辑只有重新角色定位、创新出版理念、强化能力培养，使自身素质和能力适应新的领域、新的业态，才能促进传统纸媒和新媒体实现内容原创性、权威性与新媒体传播方式的有机结合，提升报刊社在多元传播格局中的核心竞争力。

一、编辑角色的转变和适应

2008 年 7 月，烟台日报传媒集团在全国率先正式上线运营全媒体采编系统；2009 年 1 月，宁波日报报业集团正式成立全媒体新闻部，成为全国首支全媒体采编队伍，标志着国内数字报刊业发展迈入新的历史阶段。全媒体取向的传统纸媒数字化转型，使得新闻编辑工作的范畴远远越出传统编辑工作，编辑的角色也悄然转换。

1. 从审读编辑到深度加工编辑

在传统观念里，新闻编辑是为单一载体策划、编制新闻内容的专业人员，业务多局限于稿件组织、校对、加工、出版等方面，即围绕新闻稿件开展工作，被人们称为“审读编辑”。数字化时代，由于信息来源缺乏权威性、可靠性，会引起信息与知识的泛滥，让很多人无所适从。每天浏览大量网页、阅读各类书报，大脑被各类信息塞满，却难以挑选出真正有价值的信息，或者在海量信息面前难以找到自己适用的信息。传媒的核心能力不是提供纸张或数字介质，而是提供内容和价值。如何选取最有价值的新闻信息，如何用最合适的编辑语言加工信息，如何用最有效的传播途径传递信息，都是一个新闻编辑必须面对且必须解决的问题。由此，新闻编辑的角色定位，使其由信息收集者、简单加工者和广泛传播者，更多地向信息筛选者、综合处理者和定向传播者的“深度加工编辑”转变。

2. 从策划编辑到产品设计师

20世纪80年代末开始的新闻出版市场化改革，已逐渐把编辑们从宁静的书屋里拖到了纷繁复杂、竞争激烈的一线市场，催生文字编辑向集策划、编辑于一体的“策划编辑”转型。在全媒体时代，广大编辑肩负着将内容资源进行统一数字化加工和生产，即编辑不再局限于向哪家单一的媒体供稿，而是向多个终端发布——纸质报、手机报、多媒体数字报、电子移动报、户外视屏等。因此，编辑除了新闻价值的专业判断之外，还要考虑如何在多种载体上针对这些载体的不同受众分配新闻信息，包括选择不同的报道角度、采用不同传播方式、运用不同的传播技术，更重要的还有培育不同的增值产品，成为“产品设计师”。

3. 从守门人到“意见领袖”

在传统媒介垄断新闻传播的时代，承担采集与发布新闻信息的主要是记者编辑及作为“准新闻工作者”的通讯员，新闻编辑作为“新闻守门人”，完全能够控制与主导新闻传播。在微博、博客、QQ 等新媒介不断出现之后，来自普通民众的新闻和言论在新闻传播中占据越来越大的比重，倒逼专业新闻媒体把自己改造成公众交流的平台。因此，新闻编辑必须从幕后走到前台，成为社会公众的对话者和新闻论坛的主持人，并将公众意见纳入新闻传播内容的范畴内。现在，已经有越来越多的传统媒体的记者编辑在网络媒体上开设了互动专栏，从中获取信息和线索，主持有关各类新闻议题的讨论。近年来，几乎所有参评中国新闻奖的网络新闻专题都开设了论坛与网民互动，新闻编辑作为“意见领袖”的特点也表现得非常突出。

二、编辑理念的强化与创新

传统媒体数字化转型，给编辑带来的不仅是技术手段和新闻业务技能的更新，更是新闻出版理念的创新和提升。只有让这些观念、意识和理念深入纸媒编辑的内心，在日常新闻的采编操作中形成习惯，才能把握机遇、应对挑战。

1. 强化学习意识

当今社会变化很快，政策新领域、经济新问题、民生新矛盾、科技新前沿层出不穷。现代编辑是新闻作品的优化剂，是受众需求的提供者和引领者，也是市场的创造者。这些要求编辑切实加强学习，不断完善和优化知识结构。

2. 强化网络意识

现代编辑应学会用数字化时代的思维方式思考，把增强网络意识、熟练全媒体技能作为提高自身素质的重要方面，强化服务意识。各种媒介出版了，读者欢迎不欢迎，编辑是重要决定因素。因此，编辑要强化“受众本位”的传播理念，把读者需求放在第一位，要与读者一起成长。

3. 强化创新意识

在全媒体时代，各分媒体的读者需求是不一样的，除了编辑需要新的技能，还需创新智慧、创新策划方法、创新发行手段，以及分媒体各自与读者建立关系。

三、编辑能力的建构和培养

面对日新月异的全媒体时代，媒体技术和知识更新的周期越来越短，编辑业务不再是自我封闭的流程空间，而变成了一个开放互动的空间，编辑业务能力的培养自然要随之而动。

1. 搭建学习平台

营造良好的学习工作环境，与整个产业链上的各方加强沟通与互动学习。首先，报刊社应制定“实现自我价值”“自我学习”的策略，重视编辑的工作引导，建立完善的编辑学习培训制度。其次，在数字化出版平台或内容管理系统内搭建作者和编辑协同工作的网络平台，形成一体化的内容解决方案。最后，给予编辑短期的心理培训，让编辑通过学习和交流了解作者和读者的心理特征，从而为读者和作者提供深层次的内容服务。

2. 强化制度保障

从本质来看，制度是促进人员全媒体化及有效管理的根本保证。一是建立全媒体采编机制。依靠网络和电话建立信息采集分享系统和呼叫中心，报网两班人马共同策划报道、共同采访，素材共享。二是建立考核激励机制。将网络因素纳入采编管理和编辑考核。把新媒体作为考核管理的重要指标的做法目前被全国各大报社普遍采用。

3. 坚持“走转改”

对全国1 100多家报纸的网站调查显示，绝大多数的报纸网站没有互动栏目。无论采访写作编辑手段多么先进便利，都代替不了亲身感知和直接体验；只有深入基层、深入群众，才是改进文风、转变作风的根本途径。因此，要深入开展“走转改”活动。

4. 加强新闻策划

要将市场脉动最好地反映到新闻媒体上，就是加强新闻策划。现代编辑要培养新闻策划能力，可以从几个方面入手：一是按照新闻规律，学会从丰富多彩的现实生活中捕捉亮点，提炼受众最关心的话题。二是培养自己的前瞻性和时效性。既善于把握热点，又善于引导热点；既善于做事后策划，也要体现策划的时效性。三是培养全方位、宽领域、多角度观察社会的能力，对一个话题进行深度挖掘，提高新闻作品附加值。

（原载《出版参考》2012 年 9 月下）

新闻编辑功能机理的多维发展

朱小翠

互联网时代，新闻空间似乎变成了信息竞技场，在这里，人们进入立体新闻信息的空间走廊，执政者和草根民众拥有同样的新闻信息发布权，各种关系彼此交织，相互依存。报纸、广播、电视、电影给我们带来的片段性、可以等待到终结的闲散时光完全被无穷无尽虚拟的空间所取代。新闻信息没有时间的控制，没有空间的限制，没有金钱的局限……超级文本的无限链接，比特德·纳尔逊（Ted Nelson，1972 年创造术语“超文本”）所设想的细节更加完美。

各种不同空间的新闻信息都组织在一个网状文本里，新闻信息处于一种弥散的状态。新闻信息的海量多元，极大地推动了新闻编辑功能机理的多维发展。新闻编辑的功能在新闻信息系统的组织内部、新闻部分之间相互作用的过程和方式，出现了新的变迁和位移。在遵从社会组织结构的基本形态、控制媒介的影响和效应、把握政治空间的动态、维护民族文化本体、增强集成网络高效益等方面出现了前所未有的转变。新闻编辑功能机理的多维发展，使新闻信息变得更理性化、条理化、自动化和可控化。

一、社会维度：促进媒介社会结构的有序化

新媒体的快速发展，有力地冲击了传统媒体的主流地位。

传统媒体传播的新闻信息，总是定点、定时、定量地规则发布，稳固的新闻信息状态展示的是世界的一维和二维状态，有十分清晰的逻辑秩序和严格的法律规约。在传统的新闻的话语世界中，我们可以理解所处的世界。然而，如今的新闻信息，采用的是创造性的阐发方式，这种传播状态催生了崭新的社会秩序，人们越来越关注新闻信息带来的全新的现实体验和影响。“康德宣称，我们的知识运用主要不是调适自己以迎合现实，反而是现实要调适自己以合于我们的心灵。”[1]的确，新闻信息加大了社会联系和人际作用的范围，并增加了传播密度。新闻编辑的功能就是把超海量的新闻信息变为有序化并进行加工处理。

1. 道德是维护媒介社会秩序的有力保证

道德虽然无形，却拥有无比强大的力量。孔子说：“为政以德，譬如北辰，居其所而众星共之。”（《论语·为政》）新闻编辑最明显的作用，就是把芜杂的社会新闻议题，转化为符合道德标准的议程设置议题。新闻编辑要强烈地感受到社会新闻道德的重要性，因为一旦丧失新闻的道德标准，新闻信息将在灰色无助的地带徘徊。失去道德和公信力的新闻，就会最终失去受众的信任。所以新闻编辑要重视社会道德的维护，因为其是维护媒介社会秩序的有力保证。

2. 新媒体下的“身份习俗社会”

美国社会学家戴维·格伦斯基在《社会分层》一书中提出：全球化时代，社会状态由经济社会、组织化社会逐步进入到“身份习俗社会”，整个社会共同体以价值秩序为标准。“习俗化的身份与阶级一样都是真实的社会现象，不过，它们由一系列游移不定和毫不稳定的关系与认同毫无规则的交叉重合而成。身份习俗社会是在全球化场域下循环、膨胀的破碎结构的一个流动性的模型。”[2]“身份习俗社会”为新闻编辑提供了广阔的社会场域。新闻编辑在新闻信息的编辑过程中，必须从社团、公民、族群、宗教、代际、伙伴等身份关系中，重新界定和规范这个习俗社会体系的符号层面，确立新闻信息的效用。新闻编辑要以公正、中立的态度，对新闻信息进行分层管理和控制，使新闻信息能通过层级处理符合人们的需求。

3. 媒介社会是一个系统

在媒介社会系统中，新闻编辑的功能就是满足受众对新闻信息的需求。这就好比有机体生存的需求得不到满足，个体就会死亡；维持种族生存的需求得不到满足，种族社会就会灭绝。同样，媒介社会的受众需求得不到满足，媒介社会就会解体。新闻编辑通过对现行新闻信息结构进行改造，从而使受众的需求得到满足，这是媒介社会存续的重要条件。要满足人们对新闻信息需求的欲望，新闻编辑就要更有目的性，更有组织性，从而促进媒介社会结构的有序化。

二、政治维度：把握政治传播的本质

从新闻传播学的角度来看，政治传播一直被认为是有目的的传播，它既是政治行动者为实现某种目标而进行的传播活动，也是非政治行动者对政治行动做出回应的传播活动。政治传播的唯一目的就是把新闻信息传播给更多的受众。新闻编辑如果无法通过各种编辑手段说服受众接受信息，那么政治信息就失去了意义。

1. 信息调控维护公民权利

“信息就是权力”[3]，新闻编辑调控新闻信息的发布，是维护社会政治权力和公民权利的重要保证。新闻编辑在信息泛滥的时代，不能只对封闭的或有限的新闻信息进行影响和制约，因为社会正变得越来越开放和多元，开放的编辑系统才能使信息朝着更有利于社会政治权力和公民权利的方向发展。政治体制的日益开放，为新闻编辑建立新闻信息的权力模型提供了可能性。

2. 新闻传播以国家根本利益为准则

“权力是政治的本质”，“在国际政治舞台上，政治就是为权利而斗争”[4]。新闻编辑在新闻的处理中要以国家的根本利益为准则，国家的根本利益就是为根本的权益而斗争，所以显示权利、维护权利和增强权利，是新闻的编辑之道。同时还要审思政治新闻应该以怎样的形式呈现在公众的面前，才能带来更好的政治优势。“事实上，评判政治技能的标准就是：是否能够使公众对某一形势的解读深信不疑。”[5]编辑对新闻的处理，就是能够预期可能产生的漏洞和误解，让公众得到更多的安全感。

三、传播维度：调适新闻信息的关联

新闻编辑对存在于传播体系的各个层级中新闻信息的处理，具有多重性和复杂性特点。新闻信息的各个层级的传播可能是人际传播、群体传播、组织传播、社会传播、文化传播，也可能是大众传播。不论是哪个层级的新闻信息传播，最终都归于新闻信息在受众中的流动。

1. 完善信息供求机制

新闻编辑是处于信源和信宿之间的行动体，这个行动体至少有两个行动者，那就是个人和群体。他们要对复杂的新闻信息系统进行研究，并通过一定经验的参照，掌握新闻信息交换、分享、反馈的方法，从而有效地控制传播系统。在传播过程中，人们对新闻信息的需求往往遵循的是自由市场原则，有什么卖什么，需要什么买什么，而且这种需求关系不断变化，所以了解或说出人们真正需要的新闻并非易事，因为人们的偏好是多层次、相互交叠的。新闻编辑要充分了解人们的偏好，在新闻信息的选择上要有更多人群的讨论和参与，才能建立及时、准确、规范的新闻信息发布程序，满足人们对新闻信息的需求。

2. 建立新闻话语的多向度空间

新闻编辑面对新闻话语空间是多向度的，不同体制下媒体的新闻话语空间各不相同，不同社会环境下的新闻话语空间也不同，不同的传播者的新闻话语空间也不尽相同。新闻编辑是处于多向度新闻话语空间的中间介质，在严肃新闻话语与娱乐新闻话语、精英主义话语和平民主义话语、传者本位话语和受者本位话语、专业新闻话语与自由新闻话语、直播新闻话语和互播新闻话语中，看到新闻传播话语空间的多层级、多维度、综合性、复杂性的特点，在新闻话语量化而非本质化、碎片化而非全景化、主观化而非具体化、延展化而非系统化的新闻话语中，从整个新闻信息系统出发，建立新闻话语的多向度空间，而非单一空间。

3. 引导新闻信息扩散的全媒体

新闻编辑面对全媒体传播中新闻信息急速增长的现状，需要更好地认识全媒体信息传播的力量，摸索全媒体传播的规律，多元的传播主体、复杂的传播路径、丰富的传播内容、宏大的传播环境、智能的传播终端，引发新闻信息的无限扩散。新闻编辑身处其中，针对受众的对新闻信息的个性化需求，通过文字、声音、图像等多媒体手段，全方位、互动式展示新闻信息的内容，引导受众意识，建立核心价值。

四、经济维度：探寻新闻信息的价值衡量

新闻信息在社会网络中的存在是有经济衡量尺度的，其经济衡量尺度和社会的价值衡量尺度具有同一性。

1. 公共选择理论的逻辑

任何新闻信息的传播都带有一定的政治目的，这是新闻编辑的必然选择。为了更好地说明政治与经济的关系，丹尼斯·缪勒创立了公共选择理论。这一理论的逻辑起点就是把经济的利己主义和政治的利他主义，纳入了一个统一的理论框架中，这样就为新闻编辑在海量新闻信息的决策处理时获得了充分的理论依据。公共选择理论的代表人物——美国经济学家詹姆斯·布坎南认为："在相互冲突的主体间形成一致的规则是不可能的，因此只能求其次，通过多数人规则来实现，这就必须理解多数人规则的实质：并不在于让多数人接受而形成决策的规则，而在于让所有人都接受决策的规则。"[6]公共选择理论使新闻编辑在做决策时可以找到更多值得参考的建议。

2. 新闻信息选择的最优方法

新闻编辑在网络新闻信息铺天盖地的今天，要让新闻信息取舍方案既能满足各方面的要求，又能降低成本，获得好的经济效益。在所有可能的方法中，最合理的能够达到最优目标的方法称为最优方法。虽然最优化方法早在 17 世纪已经提出，但是今天面临浩如烟海的新闻信息，选用最优化方法已经成为新闻编辑的迫切需要。虽然新闻信息不能用数学的精确计算来决定取舍，但是新闻信息的多目标性决定了规划的必要性，从而实现人力、物力、网络和能耗的最少付出，取得更大的经济效益。

3. 新闻信息的经济价值

新闻信息作为信息社会的主要支柱资源之一，它的指示功能是成为经济活动的信息指导和参考。新闻信息在信息链中不断被转载、引用，人们在传播和接受新闻信息的同时，新闻的经济价值无处不在。在长尾时代，同质新闻信息竞争激烈的今天，满足细分需求增加新闻信息的经济价值变得更为重要。新闻信息凭借自己的价值主张开创无人争抢的市场空间，超越竞争的思想范围，开创新的市场需求。

五、文化维度：积极引领文化主体

“格兰诺维特认为，客观结构与行动者的行动是通过主体之间的互动本身所形成的社会关系网络而相互影响的，而行动者在进行互动时，所遵守的规范或制度的合法性，不是直接来自于宏观的文化，而是产生于重复的互动本身之中。”[7]可见格兰诺维特在社会文化关系中，强调的是互动—关系网格—规范之间的相互作用。

1. 新闻信息的文化互动

新闻信息的广泛性使新闻编辑把新闻信息放在一个客观的泛社会关系网络中，在这个网络中，各种信息相互作用，形成独特的新闻信息文化互动景观。然而文化信息无论变动多大，最多只是这场游戏中使用的工具在不断变化而已。作为核心的文化价值观却是文化中相对稳定的因素，即对于归属、荣誉、准则以及生活中约定俗成的文化不会影响太大。新闻编辑是信息文化规范的操控者，他们在特定的文化中，为语言和行为赋予特定的含义并使众多的人达成共识，不断完善社会体系共同的价值观和信念。

2. 新闻信息的文化关系网络

鲍曼将现代性的展开比作从“荒野文化”（wildculture）向“园艺文化”（gardenculture）转变的过程。荒野文化中的人无需有意识的计划、管理、监督，过着代际复制的生活；而在园艺文化中，“园中的野草，一种不请自到的、漫无计划的、自生自灭的植物，增强了强加于自然的人为秩序的脆弱性，它们让园丁们想到需要对田园进行不间断的管理和监视”。新闻编辑，就是这片园地的园丁[8]。在新闻信息的关系网络中，个体、群体与国家之间可能会不断发生各种冲突和对抗，在政治、经济、文化、军事、生态等方面产生的诸多问题，需要意见领袖和新闻编辑共同监管，因为这些意见领袖代表了诸多文化群体的共同利益，有广泛的追随者和群体的支持，是决策得以实施的重要保证。新闻信息关系网络的形成，和相应的文化存在有着不解的渊源。“文化是后天习得的，而非与生俱来。它源于个体所处的社会环境，而不是个体的基因。”[9]

六、技术维度：精良的媒介工具操作技术

1. 媒介工具的运用

信息社会中，会使用各种媒介工具的编辑比不熟悉媒介工具的编辑具有更大的优势。对现代组织社会、经济成效、文化系统的工作都借助于媒介工具来完成。庞大的信息系统可以方便他们更快、更好地完成各类新闻信息的接收、整理和发布，能够把强大的媒介功能进行整合，筛选全球的信息，融合多种文化。全球性媒介工具的技术变革推动了新闻编辑更深层次的变革。

硬件设施的完善、软件系统的健全、通信系统的协作和沟通、数据库的信息积累、人力资源的调动等方面的完善管理，将有助于新闻编辑的工作开展。

2. 联合媒体平台的建立

新闻编辑需要的是更多的新闻信息。信息和数据有很大的区别：“数据是指原始材料——记录下来的、未经细化的信息，比如一些只言片语或者一些数字。信息则是有着格式的数据，而且以某种方式组织起来，这样人们用起来才方便。”[10]新闻编

辑的联合媒体平台是一个硬件的集群体，有联机处理各种新闻信息的功能，并且拥有强大的数据仓库，用来增强新闻信息管理分析的能力。在全球化时代，单边的新闻信息已经不能满足人们的需求，当一个事件发生时，人们更关注整个世界在怎么变化调整，因为新闻信息已经形成了世界系统的网络，联合媒体平台的建立才能担当起重任。

互联网环境下新闻编辑功能机理的多维度扩展，使新闻编辑跨越了不同市场和文化边界，使新闻信息拥有了它独特的内涵。新闻编辑全新的媒介功能定位是伴随着媒介技术的发展而发展的，随着互联网这个技术集合体的不断发展，新闻编辑的媒介定位将会带给我们更多的展望。

参考文献

[1] 约斯·德·穆尔. 赛博空间的奥德赛：走向虚拟本体论与人类学 [M]. 麦永雄，译. 桂林：广西师范大学出版社，2007：85.

[2] 格伦斯基. 社会分层 [M]. 2版. 北京：华夏出版社，2005：756.

[3] Daniel Bell. 信息社会的社会结构 [M]. 李耕耕，译. 北京：科学技术文献出版社，1984：16.

[4] 周宁豪. 权力与博弈：信息时代的国际政治传播 [M]. 北京：中国传媒大学出版社. 2008：156.

[5] W. 兰斯·班尼特. 新闻：政治的幻象 [M]. 杨晓红，王家全，译. 北京：当代中国出版社，2005：150.

[6] 袁政. 公共选择理论研究述评 [J]. 北京航空航天大学学报：社会科学版. 2010 (3)：3.

[7] 刘少杰. 当代国外社会学理论 [M]. 北京：中国人民大学出版社，2009：316-317.

[8] 鲍曼. 现代性与矛盾性 [M]. 邵迎生，译. 北京：商务印书馆，2003：380.

[9] 霍夫斯泰德 (Hofstede, G.)，霍夫斯泰德 (Hofstede, G. J.). 文化与组织 [M]. 李原，孙健敏，译. 北京：中国人民大学出版社，2010：4.

[10] 杰瑟普，瓦拉季奇. 数字时代的信息系统［M］. 陈炜，等，译. 北京：人民邮电出版社，2011：129.

（原载《中国出版》2012年10月下）

电视编辑面临的挑战与应对策略

张晓锋　周海娟

电视编辑工作是一种选择、加工、存储和输出电视信息的高级意识活动与过程。电视信息的组织和呈现不仅需要技术和操作手段的支撑，更需要一种思想观念的突破。转变电视编辑的思想观念，提升电视编辑的工作能力，是当前和未来电视编辑实践的理性呼唤。如今，媒介环境发生了重大变化，电视已经不再是一统江湖的“媒介巨头”，电视编辑思维工作面临新的挑战，如何在思想观念和工作能力方面进行应对，值得思考和探索。

一、电视编辑工作面临的挑战

当前，电视传播的媒介环境、传播技术、接受对象以及节目形态等都发生了许多变化，这些变化对电视制作者，尤其是后期的编辑工作产生了重要影响。

首先，媒介融合态势下电视传播空间不断拓展。伴随着媒介融合的进程，电视传播的格局发生了重大变化，这种变化突出表现为两个方面：其一，电视的传播载体不断拓展。面对异军突起的网络与新媒体，电视遭遇前所未有的挑战，电视已经不再是传统的电视，而是一个以“视频”形态呈现的新电视。个人终端的手机电视、公共交通工具上的移动电视、IP 电视、分享性视频（如优酷、酷 6 网、土豆网等）、点播性视频（如迅雷看看、百度视频等）以及丰富的网络视频链接，等等，随处可见的“视频”，打破了传统电视一统天下的格局，赋予了电视新的传播样态。其二，电视的收视环境发生了变化。随着载体的变化，电视的收视环境也在悄然改变，从客厅、卧室等传统电视收视场所，发展到可以通过手机、网络等收看电视节目。在地球上，任何一个网络传播的节点，任何一个手机可上网的地点，任何一个移动媒体可达的终点，都成为电视的收看地。收看公共性、共享性、流动性等特征，对电视节目在内容的选择、节奏的掌控等方面都提出了新的要求。

其次，数字技术支撑下电视编辑手段日趋新颖。作为信息时代的重要标志，数字技术已经融入影视制作的全过程。非线性编辑、数码特技、影视合成等新技术为电视作品提供了丰富的创意形式和风格手段，不仅使后期制作更高效、灵活，也极大地拓展和丰富了电视创作的艺术空间，激发了电视创作者和电视编辑的灵感和想象力。可以说，不断推陈出新的数字技术在一定程度上影响和改变着传统的意识活动和信息加工方法，使得电视编辑工作可以不受现实时空的限制。

最后，信息多元背景下观众选择趋向更加主动。随着社会的进步，受众的信息接受方式和需求也发生了变化，主动、积极、多元的信息接受替代了被动、消极和单一的局面。电视传播的命运已经与受众的需求牢牢捆绑在一起，受众本位为主导的传播模式进一步确立和强化，受众的需求成为把握传播方向、结构传播内容、组织传播形式的重要法则。中国电影集团公司剪辑师战海红曾说：“苏联电影导演理论家普多夫金有一句名言，‘剪辑是观众的心理导师’，讲的是观众心理对影片创作的重要性，同时也强调了影片的剪辑对观众心理的激发、引导和调控的重要作用。”[1] 电视编辑也是这样。电视编辑不仅需要了解观众“想什么”，还要知晓他们“怎么想”“为什么想”。在日益市场化的宏观背景下，以受众为主导的传播模式成为电视媒介赢得生存的必然选择。

二、转变电视编辑的思想观念

电视编辑面临的新挑战迫切需要转变思想观念，需要用新思想观念来指导实践，创造新的业绩。

1. 确立以传播效益为旨归的资源整合理念

众所周知，一切传播活动都以取得最佳传播效果为目标，如何提出最优化的传播策略，如何调动形象思维、逻辑思维并进行创造性资源整合，是作为电视产品终端创作者的编辑必须面对的首要问题。随着技术、环境与受众的变化，资源整合的理念和实践越来越显得重要。

（1）具备宏观把握的智慧。电视节目是处于电视传播这一与社会联系紧密的宏观系统中的子系统，因而与社会大系统、生产系统、接受系统之间均有无法割裂的联系，依赖并受制于宏观系统。将电视传播置于社会传播的宏观系统考察，是电视编辑首先必须树立的一种正确观念。实际操作中，电视编辑首先接触到的是节目内容中的某个人物、某段声音和画面。这些局部内容往往容易导致编辑思维的微观化、局部化，导致编辑拘泥于琐碎的事物而不能全面地、开放地甚至是纵横交错地处理系统内部的各要素。因此，电视编辑要“居高临下”，把制作对象、制作过程以及传播对象等作为一个系统整体来把控，从对象所涉及的众多因素、众多关联中确定传播内容和传播方式。这样，才能高瞻远瞩，在宏观系统背景下透视对象，深刻而广泛地反映社会现象，挖掘事件的内在意义，不断满足受众的多元化需求。

（2）培育多维、立体的统筹观念。当前，媒介竞争异常激烈。网络与新媒体的开放性正在一步步抢占电视的领地，争取电视观众，电视工作者不得不以全新的理念和工作模式来建构传播内容，创新传播方式，参与新一轮的竞争。同时，信息爆炸和多元化也使观众的思想和接受能力发生了巨大的变化，传统封闭式思维方式创作的电视节目已经不能适应观众的口味了。因此，具有多维、立体的统筹观念和工作方式成为认识和解决节目各要素之间复杂问题并在竞争中取胜的客观需要。电影美学家巴拉兹曾指出："只有把一幅绘画当作一个整体来观察的时候，才能理解其中的每一块颜色的意义。一个乐句里的一个音符和一句话里的一个字，也都只有通过整体才能说明其含义。一个镜头在整部影片里的作用和地位也是这样。"[2]电视节目编辑也是如此。镜头、场面和段落在电视节目中都具有整体设计意义，电视编辑要注重从整体上把握节目具体内容，各种视听符号要按照一定的逻辑规律和结构语法进行多维的、立体的表达，在统筹兼顾原则的指导下进行有机组合，才能形成具有整体感知力的信息系统，并获得预期的功能和效果。

（3）树立效益优化的目标意识。电视节目不是用来孤芳自赏的，而是一种具有大众性的传播产品。这些产品是否能产生传播效果成为创作者不得不思考的问题，尽管不同的节目对经济效益和社会效益的追求存在差异，但共同的特征是都必须获得受众的青睐，否则根本无从产生效果。因此，电视编辑虽然不是节目的主要经营者，但也必须根据节目的任务追求优化的效益。具体而言，为适应当代人类思维愈加细密化与整体化的发展趋向，对电视画面造型系统和声像传播系统的创造，必须实现其总体构思与微观把握的结合，实现各层次各要素之间的有效渗透和融合，从而强化与提高电视节目整体系统的有序性、有机性，以便最大限度地发掘声画潜能，扩展声画容量，提高电视整体系统的优化程度，促进节目的不断发展与完善，从而扩大节目的覆盖面，提升节目的收视率。

2. 增强以受众为中心并与受众互动的意识

从信息的传播与接受流程看，电视的传播可以用“可看—耐看—必看”的层级来概括。划分这一层级的主动者是受众，受众的欢迎、理解和接受成为电视编辑进行节目创作的主要指导因素。

为提升受众欢迎、理解和接受程度，电视编辑应自觉增强以受众为中心并与受众互动的意识。

（1）强化表达的艺术性。“可看”是指电视视听符号能够较为恰当地传达信息，能够发挥电视的特长将信息用独特的语言表达出来，解决的是信息的可视化和可听化问题，关键是如何吸引受众的注意力，使之契合受众的审美选择。从构成上看，电视受众无疑是节目的审美者，他们通过节目的外在表现形式，在已有经验的帮助下进行体验并最终达到审美享受。现代受众的审美趋向、收视习惯等将影响到节目能否成为收视的落点，编辑只有艺术地组织和传播电视信息，才能给受众提供丰富的补充、想象或者参与的机会，才有可能使他们身临其境，体验电视的魅力，获得审美感知。

（2）突出信息的实效性。“耐看”则是要求电视传播的内容和方式符合特定的传播情境和信息特质，是一种恰当而有效的编码方式，解决的是信息的有效性，关键是维持受众的注意力，使之满足甚至超出受众的心理预期。电视编辑在制作节目时要尽可能使节目抓住受众、吸引受众。因为受众是以随意的方式接受信息的，节目要吸引人，受众才有往下看的兴趣。电视这一媒体的被选择性很大，如果节目不能吸引受众，受众会立刻用手中的遥控器转换频道。当然，有吸引力的节目，其内容还应有较强的延续性，让信息的出现超出受众的预期，不断产生新的意义和联想，不断激荡受众的心理体验与思维感受。

（3）重视受众的选择性。“必看”属于较高层次的传播要求和受众的接受程度。它要求电视编辑能够把握受众的收视特征，做出有针对性的传播，使传播内容契合受众的需求，实现受众注意力维持的提升和延展。如果说，“可看”和“耐看”对于受众来说还是比较被动的选择的话，“必看”则是一种较为自觉的信息接受，充分反映了传播者和受众之间的良性互动。无疑，电视编辑是架起这座良性互动桥梁的决定性力量。这就要求编辑在制作节目时，考虑到不同受众对节目的不同需求。先要做好节目定位，明确节目是为哪一层次受众服务的（如年龄层次、学历层次等）。还要在题材的选择、涉及问题的深度、节目的形式、节目的节奏等方面，都考虑特定受众的特定认知基础和特定欣赏特征。剪辑师周新霞在谈到热播剧《潜伏》的剪辑时曾说：“我们拿到剧本首先要考虑受众群，针对不同的观众定位采取不同的处理方式。创作者心里一定要揣着观众。”[3]或许，这正是《潜伏》取得成功的重要原因。利用受众的心理注意机制，调整内容的编排程序与节奏，使之更符合受众的心理需求，这是电视编辑的必然选择。

三、提升电视编辑的工作能力

1. 提升编辑的媒介环境应对力

随着媒介大家族成员的增加，媒介之间的博弈愈加激烈。电视既有与其他媒介之间的竞争与合作，也有电视传媒内部的博弈，这种博弈可能处于国内，也可能跨越国界。新媒介环境下的电视编辑已经不再是传统意义上的电视信息组合者，而是一个在动态传播链中的“视频”生产者，这就要求电视编辑的信息生产既能适应不同媒介传播情境，又能从不同的媒介中汲取营养，为“我”所用。

要提升媒介环境的应对力，其核心是：扬长避短、取长补短。宏观上讲，电视编辑既要正视电视传播的长处与弱项，更要了解其他媒介的优势，以开放的姿态吸纳其优点，进而补己之短。微观来看，电视编辑要善于强化电视视听的形象性、感染力等优势，充分发掘形声兼备的特质与潜力，吸引并留住观众；要善于克服电视传播线性方式带来的不足，积极借鉴报纸的选择性、网络的交互性、超链接等特点，创新编辑技巧，丰富信息结构方式；要善于理解新媒介环境下“视频”受众的接受心理，在时空调度、结构设计、节奏控制、声画选择等方面把握好间歇与轻重；要善于借鉴网络等其他媒介设立专题、开展联动的做法，拓展传播通道，全方位推介电视产品，获得人们对电视的选择和青睐。

2. 提升编辑的传播工具驾驭力

电视是技术的产物，也是利用技术不断实现新思维、新创造的媒介之一。电视传播技术发展到今天，电视在时间上或空间上的开放性达到了前所未有的程度。

提升编辑的传播工具驾驭力，应坚持形式服从和服务于内容的原则。也就是说，电视编辑要重点关注内容，不能为了技术而忽视内容。电视信息生产的任何形式都是为内容服务的，任何技术手段、创作技法的运用都必须与节目的内容和谐相生，这一原则必须坚持不动摇。具体而言，电视编辑要善于明确和提炼电视作品的传播意图、风格特点，把握编辑的基本要求，寻找合适的编辑技术与手法；要善于掌握现代电子编辑系统的软硬件构成，挖掘技术提供的可能性；要善于掌握高超的信息传播技艺，充分调动视频、音频、图表、文本等，创造出符合要求的视听信息流；要善于学习和运用电视信息生产的新技术、新方法，不断进行造型手段与视听语言的创新表达，给受众新的视听感知与审美享受。

3. 提升编辑的视听素材识别力

电视编辑的过程就是将视听素材进行组织加工的过程，而这些纷繁的素材需要编辑具有独到的识别力，才能从中提炼出符合导演（编导）意图、满足受众需求的作品。《潜伏》初剪时为40集，后来精剪成30集，获得了受众和专家的交口称赞，这其中剪辑师对于素材的选择功不可没。“艺术家必须在经验世界的广阔天地中发掘最有特征意义的、最有趣的、最可塑造的和最富有表现力的东西，并且把自己的倾向性和思想意图异常鲜明地表现出来。”[4]善于把隐藏于画面或声音背后的内涵与本质，甚至联想性信息挖掘出来，这是电视编辑工作能力提升的必经之路。

电视编辑要练就一双“慧眼”，善于发现信息、发掘信息、发挥信息和发展信息。电视编辑要善于发现信息，从整体上把握素材，根据节目传播意图，从纷繁的素材中捕捉有用信息，对表现对象进行完美展现；善于发掘信息，寻找到结构线索或者局部细节，既从宏观上整体掌控，又在微观上局部把握，做到吸引受众、留住受众；善于发挥信息，能充分考虑视听素材中画面与画面、画面与声音、声音与声音之间的可能关系，发挥视听并举、形声兼备的优势，使电视节目富于表现力、感染力；善于发展信息，运用丰富多彩的蒙太奇思维方式和结构技巧，对视听资料进行重新加工、处理、组合与拼装，创作出或娓娓道来，或激情澎湃，或跌宕起伏的表情达意的信息流。

4. 提升编辑的信息表达创造力

创新是今天这个时代的主旋律，也是电视编辑工作能力的最高要求。列宁曾强调："人的意识不仅反映客观世界，并且创造客观世界。"[5]消费时代，人们对于精神产品的需求量大幅增长，但同时，电视等消费品传播的市场竞争十分激烈，电视受众的眼光也格外挑剔。面对这种市场环境，电视编辑如果仍然以一成不变的思维方式参与信息生产将难以立足，唯有不断创新。

提升信息表达的创造力，关键是培育发散思维，做到与众不同、匠心独运。电视编辑要充分发挥联想力和想象力，不断用新的视角去审视各种素材，用新的方法去表述各种内容，用新的手段去传播各种信息，用新的材料去支撑各种见解。培育电视编辑创造性思维的主要途径有：加强横向思维训练，善于从事物的一个方面转向另一方面去联系、比较、呼应，对事物做多侧面、多角度、多因果的展示和分析，挖掘蒙太奇的表现潜能；加强逆向思维训练，善于从相反的方向观察事物，用对立的方法分析问题，敢于突破传统蒙太奇思维规则的限制，在符合逻辑的前提下灵活多样地处理视音频素材；加强立体思维训练，善于从整体上理解电视作品，多层次展现信息，动态地处理材料，系统地表达内容，使电视节目不囿于点、线、面的时空表达，而给受众以全新的审美感知。

注释

[1] 战海红. 电影剪辑的三种创作取向 [J]. 电影艺术，2010 (8).

[2] 贝拉·巴拉兹. 电影美学 [M]. 何力，译. 北京：中国电影出版社，1986：103.

[3] 周新霞. 剪辑台上的艺术——周新霞谈《潜伏》剪辑创作 [J]. 当代电视，2009 (7).

［4］埃里克·巴尔诺．世界纪录电影史［M］．张德魁，冷铁铮，译．北京：中国电影出版社，1992：166.
［5］列宁全集：第38卷［M］．北京：人民出版社，1986：228.

（原载《中国编辑》2012年第5期）

为出版灵魂的闪光奉献智慧

——简论刘杲先生的编辑出版观

贺圣遂

2008年5月，在韩国首尔举办的第十三届国际出版学术会议上，刘杲先生荣获东亚出版界颇具影响的韩国第三届“南涯安春根出版文化奖”。在获奖致辞《我的出版观》中，刘杲先生提出“在出版活动中，文化是目的，经济是手段”，“文化是出版的灵魂”等七个重要观点。这些积聚了作者数十年编辑出版思想的观点，以其深邃的历史感和时代气息，赢得与会者的广泛好评。刘杲先生在长期的出版工作中不仅厘清了出版学上的一些重要问题，更是以此励志。事实上，先生一个甲子的工作经历正是“为出版灵魂的闪光奉献智慧”的生动写照。

一、刘杲编辑出版观概述

“文化是目的，经济是手段”，“文化是出版的灵魂”，是刘杲先生出版观的核心观点之一，从某种程度上讲，它统领了刘杲先生的编辑出版观，是具有奠基作用的基本理论。无论从出版历史分析，还是基于出版实践的考察，都表明了出版的本质在文化。在《出版：文化是目的　经济是手段》中，刘杲先生提出“出版，从来就属于文化范畴，不属于经济范畴”；“文化是出版的根，是出版的命。没有文化的出版，等于没有灵魂的躯壳”；“出版产业的根基就在于文化”。在如何实现出版的文化目的上，刘杲先生认为“出版产业应当做强做大，否则，无法为完成文化建设的重任提供强有力的经济手段”；但需要明确的是，“出版产业对社会的最大贡献”是“文化”，“传播和积累文化是出版产业的天职”；“出版产业的经济，在传播文化的基础上产生，有服务于传播文化的目的”；“如果发生了不能兼顾的矛盾，只能文化优先，而决不能以牺牲文化建设为代价，贪图一时的经济利益”。出版的属性是文化，出版的特征是传播，出版的功效在文化积累，这些都涉及出版业的发展规律。文化在文明传承和社会整合方面的作用是世所公认的，古希腊、古罗马如此，古代中国和古代印度亦如此。世界上曾经有过诸多烜赫一时的强大帝国，其军事实力和经济规模亦蔚为可观，但除中国等少数古国外，许多国家甫兴即废，其中一个重要的原因就在于没有文化统合力。中国历代，无论庙堂还是民间，对文化的传承和发扬都极为重视，而其中出版活动在中华文化的传承中起到不可替代的作用。古代如此，当代亦然。在市场经济社会，出版的文化属性更值得每位出版人去认真对待和廓清。

首先，刘杲先生的上述出版观具有鲜明的社会主义出版的文化特色，也彰显了他极强的社会责任感和文化使命感。为社会主义文化建设服务，是刘杲先生出版文化观的理论起点和归宿。他不止一次地重申：中国特色社会主义出版工作的神圣使命是“为人民服务，为社会主义服务”；在谈及出版的作用时称“我们要发挥出版工作的多项功能，满足读者的多种需要。而贯穿其中的则是主旋律，是社会主义文化”；在论及改革时，他认为“出版行业的改革既要勇于突破、敢于创新，又要始终坚持为人民服务、为社会主义服务的方向”；在谈出版产业与文化的关系时，仍强调产业的社会主义属性："我讲出版的基本功能是传播文化，指的是广义的文化，也就是社会主义文化建设"，"出版产业要通过出版物传播先进文化，以增强我们的民族凝聚力，把全国各族人民的意志和力量凝聚起来，万众一心地为实现全面建设小康社会的宏伟目标而奋斗"。围绕涉及此论题展开的多篇文献，科学、全面地集中阐释了新时期党和政府对出版工作的指导思想、基本要求和期望，极大地丰富了新时期社会主义出版管理思想。

其次，刘杲先生的编辑出版理论将个人对社会主义出版文化的深入思考与党和国家的大政方针紧密融合，对党和政府有关社会主义出版的方针政策、法律法规做了精准解读，既有独到见地，又完全符合党和政府对社会主义出版的期待。在题为《文化、文化产业与意识形态》一文中，刘杲先生通过对党的十四届六中全会及十五大报告的相关论述对以上概念做了解读。他认为，文化产业属于国民经济的第三产业，出版业，包括书报刊印刷业，都属于文化产业，具有意识形态性质。对此要注意避免两个倾向：一是把意识形态要求扩大化，二是把属于意识形态的问题去意识形态化。这对于出版从业者在日常工作中把握好意识形态观念具有很强的指导价值。在《国家兴则出版兴》一文中，他又提出"三个代表"重要思想是统领出版工作的重要思想；阐述了出版工作在全面建设小康社会、为最广大人民服务、繁荣社会主义文化、坚持正确导向、推进学习型社会建设、坚持先进生产力要求、维护社会稳定等方面的重要地位和作用，有利于广大出版从业者能够更清晰地把握十六大精神，更好地实践"三个代表"重要思想。至于如何促进出版业的健康发展，刘杲先生提出了针对性的意见，即深化改革，健全统一、开放、竞争、有序的出版物市场，加快出版业信息化，强化“引进来”和“走出去”。以上论述与十六大精神对我国出版业的发展要求是非常契合的，在具体方面又有了进一步的深化。在如《出版业的多种经济成分》《出版业如何对待外国资本的进入》《关于制定出版业“十一五”规划的思考》等文中，或是结合党的代表大会重要文件对出版业进一步发展的阐发，或是解读政府工作报告对部分出版现象极富针对性的分析，这些论述既高屋建瓴，又中肯实在，使党和国家关于我国出版业发展的大政方针落在了实处。

最后，为了实现出版的文化目的，使出版业能够在社会主义文化发展中做出应有的贡献，必须重视图书质量问题，在刘杲先生看来，这是出版工作的基础和关键。在《出版业改革和发展二十年》中，他提出“要坚持质量第一的原则”，并提出抓图书质量有“普遍性要求”和“特殊性要求”，前者针对一切图书，后者针对专业图书，要借助专家学者和读者给予判断。为了提升图书质量，出版社“要挑选一流的作者”，“要抓编辑加工”，“要提高图书的编辑工作含量”。在《出版业需要引进现代企业制度》中，他将图书质量管理列为探讨的重要论题，认为严格质量管理，社长、总编辑应该切实承担起质量工作第一责任人的职责。他又专门著文《出版改革莫忘图书质量第一》，探讨图书质量在出版业发展中的地位和作用，在出版改革的大背景中，提高图书质量是一个重大课题。从宏观视角看，坚持图书质量第一，“就是坚持国家和人民的利益第一”，“是图书出版为人民服务、为社会主义服务的前提”，“是处理社会效益和经济效益的基础”。他认为，社会效益和质量第一是同义语，“以牺牲社会效益为代价换取经济效益，就是以牺牲图书质量为代价换取经济效益”，“这是出版活动的见利忘义”。“靠提高图书质量赚钱，是生财有道。靠牺牲图书质量赚钱，是不义之财。”

从微观角度看，图书质量优，可以提升出版企业的核心竞争力，遏制图书质量下滑。为了提升图书质量，编辑工作的各个环节都要给予高度重视。在刘杲先生看来，市场和质量应该是相辅相成的，因为“市场竞争最终靠的是产品质量，精神产品尤其是这样”。

二、刘杲编辑出版观的启示

前文述及，刘杲先生认为出版的本质是文化，一切出版活动的最终指向都应该是文化。那么，究竟如何处理好文化与经济的关系，促进出版业的健康发展呢？刘杲编辑出版观给我们的启示如下。

首先是要在立足本国传统文化的基础上，吸收世界上一切国家的先进文化和优秀思想成果。刘杲先生在《我的出版观》中曾言：“出版活动的本性是开放的。经济全球化和信息网络化极大地推动了出版活动的国际交流。一切民族不论大小强弱，都有维护和弘扬民族文化的平等权利。”在国家交流领域，我们已经做了不少有益的探索，图书引进规模逐年增多，图书输出工作近年来也取得长足的进步，多种形式的中外合作正在有条不紊地推进。在这个过程中，有一个问题值得关注——传统上，我们对欧美出版业较为重视，对其他国家地区的重视则往往不够；对英语国家的文化较为重视，对非英语国家的文化重视也不够。因此，在国际合作领域，我们应该重视一切国家的文化和思想，只要是对我们的文化思想建设有用的，就应该加以重视和传播。

其次是要在政策层面给出版业以必要的支持。因为出版的本质属性是文化，虽然它也有市场经济行为，但更突出的是文化传承的公益行为。许多国家，尤其是欧盟国家，纷纷制定了专门针对包括出版业在内的文化产业的特殊扶持政策，如采用降低或减免税收以及增设各种形式的政府补贴等方式，积极支持出版业发展。他们认为，文化是每个国家独有的，凭借出版活动将富有本国、本民族鲜明特色的文化传播出去，可以赢得世界的尊重与关注，因此普遍重视出版业所特有的传播思想文化、造福人类社会以及扩大国际影响力的功能。他们一贯重视出版业的这种功能。例如，法国就有各种基金用于资助法文图书在国外的出版，对中国读者而言，最具知名度的大概是傅雷出版基金了。金庸先生的《射雕英雄传》在法国出版时，也曾得到法国教育部的资助。

最后是出版业自身应该树立文化优先的发展战略。刘杲先生曾著文表达他对出版业过度市场化的担忧。笔者认为，如能通过规范的市场化推动出版业更好更快发展，是极有价值的；但只看盈利不求文化的过度市场化，则万万要不得。出版是为读者服务的，是为阅读服务的。一家出版社只有结合自身实际情况，持之以恒地培养优秀编辑，寻找与之相关的一流作者，才能逐步树立起广为认同的出版品牌，创造出抢不走、摧不垮的出版核心竞争力。而只有那些发现、选择、保存、出版和传播了人类最有价值的思想观念和优秀文化的出版社，才会长久地活在读者的心中，赢得社会的尊重。

刘杲先生曾说：“出版活动在人类历史上发挥过整合、传播和积累文化的巨大作用，建立了不可磨灭的功勋。全球珍藏的万千典籍有力地证明了这一点。直到今天，丰富多彩的出版物仍然是世界各国文化成就的显著标志之一。”在十七届六中全会上，中央集中讨论了文化发展问题，对进一步深化文化体制改革、推动社会主义文化大发展大繁荣，推进社会主义核心价值体系建设、巩固全党全国各族人民团结奋斗的共同思想道德基础等做了重要部署。这个重要文件为我国顺利从经济大国向文化强国发展指明了方向，厘清了思路，也为我国出版业的进一步发展提供了重要的思想指导。刘杲先生多年来执着追求的出版理想体现了全会精神，也是当代出版人应该好好学习的。刘杲先生年届八旬，仍然在为中国出版业的繁荣和中国文化的复兴笔耕不辍。在此，我们谨向他致以崇高的敬意。

（原载《中国编辑》2012 年第 1 期）

刘杲编辑史研究思想述评

于翠玲

刘杲先生有关编辑史、出版史的论述集中体现在他的《出版笔记》中的《编辑史、出版史研究需要支持》（1999）、《重视编辑史、出版史研究》（2004）两篇文章中。这两篇文章提纲挈领，以宏观视野，对中国编辑史、出版史研究进行缜密思考，其研究观点和研究方法具有参考价值和启示意义。本文以编辑史为中心，梳理刘杲先生对编辑史、出版史的研究观点和研究方法，希望以此为编辑史、出版史的研究提供借鉴，并有助于推动编辑规律的探寻和编辑学科的建设。

一、编辑史研究与编辑学科建设的关系

1. 编辑史是编辑学科的组成部分

任何一个学科的创立，都要以历史研究作为基础。刘杲先生明确指出："编辑学包括三个组成部分：编辑理论、编辑实务和编辑史。"这三个组成部分是相互联系的，其中"编辑学的历史研究和理论研究，互相推动，相辅相成"[1]329。研究编辑史应有必要的理论准备，而编辑史研究也为探讨编辑活动的基本规律提供了历史经验。

刘杲先生认为编辑学是应用学科，"编辑活动有客观存在的基本规律。它决定编辑活动的基本性质，并且影响编辑活动的各个方面。它反复出现于编辑活动之中，随着条件的不同（例

如，市场经济的环境，高新技术的传播手段）而具有不同的具体表现形式”，“编辑活动的基本规律是对人类创造的文明成果的选择、加工和传播”[1]321。编辑活动的基本规律来自“反复出现于编辑活动之中”的现象，这就需要梳理“长时段”的历史经验，并具有宏观的理论视角，“要把从历史事实中概括出来的规律性的东西，结合实际加以消化。不要误解‘以史为鉴’，编辑史不是编辑工作手册”[1]330。尽管编辑史中包含了编辑实务方面的经验，却不能局限于片断史料和个别案例。

从研究范围来认识编辑之“史”与编辑之“学”的关系，“两者既有区别又有联系。两者的区别在于：‘史’的研究侧重在史料的概括，包括历史过程的叙述，历史功过的评说，从古代到当代，大体上是纵的；‘学’的研究侧重在规律的抽象，包括实践经验的概括，理论体系的建立，从现象到本质，大体上是横的”[1]324。既有纵向的历史意识（以中国的编辑发展史为依据），又有横向的理论视野（与其他学科相比较），这是建立中国特色编辑学科的必要条件。

2. 研究编辑史是为建立编辑学科而服务的

中国在1949年就出现了以《编辑学》（作者李次民）命名的书籍。但是，直到改革开放之后，1984年在胡乔木同志提议下，高校试办编辑学专业，专家学者才着手建立编辑学科。刘杲先生于1992年起任中国编辑学会会长，1996年学会决定“把推动形成编辑学理论框架”列为一项重要工作[1]320，最终建立有中国特色的编辑学。“中国编辑活动的历史经验和当代的实践经验，是中国编辑学的基础”[1]342，因此，刘杲先生在参加有关编辑史、出版史的学术会议时，在发言中明确提出“编辑史、出版史研究需要支持”，要“重视编辑史、出版史研究”，强调“为编辑史、出版史研究服务是我们的责任”。他对《中国出版编年史》予以肯定，对《中国出版通史》的选题予以支持[1]329，并赞许“正是出于对编辑史、出版史研究的深刻理解和对出版事业的深厚感情，近二十年来，一批志愿者投入了这项冷清的艰苦的工作”[1]323，其实这种“理解”和“感情”也是刘杲先生的自我道白。

二、编辑史与出版史的关系

1. 编辑史与出版史的界定

研究编辑史不能不涉及出版史，“两者是重合，是从属，还是并列？我看两者关系密切，不是全部重合，有一部分重合。不是所有的编辑活动都是出版活动，也不是所有的出版活动都是编辑活动，考虑到古代的编辑和编纂、编撰难以分清，部分重合的说法留有余地，较为稳妥。从学术研究来讲，编辑史和出版史研究也是互相推动，不可分离。研究编辑史不可能脱离出版史，研究出版史也不可能脱离编辑史”[1]324。

正因为存在这种复杂关系，二者经常被相提并论，或者笼统称为编辑出版史，与此对应的就是编辑出版学的概念。这种并称模糊了编辑学与出版学的边界，引起了争论。刘杲先生认为：“争论是不可避免的，是好事情。分歧的发生，与所掌握的史料有关，也与所持的理论观点有关。学术问题的分歧不必急于统一，历史研究的分歧更不必急于统一。随着史料的增加和理论的清晰，对历史研究的是非会看得更加明白。”[1]330

编辑出版学这一名称是中国高等教育学科目录调整所带来的结果。刘杲先生 2001 年在全国政协会议上曾有提案《建议在高等学校设立编辑出版学硕士学位授予点》，强调“新闻学、传播学代替不了编辑出版学”，“从学科特点看，新闻学、传播学是国外已有的学科，编辑出版学则主要由中国开创，是具有中国特色的学科，而且已经取得可观的成果。我们应当珍视自己创造的成果，采取切实有效的措施，争取我国的编辑出版学发展成为国际上认同的学科”[1]335。实际上，刘杲先生并不赞成将编辑学与出版学两个词捏在一起，“编辑教育和编辑活动的实践都表明。编辑出版学不能代替编辑学，也不能代替出版学”[1]405，之所以采用“编辑出版学”的名义．是为了突破现有的学科目录的限制，争取学科发展的一个空间。

2．编辑活动和出版活动孰先孰后

中国历史悠久，编辑活动和出版活动的发端问题，也就是二者孰先孰后的问题，在学界引起关注。刘杲先生认为：“编辑与出版的关系如何，学术上有不同意见。是编辑远远在前，还是有了出版才有编辑，可以继续讨论。但是，在中国、在当代，编辑学研究的活力和价值，只能根植于为建设有中国特色社会主义出版事业服务这个目标上。”[1]321

在中国古代社会，编辑和编纂工作难以区分，存在着对他人的著述进行编纂却不进行出版的活动，或者说“编辑活动的发生早于出版活动的发生”[1]412。刘杲先生通过梳理历史发展的脉络，从不同层面进行了比较和分析，提出了独到见解：对于人类创造的文明成果，在古代社会，“在选择和加工上，编辑和编撰（编纂）基本相同。不同的是编辑在选择和加工之外还有传播的要求（积累也是一种传播）。在现代社会，编撰（编纂）活动属于创作活动，编撰（编纂）者属于作者，对编撰（编纂）的作品享有著作权；编辑活动属于出版活动，编辑者不属于作者，对出版的作品不享有著作权”[1]321。这其中，著作权是一个关键词。近代意义的出版涉及作者、编辑者、出版者之间的契约关系，《北洋政府出版法》（1914 年）就规定“出版之关系人如下：一、著作人；二、发行人；三、印刷人”。出版活动的主体是独立的企业法人或事业法人，而编辑者隶属于出版机构。编辑活动的特点是与作者（著作人）协商，对出版物的底本进行加工，编辑的目的就是为了出版。

3. 编辑史与出版史的覆盖范围

中国进入近现代以来，出现了职业编辑和专门的编辑机构，编辑工作成为整个出版工作的组成部分，一般认为编辑工作是整个出版工作的中心环节。这似乎说明编辑涵盖的范围小，而出版涵盖的范围大；编辑活动不能脱离出版活动，编辑史与出版史也有了重合关系。但是，从学理上讲，“编辑学不是出版学的一个分支。编辑活动的范围远远超出出版活动。编辑学和出版学有不同的研究对象”[1]405。

在当今的新媒介环境下，电子出版物、网络出版物不断发展，出版活动与编辑活动都发生了变化。出版活动是整个文化产业的一个组成部分，不仅包括印刷出版，还有数字出版、网络出版、手机出版、音像出版等。编辑活动则涵盖不同形态的媒体产品，探讨其中普遍存在的编辑规律，这是形成普通编辑学的基础。实际上，中国编辑学会所致力于建立的普通编辑学，就是要“从图书编辑学入手，拓展到其他媒体的编辑学”[1]345，新闻出版界也提出了融合媒体的编辑问题。此外，出版社实现了转企，出版活动的主体是独立的企业法人；而民间的策划编辑机构以及基于网络的自媒体编辑活动，却脱离了传统的复制发行或者说正式出版的形态。这样一来，编辑与出版的概念不仅都扩大了，也出现了更多不能重合的部分。刘杲先生特别关注到“给编辑下定义”的争论，也看到“如果说编辑活动就是出版活动的一部分，那编辑学就是出版学的一部分。可是这从横向的和纵向的两个方面都覆盖不了”[1]346，因此，对编辑与出版概念的厘定，不能“从概念到概念”，而应该以编辑出版活动的历史发展与现实演变为依据，如今“研究网络时代的编辑活动特别是研究网络传播的编辑活动，已经刻不容缓”[1]378，编辑学研究必须与时俱进。但编辑学的形成还需要一个过程，也许新媒体的发展提供了一个新的机遇，“21世纪中叶可能是编辑学学科成熟的时候”[1]377。

三、编辑史与多种学科史的关系

研究编辑史是为了探讨编辑活动的基本规律。编辑活动首先和出版活动关系密切，此外，还受到政治、经济、文化、科学技术诸多因素的影响，因而，编辑史也与多种学科史有联系，需要透过复杂的历史背景和多种因素的作用，来发现编辑出版活动的基本规律。刘杲先生列举了多种关系。

1. 编辑史、出版史和文化史

研究编辑史、出版史“有助于扩大和推进中国文化史的研究，因为编辑史、出版史是文化史的一部分”[1]323。出版物是文化的载体，其内容与类型的演变都与一个时代的文化思潮或文化时尚有相互作用的关系。由于编辑主体具有文化导向，编辑活动也呈现出文化价值取向。

2. 编辑史、出版史和经济史

编辑活动侧重文化建构，而出版活动关注商业市场。从中国历史来看，编辑活动发展到明清时期，受当时萌芽的资本主义因素影响，私营的书坊出版有很大发展，但不能与西方的出版规模相比。到了近现代，编辑出版活动的主体是民族资本主义出版企业，因而，“近现代以来市场杠杆对出版业的发展起了重要的推动作用”[1]324。改革开放以来实现了从计划经济到社会主义市场经济的转变，目前正在进行出版单位转为企业的体制改革。从总体来看，编辑出版体制、经营管理方式以及出版市场的变化，是考察编辑和出版活动历史的一条线索。

3. 编辑史、出版史和技术发展史

刘杲先生对当今信息数字化、网络化技术的发展趋势非常敏感，予以特别关注。由此反过来考察和思考编辑出版活动的发端，可以断定“只是在出现了相应的物质载体和复制手段的时候才有出版”[1]325。因此，“出版发展的历史，同时是出版物复制技术和传播技术发展的历史。从物质载体和传播手段的重要作用看，可以说没有技术的发展就没有出版的发展。当代信息数字化、网络化技术，直接左右出版业的新发展”[1]255。研究编辑史、出版史，必须关注从造纸技术、印刷技术到当今电子技术、网络技术的发展历史，要认识到“物质载体和复制手段的技术进步，对出版物的形式和内容的变化、对出版物的市场竞争以及出版业的发展，都会带来重大影响”[1]325。

4. 编辑史、出版史和政治史

从古代编辑史来看，官方的编辑活动早于书坊主的编辑活动，官方组织的大规模编辑活动体现了“文治教化”的理念，也是对文化产品的控制和利用，明代的《永乐大典》、清代的《四库全书》等都是如此。社会政治制度的根本变革也会带来编辑活动及出版活动主体的变化，“近现代中国出版业的主流是民族资本主义出版企业”，其行为“不是政府行为”[1]325。刘杲先生强调“要研究编辑实务、编辑规范和编辑史，尤其是近百年的中国编辑史。要进行当代中外编辑活动的比较研究，与外国同行进行学术交流”[1]370，其中政治制度应该是一个重要的观察角度。

四、研究方法与研究意义

刘杲先生深知“编辑史、出版史研究是一门冷清的学问”，

“写历史要下大功夫”[1]329，因而，“对大家的奉献精神表示由衷的敬佩”[1]323。出于在21世纪中叶建立成熟的中国特色的编辑学的强烈使命感，他从宏观角度对编辑史的研究方法提出了建议，对编辑史的研究意义也有真知灼见，对推动编辑史、出版史的研究具有指导性和启发性。

1. 史德问题

中国有传统的史德，一方面推崇“秉笔直书”，一方面具有褒贬是非的笔法。有鉴于此，他强调，“写历史一定要从实际出发。历史事实是第一位的。历史上有就是有，没有就是没有，不能篡改，更不能伪造。这就是‘史德’”。但研究者在写史的过程中也会渗透“本人特定的观念和情绪”，这会影响对史料的处理和编排，其中的“一字之褒、一字之贬，学问大了”。如何保持一定的尺度呢？“对此要强调客观和理性，尽量不为一时的个人情绪和社会潮流左右”[1]330。在这方面，中国的历史书写是有深刻教训的。

2. 研究视野

研究编辑史，既有纵向贯穿的线索，也有横向比较的视野，目的是探讨编辑活动的基本规律。在横向联系方面，要从图书编辑学拓展到普通编辑学，不仅要研究图书编辑史，还要研究同属于印刷媒介的期刊史、报业史，并关注电子媒介、网络媒介的发展动态。从历史时空来说，可以拓展到编辑史、出版史的中外比较研究，比如对若干周边国家的比较以及中西方的比较研究。在纵向方面，可以写通史，如中国出版通史这样的宏大项目需要多方通力合作。此外，还可以研究断代史，其中“更需要加强对近代中国编辑史、出版史的研究。因为这一段历史离我们最近，它的功过得失、经验教训对我们的影响最为直接。研究这一段历史也要开阔视野，不仅要重视商务印书馆，也要重视中华书局、世界书局、开明书店等；不仅要重视生活书店、读书出版社、新知书店及其后的三联书店，也要重视苏区、解放区的编辑活动和出版活动”；还可以做地区史研究、专题史研究[1]326。刘杲先生的这些思考写于1999年，至今十多年过去了，《中国出版通史》已经出版，断代史、地方史、专题史等方面也有了多种成果，从而具体展现了编辑史、出版史研究的开阔视野。

3. 研究意义

刘杲先生的《编辑史、出版史研究需要支持》一文，开篇就论述了加强编辑史、出版史研究的五点好处：除了本文前面提到的对编辑学科建设的重要价值，还“有助于以史为鉴，历史的经验可供当前出版业的改革和发展借鉴”；“有助于提高编辑、出版专业的教学质量，有助于编辑、出版专业人才的培养”；“有助于扩大和推进中国文化史的研究”。还有一点特别值得注意，就是“有助于展示从发明纸张印刷到贡献千万典籍的历史画卷，为爱国主义教育增加生动的教材”[1]223；与此相联系，刘杲先生曾关心英山毕昇墓碑的发现与考证问题，并建议“把毕昇墓碑的有关资料作为中国印刷博物馆的展品展出”[2]，这都涉及普及印刷文化教育的问题。中国最早发明了造纸和印刷术，历代编辑的文化典籍卷帙浩繁、数量众多，这些都是中华文明的宝贵遗产，也是中华民族对世界文明的巨大贡献。张元济在《印行四部丛刊启》中曾写道：“睹乔木而思故家，考文献而爱旧邦。”这说明中国悠久绵长的编辑出版史对保存典籍、延续中华民族历史记忆具有重要作用。韩国为其一部用金属活字印制的经书申请了世界文化遗产，并在国内外广泛宣传，声势浩大。中国在普及印刷文化教育方面显然力度不够，编辑出版史的研究者理应为普及印刷文化教育付出努力，做出贡献。

注释

[1] 刘杲. 出版笔记 [M]. 石家庄：河北教育出版社，2006.

[2] 刘杲. 刘杲同志在英山毕昇墓碑研讨会上的发言 [J]. 出版科学，1996 (1).

（原载《中国编辑》2012年第1期）

浅析刘杲对我国编辑出版学学科体系建构的贡献

——读刘杲同志的四部文集

王振铎

在中国，编辑出版活动历史悠久，源远流长，积累了十分丰富的历史经验。传统的校雠学、目录学、版本学、辞章学，以及历代书报刊编辑出版实践活动，为建构中国编辑出版理论体系奠定了坚实的基础。改革开放三十多年以来，我国社会主义经济和文化建设中涌现出一批热心研究编辑学、出版学与传播学的学术主体。他们既掌握马克思主义的世界观和方法论，又积累了一定的编辑出版实践经验。他们有的是学者、教师、编辑出版专家，有的是党和政府有关部门的干部，包括在领导岗位上做过出版和媒介传播工作的高级干部。他们深信，“随着经济建设高潮的到来，必然会出现一个文化建设的高潮”。处在这样一个大变革的时代潮流中，他们本着为人民、为社会主义文化建设做贡献的宗旨，遵循“百花齐放，百家争鸣”的方针，努力以“独立之精神，自由之思想”，积极主动地面对已经摆在面前的编辑、出版、媒介、传播及其文化思想内容与社会经济技术条件等课题，认真讨论了事业与产业，学术与政治，普及与提高，人才与教育，市场与文化，经验与科学，理论与实践，应用理论与基础学科等等极其复杂而繁重的编辑出版学学科建设问题。编辑出版学学科体系建设进入了构建、发展的关键历史阶段。在这一进程中，刘杲同志及他领导的中国编辑学会功不可没。

1983 年 6 月，中共中央、国务院根据全国出版业、传媒业高速发展的紧迫需要和时代趋势，做出了《关于加强出版工作的决定》，明确提出了改革发展我国编辑出版业与文化传播业的方针路线和基本政策。在党和国家的方针政策的指引下，学术界、出版界、新闻界、教育界，特别是大学里的有识之士积极行动起来，投入编辑出版学学科体系的研究和建设之中。1992 年，中国编辑学会在新闻出版署的领导和支持下应运而生，时任新闻出版署副署长的刘杲同志兼任中国编辑学会会长，领导和组织全国志同道合者认真地、科学地致力于编辑出版学的学术研究，并努力建构有中国特色的编辑出版学学科体系。中国编辑出版学学科体系建设从此揭开了新的一页。对于刘杲同志对我国编辑出版学学科体系建设的贡献，下面仅从两方面加以说明。

一、关于编辑出版学的研究取向

刘杲同志早年曾做过《学习生活》《七一》等期刊的编辑工作，后在党政和新闻出版部门做领导工作，一直重视并热心研究编辑出版业务，写过不少专业文章。1993 年退居二线后，刘杲同志一面在全国政协从事提案工作，一面专心致志带领学会同志深入研讨编辑出版学基本理论、编辑出版史和日益广泛的新媒体应用实务。他曾两次在全国政协会议上提案，要求建设编辑出版学学科专业，设置该学科的硕士、博士授权点。刘杲同志热情投入艰苦细致的学科研究，在总结我国编辑出版实践经验的基础上，取得了富有说服力的科研成果。从 1996 年到

2006年，他发表了380多篇文章，涉及编辑、出版、发行与版权立法、出版科研、文化交流、书评、通信、访谈、序跋等方方面面，结集出版了《刘杲出版文集》（中国书籍出版社，1996，北京）、《刘杲出版论集》（湖北人民出版社，1998，武汉）、《出版笔记》（河北教育出版社，2006，石家庄）。2011年10月，海豚出版社出版了刘杲同志的自选文集《我们是中国编辑》一书。这是刘杲同志的第四本编辑出版学著作，集中表达了作者深入研究编辑出版学理的科学精神和推动编辑出版学理论创新的诗人般炽热的激情。刘杲这四部论著的中心议题是研究和探讨建设中国特色的编辑学、出版学。书中充分地表述了作者关于编辑出版学的历史观、学术观、价值观、法制观和科学的思想逻辑。刘杲同志研究编辑出版学的基本理论，是从出版工作实践经验开始，遵循马克思主义的唯物辩证法，逐步登上编辑学理和出版应用业务的“厅堂”，再进入编辑出版学学科理论体系研究之“室”的。

刘杲同志研究编辑出版学，为什么要从出版实践经验出发呢？这不仅因为中国的出版历史长久，经验丰富，有革命和改革创新的好传统，还由于刘杲自己做过长期的出版管理和领导工作，对中国当代出版改革和发展有深切的体验和深厚的感情。1936年，杨家骆虽然提出过想研究“出版学”，但终未见其实绩。新中国成立前夕的1949年，曾有广州自由出版社出过广东国民大学李次民教授的《编辑学》一书，但未完全超出新闻报纸的版面编辑局限。1956年，中国人民大学出版社也曾出版过苏联专家K. 倍林斯基撰写的《书刊编辑学教学大纲》，也是限于研究图书和期刊的编辑之学。此外，我国港台地区还出版过余也鲁的《杂志编辑学》（香港，1965年）、张觉明的《现代杂志编辑学》（台湾，1980年）。改革开放后，中国人民大学出版社出版了郑兴东等主编的《报纸编辑学》。但这些著作都限于书刊编辑学。改革开放以来，中国出版与传媒业开始了迅猛的发展。许多大学教授和专家学者或提出建议开展或参与讨论创建编辑学、出版学的课题研究，胡乔木同志还给教育部写信，建议在大学创设编辑学专业。一些专业的院校和研究机构相继成立，比如北京印刷学院、中国出版科学科研所（今改为中国新闻出版研究院）、武汉大学办起了图书发行专业。全国许多地方创设了编辑学、出版学专业杂志，发表了大量学术论文，有关编辑学的学术著作也出版得越来越多。一些学校为了教学需要编写了几套专门的编辑学出版学教材。全国原有的出版社，迅速裂变为五百多家之后，急需吸纳大量的编辑出版人才，从事新时期迅猛发展的编辑出版工作。这个时期，作为新闻出版署副署长并主管图书出版工作的刘杲同志，从现行出版体制基础出发，探究出版改革和发展的主要问题。他根据中共中央、国务院《关于加强出版工作的决定》和相关的法规政策，首先从整体上研究出版改革发展和有关版权法制建设问题；其次，着重研究整个出版工作的“中心环节”——编辑工作。因为编辑工作是出版工作的中心，“是政治性、思想性、科学性、专业性很强的工作，又是艰苦细致的创造性劳动”。编辑的政治思想、专业知识和业务能力，直接影响着出版物的质量。出版的价值核心主要表现在编辑的精神创造力，即对文化媒介的编辑创新和整体架构上。

刘杲同志清醒地分析研究了编辑出版学学科体系的建设中已然存在的三种研究取向：（1）出版编辑学；（2）编辑出版学；（3）编辑传媒学。他赞成较为广义的“编辑出版学”。这一取向不但突出了编辑工作在出版中的地位和作用，而且在外延上扩大了编辑的概念，扩大了出版的概念，其覆盖面既包括传统的纸质印刷出版媒体，又包括了非纸质的电子荧屏音频视频等传播媒体。实际上是用编辑出版学，涵盖了编辑传媒学。他在强调编辑出版学的同时，更加强调了编辑学在各种传播媒介中的价值和意义，很用心地吸收了其他两种体系的优点和长处。最终坚持建构起来的当然是更加科学的编辑出版学学科体系。这可从他 1997—2006 年所写的《建议设立编辑学专业硕士点》《我们的追求——编辑学》《争取设立编辑出版学专业硕士点》《建议在高等学校设立编辑出版学硕士学位授予点》《编辑学理论的探讨》《推动编辑学理论研究》《我们是中国编辑》《编辑规律学习笔记》《以十六大精神统领编辑学学科建设》《理论创新就是学科建设的灵魂》等系列论文和 2008 年写的《我的出版观》[1]一文得到佐证。从刘杲自己编定的《出版笔记》一书的分类排序看，他仍然是把编辑工作作为凌驾于经济基础之上的思想文化层面的工作排在十分显赫的地位，而将出版（包括印制复制）与发行营销作为产业物质基础方面的工作排在基本地位。他还把版权法制作为保护著者、编辑、出版者和阅读使用者权益的法规制度建设的重要工作列入社会环境保障的内容之中，从而缔结架构起坚实的编辑出版学学科体系。应该说，这个学科体系的结构既符合中国特色的社会主义文化建设实践，也反映现代国际出版产业的市场化背景。

二、关于普通编辑学的内容构成和覆盖范围

刘杲同志要求在编辑学理论研究、编辑活动应用实践研究和编辑史研究这三个模块的基础上，建构普通编辑学的框架。支撑普通编辑学这个框架的，既有基本学理，又有术业专攻，还有专史研究。三者结合构成相对独立的普通编辑学的内容体系。刘杲同志在领导中国编辑学会的活动中，特别重视组织这

三个层面的学术研讨。他本人也在这三个层面的学术研究中，取得了实实在在的业绩。得出的结论是：编辑学乃是编辑活动的思想灵魂，它指导编辑实践活动不断创造新媒介、传播人类的思想文化；编辑活动的历史起点和发展渊源早于出版媒体的文字图像等符号的构造序列；编辑活动的发展潮流和趋势越来越扩大或超出书报刊的出版活动，走向更多媒体互补互动、共荣共生的文化传承、传播与交流空间。其总的归宿是升华为超越多种具象媒体的普通编辑学。普通编辑学涵盖并指引着报纸、期刊、图书等传统媒体的编辑活动，电影电视屏幕媒体的编辑活动，留声机、手机、广播等音响媒体的编辑活动，以及网络视频等诸多新技术媒体的编辑活动，是上述整个传播媒介编辑活动普遍共通的理论概括。普通编辑学相对于“新闻媒体编辑学”“科技媒体编辑学”“文艺媒体编辑学”“一般社会文化媒体编辑学”等等来说，是“大系统”，但相对于包括传统印刷和现代数字化出版等一切向大众传播信息的媒体系统来说，它又是其中的一个小系统，尽管是其中头等重要的环节，是“中心”、是枢纽，但必需托身于整个大的文化产业躯体之上。

为了推动编辑学学科体系建设，刘杲同志关于普通编辑学内容构成和覆盖范围的许多真知灼见，集中体现在《推动编辑学理论研究》《理论创新是学科建设的灵魂》等学术论文之中。

刘杲同志四部文集中，每篇文章都不长，看似零散，但内容自成体系，理论结构相当严谨。其实，高品位、高质量的论文集并不比一般所谓的专著学术性差。世界上许多新的思想、新的理论、新的观点往往是在论文中提出来的，东方和西方都有许多实例可以证明。刘杲同志的文集中不乏思想理论创新的亮点，也证明了这一点。刘杲同志未来得及收入这四部文集的论文，笔者也读过几篇，等到他的第五部文集出来，笔者还想再读，希望从中获得更多的教益。

注释

[1]《我的出版观》一文，在刘杲同志的第四部文集中，目录中写出的是作于2009年5月16日，并加了副标题“在韩国‘南涯安春根出版文化奖’颁奖大会上的答谢词”，不太准确。据我所知，这篇文章写作于2008年5月13日。刘杲同志因事未能出席韩国会议，由程绍沛同志带往韩国，并在5月18日于首尔举办的颁奖大会上代表获奖者宣读致谢，后来又把作者获得的500万韩元奖金带回北京，交由作者全部捐献给汶川地震灾区了。

（原载《中国编辑》2012年第1期）

附录　由衷的感谢

——在“刘杲同志编辑思想研讨会”结束时的发言

刘　杲

这次研讨会收到论文三十多篇。大家对编辑学研究的高度关注，使我深受感动和教育。我由衷感谢中国编辑学会和桂晓风同志给了我难得的学习机会，由衷感谢邬书林同志、郭义强同志、宋木文同志、于友先同志光临指导，特别感谢与会同志和其他论文作者对我的鼓励和厚爱。

编辑学研究是集体的事业。三十多年来，在出版界和教育界有一批同志前赴后继投入了编辑学研究。编辑学研究的进展归功于集体，包括已经过世的做出重要贡献的老同志。此时此刻，我怀念边春光、宋原放、叶至善、王耀先、戴文葆、林穗芳、阙道隆、陈仲雍、任定华等老同志，他们是我的老师和朋友。因为有了大家的同心协力，才有了编辑学研究今天来之不易的局面。

编辑学研究正在前进。近日中国人民大学出版社出版了第一本《普通编辑学》。这是编辑学研究向前推进的又一标志。在中国编辑学会的指导和支持下，邵益文同志和周蔚华同志担任主编，编撰者阙道隆同志后来过世，其他编撰者有于翠玲、赵航、马瑞洁、王振铎、冯志杰、吴燕、徐莉、张炜、范军、董中锋等，其中大部分是中年同志。青出于蓝，后继有人，我感到非常鼓舞。

今天与会的既有老年同志，也有中年、青年同志，显示了编辑学研究长征接力的阵容。至于我个人，微不足道。我只是个行政人员。因为工作岗位的缘故，有过一些文章和讲话，基本上属于工作研究，也许少数涉及理论问题，如此而已。这次研讨会的主旨是进一步推动编辑学研究。我的作用是提供话题，以便于大家展开有关编辑学的讨论。听了大家的发言，我好像被点石成金了。其实我是被灯光照亮的。只要灯光一灭，恐怕依旧是石头一块。

我还要感谢海豚出版社和俞晓群同志，配合研讨会出版了我的编辑研究文集《我们是中国编辑》。我送给与会同志每人一本，请大家指正。在这本小书的自序里，我讲了一点想法。我希望我们的编辑活动，更多一些人文精神，更多一些人文关怀。我希望我们的编辑活动，更加重视政治文明建设，创造更为和谐宽松的文化氛围。我希望我们的编辑学研究，与时俱进，重视和加强对数字出版的编辑活动的研究。

我到了这个年纪，难有作为。可是我相信，我们共同的事业编辑学研究，一定会永葆青春，不断攀登科学高峰。

（原载《中国编辑》2012 年第 1 期）

反思编辑出版学：历史、学理与现实

赵树旺

文化大发展大繁荣的关键在人才，人才的养成在教育，编辑出版人才的养成在于编辑出版学学科体系的建构与发展。随着社会科学的发展和出版产业的转型，编辑出版学学科体系同样面临着发展与转型的问题，唯如此，才能最终养成既具有理论高度又适应社会需要的出版人才。

编辑出版学是一门独立的学科，拥有自己独特的研究领域，经过多年发展已初具规模，但在一些传统学科的视野中，编辑出版学依然处于新闻学、传播学等学科的外向延伸，尤其是在几个学科分类系统中还常常被列为“新闻学与传播学其他学科”，说明编辑出版学还远未获得其学科独立性。除了“中图法”之外，在其他分类法中，“出版学”之下几近没有分支学科，说明与其他同类学科相比，存在被忽略的倾向[1]，学科定位与地位亟待提升与破局。同时，编辑出版学科受市场经济体制和出版业转型的影响，教育体系偏重功利主义，损伤了编辑出版学科的独立性、理论性和实践性。对于一个学科的发展来说，理论与实践本应并行不悖，令编辑出版学界尴尬的是，编辑出版学科在此二者都面临窘境。出版理论研究与出版实践尚未建立良好的沟通合作机制，出版理论研究脱离实践的现象一直被业内人士所诟病[2]，并最终影响到了人才养成效果。

编辑出版学科在学科发展、人才养成方面所面临的困惑，证明学科反思的必要性和紧迫性，这种反思是一种自觉的反思。在接下来的时间跨度中，继续提升编辑出版学的学科地位和学科建构，建立理论与实践的合作机制，评估学科的教育价值，完善编辑出版学的学科体系，成为编辑出版学科必须面对并亟须解决的时代命题。

一、反思编辑出版学

1. 历史的反思

走向历史就是走向事实，面对编辑出版学学科及其历史有所言说，才可使编辑出版学科体系从依靠逻辑的话语建构成为一种面对事实的阐释行为。历史的反思有两种路径，一种是现象的语境化，置于具体的历史语境中，考察其形成与发展的具体过程；另一种是学科史视野，在学科史流变中发现问题、提出问题、解决问题。编辑出版学科需要对本学科的发展历史和现状有明确的了解和把握，并对学科未来进行理性分析，从而明确自己的学科定位。编辑出版学的学科发展有几个关键节点。第一个节点是 1984 年胡乔木同志建议创办编辑学专业，1985 年北京大学、南开大学和复旦大学首先建立编辑学专业，开始招生，成为编辑出版学学科自觉的发轫。值得反思的是北京大学中文系开办编辑学专业几年之后就停办了，究其原因，“与其花大力气新建一两个实用型专业，不如退而举全系之力办好已有的三个专业，排除干扰，齐心协力守住根本，发展学术，这才是最最重要的事情”[3]，足见当时学界对编辑学一种“有术无学”的认知偏见。但无论如何，其后的十多年间，开办同类专业的院校由几所增加到了十几所。同时与编辑学并存的还有出版、印刷、发行等专业，几个专业的学科体系建构既有交叉也有冲突。第二个节点是教育部在 1998 年调整高校本科专业目录，把编辑学专业和图书发行专业合并为编辑出版学，列在一级学科新闻传播学之下，编辑出版学的学科身份得以明确。此举整合的味道甚浓，有效地避免了学科地位的纷争。自此，编辑出版学的学科体系初具雏形，至少是消弭了之前以“图书发行”为代表的“出版学”和“编辑学”的学术分野，两个学科终于统一为一个学科，两个学科的学者专家也终于能够坐在一起，心平气和地探讨同一个问题，为同一个方向努力。第三个节点是2010年教育部增设了出版学硕士专业学位，把出版学从新闻传播学、图书情报学下提升了出来，与之并列，开启了学科发展的新时代。这个节点之重要不言自明，专家学者们有机会重新思考本学科与其上位学科新闻传播学的关系，以及本学科下位延伸和下位学科类别的问题。由是，历史的反思指明了未来的发展路径，而理性地分析学科历史有助于学科发展路径的辨析、选择与确认。

2. 学理的反思

学理的反思是真正的、深度的、逻辑角度的反思。所谓学理的反思，主要是观念上的反思。观念上存在误区，所以需要进行学理上的反思，需要在出版理论层面上小心求证，仔细厘清。编辑出版学的学理界定、构建及创新是其作为一门学科必须面对并回答的命题。

如果深切把握一些关键要素的内外关系，会看到编辑出版学学理构建存在的问题。其中最重要的便是编辑出版与编辑出版学的关系，即编辑出版业务与编辑出版学术之间的关系问题，不能把二者等同起来是基本的立场，但仍旧有人认为编辑出版学没有学术，不是一门科学，更多停留在一种业务的探讨。之所以会发生这种解读，是因为从理论层面看，编辑出版学理论尚未形成自身的系统性、逻辑性和独立性，尚不能支撑起编辑出版学作为一个独立学科的体系建构，更不能从理论高度上指导实践，甚至与实践脱节。同时，编辑出版学的研究范式也尚未成型，我国编辑出版学科处于一个范式虚无、范式转移和范式杂乱同时存在的时期，这种多重判断是建立在编辑出版学研究之关注议题和分析层次分解基础上的[4]。研究范式的不足对学科的长远发展极其不利。由此来看，科学理论的建构尚需加大多维投入，否则编辑出版学科将行之不远。

编辑出版学科的建构者们不仅需要在学理上反思自身的独特研究领域和独特定位，更需要在学理上廓清出版学理论的内涵和外延，最终通过自身建构的理论框架，揭示真相，揭示隐含在出版现象背后的深层动因与关联、权利与文化之间的逻辑关系，并在出版历史与理论阐释中表达价值判断，是其所是，非其所非，使出版学理论成为人类自我理解、自我提升的一个独特维度。

3. 现实的反思

现实的反思即与现实的实践相关，此现实既指出版的现实，也指学科的现实。现实的反思应当超越现实，同时又能完全涵盖和把握现实。编辑出版学的现实意义和终极目标是人才养成，从本质上说，教育体系和人才养成是任何一个学科体系建设的题中之义，一个学科发展的最终落脚点必定是人才养成。学理的提升与编辑出版的实践教育并不矛盾，是一个问题的两个方面，学科发展既要强调学理性，又要强调实用性，二者并行不悖，各有其因。学科的学理性服务于学科发展，学科的实用性服务于人才教育与养成，学科的发展既离不开学理性的提升，也离不开最终的人才养成目标。说到底，学科的发展是为人才养成服务的，编辑出版学是应用学科，理应服务于出版业的现实。

我们感知到的现实却是，各地高校不断地新建编辑出版专业，编辑出版专业也不断地扩招，但反过来，这个专业的毕业生在就业时却饱受冷遇，很多出版社明确表示不愿意录用编辑出版专业的毕业生，这种现象还在持续加剧。编辑出版学本是一门理论和实践结合得相当紧密的学科，但毕业生却不受市场欢迎，说明编辑出版专业培养出来的学生不能很好地满足社会与人才市场的需求，说明编辑出版的学科教育与市场需求是错位的，更说明编辑出版的学科建设和发展出现了问题。这是编辑出版学科面临的严峻现实。

反思其因，其一是编辑出版学定位不明确，一边努力寻求编辑出版学作为一门独立学科的立身之本、立身之理论和范式，一边要为现实、为市场、为社会服务，身处其间的摇摆使得学科发展含有某种不确定性。其二是编辑出版学的跨专业性较强，常常使得学科教育体系无所适从，其直接后果就是人才养成的知识架构追求通识和广博，却不得专业之门而入，出版企业却常常需要专才。其三是社会和市场不断在变化，身处研究环境中的专家学者难以紧跟市场的变化设计合理的教育体系。社会和市场转型了，学科发展没有跟上，或者亦步亦趋，只能遭到市场的淘汰。

作为一个理论联系实践的学科，编辑出版学的学科和理论发展必须紧跟社会的转型、出版的转型，编辑出版学科发展的每一个里程碑事件皆与社会和出版转型相关，不受市场风潮左右的纯理论发展和闭门造车之类，既不现实，更非幸事。诚然，受转型之影响，出版学科的发展正在经历被功利谋害的危险，但也不能因噎废食，对社会转型置若罔闻。因为，社会转型决定出版转型，进而出版转型决定出版教育转型[5]。就此反思，我们是否能够对出版产业的体制化转型、战略化转型、出版方式转型和阅读方式转型有明确的现实认知，并能基于上述转型基础提出明确的学科发展转型设计？如果对此没有清醒的认识和反思，编辑出版学的学科体系和教育体系是否会失去存在之本？因此，实现出版转型和学科体系可持续转型之间的对接是必然的逻辑结论。

应当说，学科的反思比学科的完善更重要，所谓发现问题优先于解决问题，反思之后对症下药即可。面临社会转型、出版转型、教育转型，对编辑出版学科的优化势在必行。

二、优化编辑出版学

1. 厘清编辑出版学的学科定位和地位

首先，是编辑出版学与新闻学、传播学的关系问题，三者有交叉，但不能等同，这涉及学科定位与存在依据的问题。从方法论上很难区别编辑出版学与新闻学、传播学的关系，只能从存在论、本体论研究三者的区别。编辑出版学的存在还是要从根源上寻找其存在依据，这个学科是随着出版产业的发展，社会分工不断细分，为了满足行业的人才需求而诞生的。编辑出版学以出版现实为研究基础，新闻学以新闻报道为研究基础，传播学以泛传播为研究基础，存在依据和研究对象的不同自然成为学科区分的根本。

其次，编辑出版学科并不难于科学定位。经过多年发展，编辑出版学科已经从学科自发、自为进入到了学科自觉的阶段。最初，各高校建设编辑学、印刷、图书发行学等学科，意在学科建制的大而全，有的挂靠在中文系，有的挂靠在图书馆系，有的挂靠在信息管理系，有的挂靠在新闻传播系，总起来看，其学科定位非常混乱。时至今日，从研究对象看，编辑出版学已经具备了一门独立学科所应具备的独立的研究对象、研究内容、基本范畴和命题等自己专属的研究领域；从现实基础来看，它所依托的出版教育不断壮大，出版学界应抓住国务院学位办调整学科目录的关键机遇，占领学科发展制高点[6]；它所具有的实践性要求必须先从学科分类入手，把编辑出版学从新闻传播学、信息管理学等学科中划分出来，作为与其并列的一级学科，使编辑出版学实至名归，成为一门独立的学科[1]。从历史的逻辑和学理的发展来看，“出版学”或许会代替“编辑出版学”成为这个学科的未来称谓。

所谓“名不正则言不顺，言不顺则事不成”，学科定位的清楚界定和学科地位的提升是大传播、大出版发展的需要，是人才养成的需要，更是编辑出版学学科发展的需要。

2. 完善编辑出版学的学科框架与理论

一个没有理论的学科是一个不成熟的学科，编辑出版学科发展的实践表明，编辑出版学需要有一种更成熟的理论形态的“学”，来加强对编辑出版学科发展的指导。伴随着出版产业的发展，目前的编辑出版学研究主要在传播学的框架下，借用相关研究成果开展编辑出版学的实践研究和问题研究，由此形成的编辑出版学理论多为继发性理论，而非原发性理论，继发性理论是受到原发性理论制约的，出版学要想从新闻学、传播学或信息管理学的藩篱中独立出来，原发性理论的探寻是不可避免的。所谓原发性理论，是针对继发性而言的，这种理论专属于或最先发生于某个出版现实或出版研究，而不是从其他学科嫁接或转移过来的，对于该出版现实或者研究来说，这个理论就是原发性的。

编辑出版学的理论架构包括两种不同的层面和境界，一种是不一定很系统很全面的、没有学科建构意识地对编辑出版实践的经验积累和总结，以某种实在的可把握的出版现象作为研究对象，可以称之为出版学或对象出版学，目前大多数的理论研究集中于此。另一种是对编辑出版学作为一门学科系统的、学理的思考和研究，需引入元科学或元理论的概念对出版学进行深入反思，为了叙述的方便，或可暂称之为“元出版学”。与出版学不同的是，元出版学不以出版现实为研究对象，而以出版学为研究对象，不把自身当作关于出版业客观世界的知识体系，而把自身作为研究出版科学的本质及科学研究方法的元科学。具体说，元出版学是对出版研究的再研究，对出版认识的再认识；元出版学不是以具象的出版、可把握的实在作为研究对象，而是以出版学的性质、特征、形成和发展规律为反思和研究的对象，这样所形成的科学或理论即为元出版学。元科学是每一个学科发展到某一节点必然达到的研究阶段，在出版业加快转变经济发展方式之时，编辑出版学学科的理论研究和探索应当更上一个层次，元出版学的诞生和研究正当其时。

编辑出版学的理论架构还应该包括编辑出版的思想研究、哲学研究、文化理性研究及跨学科研究，更需尽快建立学科范式。唯有建立了学科范式，编辑出版学才能找到理论框架的逻辑起点，才能为后来的研究者提供创新的理论基础。

3. 优化编辑出版学科的教育体系

编辑出版学学科的建构与发展最终要落在编辑出版的人才养成上。出版业改企转制、多元化经营的现实导致出版业功利色彩日趋浓重，当利润和资产成了出版业的刚性指标之后，出版业的文化理性和出版精神日益流失。作为充满理性色彩的编辑出版学专业教育，不仅要适应社会发展要求，逐步确立与出版市场需求相适应的教育体系，更应该高扬文化理想的旗帜，从教学理念、课程体系设置等方面培育学生的出版精神。出版的精神内涵很丰富，包括文化精神、科学精神、服务精神、商业精神、学习精神、职业精神和职业道德等。文化理想、文化精神、社会责任，是出版精神的主干[7]。出版精神的培育应当成为编辑出版专业教育的逻辑起点和基础，然后才是专业理论、知识和技能的学习。

出版精神确立之后，是否适应行业需求则成为衡量编辑出版学教育体系科学与否的标准。为了适应行业的需求，案例教学和跨专业教育成为可选择的人才养成路径。首先是案例教学体系的建构。编辑出版学科教育体系的建构者完全可以借鉴哈佛大学商学院的案例教学方式，集系统的知识体系、理论框架和案例于一身，通过案例教学服务于学科实践层面的体系建构。让人担心的是，学界专家忙于科研，远离实践，其案例教学恐离现实稍远。令人兴奋的是，当今出版产业的领军人物和专家大多乐于进入高校和科研院所，参与产学研结合和教学活动，无疑能为案例教学提供丰富的素材和坚实的佐证。案例教学强调实践性，但并非片面强调实践性，同样需要理论和理念的导引才能形成完整的教学体系，否则将耽于实操而失去学理。其次是跨专业的教育体系建构。出版社之所以不欢迎编辑出版专业的毕业生，正是因为编辑出版专业的学生知识结构过于单一，只知技巧，却无专业，只知编辑，却无深度。只懂得编辑学概论和出版理论是进入不了专业书稿内容的，所以，编辑出版学的教育体系应该提倡跨专业的人才养成模式，但跨专业是有限度的跨专业，否则容易陷入博而不精之窠臼，博以精为首，才能学以致用，适应出版现实的需要。此外，完备的知识体系、能力结构、出版实践、数字技术及国际视野等皆为当下编辑出版专业教育体系的基本诉求。

编辑出版学是一个动态的、发展的学科，其架构是一个绵延不断的继承与发展体系，其发展是一个从自在到自为到自觉的过程，其学科建设是一个时代的命题。学科的历史定位清楚了，学科体系的建构完整了，学科的繁荣当会蓬勃而至，作为终极目标的人才养成问题自然迎刃而解。

注释

[1]“出版学学科体系（与教材建设）研究”课题组．魏玉山，刘拥军，刘兰肖．出版学学科属性之辨［J］．出版发行研究，2010（2）：20.

[2] 聂震宁．当前出版理论研究之研究［J］．现代出版，2012（8）：7.

[3] 费振刚．“以不变应万变”——一次汇报会的回忆和现在的思考［N］．中华读书报，2010-10-22.

[4] 徐星．“范式”框架下的编辑出版学研究［J］．沧桑，2010（4）：96.

[5] 李频．出版专业教育框架分析略述［J］．现代出版，2011（3）：70.

[6] 肖东发．出版学专业应该成为一级学科［N］．中国新闻出版报，2010-07-19.

[7] 聂震宁．培育出版的精神［J］．中国编辑．2006（1）：28.

（原载《现代出版》2012年第11期）

中国编辑思想史研究内容浅论

吴　平

中国编辑思想史研究随着中国编辑出版学科体系的建立而逐步开展，在此之前其系统研究几近于“零”。正因为中国编辑思想史研究的历史很短，因而一直缺乏理论上的指导，缺乏对中国编辑思想史学自身的研究，对于中国编辑思想史的研究对象、研究范围、研究内容，中国编辑思想史与中国哲学思想史、中国文化思想史、中国学术思想史等其他中国历史分支学科，以及与中国编辑出版史、中国文献学史、中国图书学史等其他学科专门史的联系与区别等，都缺乏应有的讨论。直到21世纪前十年，关于中国编辑思想史究竟应该写些什么，没有统一定论。

中国编辑思想史的研究对象是从先秦至民国各历史时期图书文献的编辑思想。包括历史上围绕一些有影响的作品、编辑家、编辑方法、出版制度以及书籍文化所形成的观点和理论体系，各种不同编辑家、编辑群体、编辑学派之间演变和更替的具体历史过程，各种不同编辑思想对编辑出版事业发展的影响和作用，它们之间的相互关系及其发展、演变的过程和规律等。

中国编辑思想史的研究范围从先秦到民国，其间有哪些编辑思想影响了出版活动，产生了多大作用，各种编辑思想观念的演变、发展、更迭是如何反映在图书文献典籍出版活动中的，分析变化过程，总结变化特点，找出其规律等，都是编辑思想史的研究内容。它不仅是历史的总结，在推动当代编辑出版工作深入发展方面所起的作用也是十分有意义的。因此，各朝各代带有一定社会出版倾向的思想、观念和主张均是中国编辑思想史研究的主要内容。这些内容又可以分为个人的编辑思想和时代的编辑思想。所谓个人编辑思想主要是从事编辑活动的大学者或从事出版活动大家的思想，其性质是有意识的创造。所谓时代编辑思想是由社会政治、文化、科学技术、习俗等混合而成的，其性质是无意识的推进。两者之间的辩证关系表现为：大编辑家开拓时代，时代孕育编辑出版大家。

具体研究内容可分为以下几方面：

其一，各时期编辑出版者的著述及言论。例如，关于文籍的编辑，孔子就提出了“述而不作”的观点。他把文籍的生产活动分为“始创”和“传旧”两大类，主张编辑重“述”而非“作”[1]。汉代司马迁强调《史记》的编修是“述”而不是“作”。他在《太史公自序》中说：“余所谓述故事，整齐其世传，非所谓作也，而君比之于《春秋》，谬矣。”[2]这些著述及言论均能反映作为编辑家的孔子、司马迁的编辑观念和主张。

其二，各时期编辑出版的作品文献。编辑思想与其他学科思想有相同之处也有独特之点。相同之处表现为思想为个人所独有，类似于哲学思想一样，通过著述的形式发表，只要是出版的作品，无论作者本人是不是编辑家都可以表现作品出版的编辑思想；不同之处是编辑家本人的作品，或自己的著述或对自己作品的编辑都可直接体现和反映本人的编辑思想。图书经编辑出版传播于社会，只要经过编辑出版过程，编辑思想就会渗透于图书之中，并不以时代来区别是否有思想。换言之，各时期的作品除个性外一定有共性。个性或共性都能反映编辑思想。“有鉴于往事，以资于治道”的编辑思想成就了司马光的

《资治通鉴》，“垂劝诫，示后世”的标准又在欧阳修《新唐书》《新五代史》中发挥了重要作用，二人均为北宋史学家，在政治上的资鉴功能和道德上的教化作用可谓异曲同工。图书因类型不同在内容组织与编辑方法上亦不同，不同类型的图书均有鲜明的编辑思想。如类书的编纂自三国魏至清末，历时1 500多年。据《四库全书总目提要》和其他相关工具书记载，成书达六七百种之多，现存三百种左右。自《皇览》后，历代帝王相继仿效，纂修之风渐起。六朝人所撰类书，总数约在3 000卷以上，如南齐萧子良的《四部要略》（1 000卷），梁刘杳的《寿光书苑》（200 卷）；唐代欧阳询等奉敕撰的《艺文类聚》（100 卷），徐坚等撰的《初学记》（30 卷），白居易撰的《六帖》（30 卷）；明代《永乐大典》（22 877卷）；清代《渊鉴类函》（450 卷），《骈字类编》（240 卷），《分类字锦》（64 卷），《子史精华》（160 卷），《佩文韵府》（443 卷），《古今图书集成》（10 000卷）……这些著作尽管编辑目的不同，规模有大有小，但都反映出鲜明的立类思想和“以类相从”的编排思想。

其三，各时期颁布的文化传播、图书出版规章制度。编辑思想的实现，体现为成文法之法典及其他各种文化出版、学术活动制度中，对其考察有助于编辑思想的研究。魏晋南北朝时期，佛教盛极一时，佛典的翻译、整理和注释活动都十分活跃，较有影响的“成实”学派和“三论宗”学派均有其代表性的著作，如《成实论》《中论》《十二门论》《百论》等均颇有影响。佛教文化的创造与传播，与这一时期文化传播政策有着密切联系，特别是梁武帝带头信奉佛教、阐扬佛理，甚至多次“幸寺舍身”，带动了佛经典籍编译的兴盛。明代的“制书”也很有特色。何谓制书？师古曰：“天子之言一曰制书，二曰诏书。制书者，谓为制度之命也，非皇后所得称。”[3] 自周代开始，制书本是历代皇帝颁布命令和法律制度的文件，但在明代书目中它被单独列类，且位于目录之首，分明显示出皇权的威严和“敬天、忠君、孝亲”鲜明的编辑思想。外在环境影响了图书文化，从编辑出版的具体制度、内容与方法中都可以找到编辑思想发展的轨迹。

其四，有助于了解时代背景及时代意识的其他学科著述。即可以体现过去、当时及其后的时代状况。如文学作品，既是著述的一种类型，也是编辑的对象。文学作品的内容对社会现象栩栩如生的刻画，可以供我们了解时代背景，分析编辑意识产生的土壤，理解编辑思想的导向或制约作用。作家冯梦龙、凌濛初所处的明代，商品经济已经十分繁荣，为了满足市民阶层文化的需要，一批作家兼编辑出版家对前人著述加以搜集整理，给予评赞批注。他们二人分别编辑出版了“三言”“二拍”，这些涉及男女情爱、家庭矛盾、官僚生活、神仙怪异等脍炙人口的作品深受市民喜爱，也是对晚明市井文化的真实摄取和生动描摹。“三言”“二拍”是编辑的作品，也是明代其他出版物的时代背景。

综上，研究个人编辑思想的资料和研究时代编辑思想的资料都可对中国编辑思想史的研究起推动作用。

中国编辑思想史以各时期国人围绕编辑出版活动而提出的各种思想、观念、主张及其编辑出版行为作为研究的主要内容，不仅可以与中国编辑史、中国出版史、中国印刷史等关于编辑出版史的其他分支学科区别开来，而且也与中国经济思想史、中国新闻思想史、中国学术思想史等各种专门思想史区别开来。因为各专门思想史的研究内容是由它们所属的分支学科（如中国经济史、中国新闻史、中国学术史等）的研究内容决定的，它们所属的分支学科研究的主要内容与中国编辑思想史研究的主要内容是有明显区别的。因此，有必要明确以下三方面的内容，以开展并深化中国编辑思想史的研究：

一是明确中国编辑思想史的研究内容。

二是明确中国编辑思想史与中国编辑史、中国出版史、中国印刷史等其他有关编辑出版史分支学科的联系与区别。中国编辑史、中国出版史和中国印刷史是与中国编辑思想史关系最为密切的三门主要学科。它们的共性表现在均围绕编辑出版活动而展开，均以时代发展为序，三者之间有着密不可分的血缘关系：有编辑就有出版，有出版就要有印刷，出版造就了编辑，促进了印刷发展，印刷技术与出版活动也集中展示、反映、体现了编辑的智慧与思想。三者之间有分工：编辑史侧重于编辑及编辑活动的研究，出版史重点围绕出版事业和出版活动而展开，印刷史则是专门针对印刷科学与技术发展的分析与探索。那么，编辑思想史呢？编辑思想史是编辑学的分支学科，是编辑活动开展缘由的历程，是承上启下的发展。编辑思想是出版的目的和指导原则，是为什么要印刷、怎样印刷、印刷要达到何种效果的追根溯源。编辑思想史与编辑史的关系更近一些。它们都属于编辑学的范畴，古代文献整理、书目编制和文字校订等丰富的文化创构活动构成了共同研究的基础，但编辑思想史是在对事实进行分析判断后落脚于意识的、观念的、认识的层次上，解决“为什么”的问题，编辑史则是在史料分析后落脚于现实的、具体的、物质的层次上，解决“是什么”的问题。它们既有联系又有区别。

三是明确它与中国经济思想史、中国新闻思想史、中国学术思想史等其他专门思想史的联系与区别。同是思想史，不同学科的思想史因学科性质的差异性表现出不同的特点。它们的研究对象与研究内容很不相同。经济的、新闻的、法律的、政治的、社会的等专门思想史都有不同的研究领域。彼此的联系由思想而生，都是从一个侧面考察人类社会的思想遗产。既有思想牵连不可分割的相似性，又有思想随人类社会发展而丰富、复杂的关联性。彼此的区别因某一相对独立的领域而隔离。经济思想史是从经济学的角度研究人类思想，新闻思想史是从新闻学的角度研究人类思想，而编辑思想史则是从编辑学的角度研究人类编辑思想。倘若从经济学或新闻学的角度考察，亦或有些内容可属于经济思想史、社会思想史的研究领域，然而并不矛盾，也可作为编辑思想史的研究内容。各个专门学科思想史有着共同的研究领域，也有着各自的研究对象。

在研究中应该正确处理好两种关系：

一是要处理好编辑大家（或称主要编辑家）思想与普通编辑出版活动者思想的关系。在编辑出版活动中，编辑大家引导编辑出版活动方向，主宰时代编辑出版主流，其编辑作品成为时代出版主旋律。在编辑思想史研究中，要重视编辑大家的思想，至少应以编辑大家的思想为研究的切入点，如孔子、刘向、刘歆、刘知几、郑樵、章学诚、司马迁、班固、道安、杜佑、朱熹、袁枢、黄宗羲、皇甫谧、贾思勰、王怀隐、唐慎微、王祯等人。因为与普通出版活动者比较，编辑大家作为社会出版精英，对于各时期社会所面临的主要任务有更敏感和更深切的感受，更能触摸到时代的脉搏。编辑大家的思想往往是一般编辑出版思想和动向最集中、最典型的反映，是它们的浓缩体。这也是编辑大家的思想所以能影响出版潮流的根本原因。同时，也要重视普通出版活动者的编辑思想，尤其要重视普通出版活动者的思想对编辑大家思想的影响。实际上编辑大家的思想和普通出版活动者的思想存在一种相互作用、相互影响的互动关系。同时，在研究编辑大家的思想时，还要特别注意加强对编辑大家生活的时代和生存状态的研究，加强对编辑大家的思想是通过何种方式和渠道影响编辑出版业、影响社会，从而影响历史发展进程的研究。

二是要处理好编辑理论与编辑实践的关系。中国编辑思想史是编辑理论与编辑出版实践的有机结合。就历史发展的进程来看，往往是思想理论超前，社会实践滞后。就编辑思想家个人来看，编辑实践落后于思想理论的现象也是存在的。所以在研究中国编辑思想史时，应该把编辑理论与编辑实践结合起来进行研究，不仅了解编辑家们说了些什么，还要看他们做了些什么。只有如此，才能对编辑思想做出合乎历史事实的客观评价。

编辑思想史的研究既要将编辑思想放在特定的历史环境中，又要联系编辑出版业的实践，从出版作品成果中进行概括和解说，找出思想理论与编辑实践的内在关联，从而不仅理解昨天，也为今天的进步和明天的发展提供接续点。

注释

[1] 朱熹. 论语集注 [M]. 济南：齐鲁书社，1992：61.

[2] 司马迁. 史记 [M]. 郭逸，郭曼，标点. 上海：上海古籍出版社，1997：2487.

[3] 班固. 汉书 [M]. 江建忠，标点. 上海：上海古籍出版社，2003：69.

（原载《出版科学》2012 年第 6 期）

编辑室主任的作用及其导师艺术

何　莉

编辑室是出版社的基本组成单位，编辑室主任在出版社中处于特殊地位，负责传达社领导指示、传递各类信息、规划全室选题方向、落实选题计划、安排图书编辑业务等，起着联系内外、督促检查、综合协调的枢纽和桥梁作用，承担着承上启下的重要责任。编辑室主任应思维活跃，事业心强，有责任感和竞争意识，具备经营管理的基本素质，是出版社的中流砥柱。

在编辑室工作中，选题策划、复审书稿、新编辑培养、编辑室经营管理等都是编辑室主任的重要工作。但在编辑室主任诸多工作中，对整个出版业可持续发展起关键作用的，应该是人的培养，也就是对新编辑（年轻编辑）职业道德、业务素养、工作能力等方面的培养。

俗话说，强将手下无弱兵，如果一个编辑室主任手下有一支能打硬仗的队伍，领头的编辑室主任工作开展便可以运筹帷幄、游刃有余，这个编辑室就有可能在激烈的市场竞争中立于不败之地。

培养编辑的方式、方法多种多样，本文仅就编辑室主任在现代技术条件下培养新编辑的实用编辑技能方面做些探讨。

一、学者型编辑的培养

现代编辑应该具有较高的专业知识水平和较全面的出版业

务知识，具有出色的社会活动能力和经营管理能力。编辑的素质决定着编辑工作的优劣，影响到出版物的质量与品牌，培养高素质编辑是编辑室主任的重要工作之一。

近几年来，随着一批博士生、硕士生毕业进入出版社，编辑室主任（有些仅仅是中级职称）就“不小心”当起了“博导”“硕导”。

从2008年6月1日起施行的《出版专业技术人员职业资格管理规定》指出：“凡在出版单位从事出版专业技术工作的人员，必须在到岗2年内取得出版专业职业资格证书，并按本规定办理登记手续；否则，不得继续从事出版专业技术工作。”“在出版单位担任责任编辑的人员必须在到岗前取得中级以上出版专业职业资格，并办理注册手续，领取责任编辑证书。”“初级、中级职业资格通过全国出版专业技术人员职业资格考试取得。”[1]因此，新入出版社的编辑必须通过职业资格考试取得上岗资格。当然，这对大多数年轻人来说并不是一件难事。

取得上岗资格的新编辑如何尽快进入编辑角色——熟悉编辑流程、正确加工书稿、能够策划选题等，还需下一番功夫。在这一过程中，编辑室主任的导师作用必不可少。

对刚步入出版领域，尤其是非编辑出版专业毕业的新人来说，出版是一门新学科，新编辑技能培养中重要的一项是动手能力、科研能力的培养，也可谓学者型编辑的培养。学者型编辑的优势在于，他们对某一学科领域的专家、学者队伍有一定了解，能够与对方形成一种真诚的尊重之情，并可以利用学术交流、谈论书稿的机会同专家、学者进行交流与对话。纵观我国的编辑史，凡是在编辑领域有所作为的人，无一不在自身研究领域颇有建树，如叶圣陶、邹韬奋、张志公、周建人、郑振铎、贾祖璋、叶至善等。因此，要想提高编辑质量，提高出版物水平，赢得作者的尊重，编辑也必须不懈努力，提高自身的写作、学术研究水平。在做好编辑本职工作的同时，积极从事出版科学及自己所学专业相关领域的研究，不断拿出有分量的科研成果；既拓宽编辑视野，把握学科动态，又可在与专家交谈时“有话可说”，尽可能达到学者型编辑的境界。

作为编辑，当然首先是要醉心于编辑职业，必须要全身心地投入主业，编好书，编值得耗费心血的、有文化含量的书。贾祖璋先生早年在上海商务印书馆和开明书店当编辑时，就潜心钻研编辑业务，他慧眼识珠，先后发现、培养了许多优秀作者，编辑出版了大量优秀作品，如高士其的《细菌与人》、董纯才的《五年计划的故事》、祝仲芳的《昆虫的生活》等。但他不忘利用业余时间从事写作，先后创作了《鸟类研究》《普通鸟类》，随后又出版了引起科普界、文学界轰动的《鸟与文学》。

曾长期担任权威学术刊物《中国语文》主编的著名语言学家吕叔湘先生曾说过：“当编辑的可以眼高手低。要他自己写不一定写得好，可是他议论别人的东西很有见解，当编辑的人能这样就行了。虽然我写不出来，你的稿子有什么问题，我可看得出来。”这个“眼高”，既包括慧眼识珠的能力，即能发现优秀书稿，或者能从书稿中发现真正有创见有价值的观点，也包括指瑕求疵的能力，即使对于高水平作者的高质量书稿，也能发现作者的疏漏、偏颇，提请作者修改完善。这就要求从事专业出版的编辑应加强专业知识的学习，编辑室主任应鼓励新编辑多利用学术会议、专家讲座等机会关注学科发展前沿动态，努力使自己成为学者型编辑。

要成为一名优秀的学者型编辑，应具备文学的感性、史学的智性、哲学的悟性、艺术的灵性、科学的理性、伦理的德性，以及对社会的责任感、对事业发展的自我设计愿景，这是共生现象的原动力。有了这个原动力，我们才有可能对所从事的编辑职业有献身精神，并实现自我人生价值的追求；我们才能在编辑工作中完全投入，并把其效能凝聚下来，实现出来，成为另一个相关联领域的大家和专家[2]。

二、选题策划能力的培养

任何一家成功的出版社，其发展战略在一段时期内都应该是相对稳定的，应该有自己独特的选题方向（特色）、品牌、重点。编辑室主任在制定编辑室选题发展战略时，应该根据本学科的专业发展需求和市场变化情况，不断推陈出新，优化选题结构，规划选题策划的方向，引导本社的选题策划、营销宣传乃至品牌塑造。选题战略有的是远期实现战略，有的是中、近期实现战略，但即使是富于前瞻性的远期战略，也应该每年规划，每年检查实现情况并校验调整。

选题策划是一项系统性工程，是策划主体的出版理念、经营思路和对市场判断的综合体现[3]。随着出版业的日益市场化，图书编辑市场策划能力的作用被迅速放大，人们开始有意识地对图书编辑的工作重新定位，甚至有一种观点认为，能够策划图书的编辑才可以配得上“编辑”二字。编辑室职能虽有不同，但每个编辑室必有自己所倚重的出书方向，逐年积累，不断巩固，这样才能形成特色。编辑室主任的首要职责便是为本编辑室规划出书方向。规划之前，编辑室主任要对本室编辑人员的个性做具体分析，并与每位编辑商议，为每位编辑人员量身定做，对各自的发展方向定位，这既形成编辑室的出书特色，又为每位编辑的自身发展打下了基础。

出版社发展的特色，紧紧依赖各编辑室的特色。编辑室主任所做的本室出书规划，既要有利于形成本室特色，又要有利于体现本室的出书水准。这就有一个选题的切入点和突破口的问题。比如，中医编辑室主任，面对纷繁的各类中医药选题，该从何处入手规划本室的出书方向呢？这就要先根据市场需求，再结合本编辑室编辑的特长、自身能力、作者资源，来选择合适的切入点，是重点发掘中草药类选题，还是精心打造经络穴位类选题。又如，知识读物编辑室，长于科普读物，在这类读物中又长于编辑一些体现科学思想、科学精神和科学方法的读物，那么，就可考虑选择以反映科学思想的选题作为本室选题的切入点，而重点又选择能反映与时代同步的现代科学思想为突破口，以此为着眼点和着力处，拟订本室的出书规划。

现代的选题策划不应仅仅是书稿内容的策划，还应包括图书的出版策划（包括装帧设计、装订质量、版式定价等）以及营销策划。图书的出版过程是一个系统工程，各个出版环节必须环环相扣、有机结合，形成良性互动，才能创造出经济价值和社会价值，实现出版社的经营目标。尤其是现代出版业务已从传统出版向多媒体经营管理转变，编辑室主任应在选题策划的全程中对新编辑进行现代出版意识、大出版意识、策划意识、市场意识、营销意识的综合培养。

三、编辑风格的培养

编辑风格是在编辑活动过程中所形成的编辑主体的个性或特色，反映在编辑思想、编辑艺术、编辑方法以及日常工作等各个方面，并最终体现在出版物中，使出版物呈现出具有代表性且较为稳定的独特面貌[4]。为编辑出版界所称道的“开明精神”就是这样一种风格。“开明精神”指新中国成立前上海开明书店的“求义、求新、求实、求精”的精神，其核心是求义。开明书店在创办之初，就立下了“不向钱看，只想勤勤恳恳地出几本书，老老实实地给读者送一点温暖”的宗旨。在这一宗旨下，开明书店始终支持正义，反对邪恶，坚持进步，反对落后，致力于为社会多做贡献。开明精神之所以能够在编辑出版界独树一帜，得力于它拥有一大批志同道合的编辑、作者，如叶圣陶、胡愈之、茅盾、巴金、夏衍、朱光潜等，正是这些文坛精英使得“开明精神”发扬光大。“开明精神”告诉我们，编辑风格的形成有赖于一批与编辑肝胆相照、风雨同舟的作者和愈磨愈韧的精神，有了这种精神，才能形成并保持自己的独特风格。

在现今的出版岗位上，我们可以看到不同的编辑有其各不相同的编辑品格、风格，有的编辑做事雷厉风行、干脆利落，有的则慢条斯理、细致严谨；有的编辑擅长组名家精品，有的编辑则对走市场选题颇有心得；有的编辑加工书稿字斟句酌、精工细雕，有的编辑则一目十行、快枪出手……

当代编辑工作呈现出综合性特征，编辑既需要外向活泼的创业精神与创新能力，也需要甘于寂寞、踏踏实实的工作态度与工作作风；既需要与作者（尤其是名家、大师、院士）、上级部门领导交流与沟通的协调能力，也需要“敢为天下先”的独立拼搏奋斗的精神；既需要自信而长远的发展眼光，也需要密切关注市场动向，灵活机敏的决策与思考；严肃、谨慎不可缺少，热情、积极更是制胜法宝。

新编辑需要先经历一个学习模仿的过程。随着实践经验的积累和才能的发挥，新编辑度过幼稚期，便会逐步形成自己的风格。榜样的力量是无穷的，作为编辑室主任，首先应展现自己良好的编辑品格、风格，润物细无声地言传身教；同时应提醒新编辑注意观察周围其他老编辑的为人处事、待人接物、选题思路、组稿加工等风格，使新编辑能从中汲取适合自身发展的编辑风格。

其次，要因材施教。针对不同的新编辑，在日常工作中为其精心打造量身定做发展目标，发挥编辑主体的主观能动性，通过设计、组织、选择、加工、编排组合等工作，使其创造独特的图书品牌。

最后，要以市场为导向培养编辑风格。不同的出版机构有不同的出版方向、重点，不同的编辑部也有各自的出版任务。在市场竞争日益激烈的今天，在注重社会效益的同时，编辑室主任应从选题思路、方向上以市场为导向将新编辑引入良好的编辑风格中。

四、统筹能力的培养

在日常编辑工作中，有关统筹学的事是经常发生的：手里正在加工一部书稿，一本清样要处理、签付印，同时又来了一本急稿，过几天还要参加一个重要的学术会议，一篇限期完成的论文这几天要交稿，年度计划中的几部书稿未到还需催促，科学发展观学习、国庆合唱彩排、出版系统乒乓球比赛集训一次都不能缺席……如何统筹安排工作、学习、活动等，是每一个编辑、编辑室主任面临的实际问题。

出版社对编辑室有各种各样的考核指标，年度计划、季度计划、月度计划，发稿品种、字数，新选题策划数量，更有经济效益指标……编辑室主任如何统筹安排编辑室的工作，最大程度地调动全室编辑的积极性，安排好编辑室每一个人员的具体工作，就要全盘考虑、精心策划。

编辑室主任工作统筹要讲究实际效用，突出重点，兼顾方方面面。编辑室主任每一项任务的完成都要有尽可能完整的效用，坚持成功是第一需要，在形式和内容的结合上坚持优化服从成功的原则；编辑室主任的工作又要突出重点、配套跟进、适时转换，以取得整体水平的提升；编辑室主任的工作还要兼顾各方利益、关系和因素。其中的筹划应简化但不能失真，不能以是否可控作为权衡取舍的标准，关键是要协调匹配，实现全室整体统一。

编辑室主任在安排好编辑室的工作计划后，应对每位编辑的工作进行统筹指导，使编辑知道自己当下该做什么，下一步该做什么，准备做什么，遇到情况时如何应对，如何处理工作、学习、娱乐的关系，如何多快好省地利用、节省时间，使效益产出最大化。

总之，编辑室主任在日常工作中应善于综合运用经验、技巧，言传身教，热情、精心地把编辑工作的心得、理念传授给年轻编辑，从职业道德、业务素养、工作能力各方面培养年轻编辑，使良好的出版传统得以延续、发扬光大。

参考文献

[1] 出版专业技术人员职业资格管理规定 [N]. 中国新闻出版报，2008-04-01.

[2] 辰目. 谈谈编辑与作家的共生现象——由唐浩明先生的经历与业绩谈起 [J]. 出版发行研究，2009 (9).

[3] 李俊. 选题的全程策划 [J]. 出版科学，2005 (3).

[4] 周蔚华，吴燕. 论编辑风格的形成 [J]. 中国编辑，2010 (3).

（原载《出版发行研究》2012 年第 1 期）

选题策划中的滚动开发策略应用

张俊红

一、引言

平日里在和一些编辑同行交流的时候，我们总能听见一些朋友说他的某个选题是在某某作者或者某本书的基础上策划出来的，而且由于有了这样的基础，新策划的选题也有很不错的效果。加上最近经常有年轻同事来沟通如何充分利用已有的资源，使其发挥更大的作用，以策划更多更好的选题，我也林林总总地跟他们交换我自己的看法。对已有资源的充分利用和挖掘，也就是对已有资源的滚动开发和使用，进而在此基础上能有更好的选题策划效果，也即大家常说的“滚雪球”的选题开发策略。而雪球要想能滚起来并越滚越大，必须是有一定的基础可凭借和利用的，下面我就结合日常工作，尝试着小结一下“滚雪球”的常用套路和策略。

二、滚动开发的立足点

1. 基于品牌的滚动开发

从大的方面着眼，滚动开发的立足点首先应该是基于品牌，即基于出版品牌和基于优势的产品品牌的开发。比如就我们出版社来讲，由于历史的积淀和几代人的努力，大家已经形成了公论，电气自动化方面的图书是我们出版社的传统优势与强势领域，在这个方面我们也汇聚了全国最多也最著名的行业专家，我们的图书产品也最为业内读者所认可。大约从20世纪80年代开始，我社策划并陆续出版的《电气自动化新技术丛书》至今都在业内享有盛誉。在此基础上，我们又策划并陆续出版了《电力电子新技术系列图书》，同样受到了市场和读者的一致认可，并逐渐形成品牌。这些都是基于品牌来滚动开发选题的最好例证，值得我们进一步学习和思考。

2. 基于优势资源的滚动开发

从优势资源一次采集多次利用的角度出发，对优势资源的滚动开发和利用也是我们常用的方法和套路。比如2005年年初，我们策划出版了《全新实用电路集粹丛书》，按照行业不同，丛书分为9种。后来我们陆续收到读者反馈，希望能出版更全面、信息量和知识量更大的电路书，于是根据市场销售情况，在此丛书的基础上我们推出了合订本《全新实用电路集粹》（上、下册），也取得了很好的效果。再后来根据读者的反馈和要求，根据电路的功能不同，我们再次以此资源为基础，整合了常见功能电路，出版了《经典实用电路》丛书6种，又推出了合订本《经典实用电路大全》；根据电路的核心元器件不同，结合典型应用电路，我们又陆续推出了典型元器件的《应用电路精选丛书》5种及其合订本《实用电路速学速用宝典》。总的来看，以这近千个电路为基础，按照应用行业不同、实现功能不同、核心元器件不同等，前后三分三合角度各不相同，满足了同一层次读者的不同内容需求，也都取得了较好的市场反馈和经营效果。

3. 基于产品线的滚动开发

基于产品线的滚动开发和拓展在我们的日常工作中也经常用到。比如2005年我社出版的《电工口诀》一书，在市场受到读者的热烈欢迎，读者都觉得这种以朗朗上口的口诀配合图表的表达方式，更容易学到知识。所以虽然后来有别的出版社跟风也出版过类似的电工口诀类的图书，但我们自己有意识地主动去维护这个产品，在陆续推出增订版和新版本的同时，又根据不同场合、不同类别陆续推出了农电安规、电工数据、电工技能、电工计算和电工禁忌等不同的细分口诀类产品，形成了比较完整的电工实用口诀类图书产品线。在市场竞争中总能领先一步，自然也就更受读者认可与欢迎。

4. 基于作者资源的滚动开发

对于策划编辑来说，有了好的想法和创意，接下来最重要的就是能物色到合适的作者，这是任何一本图书成功的关键因素之一，所以对于策划编辑来讲，作者队伍建设是我们日常的重要工作。而一旦形成了比较成熟和强大的作者队伍，那么如何让这些作者各显其能发挥最大的作用，就是“滚雪球”策略的又一立足点，即基于作者资源的滚动开发。比如，根据现在的教学要求，能编写电子技术方面教材的老师，一般也都能编写电子实验和实训方面的辅助读物；经常做 PLC 类课题和研究的作者，能写西门子 PLC 类的图书，一般也都比较了解三菱 PLC 的使用；文笔很好的科技类图书作者，一般也有可能编写出不错的专业科普类图书。凡此种种，例子非常多，随处可见。但有一点要特别注意，就是基于作者的选题滚动开发，必须特别注意跟作者搞好关系，这是基本前提。读者购书，是我们的上帝，这点不假；但作者辛勤写书，跟编辑通力合作把策划要点落到实处，更是我们的亲密朋友。只有通过专业和敬业的服务赢得作者的信任和支持，这种基于作者资源的“滚雪球”策略才能很好地发挥作用。

5. 基于技术更新的滚动开发

当然，技术的更新也常常是我们进行图书产品修订改版的原因。最常见的比如EDA类的图书产品就是这样，随着Protel软件的升级和新版本的普及推广，我们的图书也从介绍Protel 99SE到介绍Protel DXP。再比如，随着通信技术从一代升级到二代，进而现在升级到三代，则我们的图书主题也逐渐从介绍模拟通信系统到介绍数字通信系统，而现在更多的是介绍WC-DMA、TD-SCDMA等三代主流通信系统的图书，未来讲述LTE等四代乃至五代通信技术的图书逐渐升级改版也是情理之中的事情。这种基于技术更新升级的滚动开发，就要求我们的编辑要时刻保持职业敏感，了解行业发展动态、技术升级方向等，这样才能及时跟进而不至于落伍。

6. 基于其他要素的滚动开发

其他还有基于时间的推进和各种计划规划的变化而采取的滚动开发策略等，比如，随着“十二五”的到来，各大出版社都早就开始准备相应的规划教材，以及随着教学大纲的变化或教学要求的变化而开发的新大纲教材或项目教学的教材等，这种情况更是非常普遍；另外还有基于不同专业、不同行业、不同地域的要求而开发的图书，也是不乏其例。诸如此类都需要我们在应用滚动开发策略的时候，首先要调研清楚，这样才能开发出适销对路的好产品。

三、小结

在实际工作当中，配合选题的滚动开发策略，我们的图书产品可以是修订改版，也可以是新编重组，甚至是采用不同的开本和版本、不同的表达方式（图说版、图解版等）、不同的载体形式（印刷版、电子版等）等，讲理论讲设计也好，讲方法讲使用也行，讲实例讲技巧也中，讲经验讲禁忌也罢……凡此种种，都需要我们以市场调研为基础、以读者需求为出发点，综合灵活利用，这样我们才能滚动开发出具有社会效益和经济效益的好选题，满足读者需求，受到市场认可。

（原载《科技与出版》2012 年第 6 期）

科技图书选题策划如何进行市场分析

张文胜

在我们进行市场调研的时候，往往会发现市场上已经存在了大量的主题相类似的图书。面对这样的情况，一些策划编辑似乎对那些主题类似的图书产生了畏惧的心理，并放弃了自己先前的构思。另外一些人则“两耳不闻窗外事”，只顾完成自己的策划和创作，结果是策划出的选题只是以前选题的简单重复，毫无创意。

因此，进行选题策划时，只有市场调研是远远不够的，在市场调研之后，还需要认真、仔细地进行市场分析。特别是科技图书的选题策划，很多人会面临这样的问题：竞争对手越来越多，同质产品越来越多，图书生命周期越来越短，读者信息获取不对称等。所有这些问题都告诉我们，立足于主观臆想，或者单纯的市场调研，都不可能产生满足读者需要的好选题。在这个信息爆炸的时代，编辑这个职位对市场分析能力的要求越来越高。那么，在选题策划时如何进行市场分析呢，笔者认为可以从以下几点做起。

一、了解并利用市场竞争

在选题策划时，很多人都想做“大创意”，在科技图书出版领域，很多人都想做“填补行业空白”的图书。事实上，所谓的填补空白、完全创新是很少有的，我们通常说的创新是指你阐述或表达某一观点时，采取了新颖的、别具一格的方式。

如果发现你想策划的图书已经在图书市场上随处可见，那么，请不要放弃它，这说明该主题的作品具有巨大的市场需求。我们要做的是如何在这些林林总总的图书中发现它们的不足或欠缺之处，从另外一个角度培育新的选题。

例如，现在有关太阳能技术的图书在市场中已经非常多了，也涉及了太阳能技术的各个方面，诸如太阳能热利用、太阳光利用、太阳能空调等，都有大量的类似图书。如果还是以太阳能单项技术为切入点，就很少有市场。但是，这么多的图书中，很少有介绍太阳能建筑一体化技术的，特别是将所有的技术都集中到同一栋建筑中应用就少之又少。于是，我们就开发了一个有关太阳能建筑一体化的选题。在选题审批报告中，我们没有回避已有的类似图书，对这类图书也给予了充分肯定，这个肯定就说明太阳能单项技术在建筑中的应用技术已经十分成熟。但是，也指出了类似图书的不足之处——停留在理论研究上，没有将各项技术集成化，更没有工程应用的实例。

二、不要错过貌似没有市场的选题

面对一个市场上从来没有出现过的选题，有人会认为这样的选题没有市场，从而就轻易放弃了。事实上，在图书市场中，特别是在科技图书市场中，有很多主题过于专业化，这种专业化的选题具有学科交叉、读者群特殊的特点。很多专业出版社往往会出于不是自己的出版范围、对读者群体不了解的考虑，对这部分选题不屑一顾。这时，就要看策划编辑的市场分析能力了。如果你在市场分析中找出一个理由，让人相信：该主题存在一个巨大的至今无人触及的市场，在你开发之前，没有人具备开发该领域的能力和远见。通过出版该主题的图书，可以使出版社成为进军该领域的第一人，会在图书市场中占据独一无二的地位。那么，这个选题就会成为一个令人瞩目的创意。

比如：在建筑中央空调以及采暖系统中，关于水力平衡的问题，这在行业中是一个非常不起眼的小技术，如果专门为这样一个小技术出版一本图书，有些人会觉得读者面太窄，根本就没有市场。通过与设计工程师、系统调试工程师、运行维护工程师的交流，发现所有这些技术人员也都没有关注过这项技术。但是，在我们的日常生活中常会听到业主投诉“暖气不热”“水管有噪声”“空调有吹风感”等问题，当我们把这些问题反馈给技术人员时，他们通常也束手无策。技术人员束手无策，说明关于这项技术要么就是没有人研究，要么就是研究成果没有被推广。有一点可以肯定的是，这方面选题的市场需求是非常大的。于是，我们通过种种渠道，组织翻译了一本《全面水力平衡——暖通空调水力系统设计与应用手册》。该书出版后，三年时间内重印四次，这种印量对于专业性非常强的科技类图书来说已经是非常可观了。

三、把准主流媒体的宣传脉搏

时下流行的一种说法是“富人越富，穷人越穷”，也就是所谓的“马太效应”。在媒体传播中也有一种现象，即当某种宣传导向一旦占据主流地位时，将会有越来越多的人接受这种宣传。所以，一定要善于关注热点话题，把握主流媒体导向，让自己策划的图书选题与主流宣传相适应，然后就可以轻轻松松享受成功的快感。

针对科技图书而言，现在主流媒体宣传的热点之一是什么？是节能减排。节能减排涉及的内容很多，各行各业都有关系。怎样发挥自己的专业出版优势来迎合这一热点话题呢？还是以建筑业为例，建筑的节能减排就是建筑节能，建筑节能可以从建筑造型、建筑结构、建筑设备等各个方面实现。而新建建筑中已经考虑到了所有的这些因素，并且我国的建筑节能在最近几年才开始，还处于起步阶段，国家对已有的建筑节能改造非常重视。在已有的建筑中，最容易改造的就是建筑设备。因此，一套以建筑设备改造为出发点的“建筑节能诊断与改造”的选题应运而生。

注意，这里说的媒体，一定要是受众面广的主流媒体，如电视、报纸、专业杂志等。因为主流媒体才能引导大方向，也是国家政策的“提醒器”。在社会主义市场经济体制下，紧跟国家政策的图书才能出效益。

我国有句成语叫“外重者内拙”，也有人说“太想纫好针的手会颤抖，太想踢进球的脚会颤抖”，那么笔者认为，在我们出版行业“太想做大创意的脑会颤抖”。让我们放平心态，从选题的市场分析开始，一步一个脚印地走向出版的成功。

参考文献

[1] 尾贤也. 编辑力 [M]. 陈宝莲，译. 北京：中国人民大学出版社，2007.

[2] 德博•利文•文赫曼. 选题策划. [M]. 2 版. 崔人元，宋健健，译. 石家庄：河北教育出版社，2005.

[3] 李志坤. 浅谈市场经济条件下编辑选题策划的素质要求 [J]. 山东教育学院学报，2006，115（3）：149-150.

（原载《出版发行研究》2012 年第 3 期）

科技论文中数据问题的编辑审读技巧

游　俊　赵　燕　胡小洋

在编辑实践中，我们发现许多论文稿件存在着数据方面的问题，有些数据错误相当严重，不仅影响了对论文结果的分析和讨论，有的甚至得不出作者想要表达的结果和结论。编辑同人的相关研究[1-3]也表明，即便是正式出版的论文中仍存在着很多的数据问题，特别是生物学、农业科学、医学等学科论文中的数据错误更为严重。

科技论文中存在的数据问题，已引起了编辑同人的关注[4-5]。论文中出现的数据问题尽管多种多样，但编辑仍然是可以有针对性地予以解决的，如王有登等[6]提出的可保证数据科学性和有效性的数据检验。在编辑实践中我们遇到过多类数据问题，借鉴他人经验和结合稿件实际，我们采用如下的程序和方法纠正了不少稿件中的数据错误。

一、比对全文各处，避免相异数据错误

针对论文中各部分数据内容不一致的问题，编辑审读的第一步可考虑全文比对，中英文摘要、图表、结果、结论与讨论是要重点比对的部分。通过这种简单的方法就可以避免许多最常见的低级错误。如近期处理的一篇关于高校食堂含油废水的稿件，在作者修改后的稿件中进行全文比对时，笔者发现其中文摘要中的“化学需氧量（COD）平均值为4 170 mg/L

（2 000～5 000 mg/L），油脂质量浓度平均值为 229.07 mg/L（100～300 mg/L），分别超出 GB 8978—1996《污水综合排放标准》三级标准的 4～10 倍和 1～3 倍”，与英文摘要“were nearly 40 and 3 times of those in the GB 8978—1996 third standard allowances”的倍数关系数据明显相异，与第一原稿也相差很大。作者的投稿稿件中为“COD（平均值为 4 170 mg/L）和油脂质量浓度（平均值为 299.07 mg/L）分别是 GB 8978—1996 规定的排放标准的 4～40 倍和 3～20 倍，远远超过了国家标准”。相互沟通后作者的解释是“原稿中采用的是国家最大允许浓度和标准浓度，修改稿中采用了三级排放标准，餐饮废水在排入有污水处理厂的城市管网前，需治理达到三级标准。中英文数据相异是因为修改中文后英文摘要部分忘记同步修改”；因此，修改稿中的中文摘要及正文数据是正确的，英文部分应该修改为“4-10 and l-3 times”。

二、利用科学常识，核查简单数据错误

对于浓度单位及指数倍数错误，部分大于整体数据，或同组分项中百分比总计大于 1 等错误，可以借助普通科学常识来发现和处理。还有一些通过简单计算产生的衍生数据，若与本学科的公认、公知相去甚远，又无特别说明的，必须利用专业学科常识来判断。

关于科学常识的积累和储备，需要编辑平时加强学习，善于总结；有了这些科学积累，在工作实践中只要用心观察，是很容易发现明显不合常理的数据错误的。在如表 1（部分截取）所示的作者提供的数据表中，我们根据有关动物生长的常识来判断——在正常情况下，随着时间的延长，动物的体质量在成长期应该是不断增加的，而表 1 中用黑体排出的 5 个数据应该

是不正确的。经查作者的投稿，我们发现，原表格中平均体质量用 g 作单位，24 个数值中有 19 个小于 0.1，数据太小。作者在修改稿中将平均体质量单位更改为 mg，使数据的取值更合理；但是表 1 中用黑体排出的 5 个数据在调整时小数点向右少移了 1 位，应该分别更改为 125.3、111.9、147.5、135.1、116.9 才正确。

表 1 “查虫清”对 4 龄菜青虫幼虫生长发育的影响

处理质量浓度/(mg/mL)	平均体质量/mg			
	处理前	24 h	48 h	96 h
0（对照）	56.5	90.5	**12.53**	**14.75**
12.5	53.7	80.9	**11.19**	**13.51**
25.0	60.9	84.6	89.9	**11.69**
50.0	56.0	68.1	86.8	92.4
100.0	47.2	49.7	53.5	78.0
200.0	58.0	59.8	60.4	64.5

三、透过方法设计，审查数据是否可信

为了实现学术交流与传播的目的，科技论文在报道研究结果及结论的同时，应注重报道该研究是“如何完成”的，反映在论文的方法学部分，要用恰当的语言，详细、清晰地描述整个研究的过程，特别是样本数、抽样方法、对照设置、试验重复、数据含义、取值范围、测定方法、分析软件等一定要交代清楚，让读者能够判断作者的研究方法是否准确、结论是否可靠，从而可否借鉴，也可让小同行能够以这些方法描述为依据重复此项研究，进而对论文研究质量“评头论足”。

张卫华[7]指出，我国医学期刊上刊载的论文，方法学部分

普遍存在着内容过于简单、关键细节描述不清甚至残缺的问题；不仅如此，其他专业的论文也存在同样的问题。

我们曾收到一份关于用95%乙醇提取大蒜中的黄酮类化合物的稿件，作者通过研究提取过程中不同料液比、不同提取时间、不同提取温度对提取率的影响，确定最佳的提取工艺条件为：固液比1∶16，80 ℃浸提3 h。其结论是：与传统的水提法相比，此方法不仅提取率高（样品液中总黄酮含量为3.6%），而且速度快、节能。虽然此论文的选题有一定实用价值，但因作者在修改稿中仍没有提供重复试验数据以及没有对各种条件下的数据进行统计分析，我们做了退稿处理；因为我们不能判断作者简单的表格（如表2）中提供的数据是否真实地影响着提取过程，是试验误差还是本质差异。

表2　提取时间对黄酮含量的影响

提取时间/h	1.0	1.5	2.0	3.0	4.0
黄酮含量/%	2.61	2.90	3.24	3.51	3.52

在此类工艺过程研究类论文中，对工艺条件本身的要求应该是很精准的，表2中提取时间也许还可多设计些取样点，如5 h、6 h，也许黄酮含量还有更多变化。既然提取4 h时的黄酮含量比较高，为何选择3 h，若现实中选择4 h对生产周期和成本增加也许没有多大影响。不仅如此，作者文中的其他几个表格也存在类似问题。由于数据不能充分说明结论，因此，我们建议作者重新设计试验并补充相关数据后再投稿。在稿件初审中，由于作者缺少重复试验、缺乏对照或对照设置不合理、样本含量不足、采样方法有缺陷、统计分析方法不当等，造成直接退稿的事例很多。

四、进行简单计算，查验数据是否准确

对科技论文中的数据，编辑要进行简单验算，判断是否有误。通常可以对图表或公式选择几个特殊条件点进行分析计算，或者是对怀疑之处进行简单计算。

在一篇分析黄河水中的有机污染物成分的论文中，我们就利用这一方法找出了稿件中经作者几次修改仍有错误之处。如表 3（部分截取）所示，峰面积栏中用黑体排出的 255.87 用常识直觉判断，它是不正确的：一是此数据的小数点结构与其他数值不同，可能不对；二是根据相对含量栏目中对应数值大小，判断其可能有误。根据峰面积与相对含量的对应关系计算：若按59 087→2.17 推算，应为259 493→9.53；若按292 308→10.71 推算，应为260 102→9.53。如此推算，数据 255.87 可能为259 870才对。经与作者联系，他承认录入时多点了小数点，将原数值缩小到 0.1%，而且将 9 错为 5，也没有发现。正确的应为259 870。我们的简单推算得到确认。

表 3　全程序空白组分表

分子式	峰面积	相对含量/%
$C_{11}H_{24}$	59 087	2.17
$C_{12}H_{26}$	202 814	7.43
未检出	1 297 222	47.54
$C_{12}H_{26}$	84 848	3.11
$C_{12}H_{26}$	**255.87**	9.53
$C_{13}H_{28}$	28 861	1.06
$C_{14}H_{28}O_2$	103 897	3.81
$C_{16}H_{22}O_4$	292 308	10.71
$C_{25}H_{42}$	404 472	14.82

五、借助权威软件，验算统计分析数据

目前作者使用较多的大型专业统计分析软件，如 SAS、SPSS、Statistics、DPS 等，可根据预先录入的数据自行计算并给出分析结果。相对于昂贵的专业统计软件，刘清海等[8]推荐使用 Office 组件中的 Excel 软件及其拓展软件 WinSTAT。他们认为 Excel 及 WinSTAT 不仅具备专业统计软件的基本功能，而且更方便易得、操作简单，非常适合于非统计学专业的作者和编者使用。

针对统计学处理中存在的常见问题，肖丽娟等[3]提出了较好的应对措施，包括指明所用统计软件的名称和版本，满足样本数目及抽样要求，弄清资料类型分类，正确描述统计资料，正确选用统计分析方法，正确使用统计学名词及符号，正确表达统计结果的解释、检验水平及置信区间等。

六、依托各种资源，寻求专业数据支持

作者对论文数据把握的水平参差不齐，而编辑应该具备基本的数据处理知识，有些简单的数据问题应该稍做分析或处理就能发现，较复杂的数据问题可查找专业文献。为了更好、更快地对数据进行审读，建议每个科技编辑手边备有一些经典的统计学参考资料，遇到问题可随时查询。譬如在审读生物类论文数据时我们经常查阅《生物统计学》及其他最新、被大众认可的专业文献。

关于数据的真伪，若编辑采用以上各种方法仍不能自己解决，还可以聘请权威专家审稿：请统计学专家从统计方面把关，查验理论计算是否符合逻辑，数据是否具有统计学意义；请学科领域专家从专业方面把关，验证数据是否符合行业标准及行业实际，以及是否具有现实应用价值。审稿专家大都具有良好

的学术素养和准确的判断能力，在某种程度上他们也同样是作者和读者，他们更知道应该在哪些细节方面严格把关，才可尽量减少论文中的数据错误。

参考文献

[1] 苏振伦. 编辑的信息意识：拒绝错误信息，厘清虚假信息，追求正确信息 [J]. 中国科技期刊研究，2011，22（1）：138-141.

[2] 王音. 农业和生物学期刊应重视对表格中数据统计分析结果的审校 [J]. 编辑学报，2010，22（5）：413-415.

[3] 肖丽娟，孙茂民. 医学论文中统计学处理常见问题及应对措施 [J]. 编辑学报，2010，22（6）：500-502.

[4] 朱久法，张彩虹. 学术论文中常见的一些数据问题及对编辑工作的要求 [J]. 中国科技期刊研究，2010，21（4）：546-548.

[5] 吴学军，廖粤新. 科技期刊编辑应注重统计数据的审核 [J]. 编辑学报，2010，22（5）：416-417.

[6] 王有登，李文川，刘继宁. 科技论文中数据的审读与检验 [J]. 编辑学报，2002，14（1）：21-22.

[7] 张卫华. 医学论文方法学部分的形式审查 [J]. 编辑学报，2010，22（6）：497-499.

[8] 刘清海，张恩健. EXCEL的统计功能在医学期刊编辑中的应用 [J]. 中国科技期刊研究，2004，15（6）：690-692.

（原载《编辑学报》2012年第6期）

科技论文参考文献的核实、规范与优选

程晓英

参考文献是指为撰写或编辑论文和著作而引用的有关文献信息资源[1]，其作用包括：提供数据资料的可靠性及其来源说明，表明研究者的工作起点，明确成果归誉，便于文献检索，利于读者查询、借鉴或做进一步的研究等。正确地著录参考文献，在某种程度上表明了一篇论文、一个刊物的学术水平。由于一些作者对参考文献的标引不够重视，经常会出现参考文献著录不完整、不规范的现象，甚至存在错漏等问题，不但给读者提供了错误信息，也极大地影响了刊登该论文期刊的声誉[2]。

笔者将近年来从事编辑工作的点滴经验进行总结，对参考文献编辑过程中的一些关键环节进行梳理和分析，提出具体的实施方法和建议，以期引起读者和同行的注意。

一、核实参考文献的真实性

核实真实性是科技论文参考文献编辑工作的首要任务。不真实的参考文献既不能扩展论文的学术内涵，也不能为读者提供二次检索的信息。因此，期刊编辑应实事求是，核实并删除那些随意拼凑甚至杜撰的参考文献。该环节可以利用期刊数据库检索，或向作者索取文献复印件来进行确认。

1. 利用期刊数据库进行检索

利用期刊数据库和互联网提高论文参考文献编辑质量是编辑工作的一个必要环节[3]。目前，我国中文期刊数据库以中国期刊网、中文科技期刊数据库和万方数据数字化期刊的引文检索功能最强，用户可根据实际需要和个人习惯选择使用。同时，对国外期刊也能通过网上检索核实其中论文的作者、题名以及年、卷、期等信息。此外很多期刊拥有自己的网站，可以检索自创刊以来的所有文章，甚至有些期刊为读者提供开放式获取方式，可免费获取原文。这些都便于核实参考文献的真实性。

2. 向作者索取文献复制资料

当无法通过网络和期刊数据库核实参考文献时，编辑应及时向作者索要文献首页的复印件、扫描件或传真件，或抓屏图像、拍照图像等电子函件。这样能够核实作者是否亲自查阅过著录文献，避免转引未查阅过的文献。对于作者无法提供复制资料的参考文献，则视为无文献支持，可酌情删除。

收到作者提供的参考文献复制资料后，编辑在审阅时应注意以下情况：

第一，作者引用的是一些公开发表的国外文献，或者是一些发行量很小的内部资料，编辑要仔细核查文献，尽可能避免错误，确保文献出处标注准确。

第二，参考文献必须是国内外公开出版、发表的，未公开发表的论文、资料、译文、文摘等不能作为参考文献引用。

第三，按原则，著录文献“仅限于著录作者亲自阅读过并在论著中直接引用的文献”[4]。若作者无法提供所引文献的相关资料，编辑要及时与作者沟通，弄清转引文献的原因。有时作者认为转引他人所引用的文献足够满足自己的需要，不必花精力寻找原始论文的出处，此时，编辑应及时与作者沟通，督促其查阅原始资料。

二、确保参考文献的准确与规范

参考文献著录要准确和全面，这不仅有利于读者二次检索和查阅，也便于对各学科文献引用进行统计。

著录参考文献要按照中国国家标准化管理委员会制定的GB/T7714—2005《文后参考文献著录规则》规定的格式进行统一编写。此外，文中参考文献标注方法及与之相对应的文后参考文献表的组织方法和著录规则有两种体制，即顺序编码制和著者出版年制[5]。目前，我国科技论文通常多使用顺序编码制。

以下问题是参考文献著录中比较常见的错误：多次引用同一作者的同一文献，重复标号；责任者的著录不一致；书名与章节名之间的分隔符不一致；专著的译者、版次标注不规范[6]。此外，正文中参考文献的序号与文后参考文献的序号不对应，甚至编码顺序混乱，这可能与作者调整文中内容时忽略调整参考文献有关。还有作者未标注引文，在撰写论文过程中，作者无论是直接引用还是间接引用他人研究成果、数据或观点，无论多少，都应该明确著录。这是从事科学研究与学术探索的基本素养。在参考文献中未注明引用他人成果，便是侵犯了原作者的著作权。

参考文献著录错误发生的原因：一是作者不熟悉《文后参考文献著录规则》对文后参考文献的著录要求，未掌握各类型文献著录的具体要求和标准格式；二是作者抄录时产生笔误；三是作者没有阅读原文，只是转引别人引用过的参考文献，因此也重复了他人的著录错误；四是作者弄虚作假或有意隐瞒参考文献；五是后期录入、排版与核对环节产生疏忽[6]。因此，编辑不仅要引导作者高度重视参考文献在论文写作中的作用，而且在论文的审阅编辑过程中要严格把关，坚决杜绝各种不规范问题，力争将错误完全纠正过来。

三、优选参考文献

在核实了参考文献的真实性并确保其准确、规范后，期刊编辑开始进入优选参考文献的环节。期刊编辑要选择论文主题、关键词或与论文内容相关的关键词，利用互联网和期刊数据库进行相关文献的系统检索，然后将检索到的文献进行整理和评估，再与文后著录的文献进行比较和甄别，看看作者是否遗漏了更有益、更适合的文献。最后，期刊编辑将这些优选文献推荐给作者，并与作者进行商榷，对原有文献进行补充和替换。

优选参考文献应遵循以下原则：

第一，参考文献的时效性。参考文献是论文研究内容新颖性和前沿性的客观反映。如果参考文献都是较早的经典专著、学位论文和期刊论文，则论文的创新性和学术价值值得怀疑。只有下述情况适宜引用较早文献：一是作者对专业、技术、理论、基础研究的系列性回顾等，二是作者对所引文献的论点、论据有重要补充和发展或持否定态度。若论文引用文献都是最新文献，表明作者掌握了最新的学术动态[7]，说明该选题有可能具有一定的创新性或前瞻性。

第二，参考文献的代表性。一般而言，如果参考文献的学术质量较高、说服力较强，则较有代表性，能够增强作者研究工作的可信度[7]。就现实情况看，大多数作者在撰写论文时，可参考的同一学科领域的文献往往是大量的，因此，引用文献要选择最具有代表性的。

第三，参考文献的相关性。论文中引用的文献资料必须与主题密切相关，对论著的形成具有切实意义。有些论文的参考文献与论文联系不密切，甚至有牵强附会的感觉。这些文献非但没有对论文起到注解、说明和补充的作用，还会给读者理解论文内容和查阅相关信息造成一定困难，使读者产生不信任感。

四、审核参考文献引文

审核参考文献所引内容是整个参考文献编辑过程的最后环节。这一步工作的目的是检查引用的内容是否忠实原文、是否错引或歪曲原文，以及引文表述方法是否得当、自引是否合理[8]。同时，期刊编辑还要从写作技巧的角度，精选引文，尽可能增加论文的信息量。

1. 忠实原文

在引文审核过程中，编辑应该检查论文所引用的内容是否与原文相一致；如果是间接引用，还要检查它是否忠实于原文。要坚决杜绝断章取义或随意篡改、增加、删减原文的情况。

2. 正确引用

有些作者在引用参考文献时只是浏览了引文的个别章节，而没有对其资料选择方法、实验方法及结论加以推敲，在没有完全领会引文观点的情况下就盲目引用，势必造成论文所述观点与引文的观点不相吻合甚至矛盾。因此，编辑对参考文献引文的审核就显得极为重要。

3. 合理自引

有的作者为了提高自己已发表论文的影响因子，在论文中千方百计地引用。合理自引要根据是否确实需要引用的客观实际而定。当遇到作者过度自引的情况时，编辑应该删除过度自引的文献。

五、结语

参考文献著录的规范化、标准化是期刊质量的重要体现。有效提高参考文献的著录水平是作者及编辑的共同责任。编辑在参考文献的加工过程中必须认真履行工作职责，对参考文献进行核实、规范、优选、引文审核等多个环节的工作。科技论文参考文献著录水平的提高，必将对我国科技期刊的发展起到积极的推动作用。

参考文献

[1] 中国国家标准化管理委员会. GB/T7714—2005 文后参考文献著录规则［S］. 北京：中国标准出版社，2005：1.

[2] 赵秋民. 科技期刊参考文献著录错误分析及防范对策［J］. 编辑之友，2009（4）：47-49.

[3] 胡成志，郝红梅，赵进春，等. 利用期刊数据库提高论文参考文献编辑质量［J］. 中国科技期刊研究，2011，22（2）：282-283.

[4] 陈浩元. 科技书刊标准化 18 讲［M］. 北京：北京师范大学出版社，1998：205.

[5] 孙峰，赵智岗. 参考文献的常见错误及改正［J］. 编辑之友，2005（2）：71.

[6] 李俊丹. 科技论文中参考文献常见错误分析［J］. 邯郸学院学报，2010（3）：115-117.

[7] 王平. 参考文献引用原则的探讨［J］. 编辑学报，2004（2）：35-36.

[8] 朱大明. 参考文献引用的学术评价作用［J］. 编辑学报，2005（10）：324-325.

（原载《科技与出版》2012 年第 8 期）

数学公式审读的比较分析方法

骆　瑾　王　昕　王有登

数学公式是科技论文的重要组成部分，其正确与否直接关系到文章的科学性和有效性；因此，编辑加工中对数学公式的审读十分重要。然而，大量的编辑实践表明：论文稿件中公式错误并不鲜见，这些错误较多地出自笔误，也有计算推导中的疏忽，但并不排除作者在推导过程中出现错误。由于科技编辑不是专业领域的学者，面对错综复杂的数学公式及符号，难以辨其正误，仅依靠作者文责自负，显然是不科学、不严谨的。作为科技信息传播中的把关者，编辑的责任就是要使论文中数学公式错误减到最少甚至消失。如何对数学公式的科学性进行把关，是科技编辑面临的重要课题。

数学公式是符号化的人工语言，具有科学性、逻辑性和简洁性。公式中的数据和符号不是独立存在的，而是相互关联的逻辑思维的体现，内在关系紧密，具有较强的可比性。在此，笔者提出用比较法审读数学公式的科学性，为科技编辑提供一种简单、实用、有效的手段。所谓比较法就是依据事物之间的异同关系、内在关系来认识事物的方法[1-2]，是认识事物的一种基本方法。不论是对于探索自然科学还是研究社会科学理论，比较法都是一种适用的方法。比较法作为人类认识客观事物的重要方法之一，在自然领域和社会领域的成功应用，为人们提供了诸多借鉴。应用比较方法，可以克服编辑中的狭隘性，增强逻辑性和实践性[3-4]。本文将具有对称、相似、因果关系和对应关系的公式或公式中的项进行比较，通过分析公式间的内在关联关系，发现并改正其中的错误。

一、对称项的比较

一些公式尤其是元素较多的矩阵、行列式内部的元素是相互联系的[5]，在形式上表现出一定的对称性。通过比较分析，可以发现其中隐藏的错误。

例 1 局部结构张量定义为

$$J_p(\Delta u_\sigma)=\begin{vmatrix} j_{11}j_{12} \\ j_{21}j_{22} \end{vmatrix}=\begin{vmatrix} \left(\frac{\partial I_\sigma}{\partial x}\right)^2\otimes G_p & \left(\frac{\partial I_\sigma \partial I_\sigma}{\partial x \partial y}\right)^2\otimes G_p \\ \left(\frac{\partial I_\sigma \partial I_\sigma}{\partial y \partial x}\right)\otimes G_p & \left(\frac{\partial I_\sigma}{\partial y}\right)^2\otimes G_p \end{vmatrix}。\quad (1)$$

分析 式（1）等式右边的行列式中：左上角是 I_σ 对 x 求偏导的平方，右下角是 I_σ 对 y 求偏导的平方，形式上对称；右上角是 I_σ 依次对 x、y 求偏导之后求平方，左下角是 I_σ 依次对 y、x 求偏导，而并没有求平方，形式上不对称。经过与作者沟通，发现该公式确实有误，公式右上角的平方应该去掉，为 $\left(\frac{\partial I_\sigma \partial I_\sigma}{\partial x \partial y}\right)\otimes G_p$，这样，右上角与左下角就对称了，消除了错误。

对称项的比较看似简单，但如果不注意观察，发现不了其中的规律，就无法比较；只有确定其间确实存在对称关系才能运用这一方法进行审读核查。这种对称性的发现，有的很明晰，有的则要观察分析之后才能看出来。

二、相似公式的比较

相似是事物内在统一性和有序性的一种外在表现[6]。根据 2 个或多个公式部分属性相似，从而推断其他属性也应该有相似性。通过相似部分的对比分析，可以发现一些细小的错误。

例 2 磁场量测量分别为 $B_1'=C_1B+B_{01}$，$B_2'=C_2B+B_{02}$，式中：

$$C_1=\begin{bmatrix} k'_{x1} & \phi_1 k'_{y1} & \theta_1 k'_{z1} \\ 0 & k'_{y1} & k'_{y1} \\ 0 & 0 & 1 \end{bmatrix},$$

$$C_2=\begin{bmatrix} k'_{x2} & \theta_3 k'_{y2} & \theta_2 k'_{z1} \\ \phi_2 k'_{x2} & k'_{y2} & \psi_3 k'_{z2} \\ \psi_3 k'_{x2} & \psi_2 k'_{y2} & k'_{z2} \end{bmatrix}。$$

分析 B_1'，B_2'的表达形式具有相似性。两者的系数矩阵 C_1、C_2 的表达形式也有相似性，第 1～3 列中 k'的下标有规律可循：C_1 依次为 $x1$、$y1$、$z1$，C_2 依次为 $x2$、$y2$、$z2$，用以区分空间 3 个方向，但是 C_1 第 2 行第 3 列以及 C_2 第 1 行第 3 列 k'的下标破坏了这种相似性，这 2 项可能有错。经作者核实得：C_1 的第 2 行第 3 列下标应为 $z1$；C_2 矩阵的第 1 行第 3 列 k'下标应为 $z2$。

运用相似比较审读公式，主要要把握具有关联的几个公式之间的相关性，找出它们的相似之处，难点在于同中求异，异中求同。当发现相似之中有相悖之处就应该怀疑，进而核查。

三、因果公式的比较

数学公式的推导都具有连贯性，有前面的原因（各种条件）才能得到后面的结果，这些公式就具有因果关系。因果公式间的比较，不是微观地看一个公式或几个关联公式，而是较为宏观地观察一系列具有逻辑关系的公式群，推断公式的因果关系是否成立，进而判断正误。

例 3 该蝴蝶突变模型的平衡曲面方程为

$$5x^4+4ax^3+3bx^2+2cx+d=0; \tag{2}$$

奇点集方程为

$$30x^4+12ax^2+6bx+2c=0。 \tag{3}$$

蝴蝶突变模型分解形式的分歧集方程为

$$\begin{aligned} &a=-10^2,\ b=20x^3,\\ &c=-15x^4,\ d=4x^5。\end{aligned} \tag{4}$$

分析 考察式（2）～（4）的因果关系是否成立，将式（4）分别代入式（2）和（3）后，式（3）成立而式（2）并不成立。比较发现，要么式（2）有误，要么式（3）和（4）都有误，而式（2）有误可能性比较大。经与作者讨论，式（2）正确表达应该为 $6x^5+4ax^3+3bx^2+2cx+d=0$。

当文章中出现公式群时，要善于运用逻辑思维，将具有因果关系的公式进行比对，从而核查正误。这种情况多存在于定理、引理的证明过程中。

四、对应公式的比较

有一些公式的比较是建立在对文章的宏观把握之上的。需要比较的公式或许相隔很远，但是由于针对的是同一事物或同一事物的不同方面，它们之间就会存在对应关系。此时，善于将具有对应关系的公式前后联系起来进行比较，就可能发现问题[7-8]。

例 4 初始化完成后，发送方在 I_i 随报文发送 U_i，计算式为

$$U_i=\{D_{G_i},\ i,\ \mathrm{MAC}(K_i,\ D_{G_i}),\ K_{i-r}\}。 \tag{5}$$

式中：i，$r=1$，2，…；MAC 表示消息验证码。

……

改进后 U_i 的计算式为

$$U_i=\{D_{G_i}, i, \mathrm{MAC}(K_i, D_{G_i}), K_{i-r}\}。\tag{6}$$

分析 从对比前后文中的式（5）和（6）G_i 见，改进前后算法的公式完全一样，并没有改进，肯定有错误。问题提出后，作者承认直接将式（5）拷贝为式（6），忘记了修改其中的量，应将式（6）中的 D_{G_i} 改为 D_{G_i+1}，K_{i-r} 改为 K_{i-1}。

很多论文都涉及对某种算法的改进或某种表达式的优化[9]，并得出改进后算法的优越性。这时一定要将改进前后的 2 个（2 组）公式比一比，看看是否有改进。此外，数学公式较多时，往往涉及的变量、参数也较多，甚至文章前后会多次用到同一个变量。编辑还可运用比较法进行核查：多处出现的同一变量是否表示同一含义，是否有一符多义或一义多符的情况出现。

五、结束语

科技论文中的数学公式是编辑审读的重点和难点，不注意分析比较往往很难发现其中的错误，有时会不自觉地认为其天然合理，往往成为编辑的死角。不进行严谨的对比与验算，就会影响刊物质量，贻误读者。实践证明：只要在编稿过程中细看、多想，运用比较法对公式进行分析和比对，就可有效发现论文中公式的错误，保证论文的学术水平，提高刊物的质量。

参考文献

[1] 钱文霖. 科技编辑方法论研究 [M]. 武汉：华中理工大学出版社，1998：191-200.

[2] 陈浩元. 科技书刊标准化 18 讲 [M]. 北京：北京师范大学出版社，2000：276-305.

[3] 强志军. 比较方法与编辑学研究 [J]. 编辑学报，2001，13（6）：311-313.

[4] 常青云，张向谊，石伟. 科技期刊编辑中应注意的几个“一致”[J]. 编辑学报，

2009，21（4）：305-307.
[5] 姜新祺. 矩阵的审读方法 [J]. 科技与出版，2003（3）：22-24.
[6] 王昕，李文川. 论科技编辑的类比分析 [J]. 编辑学报，2008，20（4）：288-291.
[7] 王有登，李文川，刘继宁. 科技论文中数据的审读与检验 [J]. 编辑学报，2002，14（1）：20-22.
[8] 王贵春，钱文霖. 数据表格科学性审读的比较分析方法 [J]. 编辑学报，2002，14（2）：105-107.
[9] 郭有声. 编辑在审读过程中应注意的问题 [J]. 科技与出版，2003（2）：47-48.

（原载《编辑学报》2012 年第 2 期）

学术论著“无效引用”案例分析

赵丽莹　张　宏　邓惠茜　王小唯

参考文献是学术论著的重要组成部分，它标示出被引理论、观点、方法、数据的来源，体现了科研的继承性和连续性[1]。目前，学术绩效及期刊影响力的评估和认定都更依赖于引文分析；但是，由于参考文献引证目的、作用以及引证动机和行为本身的复杂性，要做到科学、合理、规范地引用并非易事。学术论著中的一些不相关引用、过度引用、错误引用、自我标榜式引用以及引用的信息滞后等，都是一种“无效引用”[2-3]。笔者通过案例分析来探讨“无效引用”，希望引起广大作者和编辑的注意。

一、参考文献的有效性

参考文献的有效性突出表现在以下方面：（1）对作者的论著有较强的支撑作用，真正发挥了“学术论证”[4]的功能，反映了科学发展的传承和创新；（2）帮助读者详细了解论著中理论和方法的来龙去脉，指引读者便捷地“溯本求源”；（3）展示某个领域（某个方向）最新、最有代表性的成果，体现研究的起点、深度和广度[5]；（4）为学术评价提供客观、真实、有效的计量依据。

二、"无效引用"案例分析

1. 与主题不相关的引用

例 1 当前，不少期刊编辑部花费很大的精力对稿件进行审核和编辑加工，以及清样校对，对审稿[1-5]和编辑[6-10]过程的研究论文很多，但普遍对作者校对清样这一重要环节的重视程度不够。[6]（编者说明：为与本文的文献序号相区别，例子中的文献序号，采用黑体。下同。）

例 1 文章的主题是"清样校对"，但是所列 10 篇参考文献，有 5 篇谈审稿，另 5 篇谈编辑加工，作者在后文的叙述中都没有再提及这 10 篇文献。这些文献与该文的主题不相关，即它们与该文之间没有支持和依赖关系，更无从谈及引证作用。这 10 篇参考文献对读者阅读、理解该文没有帮助。

2. 笼统而模糊的集中引用

例 2 激光表面强化是一种新的齿轮表面强化技术，国内外进行了大量的研究。[1-7]但由于齿圈较为复杂，现研究多为外齿轮。对于小型齿圈，由于受到结构尺寸的限制不能磨齿，而大型齿圈即便可以磨齿，但按传统热处理工艺进行齿面淬火后，因变形极大，导致磨削余量过大，磨齿效率低，成本高，磨削后硬化层不均匀，而且因工件内部残余热应力较大，磨齿后产生变形，精度难以保证。所以，齿圈激光表面强化技术具有很大的研究和应用价值。本文以直齿圆柱齿圈为研究对象，研究了齿圈获得理想硬化效果的可行性。[7]

例 2 文章开篇第 1 句集中引用了 7 条参考文献，提示读者有这么一堆研究资料。这种空泛的引用缺少实际意义，因为如果读者只是想知道到底有哪些大量的研究，自己检索一下也就出来了。作为背景描述的引用，一般也要对前人或他人的有关研究成果及学术价值或社会意义做简略介绍[8]，使读者对它们有一个初步的了解。

科技论文宜采用分散式引用，最好在具体的数据、观点和结论之处标注参考文献，且不宜在同一理论和方法上集中引用数篇文献；因为篇数虽多，但叙及的理论和方法基本属于一类，信息量并没有增加[9]。此类指示性引用应遵循“最小必要引用量”[3]原则，选择代表性文献标引，以提高文章的信息含量和学术价值。

3. 含金量不高的引用

例2文章引用的7篇参考文献，有3篇是英文期刊论文，发表年份分别为1985年、1987年、1990年。现代科学技术的发展日新月异，新的知识不断产生，旧的知识不断被取代，作为科学知识记录的文献也必然随之发生新陈代谢。西方国家有研究者认为，80％～90％的科技文献的使用寿命为5～7年，期刊论文的寿命更短，为3～5年[10]；所以，参考文献应以近5年内公开发表的文献为主，这样才能体现论著研究内容的新颖性。

例2文章中另外的4篇参考文献是来自同一研究单位的作者自引文献。自引本身是合理的，能够反映作者研究的连续性；但是，例2文章在后续的论述中都没有再提及这些自引文献，看不出哪里引用了这些文献的观点、数据和方法。如果作者介绍给读者的“国内外大量的研究”只是一些非常陈旧的外文文献和作者自己的文章，不得不怀疑文章研究的起点有多高，深度和广度有多大。

大量引用陈旧文献或是介绍众所周知的教科书中的常识性内容，还有为了宣传自己而进行的不必要的自引，这些引用都不能给读者提供多少有价值的信息，可谓“含金量”不高，严重的还会影响论著的形象和质量。

4. 错误的引用

例 3 国外经典车队离散模型主要是 *Pacey* 模型和 *Robertson* 模型[1-3]……*Fu Li-ping. Value of travel time: a theoretical legitimization of some nonlinear representative utility in discrete choice models* [*J*]. *Transportation Research Part B*，2002，36：485-506.[11]

例 3 文章的引用犯了一种"张冠李戴"的错误。如果以文献作者名"Fu Liping"来检索，查到的文献是 Fu Liping. Scheduling dial-a-ride paratransit under timevarying stochastic congestion. Transportation Research Part B，2002，36：485-506。如果以文献名来检索，查到的文献是 Thierry Blayac，Anne Causse. Value of travel time：a theoretical legitimization of some nonlinear representative utility in discrete choice models. Transportation Research Part B，2001，35：391-400。

造成这种错误的原因，要么是作者不认真，要么是转引注释，拿来便用，没有查对。如果其他学者再次转引，必将导致以讹传讹。

错误的引用会让读者难以找到原文，还会影响对原始文献的评价；所以，作者在引用文献之前，应真正阅读并参考了该文献，著录时认真核对，为读者提供准确、有效的引文信息。

三、结束语

学术论著中引用的参考文献是否"有效"，由于科学研究和作者本身的复杂性，客观上难以给出一个普适的描述，例举法也不可穷尽。编辑在审核论著时要慎重地对具体情况进行具体分析，发现问题提请作者斟酌，引导作者精心筛选与论著主题密切相关，且在文中真正起到了学术论证作用，确实有必要引用、新颖、有代表性、公开发表的文献，切忌不要拼凑引文数量，要本着客观、求真、务实的态度，实事求是地标引参考文献。

参考文献

[1] 陈浩元. 科技书刊标准化 18 讲 [M]. 北京：北京师范大学出版社，2000：204.
[2] 陶范. 学术论著应杜绝无效引用 [J]. 编辑学报，2007，19 (3)：173-175.
[3] 朱大明. 如何抑制无效引用 [J]. 科技导报，2008，26 (23)：105.
[4] 朱大明. 科技期刊不应规定论文参考文献著录数量 [J]. 中国科技期刊研究，2009，20 (1)：159-160.
[5] 丁春. 论参考文献的引用原则、著录要求及编辑审稿要点 [J]. 中国科技期刊研究，2008，19 (4)：532-534.
[6] 孙丽莉. 科技期刊编辑在作者清样校对环节的作为 [J]. 编辑学报，2011，23 (4)：346-347.
[7] 杜劭峰，石岩. 齿圈激光表面相变硬化处理技术研究 [J]. 长春理工大学学报，2004，27 (3)：64-66.
[8] 朱大明. 学术论文引言中的参考文献简析 [J]. 编辑学报，2005，17 (3)：190-191.
[9] 徐鸿飞，王海燕，缪宏建，等. 科技论文中十对参考文献的正确引用 [J]. 中国科技期刊研究，2003，14 (3)：270-272.
[10] 徐恩元，徐建华. 文献老化理论研究 [J]. 四川图书馆学报，2006 (6)：63-67.
[11] 王殿海，李凤，宋现敏. 一种新的车队离散模型及其应用 [J]. 吉林大学学报：工学版，2009，39 (4)：891-895.

（原载《编辑学报》2012 年第 3 期）

古籍图书整理出版规范浅谈

熊国祯

从事古籍整理类图书编辑出版工作的人，起步时要过好规范三关：第一关是文字规范关，第二关是标点规范关，第三关是编辑加工规范关。只有过好起码的三个规范关，才能生产出合格的产品。

一、文字规范关

文字所以成为第一道困难的关卡，主要是因为现在的年轻编辑从小生活在简体字十分普及的文化环境中，他们没有接触过繁体字，对于繁体字与简体字之间错综复杂的关系缺少认识和体会，往往误以为繁体字和简体字是简单的一对一的关系，处理文字时常常把复杂的问题简单化，由此造成许多文字的混乱。另外，汉字历史悠久，从最初的甲骨文、金文到现在的简体字，书体几经演变，篆书、隶书、楷书、行书、草书，各有各自的生存时代和书写特点，书法艺术也有一些特殊的表现方式，还有封建时代特有的避讳字等，这些都是辨识汉字时需要掌握了解的。

简便快捷是电脑排字非常突出的优点，它大大提高了工作效率。在简体字与繁体字存在一对一的明确关系时，电脑排字不会发生错误。在一个简体字头对应两个或多个繁体字头时，电脑不能根据上下文加以分辨识别，往往发生错乱，该用甲字头的，误用了乙字头或丙字头，这就造成文字混乱，词不成词，句不成句，难以卒读。另外，汉字里有一些自古流传下来的传承字，原本就笔画简单，好写易认。有些排字者对它缺乏了解，把它误认为是某个繁体字的简化字，人为地把传承字“还原”成繁体字，反倒造成了新的文字不通。鉴于以上情况，建议排印古书时千万不要图省事，千万不要采用先按简体字录排然后一键敲定转成繁体字的方式，以避免错误迭出，改不胜改。排繁体字的古书，就老老实实地从繁体字库里依照原本逐一录排，不图快，不取巧，这样才能保证质量，不至于大面积地返工。遇到用简体字录排的书稿，如果要转换成繁体字，那就一定要一个字一个字地核定转换得对不对，偷不得一点懒，偷懒就出错。

新印古籍里的文字错乱，除了个别真正属于错别字之外，大部分属于传承字误转成繁体字，不该排繁体字的，画蛇添足地排成了繁体字。由于文字知识欠缺而造成的误认误排倒是比较少见，其所以发生乃在于粗枝大叶，主观率意。如一位清代诗人的诗集，卷首插页有诗人的画像，画像一侧有后世学者题写的画赞，共十二句四十八个字，为隶书大字，整理者竟然释读错了其中五个字。（置于正字后的括弧中的字为错字，下同。）

手一卷（捲）书，据（處）石而坐。河水九曲，岳莲一朵。玉豁（溪）王官，谁彼谁我。渔洋莲洋，即薪即火。天风海涛，绿房丹琐。水流（深）花（蒼）开，无乎不可。

如上将传承字误转为繁体字的例子很多。潘岳为古代著名文学家，却排成“潘嶽”；范云，南朝梁人，却排成“範雲”；种，作为姓氏，念 chóng，“只愁种处士”，却排成“只愁種处士”（种放，宋代著名隐士），这就给人改换姓氏了。作为地名用字的“里”，指乡里地方，如果排成繁体的“裏”字就无法理解说明了，如竹里（裏）、锦里（裏）、井里（裏）。“谷”，指山谷，蒙谷本是太阳落山的地方，排成“蒙穀”就让人莫名其妙了。“几”，古代指席地而坐时的小桌子，古文中出现频率相当高，现代简化汉字时借“几”字作为“幾”的简化字。一个字身兼数职，使用时就应根据上下文义辨析分明，不要安错了地方。“隐几”“凭几”“隐几闻天籁”“抵几惊童仆”“诗铭在几”“把锄欢笑摘榆钱，便有青春到几筵”，以上这些“几”字用的都是本义，却都误转为繁体字的“幾”字，这样的古籍整理不是存心添乱、人为破坏吗！再如“叶”字，古音 xié，是“协”的古体字，和洽、协和之义；现代借作“葉”的简体字，念 yè，音义区别十分明显。“叶（葉）韵”，“叶（葉）句”，却都错排为繁体字的“葉”字，动词变成名词，整个词句都变得不可理解了。还有一字身兼多职的“干”字，古义指盾牌，是干戈的干，也作冒犯、冲犯讲，作干预、涉及讲，作水边、河岸讲，作干支、天干讲。现代汉语将“干”借作“乾”“幹”“榦”的简体字。因此，书稿中哪里是传承字，哪里是“乾”“幹”“榦”的简体字，一定要仔细分辨清楚，千万不能混淆。“干”字字形上又容易和“千”字相混淆，差别就在起笔是横还是撇上，细微得很。稍一大意，极易出错。例如：“气干（千）水伯惊冯夷”，是冒犯义；“有田泾之干（千）”，是河岸义；“江干（幹）才握手”，是河岸义；“闻到江干（幹）冰渐消”，是水边义。上述几例，有字形之误，有错转繁体之误。作水声讲的“泠泠”不能排成“冷冷”，当说话讲的“云”不能排成“雲”，当地名讲的“并”不能转成“並”，当第一人称代词用的“余”不能误转成繁体字的“餘”，当古代一种弦乐器讲的“筑”不能改写成建筑的“築”。作介词用的“于”和“於”多数地方可以互换使用，但是“于役”、“于阗”的“于”都不能写成“於”。前者有出典，是《诗经》中的《君子于役》；后者是地名，地名用字不能随意更换。白术是中药药草，“术”读 zhú，不读 shù。“引年问参术”，其中的“术”也不能误转成“術”。

总之，古书里的汉字情况比较复杂，编辑整理时需要结合上下文语言环境、结合整个词或句子，从形、音、义三个方面仔细辨识，一定要写对用对，千万不可粗心大意，胡乱调换。编辑整理古籍必先识字。识得准，认得真，才有资格从事这项工作，否则就会添乱，就会产生人为的破坏。“明人好印古书而古书亡”，那是因为书商逐利，妄加窜改。我们千万不能因为学问不够、知识欠缺而给民族文化典籍带来祸害。古代研究字形的学问叫文字学，研究字音的叫音韵学，研究字义的叫训诂学。我们要在新的历史条件、新的语言环境里，全面掌握文字、音韵、训诂之学，把今天的古籍整理工作做好，造福于今天的读者和后代子孙。这样庄严神圣的工作，我们怎么能够不兢兢业业、万分小心呢！

整理古籍还要注意一个问题，古籍浩如烟海，汉字多如牛毛，为方便读者阅读，遇到冷僻的异体字，通常需要把它整理归并为通行的或规范的正体字，例如“三里马闻（䦗）声”，“长年去（厺）不休”，“一来一往（迬）”等，编辑一人之辛苦可以免除千万读者的疑难与烦劳。

二、标点规范关

标点断句是以文字的正确可靠为基础的。所以，古籍整理图书的通常做法是先校勘，后断句。通过周密细致的校勘工作，把古籍在长期流传过程中产生的讹、脱、衍、倒等问题，用改、补、删、乙等手段予以纠正，然后才能进行标点断句。古籍线装书绝大多数是没有加标点或句读符号的。给古文断句，传统的说法叫作“离经辨志”，就是分析清楚句子，弄明白意思。“离经”和“辨志”是互为因果的辩证关系。只有读得懂，才能分辨得出词语或句子。断句的关键在于真正读懂。千万不能含糊马虎，不懂装懂。经验证明，凡是读着觉得别扭或者读不通的地方，多半是文字错乱或有破句存在。新版古籍中的破句，多数不是深奥的疑难问题造成的，而是匆忙浮躁粗心大意造成的，往往是一知半解就率尔下笔，却不管前后是否照应，结构是否合理，音韵是否谐和，过于草率和马虎了。

举几个例子：

(1) 宕往夷，犹寄托自远。

(2) 如此起兴，如此入题，如此实写骨气，高音节宏，非少陵不能。

(3) 波澜层叠，洒落自如，韵能超气、能达也。

(4) 粗豪易见寒俭，难知此诗粗豪否？寒俭否？

(5) 取境不凡，近出笔不平熟。

(6) 四诗用事，工逸神气飞动。

以上几个破句都是粗心草率造成的，只要仔细读读前后文，就都能看得清楚正误。第（1）例，水流过去为“宕”，今作“荡”。“夷犹”是个形容词，从容不迫悠游自在的样子。“夷”字后的逗号应移至“犹”字后。第（2）例“骨气”后的逗号应前移两个字，放在“写”字后。“高”字后加一顿号。“如此起兴，如此入题，如此实写”，连续三个排比，后面“骨气高、音节宏”，也是排比结构。第（3）例“气”字后的顿号应前移至

“超”字后，“韵能超”与“气能达”排比成文。第（4）例“寒俭”后的逗号应前移至“见”字后，“难知”后应加一句号。“粗豪易见”与“寒俭难知”对比成文，“此诗”为下一句的主语。第（5）例“凡”字后逗号应后移至“近”字后。“凡近”和“平熟”都是平庸浅俗之意。误断为“不凡”，显然是受现代语辞影响，以现代语汇去读古文，因而凿枘不通。第（6）例“用事”后的逗号应后移两个字，放到“工逸”一词后。“用事工逸，神气飞动”是动补结构的排比句。

诗歌通常是比较好断句的，因为诗句比较整齐，又有音韵和节奏的标识，但是也有例外。诗有常格，有变格，特别在感情激荡的时候。除律诗和绝句外，歌行体的文字比较自由，不拘一格。所以，诗歌断句也要真正懂了再下笔，不可盲目轻率，贻笑大方。也举两个例子。

> （1）秋谷秋谷方汝行，恨我未能饮。汝以浊酒劝，汝以素筝尔，去且复藏其名精。金大冶百炼坚贞，九重圣人真圣明。

在赵执信（号秋谷）被罢官回乡时，诗人因离得较远，未能去当面送行，因而写了这首诗表示劝慰。上述几句诗正确的断句应当是：

> 秋谷秋谷方汝行，恨我未能饮汝以浊酒，劝汝以素筝。尔去且复藏其名，精金大冶，百炼坚贞，九重圣人真圣明。

“恨我未能……”是个复杂结构的长句子，表示诗人因没能亲自为他送行而感到遗憾。随后劝他冷静面对，以待东山再起。

（2）郏鄏有奇士，已破万卷心。未已朝来看山秋原上，日暮鼓箧明灯里。

“心”字后的句号应后移两个字，放在“已”字后。“朝来”与“日暮”是相对应的时间。“已”和“里”是韵脚。已经读破万卷诗书了还不止息，还在发奋勤学。“日暮鼓箧明灯里”就是对“心未已”的形象描述。这里的诗句节奏是五七七七，而不是五五九七。只有讲得通，读得懂，才是正确的断句。

散文的文句变化更多一些，也更复杂一些，但只要认真阅读思考，实现正确的断句也是不难的。再看几个例子：

（1）能写无形于眼前，道难尽之辞于句外，昔人所以评梅，都官诗者也。

（2）视新城之牢笼，众有镕铸，群言备五声五色而不入靡极，摇曳风姿而自流其韵者，固各行其是而不必相符者也。

（3）绝句，盖五言短，古语半，於近体而意味深长，过之节促，於歌行而咏叹悠永倍之，乃为不易之体，是诗悉合。

第（1）例“梅”字后的逗号应去掉。宋代诗人梅尧臣官至尚书都官员外郎，所以人称“梅都官”。这是不识专名而误。

第（2）例“牢笼”后的逗号应后移两个字，放在“有”字后，“镕铸”后的逗号应后移两个字，放在“言”字后。“新城”指代王士祯，清代神韵派诗坛盟主。“牢笼众有”“镕铸群言”是动宾结构的形容词，描述王士祯的叙事力度和语言功夫。

第（3）例“短”字后的逗号应后移一个字，放在“古”

字下，“半”字后的逗号应删去，“长”字后的逗号应后移两个字，放在“过之”后，“促”字后的逗号应删去。“语半於近体而意味深长过之”与“节促於歌行而咏叹悠永倍之”相对为文，各讲一个方面的特点，句子略长而结构紧密，不能断得太散碎了。

导致破句的原因很多，粗略说来，有的是不懂平仄对仗，不识骈偶关系；有的是不识专名，将专名与叙事、对话之文搅和到一起了；有的是不熟悉古文的结构和语感，用现代的语言去框套古文。纠正这些偏差的方法，除了学习相关的知识外，最好是精选三五十篇各个时代的经典作品，逐字逐句地读懂弄通，然后熟读背诵，铭记在心，随时重温，涵咏回味。只有读熟了，能背诵了，才能复制出古人当年的文化语言环境，才能掌握古代语文的精髓和神韵。

三、编辑加工规范关

笔者曾在《编辑规范工作三题》中讲过：“编辑工作，从根本上讲，是一项文化传播、文化积累性质的工作，编辑每日都在规范与创新的辩证运动中进行文化建设，一面把人类的文化创造和科学研究的成果用规范的形式积累下来，传播开去，一面以此为基础，引导人们继续追求新的突破、新的超越。”“对于编辑来讲，规范工作是个无时不在无处不在的经常性工作，表现为日常的平凡的有时甚至是比较琐细的审读、修改、整理加工。”

一本新出版的古籍整理图书，有没有明细目录，有没有符合实际的校勘标点凡例，专业术语的使用是否规范正确，版本著录是否准确简明，照片是否有图注，题词如用篆书或难于辨别的行草书，是否加有相应的释文，整理校注的程度是否符合预定的读者对象的接受程度，繁简是否合适，前言、后记、目录、索引、参考文献及其他附件是否齐全，简称的使用是否准确贴切，首次使用简称时是否有相应的详细说明，目录与正文是否一致，引述的原文是否经过核对，是否根据第一手资料，是否真实可靠，等等，都是规范问题，都必须认真解决好。

有一本书，内容是《清实录》中的地方史料，是按年月日的时间顺序抄录的。全书竟然没有目录，查检起来很不方便。书中各篇文字，除了篇末有个句号外，全篇大多是一逗到底。无论是皇帝的谕旨还是大臣的奏对，都没有使用冒号和引号，使读者弄不清起讫。这样的整理标点工作实在是太不规范了。

《顾颉刚全集》书前插页中有一幅题字，是容庚先生用篆字书写的顾颉刚先生自儆联，总共十六个字。有读者费了两个多小时，查阅了《说文解字》和《汉语大字典》，又请教了身边的古文字专家，最后才搞清楚这十六个字是“好大喜功，终为怨府，贪多务得，哪有闲时”。篆书“冬”为“终”的借字，探讨许久，方把这一疑难解决。从编辑规范来说，这种考倒读者的疑难文字是应当加注释文的。

在引述频繁出现的专家评语或按语时，一般常用简称，如果没有同姓氏的人，往往就称姓以代。有一本书把翁方纲的按语简称为“方按”，这就不太符合规矩，令读者莫明其妙。

著录版本，一般都要详细写明刊刻年代、刊刻地点、刊刻单位、主持刊刻的人，有时还要补充写明装帧特点或所用材质等以示区别。有的新印古籍竟然出现“国家图书馆藏本”这样含糊笼统、不明所指的说法。国家图书馆的藏书以亿万计，整理者所采用的究竟是哪一种书的哪一个版本呢？要让读者明白，就必须详细准确地表明所用版本的具体情况。

不少研究专家在论述作品时，其所引述的原文有时是凭记忆背诵，有时是依据旧本或世俗流行本。他们为新出版的古籍图书写作前言或序文时，往往也很自信，不跟最新整理出版的版本核对，这就很成问题。写作学术论文必须严格遵守学术规范，要科学严谨，实事求是，严格依据第一手资料，忠实于原著，经得起查考核对。如果没有特殊情况或未做专门说明，引文是不允许与原著有文字和标点的出入的。特别是新整理出版的古籍，按理应是质量最好的权威版本，其前言或序文中所引原著就应当与本书的文字高度一致。但是，我们在最近几年所做编校质量检查中屡屡发现引文出入的问题，脱句漏字较多，甚至有的重要文义也相差较远。有的大部头古籍整理全集，工程浩大，成绩可观，而前言、序文或出版说明却不太严谨，仅此一项，在编校质量检查中就失分甚多，造成严重后果。这种因小失大的事，应当引为深刻教训。

封面、扉页、版权记录页、前言、出版说明及目录等，是一部书的头脸部分，是最能反映全书质量水平的关键所在，也是编校质量检查的必查部位。在这些地方发现差错，无异于脸上挂花，是最能破坏整体形象的。编辑人员不妨在这些关键部位多花些力气，把工作做得更严谨更细致更优秀些。

图书质量有两部分，一部分是精神内核，是科学文化内容，一部分是物质外壳，是语言文字和标点符号质量。精神内核比物质外壳更关键更重要，但是，物质外壳上伤痕累累、污渍斑斑，产品就不可能合格。文字规范关、标点规范关、编辑加工规范关，是消灭“硬伤”，确保古籍整理图书合格的必过关隘。过好这三关，才能生产出合格乃至优质产品。一个人一辈子做不了太多的事，能编辑出版几部经得起时间检验的图书，那就很了不得了。许多古籍图书，往往要经过几十年、上百年甚至几百年，才有一次整理出版的机会，我们怎么能够随随便便轻慢疏忽地应付了事呢！粗枝大叶，马虎从事，上对不起往圣先贤，下对不起子孙后代。编辑一定要勤勤恳恳兢兢业业地把手头的书稿做好，一字一句地细抠，以读懂为原则，不抠明白不放手。只要这样坚持下去，我们一定能够获取显著的成绩。

（原载《中国编辑》2012 年第 5 期）

论美编与文编的深度合作

王宜青

一、循名求实，美编与文编的工作应有更多的交集

一般认为，美术编辑指的是出版机构内从事美术工作的编辑人员，美术编辑的主要职责是：搞书籍装帧设计，包括图书的整体设计、画书籍插图、组织美术稿件、编绘画册、参与图书构思方案的编创等工作，有独立组稿能力，并能指导培养助理美术编辑。

相对于美术编辑，一般以文字工作为主的编辑就称为文字编辑。因为文字类图书数量巨大，从版权页上看到的责任编辑，署文字编辑的也就占有相当大的比例。

图书（文字为主类，美术为主类均含）的责任编辑应由具有编辑职称的编辑人员担任。责任编辑有三大责任：其一是业务责任，亦即技术层面上的观点把握；其二是政治责任，亦即思想层面上的观点把握；其三是经济责任，亦即利润层面上的创收指标。无论是美术编辑还是文字编辑，其都归属于责任编辑这个专用名词之下，作为责任编辑，均应对所负责处理的稿件承担直接责任。只要他们具体承担了特定书刊的初审工作，都可以单独署名并为本书刊负责；实际工作中，也可视工作量大小与合作程度的深入联合署名，共同为书刊的整体质量负责。

长期以来，为分类管理之便，即便在综合性的出版机构里，美术编辑与文字编辑的分野还是泾渭分明的。加之文字编辑与

美术编辑个性方面的差异，独立性质的单干成为主流。隶属于不同的编辑部，井水与河水分流，最常见的合作，多数系于封面设计这一小小交叉点上。而彼此工作的性质与具体出版物的要求，尤其是落在各自名下的编辑职责要求，却期待着双方更多的交集与合作。

二、历史原因形成的现状，亟待改进，舍此难论出版质量的提升

从 20 世纪迄今百余年来，美术编辑与文字编辑相互间的专业分工越来越明确，具体在图书期刊的稿件处理上，文字编辑与美术编辑相互间的依赖度也越来越高。尴尬的是，20 世纪 60 年代左右，上推十来年，下推十来年，中国的美术教育相当薄弱。大而言之，有文科理科的分野；细而言，有美术专业与其他文科各专业的分工。高等教育阶段的文理严格分工，艺术美术类专业关门办学，导致全社会的平均美术水准严重不足，大众欣赏水平不高。专业文字编辑工作者，同样深受其害，自己没有鉴赏力，尤其无法亲自动手操作，无论是对所编图书的整体设计构想，还是具体的封面设计，都只能停留在头脑构思与口头表述阶段，能亲力亲为者甚少；美术编辑则可以写书法，可以绘画，甚至可以办画展，但具体在书刊设计上，相当部分美术编辑仅满足于给书刊一个外套，披上出门就是，何谈美感。至于内文，则更不在其关注范围之内。由此导致文字编辑只管自己的文字不出差错，美术编辑只管自己的封面色彩交代得过去，内容与形式是否达到了一定高度的和谐，双方都有责任却又都无责任。曾几何时，美术编辑署名责任编辑的图书中，文字差错比比皆是不算夸张，文字编辑署名责任编辑的图书，封面和内文设计与整体不搭调的情形也时有出现。专业分工的界

线分明，文、美编辑素质的过于专门，彼此客气而互不通气导致了这种尴尬，所在皆是。

作为相对专门的封面装帧设计人员，他们更多的是关注封面设计任务的完成，借助电脑设计素材的方便，一天完成几个封面也成为可能；修改的随意性越来越大，构思上的严谨度越来越差。做封面的人不看书稿，不看简介，甚至懒得听文字编辑的介绍，是不能容忍的坏习惯。曾有一个同行，家里所存的谈设计的图书不下百种，从传统设计师到最现代的设计师，过目的优秀设计方案更不下万种，但他接手一个统战类书稿后，十来天拿不出一个像样的草稿。其实，经文字编辑点透，问题就好办多了。统战工作，讲究一个同心同德，同舟共济，那就围着同心圆来找图案，岂不省事？还有一本相当散乱的美术作品集，作者等于提交了一本野外采风相册，没有主题，没有逻辑，没有主次，文字编辑长年在“中心思想”“核心意蕴”“主题拔高”方面做文章，对这样的画册，相对而言就容易找到切入点。至于给画册中的具体画面来个小标题，也比长于图案的美术编辑要方便些。这两个具体的事例，都因美术编辑与文字编辑的切近合作，而有了良好的结果。相反的例子是，还是一本画册，文字数量也比较大，由文字编辑一人操作，结果是文字可看性强，画面部分就谈不上什么美观，也显示不出主次轻重，规规矩矩一页两张同等大小的长方形图，硬生生把一本图文并茂的画册搞成了家庭影集，岂不可惜了那贵重的纸张与印工？

三、文编与美编职业的深度融合

读图时代已然到来，电子书进逼势不可挡，形势对传统图书的出版提出了更高的要求。电子书不能终结传统图书，但传统图书须预先拿出自己的对策与方案才成。换言之，须针对近乎纯文本的电子书来发挥传统图书的长项。于是，传统图书出版要向知识性文化性思想性和可传承性要效益，要向“文以载道”“经国济世”要效益，要把那些能够“照汗青”的“丹心”，留在青史上。问题由此而来——许多快餐式的一次性消费的书籍，其读者群体文化层次相对较低，他们对纸本的阅读，相应要求更多的图片、线图，包括对印刷色彩的要求，也是愈来愈多，这一点，看看现在中小学生的课外读物便可略知一二。那些大众化的，摆在书店重点推荐位置的图书，都在尽量以整体的色彩图案吸引着读者的眼球，它们的装帧设计，也都走在图书与杂志之间，充分吸收了杂志的各种长项，故而有了“杂志书”一说。一个设计命令，三五种字体交替使用的“设计”，根本做不成有竞争性的图书。市场传递着强烈的信息：图书杂志化，杂志也在图书化，黑白书也应有大量的灰度过渡来增色，彩色书则不厌其花哨，不嫌其强烈，正如红褂子绿裤子之美，在特定环境下，相当和谐，也特别打眼。难的是编辑。美术编辑与文字编辑素来有各自的“业界”，美术编辑行有余力，则向绘画书法方向发展；文字编辑行有余力，则向文字作者的角度靠拢。至于职业性极强，包容性极大，可操作不同类型图书的复合性编辑，则少之又少，即便你有意跨界发展，那美术素质的提升，文化内蕴的涵养，也非三两年可以成功。

在此情形下，文字编辑与美术编辑的深度融合就显得格外重要。有意识的编辑与出版机构都在经年累月地积累着自己的设计素材库，投缘的文字编辑与美术编辑也经常一块儿讨论切磋，为特定图书设计方案、量身定做。讨论切磋的时间，超过具体操作时间越来越正常了。反倒是准备不足仓促上手的，一旦返工，势必欲速则不达，以事倍功半而下场。由此可见，一本优秀图书的出版，需文编和美编的两个方面深度融合，相辅相成，方能相得益彰。

（原载《编辑之友》2012 年第 7 期）

编辑基本功：专业训练和人文修养

李　昕

编辑这个职业覆盖了人文科学、社会科学、自然科学所有领域、所有学科。世界上恐怕只有教师这个职业可以同样涉及这么多学科。

和教师都有自己的专业一样，编辑也一定要有自己的专业，出版社也一定要形成自己的专业优势，不能打乱仗。出版要做好，必须走专业化之路。任何一个出版社在策划选题时左顾右盼、六神无主，天上一脚、地上一脚，打一枪换个地方，今天做这个、明天做那个，是一定做不好的。在如今这种竞争环境里，只有形成自己的专业方向，形成优势，打造品牌，才是出版社发展的正途。

一、专业训练

同样的道理，编辑的成长和成熟也要从专业训练开始。当然这里所讲的专业包括两个含义：一个含义是各种学科都有自己的专业特性，编辑在学科方面应该有相对的专业分工；另外一个含义是，编辑工作本身也是具有专业性的，每个编辑都应该有自己的专业素质、专业能力，受到专业训练。以人民文学出版社为例，仅是外国文学领域就可以分出英语文学、俄语文学、法语文学、德语文学等具体的专业，每个专业下面有若干文学编辑。大的类别还可以分为外国文学、中国古典文学、现代文学、当代文学等，不同分类里都有不同的专业编辑，这是专业分工。专业分工的必要性就在于便于和作者沟通对话，也便于保证图书的质量。编辑总是需要和作者进行专业对话，编辑的专业素养是交流的必要条件。同时，为了保证图书质量，编辑也需要从专业的角度给作者提出意见和建议，要对书稿进行加工和修改。所谓专业角度的意见，一方面是从学科专业的要求出发，指出书稿在内容质量方面存在的问题；另一方面是从编辑出版专业的要求出发，告诉作者怎样才能把一本书稿做成一本符合读者期待的书。这就要求编辑既是某学科或专业领域的专门人才，又是出版领域专门人才。文学编辑常说好的小说是折腾出来的，因为许多好的小说都经过编辑提意见，作者再三修改。这就是“折腾”的意思。“折腾”作者，没有真本事不行，在这方面人民文学出版社的编辑都对原总编辑韦君宜先生非常佩服。她看书稿看得很快、很准，有时候跟她谈工作，她还可以看稿子，可以一心二用。一本长篇小说两小时看完，看完找作者谈稿子，告诉作者怎样修改，稿件的质量就可以大大提高，谈得作者心服口服，这种本事就是专业素质。

不过，专业素质、专业修养有时候是广义的，是指职业的修养。一个编辑应该具备编辑工作所需要的相关背景知识。这个编辑当然也可以有自己的专业，但是他的知识面要远远超出自己的专业。知识面要广一些。所以大家说编辑首先是杂家而不是专家，可能他需要非常广博的知识背景才能完成他的编辑工作。

三联书店最近有一本书稿，是一位台湾作者写饮食文化的书，谈名人和饮食，书里讲到周恩来、宋美龄、张学良等名人喜欢吃什么样的菜，那些菜都是怎么做出来的，这方面作者写得非常好。但书稿的体例是每写一个名人就附一个名人小传，可这位作者是搞饮食文化研究的，对历史并不太熟。比如写张学良小传有这么一段话："1936 年张学良和部下杨虎城发动西安事变，将蒋介石扣押，后经周恩来斡旋释放蒋介石，但张学良和杨虎城未听周恩来劝阻，执意送蒋回南京，结果双双被扣。"这段话编辑没有改就发稿了。笔者在终审时看到，就想，这里的问题是不是需要很高的专业水平才可以发现？应该不是。当然我们那位编辑也不是学历史出身，但其实这不需要历史专家来判断，因为这里发生的问题应该是在常识范围内。这段话里有两个错：第一个错，杨虎城不是张学良的部下，杨虎城当时是西北绥靖公署的主任，而张学良是东北军的将领，他们两人没有隶属关系；再有一个错，是张学良不听周恩来的劝阻，送蒋介石回南京，杨虎城并没去，怎么说双双被扣？大家想想，三联书店的出版物如果这样的硬伤都不改就直接出版会闹多大的笑话？可是改正这样的知识性错误，要求编辑有这方面的背景知识才行。背景知识的获得，就是编辑的广义的专业训练，这种训练是非常重要的，是编辑平时依靠多读书日积月累的结果。

当然有时候也需要真刀真枪的专业知识，即学科知识。周振甫先生给钱锺书做《管锥编》《谈艺录》的责编，难度很大。钱先生学问博大精深，这两部专著都是根据他的读书笔记整理的。钱先生的读书笔记写得很随意，写作时也没有一一校核引文的原文，凭着博闻强记，很多内容都是直接写进书中，周振甫做责任编辑的时候做了大量校核工作，解决了不少技术问题。钱锺书先生非常感谢周振甫。这就是真刀真枪的专业知识，如果没有深厚的古典文学修养编不了这些书。龙世辉编《林海雪原》也是如此，大家知道作者曲波只有小学文化水平，他写的《林海雪原》故事很生动，但文笔不好，作品结构一塌糊涂，达不到出版水平。龙世辉在 20 世纪 50 年代是人民文学出版社很有才华的青年编辑，也是作家，出版社把书稿交给龙世辉，他看了感觉故事有价值，但必须大改。和曲波谈了两次，希望作者自己改，但作者试了试就放弃了，承认改不好。于是龙世辉亲自捉刀，从头到尾梳理，差不多重新写了一遍。这本书后来成了很有影响的当代文学名著，如果龙世辉没有这种创作才能，没有文学的专业训练，显然做不了这种工作。

改小说是对作品进行整体把握，不容易。但是有些小改动、细节处理，其实也要见功力。比如杨振宁先生在三联书店出了一本《曙光集》，里面涉及很多科学知识和理论，所以特别给他安排一个清华大学物理系毕业，后来在中国科学院读了科学史博士的编辑作为责编。这个人懂物理，居然可以在杨振宁的书中挑出些小毛病。要知道杨振宁编书非常精细、严谨，文章编组、排列次序都是他亲自定的，他认为那是科学著作的规范，不许编辑随便动，但我们的编辑还是在一些字词的表述、符号的用法以及格式的统一等方面给他提出很多意见和建议。杨振宁先生很满意，觉得这编辑真厉害，居然能动我审定的东西。这当然是需要专业功力的，这种功力是硬碰硬的。

以上笔者讲了两种专业训练，一种是学科性的专业训练，这是狭义的；另一种是编辑作为一个职业所需要的专业训练，即培养背景知识的专业训练，这是广义的。两者相比哪个更重要？笔者认为后者更重要，就是博比专重要。编辑首先是杂家，其次才是专家。做杂家可以解决编辑工作中的一般问题，做专家则可解决编辑工作中的繁难问题。编辑能成为专家最好，但这样的人才在编辑中永远是少数。多数编辑对自己的要求应是先做杂家，然后朝着专家的方向努力，即使做不成专家，也要成为某个学科某项专业的内行。

二、人文修养

关于人文修养，这是一个和专业训练同等重要的问题。为什么要强调这一条？因为出版的根本目的是传承文化、改造现实，归根到底是为了促进人类社会自身的进步和发展。所以出版者需要具有人文精神和人文关怀。什么是人文关怀？就是关心人的尊严、价值、命运，关心人的精神生活，简单地说就是以人为本，关心人的全面发展。我们通常讲具有人文修养和人文关怀的知识分子是人文知识分子。那么反之，不具有人文关怀的知识分子，我们只能管他们叫作技术知识分子。记得作家冯骥才在2009年的“两会”上有一个发言，讲得很精彩，他说现在我们培养出来的知识分子和20世纪80年代培养出的知识分子不一样，现在培养出的知识分子中技术型的居多。现在大学里面的学生不读人文书，接受人文教育非常少，大家都各自抱着自己的专业，所以现在新型的知识分子越来越技术化。北大教授陈平原有一次来三联书店开座谈会，也谈到今天不仅仅学生知识分子技术化，而且大学里一些教授也都技术化了。物理系教授不读人文书，甚至法律系教授也不读人文书，只读自己专业范围的书。当今时代，学科专业越来越窄，导致学生学习兴趣也越来越窄。这和老一代科学家有很大差别。我们注意到老一代科学家基本上个个都是人文知识分子。比如刚才提到的杨振宁，他的《曙光集》中90％都是关于中国的教育问题、科学发展模式问题的探讨，还有写得很精美的散文，回忆他的老师、父亲等，他的人文修养很深厚。三联书店前任总经理董秀玉，退休后每年都会组织一次中国文化论坛，邀请海内外一些精英知识分子来讨论中国文化问题，杨振宁先生对这个论坛很关注，常来参加。杨先生以八十几岁的高龄，以一位自然科学家的身份谈论文化问题，常常可以给人们带来新的视角，提供很有价值的见解。

再说清华大学的老教授钱伟长，大家都知道他是著名科学家，很少有人了解他的人文修养有多么好。他原本是希望学文科的，考入清华中文系时，中文试卷的单科成绩是100分。他是因为看到日本侵略中国，感到中国必须加强军力，要有先进武器，才要求改换专业的。那时最先进的武器就是坦克，所以他为了学习造坦克，才从中文系转到物理系。后来他成了物理学家，但是讲起话来仍然处处显示了他的博学，特别是深厚的文史背景。还有钱学森先生，他研究空间物理、火箭技术，但除关心科学问题以外，也有很多人文方面的研究，比如说关于思维科学、人体科学，甚至关于音乐都有很多的研究。1994年笔者在人民文学出版社编过钱学森先生的一本论文集叫作《科学的艺术与艺术的科学》，专讲科学和艺术的关系，有很多独到的思考。这样的科学家就是人文知识分子。大家可能知道，2010年新浪十大好书榜上有一本书获得很多的好评，叫作《沉浮与枯荣》，是法学家江平的回忆录。这本书之所以屡获媒体大奖，是因为书中的内容体现了一个独立思考的知识分子所具有的人文精神和人文关怀，包含着作者对一个时代的历史的深刻反思，因而对当前的社会现实有着启示意义。如果不是这样的话，这本书不会那么受追捧。这表明人文精神也是为我们的时代所需要的。

我们之所以要求编辑具有人文修养，这是因为在思想文化界最受好评的那些书大多是富有思想价值、富有人文精神的书。

那么，一个编辑应该如何培养人文精神和积累人文修养呢？其实很简单，多读书，读文学艺术类的书和各种有关人文科学的学术著作、思想文化读物，多读有价值的书。前面我们说到编辑是杂家，一定要多读书，读杂书，阅读面一定要广、博。

这里要强调，一定要读一些“无用”的书，一定要有无目的的阅读、超功利的阅读，这是最重要的。如果说你读书总是带着解决这个问题、那个问题的目的读，或者你读的都是一些要应付考试和应付临时要求的书，很难提高你的人文素质。强调无目的、超功利的阅读，也就是兴趣性阅读，只是为了满足好奇心、求知欲或休闲消遣愿望的阅读，这种阅读是开阔眼界和思路、丰富知识、陶冶性情的途径。乍看起来无用，其实积少成多以后有大用。无论你是哪个专业的编辑，文史哲不分家，文史哲各方面的基本读物哪个专业的人都要读。至于怎样选书，笔者主张从两类书入手，一类是经典读物，也就是那些已经被证明是曾经影响历史、影响一个时代的思想文化的名著，读这类书相当于补课；另一类是当下备受好评的新书，特别是媒体集中力量介绍的好书。当然这类书没有经过时间的考验，未必能够成为经典，但是这类书的当下性和现实感强，对我们思考当前现实问题有帮助，多读这类书可以培养我们的人文关怀和现实关怀，是毫无疑问的。

（原载《中国出版》2012 年 3 月上）

我国科技期刊发展现状及思路

沈爱民

在我国主办科技期刊的体系中，科技社团、科研机构、高等院校统称为三大科技期刊办刊主体。科技社团作为科学共同体的重要组织形式，编辑出版学术期刊，搭建科学共同体学术评价与交流平台是其重要职责和基本任务。

中国科学技术协会（以下简称“中国科协”）所办的科技期刊，整体学术水平和出版质量较高，在我国科学界具有较高的影响力。中国科协科技期刊也是我国科技界走向国际的重要窗口，在一些国际著名学术检索系统中，被收录的相对比例较高。

2011 年，SCI（扩展库）共收录中国大陆期刊 129 种，其中中国科协科技期刊 70 种，占 54.2%。EI 核心库收录中国大陆期刊 216 种，其中中国科协科技期刊 102 种，占 47.2%。《中国科技期刊引证报告 2011》（CJCR）数据库收录的 1 998 种核心期刊中，中国科协科技期刊达 694 种，占 34.7%。

目前，科技期刊的质量精品化、运营集群化、手段信息化、市场细分化、竞争全球化是发展的趋势。与这种发展趋势相比，中国科协科技期刊面临着严峻挑战，学术期刊总体质量和水平还有待提高，反应机制仍然滞后，国际认可程度仍然不高；同时，科技期刊分散、低效、重复、小规模等弊端明显，市场竞争力较弱。

一、对我国科技期刊的基本认识

1. 我国是科技大国，正在向科技强国方向发展

目前，我国正在加快建设创新型国家，我国科技人员数量、科技投入都在世界上名列前茅。同时，科技成果也日益增多，对经济社会发展贡献率不断提高。但是，我们也应该看到，我们还缺少世界一流、国际顶级、能够代表人类文明进程的科技成果，以现代中国人命名的科学定理、学说、公式、发明还不多，还不能成为科技强国。

2. 我国是科技论文大国，正在逐步成为科技论文强国

2010 年，SCI 收录的世界科技论文总数为 142.1 万篇，其中中国科技论文 14.84 万篇，占 10.4%，位居世界第二。2001—2011 年间，发表科技论文累计超过 20 万篇的国家共有 15 个，按论文篇均被引用次数排列，我国排在第 13 位（6.21 次）。2011 年，我国发表在各学科领域代表性期刊的论文数量居世界第二；国际热点论文数量居世界第五；我国全球被引次数居前 1%的论文（高被引率论文）数量居世界第六；在《自然》《科学》《细胞》等刊物上发表的论文数量居世界第九。

3. 我国是科技期刊大国，还不是科技期刊强国

我国是科技期刊大国。2011 年，全世界有学术期刊共约 60 125种。我国有期刊9 849种，其中半数为科技期刊，共4 920 种，仅次于美国，居世界第二位，与论文位置相近。然而从我国科技期刊的质量看，仍然是弱国。我国 114 种期刊的平均影响因子和平均总被引频次分别为 0.856 和 916，远低于国际总体平均值的 2.014 和 4 409。2012 年，在我国有影响因子的 101 种科技期刊中，在 Q1 区的只有 4 种，在 Q2 区的只有 23 种，Q3 区 28 种，Q4 区 46 种。在国际期刊联盟和创新媒体咨询集团联合发布的《2011 世界期刊创新报告》中，中国期刊

无一入选。

二、我国未能成为科技期刊强国的原因

我国之所以还远未能成为科技期刊强国，原因很多，其中比较重要的是以下三个。

1. 科研基础仍然不够雄厚

对于以发表科技成果为己任的科技期刊来说，这种背景即使不能说是无米之炊，至少是粮袋子还不够饱满。

2. 一流论文流向国际期刊

根据任胜利研究结果，SCI 数据库统计，2000—2010 年我国高影响力论文（被引次数位列各学科前 1%）有 4 529 篇，其中只有 59 篇在我国期刊发表。

在对科学家进行的投稿意愿调查显示，在论文投稿时，选择投稿国内英文期刊的人数比例只有 1.8%。本来米就不多，好米又大部分都给别人了，自然会影响期刊质量。科学家论文投向国外期刊的原因在于评价政策导向。职称评定、项目申报、绩效、奖金与论文挂钩，尤其是与 SCI 指标挂钩，是我国政策导向和科研机构、高校的普遍行为。学者在最优秀的中文期刊发再多论文，不及在影响力很低的 SCI 期刊发表一篇。

目前的评价政策导向削弱了期刊作为科技成果首发的功能，评职称、拿学位、争项目成为论文发表的主要功能，使科技期刊背离了基本功能。

3. 期刊自身原因

在体制方面，国际知名科技出版机构如同跨国公司，早已突破国家界限，在全球范围开展业务和竞争。2011 年，中国科协科技期刊属于非法人单位的编辑部占大多数，达到 65.8%。1 050种期刊分布在全国 500 多个编辑部（杂志社）。目前我国科

技期刊，基本没有大船，只有小舟，只能在小河中前行，难以进入大江大河，更不能进入大海，扬帆远洋。在机制方面，市场竞争能力薄弱。2011 年，根据中国科协科技期刊调查发现，仅有 27.4%的期刊年收入大于支出，收支相抵和入不敷出的情况普遍存在，占了 72.6%。在形式方面，以数字化、网络化、电子化为代表的信息技术带来了科技出版领域的巨大变革，是国际科技出版的主流发展趋势。与之相比，我国科技期刊数字化程度远远落后于这一趋势。

三、中国科学技术协会科技期刊的发展思路

充分发挥中国科学技术协会及所属全国学会主办科技期刊在我国科技期刊中的重要作用和广泛影响，全面提升科协系统科技期刊的整体质量和水平，带动我国科技期刊质量的整体提高，提高科技期刊在国际上的地位和市场竞争力，是近年来中国科协对于科技期刊的发展管理目标。

截至 2011 年年底，中国科协及所属 200 个全国学会共主办科技期刊有 1 050 种，约占我国科技期刊总量的五分之一。其中，中文刊 971 种，英文刊 79 种，纯电子期刊 21 种。中国科协所属期刊管理状态划分为三个基本阶段：第一阶段，各自为营，多元模式；第二阶段，重点支持，抱团取暖；第三阶段，集成资源，跨越发展。

2006 年，为促进科技期刊提高出版质量和论文发表水平，中国科学技术协会设立了精品科技期刊工程。设立精品科技期刊工程旨在重点支持一批科技期刊直接面向国际、逐步成长为在同学科领域内的世界知名科技期刊；重点支持一批科技期刊以我国本土母语的读者和作者为主，同时兼顾国际化策略，使之逐步成长为我国学科或专业领域的“旗帜”性领衔期刊；重

点催化培育一批在相关学科领域特别是我国优势学科和民族特色学科中基础能力条件较差，但具有学科或专业领域的代表性、为国家科技自主创新所需要、属于我国国民经济和社会发展重点领域，近年来成长速度较快，有发展潜力的科技期刊，使之进一步成长为精品科技期刊的后备力量。

精品科技期刊工程分别设立了培育国际知名期刊（A类）、培育国内领衔期刊（B类）、培育精品后备期刊（C类）项目。6年来累计资助科技期刊546项（次），资助金额5 740万元，成为近年来我国对科技期刊支持范围较广、影响面大的资助项目。

2012年，中国科协科技期刊进入新的发展阶段。在财政部的大力支持下，为提升学会综合能力，充分发挥科技社团在推动全社会创新活动中的作用，中国科协加大力度，设立了优秀国际科技期刊奖项，每年3 000万元，连续三年，专门用于支持英文版科技期刊的创新发展，表彰奖励已经产生良好国际影响力的科技期刊，努力培养中国具有国际一流水平的英文科技期刊。这一重大举措，在国内外科技期刊界和科技工作者中引起强烈反响，得到普遍认同。

目前，中国科协正在研究进一步推动中国科技期刊提升国际影响力的计划，拟联合有关部门，力争使该计划成为国家行为，体现国家意志，从政策、环境、资金、人才等各个方面，对科技期刊的改革、发展和创新给予全面支持，着力培育一批具有较强学术影响力和国际发展潜力的英文科技期刊，提高我国科技期刊的国际化水平。

（原载《中国出版》2012年10月下）

科技期刊核心编委队伍的建立与作用

张凤新

科技期刊专业性强，需要在相关行业专家的积极参与和支持下，才能保证各种编辑、学术活动的权威性和科学性。一般科技期刊均建立由相应学科专家组成的编辑委员会（编委会），配合编辑部日常的审稿和撰稿等学术工作。但由于很多编委专家忙于日常业务、教学、科研、行政工作，身兼数职，很难真正参与期刊的各项工作，多数仅能完成例行的审稿、撰稿任务，甚至存在有名无实、不能履行相应职责的编委。因此，科技期刊必须运用科学发展观，采取相应的措施和策略团结编委，建立一支与期刊关系密切、可以承担重要学术工作的核心编委队伍，并充分发挥其作用，这对期刊的可持续发展至关重要。

一、严格考察学风、学术、态度，缜密遴选核心编委

核心编委与科技期刊关系密切，与期刊的编辑工作和发展方向休戚相关。因此，科技期刊编辑部要以较高的标准遴选、发展和培养核心编委。以下几个方面至关重要。

1. 学风正派严谨

科技期刊核心编委需要拥有正派的学风和严谨的治学精神，不能存在学术偏见，这决定着期刊是否能以客观、科学的态度报道学术成果，是否能真正履行科技文献载体的职责，关系到

期刊的长远发展。因此，科技期刊选择核心编委时，首先要对其学风和为人进行充分考察。

2. 学术思想活跃

高质量的科技期刊需要紧跟科技发展前沿，及时反映学科发展的动态。因此，核心编委需要不断加强自身的业务学习，参与一线的学术工作，掌握相应学科的发展状况。

3. 热爱编委工作

核心编委承担着期刊主要的学术工作，因此需要对编委工作充满热情，积极、主动履行职责。科技期刊编辑部一方面需要寻找热爱参与期刊编辑出版工作的编委；另一方面，也需要引领编委专家参与到期刊的各项学术工作中，调动他们的热情，从而增加工作的主动性和参与性。

二、用心、用力、用时，构建核心编委团队

科技期刊要打造一支优秀的核心编委队伍，并非一朝一夕之事，需要编辑部有意识地通过多种方式逐步完成，并需要长期、持续维护。以下方法和途径可供参考。

1. 吸引专家参与期刊工作，发展壮大编委队伍

发展壮大编委队伍是科技期刊的一项基础性工作，也是打造核心编委队伍的基础。科技期刊编辑需要时刻保持“发展编委”的意识。在通过参加学术会议、查阅专业文献、咨询学科同行等方式发现编委的适宜人选后，循序渐进，吸引这些专家参与科技期刊的各项编辑、出版工作，直至发展为审稿人、编委，甚至核心编委。

科技期刊编辑和专家的联络及合作一般从约稿开始。通过约稿，一方面建立了专家与期刊的初步联系；另一方面，也可以通过撰稿质量和写作过程，初步判断作者的学术水平、文字

表达能力和治学严谨程度等。

对于撰稿比较理想的作者，编辑部可以酌情安排部分审稿工作，寄送相关学科的稿件，请求审阅。通过将这些作者的审稿意见与成熟审稿人的审稿意见进行对比分析，可以更加深入地判断这些作者的学术水平和胜任编委工作的能力。同时，寄送审稿也可以使他们感受到编辑部对其学术水平的认可，有利于未来的进一步合作。

对审稿较为出色的作者，可列为期刊审稿人，并适当向其咨询期刊选题、组稿方面的专业意见，甚至可邀请他参加编辑部的选题组稿会。这样既密切了作者与期刊的关系，也加深了作者对期刊的了解，为以后的工作打下基础。

对可以发挥专业优势，积极参与撰稿、审稿、期刊选题工作的作者，则可吸纳为期刊的编委会成员，并在未来的工作中，逐步加深联络与合作，直至发展其成为核心编委、副主编，甚至主编。

科技期刊编辑或编辑部通过约稿、审稿、选题等方面的学术活动，一方面可以对核心编委的备选人员进行逐步深入了解，另一方面密切了期刊与这些人员的联系，使这些备选人员循序渐进地了解期刊的风格和定位，为未来更加深入地参与期刊各项工作打下了基础。

2. 关注培养青年作者，加强核心编委建立

科技期刊可以通过循序渐进、密切合作的方式吸引知名的行业专家加入核心编委队伍，但知名的行业专家往往身兼数职，社会活动频繁，而对期刊学术工作投入的时间和精力较为有限，如期刊的核心编委组织工作稍显薄弱，很容易与期刊疏远，所以需要在组织、联络方面投入较多人力和精力。同时，还需要发现、关注具有核心编委潜质，正处于学术成长期的青年作者，

并给予其科研设计、统计学、论文写作等方面的支持和培训，鼓励其及早参与到期刊的学术工作中。随着这些青年作者学术水平的逐渐提高，一旦符合核心编委的基本要求，应早日将其纳入核心编委队伍。

这样的核心编委往往对期刊怀有很深的感情，可以对期刊的各项学术工作予以不遗余力的支持，更容易与期刊保持长久的密切合作，而期刊最初的培养则产生了事半功倍的效果。

3. 发挥学术平台优势，配合编委学术活动

为了更好团结并发挥核心编委的作用，科技期刊需要充分发挥自身学术平台的优势，配合编委完成相关学术活动。

首先，科技期刊编辑部或编辑需要与编委常沟通、勤联络，及时掌握编委的各种学术动向，以便提供相关的学术支持。例如，在论文写作方面，需要及时掌握编委的学术创作意向，在符合期刊审稿流程的情况下，对其论文予以优先发表；在学术活动方面，对编委或其所在机构、学会举办的学术会议、培训等学术活动，科技期刊及时配合，发布相关会议消息、会议纪要，或者为会议出版增刊、会刊，给予力所能及的媒体支持；在图书出版方面，出版社主办期刊可以利用图书出版平台开展书刊互动，与编委开展相关参考书、教材、电子产品等方面的出版合作。

通过对编委各项学术活动的支持与配合，不但密切了科技期刊与编委的联系，而且可以使部分编委紧密团结在期刊周围，形成核心编委。同时也扩大了期刊自身的影响力，一举两得，达到双赢。

4. 期刊、编辑协同，长期维护核心编委队伍

核心编委队伍建立后，科技期刊编辑部除了依靠学术合作保持联系，更需长期维护好这支队伍。比如，定期召开编委会、

座谈会等工作会议；不定期召开联谊会或组织各种联谊活动等。另外，长期维护已经建立的核心编委队伍，除了依靠期刊的整体凝聚力，更离不开编辑个人的力量，因为许多与编委的具体联络工作需要落实到每个编辑，这样才有利于整体工作的分解和细化。

编委对编辑个人的认可，也是对期刊的认可，编委与编辑个人保持良好的合作关系，也同样是与期刊的良好合作。因此，期刊应该采取必要的管理措施，以此督促每个编辑的核心编委发展工作。

就编辑个人来说，也应该积极开展核心编委队伍建设工作，与核心编委保持必要、持续的联络，积极参与编委的各项学术活动，甚至可以与编委保持适度的友谊。当然，编辑个人需要保持必要的职业素养，主要依靠核心编委支持期刊的各项工作，不能垄断核心编委，更不能假公济私，将核心编委当作自己的私人资源。期刊编辑部也需要依靠适当的管理措施，兼顾期刊整体和编辑个人与核心编委的联系，不能因为编辑人员队伍的变化而削弱核心编委队伍。

三、充分发挥核心编委优势，共创精品科技期刊

当科技期刊建立了学术水平高、与期刊关系紧密的核心编委队伍后，不仅可以大幅提高选题、组稿质量，还可与核心编委密切合作，开展各种学术活动，扩大期刊的学术影响力。

根据笔者的工作体会，核心编委在期刊编委、作者队伍中所起的作用也基本符合出版界公认的“二八定律”，即占编委总人数20％的核心编委，可以承担科技期刊80％的学术工作。期刊编辑部需要调动核心编委的积极性，充分发挥其在以下几方

面的作用。

1. 发挥核心编委的专业优势，配合期刊组稿工作

高质量的组稿是科技期刊保持办刊特色、应对激烈行业竞争的有效途径，也是科技期刊的一项核心工作，这与以下几个重要环节密切相关：

（1）配合选题。编辑部通过跟踪学术前沿、读者问卷调查等方式确定的选题，需要请核心编委根据学科发展及专业背景提出建设性意见和建议，这样才能保证选题的科学性、实用性和新颖性。另外，期刊编辑部在与核心编委的日常联络过程中，也需要引导核心编委充分发挥专业优势，及时提供学术会议、学科前沿、行业需求等选题线索，拓宽选题思路，提升选题质量。

（2）亲自撰稿。科技期刊与核心编委保持非常密切的联系，掌握其科研与学术创作的意向和计划。因此，可以及时刊登代表核心编委核心学术成果水平的稿件，甚至可以结合期刊的报道方向和核心编委的学术特点，围绕其策划选题，组织稿件。通过刊发这样高学术水平的稿件，可以显著提高期刊的整体学术质量。另外，为了体现时效性，科技期刊经常需要对重大的学科发现、学术会议及时报道，依靠核心编委也可迅速完成撰稿，抢得报道先机。

（3）协助组稿。自然科学发展迅速，分科高度细化，这就要求科技期刊在组稿时需要寻找最理想的作者。因为核心编委了解期刊定位、了解相关行业专家优势，不但能推荐合适的组稿作者，还能协助期刊联络其所在机构、学会或者行业的专家，完成组稿任务。

2. 紧密依靠核心编委，提升期刊管理质量

核心编委除了可以在选题、组稿等期刊内容建设方面发挥

重要作用，在期刊的管理、发展等方面也可以发挥举足轻重的作用。

（1）推荐编委或审稿人。科技期刊编委队伍的定期更新是一项重要工作，期刊编辑部除依据程序发展以外，依靠核心编委的推荐也是重要途径。对专业性强的稿件，核心编委还可以为期刊推荐合适的审稿人。

（2）进言献策。核心编委充分了解期刊的办刊风格、定位和特色，又对期刊怀有比较深的感情，因此能够开诚布公，为期刊的发展提出中肯意见和建议，有的放矢，共谋发展。

3. 紧密团结核心编委，推动期刊宣传经营工作

核心编委主要参与科技期刊的学术工作，无法直接参与宣传、经营活动，但可以与期刊合作举办学术会议、继续教育培训等学术活动，扩大期刊影响力。更重要的是，核心编委可以推荐期刊与其所在的机构、学会等团体广泛开展合作，不仅可以取得一定的经济效益，更可以扩大期刊的行业知名度和影响力，间接促进期刊宣传、征订和经营工作。

事实上，核心编委作为行业专家具有强大的活动能力和工作潜力，对科技期刊的支持与贡献不仅局限于以上方面，他们关心期刊，热爱期刊，将对期刊的支持与协助深入到行业的各个方面，从而极大地推动期刊各个方面的工作。

当然，在充分调动核心编委积极性的同时，也要防止出现仅由少数核心编委分担期刊学术工作、其他编委工作懈怠，从而削弱期刊的学术代表性的局面。因此，科技期刊应将核心编委作为期刊生存发展强有力的支点，充分发挥其在配合期刊做深、做透选题，组稿、审稿等各项基础性工作方面的作用；另一方面，核心编委还需要充分发挥“以点带面”的作用，协助期刊充分掌握相关专业人员的情况和学术信息，为期刊拓宽信

息获取渠道，拓展作者队伍，将期刊的各项工作深入到行业的各个角落，实现真正意义上的“开门办刊”。

随着当前非时政类报刊转企改制的不断深入，科技期刊在企业化进程中由于需要充分考虑对人力成本的节约，因此，建立一支与期刊关系密切的兼职核心编委队伍，并充分发挥其作用，显得尤为重要。建立科技期刊核心编委队伍建设的长效机制，既要充分利用核心编委的学术优势，又要长久维护良好的合作关系，不能要求核心编委只讲付出不求回报，而要运用科学发展观，以合作共赢的模式构建核心编委与期刊深入持久的合作关系。在科技期刊传统的办刊模式下，由于期刊编委是兼职岗位，编辑部仅能根据撰稿量和审稿量付给编委微薄的稿费和审稿费。在科技期刊未来的企业化进程中，不仅需要依靠学术合作、感情联络等方式来维护与核心编委的良好关系，也需要思考和探索将编委的学术贡献予以量化，并给予等量经济回报的合作模式，这样才能更好地调动编委的积极性，使核心编委更有效地发挥编委的作用，尽心竭力支持期刊，共创精品科技期刊。

参考文献

[1] 王红丽，刘苏君. 身兼护理学术期刊多家编委的弊端及对策 [J]. 编辑学报，2009 (5)：431-433.

[2] 王亚秋，陈峰，王家暖，等. 强化编委职能，实现科技期刊可持续发展 [J]. 编辑学报，2011 (3)：244-245.

[3] 林松清，张海峰. 发挥科技期刊编委的作用与相应对策 [J]. 编辑学报，2011 (5)：424-425.

[4] 王晓茵，徐积芬.《小儿急救医学》杂志积极发挥编委的作用办好期刊 [J]. 中国科技期刊研究，2003 (3)：304-305.

[5] 常志卫，郑霄阳.《福建医科大学学报》编委在提高期刊质量中的重要作用 [J].

中国科技期刊研究，2006（5）：798-799.
[6] 李军纪，张策，段志光.《山西医科大学学报》充分发挥编委会作用的实践［J］.中国科技期刊研究，2011，22（6）：916-918.

（原载《中国出版》2012年6月下）

主编在学术期刊建设中的作用
——以 *Nano Research* 为例

韩燕丽

期刊主编在学术期刊建设中扮演着极其重要的角色。期刊主编决定了学术期刊的学术水准、质量，决定了期刊在该学术领域的地位、对该领域学术传播所起的作用等。如何提高期刊的水平、带领团队创造性地开拓期刊新局面，是摆在每一位期刊主编面前的重要课题。*Nano Research* 是教育部主管、清华大学主办、清华大学出版社有限公司和施普林格出版社（Springer Publishing Company）合作创办的英文期刊。清华大学出版社有幸聘请到了斯坦福大学的戴宏杰教授做主编。戴教授作为专家对期刊的建设起了非常大的作用。中国高校科技期刊研究会理事长、清华大学出版社副总编辑兼期刊中心主任颜帅，在新闻出版总署的一次调训班上提出："出版单位＋专家办刊，是理想状态、发展方向。"*Nano Research* 是"出版社＋专家"办刊的一个成功的例子。本文以 *Nano Research* 为例谈谈学术期刊的主编在期刊建设中的作用。

Nano Research 创刊于 2008 年 7 月。2010 年，在创刊一年半之后即被 SCI-E 收录，期刊被收录的文章被追溯到期刊的创刊号；6 月 18 日，*Nano Research* 得到了第一个影响因子 4.370。在当年 114 种被 SCI 收录的国内期刊中，排名第二位，被誉为中国期刊界的一匹"黑马"。2012 年 6 月 28 日，汤森路透发布期刊引证报告(Journal Citation Reports，JCR)，公布了 2011 年 SCI 期刊影响因子，

Nano Research 的影响因子为 6.970，在其所在四个领域 "Chemistry, Physical" (15/134)、"Materials Science, Multidisciplinary" (14/231)、"Nanoscience & Nanotechnology" (8/66)、"Physics, Applied" (9/125) 均位于 Q1 区。*Nano Research* 自有影响因子以来，一直稳定地位于 Q1 区。期刊创刊短时间内，取得如此优异的成绩，和期刊有一个优秀的主编以及主编带领的团队有很大关系。

Nano Research 的主编戴宏杰教授是美国艺术与科学院院士，国际碳纳米管、纳米材料研究领域的领军人，曾经获得 James C. McGroddy 美国物理协会新材料奖、美国化学学会纯化学奖、裘利斯史普林格应用物理奖等大奖，共发表论文 200 多篇，其中发表在 *Science*，*Nature* 或 *Nature* 系列刊物的论文有 30 多篇。正是在戴教授带领的编委会团队和出版单位的共同努力下（清华大学出版社和 Springer 出版社也都为此刊做了非常多的工作，另文论述），期刊在创刊后的短时间内即取得比较优异的成绩。

一、主编要有强烈的办刊意愿

首先，学术期刊的主编要有很强的主动性，要有强烈的办刊愿望。有的期刊在选择主编的时候，往往更多的是考虑主编是不是院士，主编的学术地位如何，甚至考虑其是不是学术研究机构的领导，而较少考虑主编是否真正有强烈的办刊愿望。主编只有真正从内心想做这个事情的时候，才可能将期刊办好。

戴宏杰教授愿意作为主编创办 *Nano Research* 的初衷，是想为中国做些事情，为中国科学界做些事情，为清华大学创办一流学术期刊付出自己的努力，这也是在期刊建设过程中，有很多华人学者尽力帮助这个期刊的一个原因。*Nano Research* 是植根于中国的学术期刊，全球纳米领域的华人想努力做出令华人骄傲的期刊。

二、找好学术支撑和出版支撑

高水平的学术期刊要有高水平的学术圈子来支撑，这是只有主编才能构建起来的。主编对 *Nano Research* 的定位非常明确，就是要将其建成为高水平、国际化的英文学术期刊。戴宏杰教授敏锐地将工作在世界纳米研究领域前沿的华人科学家当作 *Nano Research* 的学术支撑，不仅在文化交流上比较容易沟通，而且华人的荣誉感也提高了期刊的凝聚力。他们有能力影响一批学者、专家给期刊提出好的意见和建议，给期刊投稿，帮助期刊约稿。在主编和副主编的带动和影响下，*Nano Research* 得到全球纳米研究领域华人的大力支持，也得到很多工作在世界纳米研究前沿领域的外国一流科学家的支持。

主编要办好国际化学术期刊，必须具备国际化的办刊意识，熟悉学术期刊的国际出版模式，找好出版支撑。戴教授有在国际化大刊任主编、副主编或编委的背景，了解国际大刊的运作模式，能够更好地把控期刊的发展方向。他是清华大学的校友，也与清华大学出版社有很好的合作关系。因此，戴教授和清华大学出版社以及 Springer 出版社合作得顺利、高效。

三、主编要善于团队建设

一个优秀的学术期刊，往往是优秀的团队成员共同努力的结果。戴宏杰教授非常关注期刊的团队建设，包括编委会队伍、编辑队伍、评审人员队伍和作者队伍。国际化的期刊要求期刊编委会中有较大比例的成员来自国外的大学或者学术科研机构。*Nano Research* 期刊主编和副主编的学术地位以及他们对期刊所做出的努力，吸引了一批世界一流的科学家，从而建立了高度国际化的、非常卓越的编委会队伍。期刊编委会成员均是全球该研究领域的领头人或者是处于学术前沿的专家学者，例如 Moungi Bawendi（MIT，USA）、Louis Brus（Columbia，USA）、James Heath（Caltech，USA）、Charles Lieber（Harvard，USA）、Chad Mirkin（Northwestern，USA）、Reshef Tenne（Weizmann Institute，Israel）、王中林（Georgia，USA）等。更值得说明的是，编委会的每一位成员都切切实实在为期刊做事情，而不仅仅是挂名。

创刊初期，主编、副主编和编委一起向相关学术领域约稿，约到了很多来自于世界一流大学和一流研究机构的文章。由于主编及大部分编委均在国外一流大学工作，约稿对象也面向全世界。国外的一流作者不像国内学者将期刊是否是 SCI 期刊看得那么重，他们更看重期刊的主编所带的队伍，看期刊的发展，因此，期刊在创刊初期（没有进入 SCI 之前）就能约到很多一流的稿件。

为了能更好地建设期刊，戴教授还尽可能为期刊争取资助，使得期刊得到较充足的办刊经费。

四、主编保证投入足够的精力

国内很多期刊的主编是挂名，期刊的运营完全由编辑部的编辑负责。这样，即使主编的学术水平非常高，也很难真正在期刊建设中发挥作用。

戴宏杰教授对 *Nano Research* 的创建起了非常重要的作用，也付出了很多劳动。戴教授及其助手从选择编委会的每一位成员，到审核编委会邀请函；从撰写期刊文章的约稿信，到收集准备发约稿信的相关专家地址，再到发送约稿信；从论文投稿和评审系统的申请表格，再到审核每一份与期刊相关的文件（例如“作者须知”等）；从讨论期刊封面、版式、编辑规范，再到讨论期刊网站的建设，每一步都凝聚了主编的智慧和心血。

在期刊日常运营中，主编也投入了很多的精力。戴教授亲自负责期刊稿件的初审工作，并将一定比例的稿件送专家评审以及做出稿件的取舍决定。主编是这个领域的专家，对稿件的取舍把握得很准确，为期刊的质量提供了保证，因此能够吸引到更多的读者和作者。期刊每天都会收到很多稿件，尤其是在期刊被 SCI-E 收入之后，国内的稿件剧增。从文章投稿和评审系统中，能看到戴教授每天都在做期刊工作。期刊编辑发邮件给他，他一般很快就会回复，有时候邮件在一天之内往返多次，完全没有因为他和期刊编辑被分割在两个半球而受到影响。这和国内一些专家不同。国内的一些专家，尤其是一些大师级人物，往往很忙，邮件也很少回复；即使同意做了期刊的主编或者编委，也很少能实际参与期刊的日常工作或者为期刊提出具体的建设性意见，更不用说主动开展期刊的日常工作了。

五、专家推广期刊事半功倍

和编辑部办刊不同，专家办刊有很大的优势。主编、编委等本身就是科学家，他们无疑能很好地和学术界沟通，了解科学界需要什么样的交流平台，了解期刊怎样为学术交流服务，从而能使期刊得到更多科学家的关注。学术专家对学术的发展趋势有深刻的理解，因此也能很好地把握期刊的发展方向。

戴宏杰教授以及期刊的副主编和很多编委，时刻关注科学界交流方式的新动向，对期刊不断提出新的工作要求，并切实把期刊的约稿、推广、宣传工作做到实处。他们在参加会议的时候，在做报告的时候，或者去其他机构访问的时候，会向大家介绍这本期刊；也会举办一些招待会，或者做一些宣传页，向纳米学领域的专家学者宣传期刊。主编、副主编、编委们的宣传和推广，使得期刊能够吸引一批人，也因此能吸引来自国际同行的优质稿源。

六、主编风格决定了办刊风格

对于学术期刊来说，期刊主编起着非常重要的作用，可以说是期刊的灵魂。有什么样的主编，就能带出什么样的编辑队伍；有什么样的主编，就有什么样的刊物。期刊主编的风格、品格也对期刊的发展起了推动作用。

戴宏杰教授以期刊事为己事，对期刊投入了很多的心血和关注。他做事快速有效，关注期刊每篇文章评审和刊出的速度。期刊编辑慢了，就会被主编提醒。记得创刊初期，期刊文章出版的速度相对较慢，戴教授就和清华大学出版社以及 Springer 出版社沟通，最终实现了快速出版，也使得双方出版社的领导层和编辑层都非常佩服主编工作的主动、快速、有效。戴教授处理文章非常客观，不会因为作者的身份地位而决定文章的取舍。公正地处理期刊文章使得期刊有比较好的声誉，也使得期刊文章的水平不会忽高忽低。戴教授还非常谦和，只要是对期刊有益的建议，不论建议是来自于读者、作者还是编委、编辑，他都能快速反应。

Nano Research 在创刊很短时间即被 SCI-E 收入，并取得高影响因子，这在国内是罕见的，其取得的成绩和“出版社＋专家”办刊的模式是分不开的，也说明“出版社＋专家”办刊的模式值得我们进一步深入探讨，在期刊建设中要切实发挥主编的作用。

（原载《科技与出版》2012 年第 9 期）

试论学术期刊编辑的文化使命

徐绍华

《中共中央关于深化文化体制改革推动社会主义文化大发展大繁荣若干重大问题的决定》提出的推动社会主义文化大发展大繁荣、建设社会主义文化强国的奋斗目标赋予了学术期刊编辑特殊的文化使命。作为社会主义文化传播者、建设者、服务者与创新者的学术期刊编辑，理应明确自身肩负的文化使命，努力为社会主义文化的繁荣与发展做出应有贡献。

一、弘扬文明：学术期刊编辑的文化传播使命

文明是人类在社会实践中所创造的一切物质财富和精神财富的总和，而弘扬文明的过程亦即文化传播的过程。中华文明的传承延续和发扬光大，有许多传播者为之做出了突出贡献。学术期刊编辑与其他传播者一样，都是文明的记录者和弘扬者。期刊编辑活动本身既是一种特殊的传播行为，也是文明载体与传播受众之间的中介环节，起着桥梁和纽带的作用。

我国社会主义文化繁荣发展的任务与建设文化强国的奋斗目标对学术期刊编辑提出了新的要求，这个新的要求之一就是努力提高先进文化的传播力，自觉肩负弘扬文明的文化传播使命。学术期刊编辑如何完成这一光荣的使命，需要在编辑工作中积极考量，并解决如下问题。

1. 增强文化担责意识

文化担责是学术期刊编辑主体意识在行为责任方面的主要表现，它根源于编辑主体内心的文化自觉意识。学术期刊编辑应该转变自己的思想观念，改变自身的传统角色，明确编辑文化的发展历程，在多元文化的世界格局与学术期刊日趋剧烈的竞争中确立自己的定位和发展方向，提高先进文化传播的自觉意识和能力，勇于担负建设文化强国的重任，通过自身的努力重塑先进文化传播者的编辑形象，完成“为天地立心，为生民立命，为往圣继绝学，为万世开太平”[1]的文明传承和文化传播的神圣使命。

2. 提升传播效果

传播效果是检验学术期刊编辑文化传播成效的实践标准。根据不同的划分，学术期刊编辑的文化传播效果有以下几种情况：正（积极）效果与负（消极）效果或零（无）效果，长期效果与短期效果，潜在效果与显性效果等。传播者的主观愿望当然是希望获得积极长期的显性效果。但是，学术期刊编辑的文化传播效果往往会受传播主体的科学素养、传播客体的接受心理、传播内容的信息质量以及传播环境的氛围条件等因素的影响和制约。学术期刊编辑只有充分了解每种传播因素的影响规律，正确掌握科学的传播规律和传播技巧，努力消解文化传播中负面因素的影响，积极避免传播负效果的发生，方可提升文化传播效果，促进学术期刊文化传播使命的完成。

3. 扩展传播价值

学术期刊编辑的文化传播过程内在地包含了文化价值的判断、选择与建构过程。在编辑活动中，选择、组织什么样的稿件，按照什么样的标准或要求进行编辑加工，如何刊登出版等，这一系列的编辑活动都有一定的价值判断，编辑可以根据自身价值倾向做出合理取舍，甚至可以按照刊物的用稿要求进行一定的价值重构，扩展传播价值。但是，编辑的价值选择和建构不是无限的，其价值重构过程也并非为所欲为。每一个学术期刊编辑在文化传播中都必须坚持正确的价值立场，明确期刊发展的指导方针，切不可是非不分，甚至恣意妄为。

二、繁荣学术：学术期刊编辑的文化建设使命

学术是对客观存在的事物及其规律的科学化研究，是学与术的有机统一。其中，“学”即学问、学理、学说、理论，亦即古人所谓的形而上之“道”；“术”乃谋略、对策、办法、措施、手段的统筹，即古人所说的“策”。由于学术期刊具有专业性、科学性、规范性以及公共性，因而要求学术期刊编辑必须按照学术共同体集体约定的学术标准与出版规范来对学术论文承载的学术信息进行选择、审核、编辑、出版和发行，从而完成学术的传播、交流与发展。因此，学术性是学术期刊的生命所系，而繁荣学术则是学术期刊编辑的文化建设使命的集中体现。如何借助国家推动社会主义文化大发展大繁荣的契机，进一步促进学术期刊品位、质量、效益的提高，完成繁荣学术的文化建设使命，是每一个学术期刊编辑应该认真思考并着力践行的课题。

1. 坚持质量兴刊

质量既是学术期刊的生存之本，也是学术期刊核心竞争力的重要标志。学术期刊的质量涉及稿件质量、编校质量等。尽管目前我国的学术期刊数量仅次于美国，但学术期刊的质量却并不尽如人意。提高期刊质量已是期刊界的共识和社会的普遍呼声，而坚持质量兴刊的意识和实践则是客观和正确的选择。坚持质量兴刊需要坚持“内容为王”，突出选题的社会价值，注

重研究视野的新颖独特，力求论证过程的严谨缜密，保证研究结论的科学合理。当然，高质量的论文也并非一蹴而就，它往往是作者、编辑及审稿专家心血的共同结晶，既需要作者的精研、编辑的慧眼，更需要专家的点拨。学术期刊编辑必须坚持和发扬老一辈编辑严谨求实、精益求精的工作作风，力求将每篇稿件的编校错漏降至最低甚至零。正如邹韬奋先生所言："我不愿一字一句我所不懂或不称心就随便付印"，"看校样时聚精会神，就和写作时一样，因为我的目的不让它有一个错字"[2]。

2. 遏制学术腐败

严格意义上的学术腐败是因权力寻租而产生的学术不端行为。把学术腐败的责任完全归咎于学术期刊是不公平的，同时，要想彻底根除学术腐败仅靠学术期刊来完成也不现实。但是，学术期刊编辑本身也的确有责任为净化学术空气做出应有贡献，这是学术期刊编辑文化使命使然。尽管学术期刊编辑不能完全根除学术腐败，但遏制学术腐败还是可以有作为的。譬如：对所有来稿实行学术不端行为检测，凡未通过学术检测标准的文章一律不送审；加强与其他期刊的网络沟通，杜绝一稿多投行为；对有学术不端行为者实行拒稿制度，并将其行为告知其所在单位，等等。只要编辑持之以恒地共同遏制学术腐败行为，对于繁荣学术文化必定大有助益。

3. 引导学术发展

学术期刊编辑不能仅仅停留在文字编辑的水平，还应当具备引导学术发展的能力和追求。事实上，这也是学术期刊编辑繁荣学术的职责所在。著名编辑家吕叔湘先生曾言："当好一个编辑，不见得比当好一个教授容易，从某种意义上来说，还要更难些。"[3]而英国文豪卡莱尔更高呼："每一位能干的编辑，不正是一位世界的统治者么?"[4]这里所说的"好编辑"是对编辑人员提出的专业化要求，即杂家与专家的统一体。而“能干的编辑”则要求学术期刊编辑具有世界眼光，站在学科发展的制高点上，从国内外研究现状来俯瞰整个学科的最新动态和发展趋势，增强对学科发展的宏观掌控与导向能力，成为学术发展的“世界的统治者”。为此，学术期刊编辑只有不断增强自身的学术素养，掌握科学研究的最新发展动向，提高学术发展的引导能力，方可在繁荣学术的过程中发挥独特的作用。

三、资政育人：学术期刊编辑的社会文化使命

资政是指为政府机关、企事业单位、社会团体等决策组织或个人提供政策建议、智力支持、解疑释惑等，育人则在于教育传道、启迪智慧、培养人才、化民成俗等。资政育人均属于社会服务职能，是智慧经验的实践和外化。学术期刊由于是以记载、传播、普及学术研究成果，提高人类认识和改造世界的水平，促进经济增长和社会进步为宗旨的连续出版的纸质媒介，因而其本身就是凝聚理论智慧与实践经验的文化成果，并且是可持续发展进步的文化成果。学术期刊编辑的资政育人功能主要通过期刊的中介作用来发挥。

1. 引导问题研究

科学研究的目的是发现问题和解决问题。马克思说，每一个时代总有属于它自己的问题，而所谓问题，“就是公开的、无畏的、左右一切个人的时代声音。问题就是时代的口号，是它表明自己精神状态的最实际的呼声”[5]。人类对自然和社会进行的问题研究，因研究对象和研究方法的不同而分门别类，因而其研究成果的表现形式也会互有区别。譬如：“学术论文”重在理论探讨，“研究报告”重在开发应用，“工程设计”重在工艺方案，“发展综述”重在前景预测等[6]。政府机关、企事业单

位、社会团体等决策组织或个人的不同需要以及现实生活的诸多问题决定了科研人员研究的广泛性、现实性和针对性。引导问题研究是学术期刊文化引导力的重要体现，学术期刊编辑完全可以根据社会现实的需要，通过栏目设置、文章选择、组稿策略、征稿启事等引导研究者关注社会重大现实问题，着力解决人们关心的理论与现实困惑，并通过前瞻性、针对性的研究成果进行解疑释惑、交流碰撞、攻克难题，从而引导科学研究向更深、更广、更重要的领域发展。

2. 促进成果转化

成果转化是指为提高生产力水平而对科学研究与技术开发所产生的具有实用价值的科技成果所进行的后续试验、开发、应用、推广直至形成新产品、新工艺、新材料的实践活动。科技成果（包括基础研究成果和技术研究成果）并不能直接转化为现实的生产力，必须经过科研人员的直接转化或者政府、企业、科研单位、中介组织的间接转化等途径来实现。学术期刊编辑由于具有科研信息汇聚的资源优势，在科技成果转化中可以起到中介沟通和信息平台的作用，既可向相关机构传递科研人员的研究成果，也可为研究成果的现实转化穿针引线。将科研人员的研究成果仅仅停留在记录、发表的层次，那么学术期刊编辑的社会服务职能更多地体现于传播、交流的阶段而未能得到充分的扩展和延伸。学术期刊编辑充分发挥自身优势，积极投身于科技成果的转化实践，将给社会带来更多更积极的影响。

3. 培育学术人才

学术期刊与学术人才具有非常密切的关系。学术人才是学术期刊的命脉支柱，甚至可以说，学术人才是学术期刊的“衣食父母”“活水源头”，而学术期刊则是学术人才沟通科研信息、展示科研成果和交流学术心得的窗口平台。因此，培育学术人才既是学术期刊建设发展的本质所需，亦是社会赋予学术期刊编辑的社会使命。一般而言，学术期刊编辑对学术人才具有导学、导德、导规、导研方面的培养职能，但是，更重要的是要有慧眼识英才的敏锐眼光，否则便会因埋没人才而失职。譬如，1955 年，雅罗的论文《关于胰岛素的抗体》遭到了美国著名杂志《科学》的退稿，之后又被《临床医学杂志》拒绝。就是这样一项屡遭拒绝的科研成果却于 22 年后获得了诺贝尔奖，虽然得到了举世公认，但人类对这一科研成果的应用却被人为地耽搁了[7]。相反，爱因斯坦提出"相对论"时，虽然世界上没有几人能懂，但很快就被《物理学学报》的编辑普朗克选中并发表，促进人类提高对核能物理学、航天物理学以及对世界的整体认识水平，以至后人评论普朗克时，认为他除了发现热辐射定律外，第二个贡献就是发现并选择了"相对论"[8]。由此可见，学术期刊编辑的善于"识才"对学术人才的成长乃至人类社会的进步至关重要。此外，学术期刊编辑除了要善于发现人才外，还要有精心培育人才的"泥土"精神。正如鲁迅所说："譬如想有乔木，想看好花，一定要有好土；没有土，便没有花木了，所以土实在较花木还重要"；"泥土和天才比，当然是不足齿数的，然而不是坚苦卓绝者，也怕不容易做，不过事在人为，比空等天赋的天才有把握"[9]。正因为鲁迅先生怀着"泥土"的奉献精神和牺牲精神，才为中国的思想界、文艺界和翻译界培养了一大批优秀人才。这正是学术期刊编辑在培育人才方面需要学习借鉴的真谛所在。

四、改革创新：学术期刊编辑的文化战略使命

改革创新是在先进文化主导下，解放思想，实事求是，研

究新情况、解决新问题、形成新认识、指导新实践、求得新发展的过程。改革创新不是一般简单的改进，不是对原有内容的修修补补，而是由量变到质变的飞跃过程。学术期刊编辑在对学术成果进行选择判断和编辑加工的过程中内在地包含了创新的活动，体现了人类的思维更新和价值判断的重新组构，因而学术期刊编辑的实践活动亦是创新的重要过程。

1. 创新办刊思路

办刊思路是学术期刊文化软实力的重要体现，只有创新办刊思路才能实现学术期刊的文化创新使命。首先，在期刊的发展方向上要走特色创新之路。特色是学术期刊的立足基石，没有了个性与特色，刊物也就失去了生命力。因为“没有个性与特色的刊物，生存已成问题，发展更没有希望”[10]。学术期刊的办刊特色主要反映在期刊定位、栏目设置、内容安排以及服务等方面。在期刊定位、办刊宗旨上，无论是综合性期刊还是专业性期刊，都必须彰显特色，以特取胜。具体到栏目设置，可以挖掘学科特色、区域发展特色等，并以特色栏目的设置引导作者的投稿、内容的编排、主题的策划等。同时，在服务方面，既要服务于作者的科学研究所需，又要服务于读者的学术交流所需，更要服务于经济社会的发展所需。其次，在办刊模式上应打破行业、学科的局限，树立开放办刊的理念，积极探索联合办刊、合作办刊的新途径，通过多途径、多形式的实践探索，实现资源共享、优势互补、共同发展的目的。基于上述要求，作为办刊主体的学术期刊编辑，无论是知识结构、学术视野，还是策划、实施能力，都必须注意学科交叉、多元结合，做到复合发展、一专多能，方可促进学术期刊的创新发展。

2. 创新出版形态

《中共中央关于深化文化体制改革推动社会主义文化大发展

大繁荣若干重大问题的决定》明确指出，科技创新是文化发展的重要引擎。要发挥文化和科技相互促进的作用，深入实施科技带动战略，增强自主创新能力[11]。学术期刊编辑必须依靠科技的力量助推学术期刊出版形态的创新：一是实现学术期刊编辑的数字化，实行在线编审，将学术期刊的整个编辑出版过程数字化；二是将学术期刊的出版由传统的静态文字和图表向动态的文字、画面等一体化的多媒体形式转变；三是在整合网络版和印刷版的基础上，逐步实现学术期刊由印刷版的数字化向网络型期刊的转变，并积极探索在线出版等新方式；四是通过与出版公司、发行商以及作者共同建立一种相互联系、互为依存的数字出版产业链关系，实现市场、技术、产权合作共赢。

3. 创新体制机制

《中共中央关于深化文化体制改革推动社会主义文化大发展大繁荣若干重大问题的决定》提出了深化国有文化单位改革的基本方针，要求科学界定文化单位性质和功能，区别对待、分类指导、循序渐进、逐步推开，推进一般国有文艺院团、非时政类报刊社、新闻网站转企改制，拓展出版、发行、影视企业改革，加快公司制股份制改造，完善法人治理结构，形成符合现代企业制度要求、体现文化企业特点的资产组织形式和经营管理模式[11]。由于我国有 63.3％的学术期刊编辑部均为非独立法人，机构设置和人事关系上多隶属于科研院所、行业协会、高校或其他企事业单位[12]等，改革的艰巨性和复杂性十分突出，甚至阻碍、抵制、反对、观望等各种各样的声音也不在少数。但是，无论困难如何，改革乃大势所趋，学术期刊编辑与其坐而论道，不如在现有环境条件下，积极探索学术期刊改革发展的体制机制创新。譬如：建立以需求为导向、以竞争为手段、以效益为目标的市场化竞争和考核机制；建立跨地区、跨部门优化组合，实现规模化集约化发展的体制机制；建立主办单位、出版机构、行业协会、科研院所等多家单位合作经营、共同发展的经营管理体制；等等。

总之，只要有利于学术期刊改革创新、有利于学术研究繁荣发展、有利于社会主义文化强国目标实现的措施和途径，均可以大胆探索、大胆实践，由此方能完成学术期刊编辑肩负的文化战略使命，促进学术期刊迈向可持续发展的坦途。

注释

[1] 张载. 张载集 [M]. 北京：中华书局，1978：376.

[2] 百度百科. 编辑 [EB/OL]. (2012-02-02) [2012-03-12]. http：//baike. baidu. com/view/28525. htm.

[3] 王韩锁，康香阁，王朝锁. 学术名家访谈录 [M]. 北京：人民出版社，2009：179.

[4] 张觉民. 现代杂志编辑学 [M]. 北京：中国书籍出版社，1987：201.

[5] 中共中央编译局. 马克思恩格斯全集：第 40 卷 [M]. 北京：人民出版社，1982：289-290.

[6] 刘西琳. 学术性：学术期刊生命之所系 [J]. 郑州轻工业学院学报（社会科学版），2001 (1)：27.

[7] 陈亮. 关于编辑文化积累意识的思考 [J]. 外语电化教学，2002 (85)：51.

[8] 吴成福. 论中国编辑的文化使命 [J]. 河南工业大学学报（社会科学版），2005 (1)：42.

[9] 鲁迅. 鲁迅全集：第 1 卷 [M]. 北京：人民文学出版社，1981：22.

[10] 张志君. 试论社科类学术期刊编辑的知识结构 [J]. 黑河学刊，2003 (3)：88.

[11] 中共中央. 关于深化文化体制改革推动社会主义文化大发展大繁荣若干重大问题的决定 [N]. 人民日报，2011-10-26.

[12] 曾伟明. 学术期刊：责任与使命 [EB/OL]. (2012-02-20) [2012-03-12]. http：//www. npopss-cn. gov. cn/GB/219470/17157762. html.

（原载《中国编辑》2012 年第 4 期）

浅谈学术期刊“走出去”的编辑要素

林汉枫　张月红

一、引言

我国科技期刊的起步和发展阶段均较晚，直到改革开放以后，才有了欣欣向荣的大发展，到如今期刊种类已逾5 000种。尽管庞大的期刊数据显示，中国已然迈入期刊大国的行列，可在国际同行业内仍然缺乏中国学术期刊的声与影。因此近十年，希冀中国学术期刊走出去的呼声一浪高于一浪。的确，国家的快速发展，需要中国学术期刊自信且有尊严地“走出去”，这不仅是来自学术界与出版界的共同愿望，也是当下国内外形势对中国期刊的客观要求。作为办刊人，更希望从自身的角度出发，结合实际谈谈学术期刊“走出去”的关键要点——编辑的素质。

二、开阔视野，了解科技与出版的最新动态

1. 关注国内外科技投入和产出的现状与问题

据美国国家科学委员会2012年1月17日发布的报告《2012科学与工程指标》称，中国已成为仅次于美国的全球第二大研发（R&D）支出国，科研人员已略超美国，约为140万。研究文章的产出，欧盟第一，美国第二，中国在2009年已经占世界的9%。报告认为，“亚洲作为世界主要科技（S&T）中心的快速发展主要是由中国的发展推动的”[1]。作为个体，中国发表的学术论文已居世界第二，今年的论文投稿量可望成为世界第一，

但我国论文影响力尚未进入前 15 位，如果文章的录用率以一万篇为单位，在 33 个国家和地区的排名中，中国仅居第 28 位；尽管我们不以“SCI/SSCI”论英雄，但在全球公认的《科学引文索引-SCI》数据库的 11 739 种期刊总量中，中国学术期刊的份额只有 1.35%。在《乌利希国际期刊指南》全球 23 277 份同行评议的期刊库中，美国有 7 807 种（占 33.54%），排第一；英国有 4 317 种（18.55%），排第二；中国的期刊在此列表中仅占 2%（大约 472 种，大部分是科技类期刊），这与我们文化大国的地位是极不匹配的[2-4]。作为学术编辑，了解这些现状能更准确地为所办的刊物进行定位，清醒地针对现实问题，从现有的资源与未来科研走向中探索可持续发展的个性化空间。

2. 了解国际出版业的热点与新技术的发展

信息产业日新月异的革命也促成了学术出版“条条大路通罗马”的多元化格局，要想紧跟国际出版业的步伐，我们的编辑就要时刻关注数字时代的国际学术出版业的动态，我们发现：(1) 逐渐变得复杂的学术出版，其作品不再单一，能以 pdf，xml，html，epub 等数字形式共存于多种载体中，从而产生了印刷版、电子网络版、手机版等；(2) 出现了信息查找和管理的多种专业或普通的搜索引擎和其他文献管理服务产品，如 Google 学术搜索、微软学术搜索、施普林格研发的搜索引擎 AuthorMapper、爱思唯尔公司研发的基于网络的科研绩效评估工具 SciVal Spotlight、文献管理工具 CiteUlike 等，通过创新而共存；(3) 个性化网络交流不断涌现，如博客、微博、推特、网络社区，促进读者、作者以及编辑三者之间更好的互动；(4) 新的出版模式（如开放存取）的不断冲击和多种辅助工具（如书签工具、语义标签、计量统计、快速导航、可视摘要）的使用，提升了文章的可视度和出版的期望值[5]。作为发展中国家的编辑，面对这高速发展、以日纪年的信息革命，虽然以我们的知识能力去跟踪与适应这些新变革的确不是一件容易的事情，但如果不对这些新鲜资讯时刻保持着敏锐的感知度，是注定要被时代所抛弃的。因此，学习和利用这些新革命新技术，能更好地服务于学术期刊，使期刊处于最先进的服务状态，这样才能吸引更多的优秀作者。

3. 重视学术伦理规范，提高中国期刊的国际声誉

学术伦理是21世纪学术出版的焦点问题之一，因此重视学术伦理是全球学术期刊编辑义不容辞的责任。而我国基于30年前的落后而急于后30年的大跃进式的追赶，以及版权法诞生的滞后等历史原因[6]，相当一部分作者表现出版权意识的薄弱和对学术伦理的重视差异，因此在发表论文时有剽窃、造假、重复发表等种种学术不端现象发生。这些客观现实迫切要求编辑首先要意识到学术期刊是学风建设的重要阵地，坚守学术出版规范和倡导学术伦理道德是中国期刊走出去的学术底线。走出去的中国期刊在全球学术界应该是自重、自信、自尊，即期刊有价，形象无价。

三、大胆实践，在摸索中“走出去”

一直以来，中国综合高校学报在学术期刊界地位尴尬，学术影响力低，学科定位不明，大多数研究学者对它缺乏认同感和归属感，他们更愿意将好的研究文章投向国外顶尖杂志或者国内专业期刊，缺少优质稿源等于给这类期刊定位为“校园期刊”[7]。要想摆脱这种窘境，高校学报就要办成让科学家喜欢信任的学术期刊，继而走出国门。如《浙江大学学报》（英文版），自2000年创刊以来的十多年时间里，逐步从草创期走向了国际化发展期，实现了从“大综合”到“小综合，大专业”的转化，

将期刊分为3本大专业期刊（A辑：应用物理和工程；B辑：生物医学和生物技术；C辑：计算机和电子）；和全球著名出版商施普林格携手合作，借船出海，打开了国外市场；2007年AB两辑双双进入SCI-E收录，打破了我国综合高校大学学报零收录的记录，C辑在2010年也跻身SCI-E源刊，同时被Ei、PMC/Medline、JST等20多家国际权威数据库收录检索；2011年A辑荣获了第二届中国国家政府奖首届期刊奖。我们之所以能取得这些亮眼的小业绩，正是得益于坚持“走出去”的国际审稿体系的开发，由来自67个国家和地区近10 000多名全球的审稿专家严格把关，扩大了显示度，提高了学术声誉；得益于坚持走向国际的梦想，本着为读者、作者和审稿人创造三者互动的国际化服务的理念，探索网络创新，吸引了一大批国内外作者和同行评议者的眼球，他们会留驻常往，投稿，评论等，形成了本刊一道独特的学术风景线[8]。

因此，办期刊就要实事求是、开拓创新、知己知彼，挖掘办刊潜在资源，兼顾各方服务功能，在实践中摸索出适合我们自己期刊发展的特色。现就几个实例与同行切磋，以求学术期刊在摸索中“走出去”的共识。

1. 从心理学的角度开发期刊的网络服务功能

自从开发了国际审稿库以来，如何吸引这些专家学者常来惠顾我刊？如何挖掘和留住我刊潜在的一批优质作者资源？如何让一批初试牛刀的作者钟情我刊，不断提升科研兴趣？如何挖掘和评价文章发表之后的学术价值，让金子发光？从心理学的角度去思考这些问题，促使我们设想利用网络这个大众取向的平台，进行别出心裁的改造，于2010年在国家基金的资助下开发了一些独特的服务项目。如对每篇文章增设了点击下载率、公开评论平台，以及微博和文献管理工具CiteUlike收藏共享等项目，并在主页上连续开辟了有关文后跟踪的 5 个栏目：最高与最新 SCI 引用频次、最高 DOI 和我刊网站点击下载使用量、最新的全球开放同行评论等。这些栏目开设之后，逐渐得到了读者、作者和审稿专家的认可，因为每当这 5 个栏目中涉及某篇文章时，作者都会自动收到一封祝贺或通知短信，极大地增加了互动感和信任度。一位国际作者就在来信中对此做法予以肯定，他说，我和 Dr. Daugherty 都非常欣赏你们的工作和效率。Dr. Daugherty 为 *Arteriosclerosis*，*Thrombosis* 和 *Vascular BiologyJournal* 的主编，他很欣赏你们期刊的 DOI、下载、点击、引用、评论等这些独特的内容。另外，PLoS 旗下的期刊如 *PLoS One*、*PLoS Medicine* 等几乎也在同时出现了类似的技术性能更高的栏目（http：//www. plosone. org/home. action），虽然他们在功能上更加先进，但是从一个侧面反映了我刊这种构思与世界先进期刊同步的创新之处。

2. 急作者所急，开辟快速通道传播信息

文章从录用到发表，中间存在一段等待停滞期。我们该如何让这些尚未来得及发表的文章能提前与读者见面，加速学术成果的传播，充分发挥其学术价值呢？于是我们放眼世界，学习国外著名出版商爱思唯尔旗下期刊的出版前在线公开阅览（Articles in Press）的做法，让接受发表的文章第一时间在线公开阅览。目前在国内，我们是第一家学习使用这种方式的期刊，这不但填补了文章正式发表前的时间空白，而且可以比在线优先出版（Online First）更加方便快捷地实现作品的学术传播。

3. 捍卫学术的真理性，坚决杜绝学术剽窃

我们经常面对些有意无意充当着论文“抄手”的学术人，尤其是将要教书育人、做科研的一代新人（博士生等），包括我们自己，责任和使命感让我们感到学术界与出版界亟须树立一

套大家共同遵守的“学术规范”。什么是真，什么是假？什么是对，什么是错？什么事能做，什么事不能做？一定要有一个尺度。为此，我们积极参与国际出版伦理组织的活动，2010年成为参与全球CrossCheck反剽窃项目的第一家中国会员，并作为中国编辑首次获得了国际出版伦理的学术研究基金，树立了期刊的学术信誉。

4. 培养学科敏感性，争取特色稿源

前文已提到，由于高校学报的“先天”不足，高校学报要争取到一流的国际稿源，需要另辟蹊径。这要求编辑不能守株待兔，要有办刊的兴趣和学科敏感性，要在科学研究的“静与动”之间发现信息与机遇，抓住全球关注科研的眼球。比如，在2011年日本“3·11”地震之后，我刊编辑部第一时间向日本地震研究专家约稿，而那时候日本还处在震后一周的混乱中。这篇文章发表之后，便成为很多人了解日本地震的第一手科学材料，美国地震工程研究所（EERI）[9]和中国科学网[10]先后对这篇文章进行了报道。同样，在随后的温州特大动车事故后，我们坚持客观地刊发首本中国高速铁路技术研究专辑，SpringerLink在首页专题报道了该专辑。另外，编辑还应当具有果断的决策力，在面对多种质疑的声音时，要及时做出正确的判断，决定争议性论文的取舍。如我刊2011年收到一篇关于艾滋病的综述论文，当时美国与英国的审稿人对这篇文章持有怀疑否定的态度，经过作者与审稿人的辩论与重审后，最后编辑决定以争议性综述（Controversial Review）的形式发表。事后证明这个决定是正确的，作者因此文被邀请为2011年召开的第二届国际艾滋病日科技会议做报告。

5. 保持清醒的职业精神，勇于进取

编辑要清醒地认识到刊物“走出去”的道路是一个漫长的

过程。论及年轻的期刊，前路有太多的未知数。从学术影响上看，虽然我刊的 SCI 影响因子（2011 年，JCR 报告 A 辑为 0.408，B 辑为 1.099）在高校学报中居前，但是和国内专业期刊对比还有不小的差距，在 2011 年中国大陆及港澳的 154 种被收录取刊（其中约有 10 种期刊因为更改刊名等原因而重复收录）中，AB 两辑分别排名 112 和 39 位（见 ISI Web of Knowleadge 和科学网）。我刊刊发的文章高引用的不多，多数引用次数低，甚至有过半的文章处于零引用的状态。该怎么提高文章的引用率，减少零引用的“学术垃圾”，是我们今后需要思考的问题之一。从出版技术上看，我刊的网站与 PLoS 等国际优秀期刊的网站相比，虽然两者有些类同创新点，但是在网络功能技术的开发和应用上是无法相提并论的。由于认识与技术的制约，一些前沿新概念与新技术未能学而用之；单从期刊网络的“山寨版”走向真正意义的国际专业版就有不短的路要探寻，因此学习是今后我们永远的目标。

四、总结

学术期刊“走出去”，既是梦想，也是目标。期刊编辑要在实践中提高国际化的素养和潜质。用清末国学大师王国维论及做事业的三种境界激励自己：第一个境界，“昨夜西风凋碧树，独上高楼，望尽天涯路”，认准方向、特立独行；第二个境界，“衣带渐宽终不悔，为伊消得人憔悴”，认真执着、不计苦累；第三个境界，“众里寻他千百度，蓦然回首，那人却在，灯火阑珊处”，日积月累、“走出去”可待。

参考文献

[1] Science and Engineering Indicators 2012 [EB/OL](2012-1)[2012-05-22] http://nsf. gov/statistics/seind12/.

[2] 张月红．让中国期刊自信地走向世界 [J]. 传媒，2011（10）.

[3] 张月红．科学家喜欢什么样的学术期刊？[J]. 中国科学基金，2010（5）：296-299.

[4] Sally Morris. Mapping the journal publishing land-scape：how much do we know? [J]. Learned Publishing，2007，20（4）：299-310.

[5] Pippa SMART. What is happening in journal publishing? [EB/OL]. [2012-05-22]. 贾晓燕，译. http：//www. zju. edu. cn/jzus/ download/editorpapers/PippainChinese. pdf.

[6] Thatcher，S. G. China's copyright dilemma [J]. Learned Publishing，2008（21）：278-284.

[7] Helen ZHANG. International，not "campus"，please [J]. Nature，2010（467）：789.

[8] 赵新乐．《浙江大学学报》（英文版）：坚守走出去梦想 [EB/OL]. [2012-04-17]. http：//www. chinaxwcb. com/2012-04/17/content _ 241236. htm.

[9] Preliminary Report on the 2011 Tohoku Earthquake [EB/OL]. [2011-04-28]. http：//www. eqclearing house. org/2011-03-11-sendai/2011/04/28/preliminary-report-on-the-2011-tohoku-earthquake/.

[10] 研究初步探讨日本破坏性大地震特点 [EB/OL]. [2011-04-25]. http//paper. sciencenet. cn/htmlpaper/20114251082689716421. shtm.

（原载《科技与出版》2012 年第 8 期）

数字媒体时代媒介融合现象研究

田欣欣

媒介融合的概念是在传统媒体与新媒体的对立、碰撞与融合相依存的背景下提出的，是随着媒介生态环境的变迁以及传媒技术的发展而逐渐演变和深入的。新技术特别是数字技术使得媒介融合现象日益成为一道巨大的洪流，汇入当代全球传媒业高速发展的步伐。因此，以计算机技术、网络技术和数字存储技术为基础，以受众需求变化为导向，力求从整体上打破传统传媒业的边缘，彰显个性媒体的独特传播优势，实现立体式传播效果的演变，是数字媒体时代媒介融合现象的实质。

一、"媒介融合"概念的提出及历史演进

"融合"，即"convergence"一词，最初源于科学领域。而与大众传播真正意义上的联姻起于20世纪70年代的通信技术和信息处理技术的革新及迅速发展。技术层面的革新作为最原始的动力，推动了通信、邮政、广播、报刊等传播媒体间的相互融合，产业融合发展的趋势初见端倪。

20世纪80年代以后，美国哈佛大学的安瑟尼·G. 欧廷格（Anthony G. Oettinger）和法国的西蒙·诺拉（Simón Nora）分别创造了"compunication"和"telemation"两个新词来试图反映数字融合的发展趋势。信息被转换成数字后，他们将照片、音乐、文档、视像和对话通过同一种终端机和网络传送及显示，

使不同形式的媒体彼此之间的互换性和互联性得到加强，这个现象称为数字融合。

1983年，传播学者伊契尔·索勒·普尔在其专著《自由的科技》（*The Technologies of Freedom*）中，最早提出了传播形态融合（the convergence of modes）的概念，他认为“数码电子科技的发展是导致历来泾渭分明的传播形态聚合的原因”。而美国麻省理工学院媒体实验室的创始人尼古拉斯·尼葛洛庞蒂在其1987年出版的《媒体实验室：在麻省理工学院创造未来》（*The Media Lab: Inventing the Future at MIT*）一书中的阐述，则更直观地描绘了媒介融合的蓝图，被誉为最早预见到不同工业“即将和正在趋于融合”这一远见的人。尼葛洛庞蒂用三个圆圈来分别描述计算机工业、印刷工业和广播电影工业三者的技术边界，认为三个圆圈的交叉处将成为成长最快、创新最多的领域，并分析出这三个圆圈呈现出叠加和重合的发展趋势。他认为媒介融合是在计算机技术和网络技术二者融合的基础上，用一种终端和网络来传输数字形态的信息，由此带来不同媒体之间的互换性和互联性。

进入20世纪90年代，在新技术的支持下，媒介环境发展状况日新月异。信息、电信、文化、娱乐、传媒、出版、金融、证券、保险、零售、物流、旅游、酒店等行业之间的相互渗透和融合，使其以共同的技术支撑为发展基础的诸多行业之间的边界正在由清晰走向模糊。全球相关行业大规模的并购、重组浪潮逐步兴起，资源配置、整合方式也发生了结构性的变化，许多顺应行业边界模糊发展趋势的新行业形态应运而生。

1994年，《纽约财报》报道美国在线与圣荷水星报联合推出《水星中心新闻》（*Mercury Center News*）的电子服务时，使用了“一次传媒聚合”（*A Media Convergence*）的标题。同年，美国哈佛大学商学院举办了世界上第一次关于产业融合的学术论坛，即“冲突的世界：计算机、电信以及消费电子学”。参加者除了学术界人士之外，还包括康柏、英特尔等著名计算机整机或芯片生产公司以及软件、消费类电子产品和信息服务类等相关行业的人员。这标志着媒介融合已经成为世界范围内的一个具有重要影响力的话题。

媒介融合现象迎合了社会经济深层次发展的必然趋势，其发生、发展与演进的过程也必然会影响到社会的政治、文化等相关领域。美国 1996 年 2 月 8 日由时任总统克林顿签署的《1996 年电信法》（*Telecommunications Act of 1996*），即是政治层面上的“制度性安排”。该法案将电信和媒体统一立法管理，彻底打通了电信业、传媒业、娱乐业等行业壁垒，在机构重组、产业关联、资金融合、技术平台等方面形成了新兴的实力巨大的“娱乐传讯业”，引发了世界范围内媒体业和其他相关行业的巨大变革，实现了电信、传媒和文化企业的交叉兼并和产业重组。

进入 21 世纪，随着世界经济的发展，特别是以美国为首的新经济的成功运作，标志着媒介融合进程的迅速推进。2000 年，托马斯·鲍德温、史蒂文森·麦克沃依、查尔斯·斯坦菲尔德三位学者在其合著《大汇流——整合媒介信息与传播》中提出，以前电信业、有线电视业、广播业和计算机业各自为政，在宽带技术和政策的指引下现在汇流到一起，产生了整合宽带系统（broadband communication systems）。同年 1 月 10 日，世界上最大的互联网服务公司——美国在线公司和最大的传媒公司——时代华纳公司宣布合并，合并后的美国时代华纳集团成为融媒体、娱乐和通信业为一体的世界巨头。这一“天作之合”成为了当时国际视野中产业融合发展的标志性事件，并拉开了产业融合与产业革命的序曲。这场革命由当今媒介融合的发展，证明是全方位、跨行业、深层次和超国界的。

随后，有学者在对信息通信业的媒介融合现象进行研究以后进一步指出，产业融合不仅出现在信息通信业，金融、能源、运输业的产业融合也在加速进行之中。由于产业融合，企业间以及企业内部的组织形式发生相应变化。企业并购、资金重组、战略联盟和虚拟企业等逐渐成为现代企业组织形式的主流。并预测不仅在这四个产业领域，在制造业，产业融合也将得到进一步发展。

二、传媒产业环境与结构变革是媒介融合的动力

一方面，传媒技术的应用对媒介融合的变革和发展提供了强大的技术支撑；另一方面，导致媒介融合的扩散以致传媒社会的形成具有多种相关的社会背景和制度因素。其中，传媒产业外部环境的变化和传媒产业内部结构的调整，应是媒介融合最为直接的推动力。

1. 经济全球化构建了媒介融合宏观的外部环境

世贸组织（WTO）主导下的经济全球化，使得国际化竞争、集中化发展以及跨国经营成为全球传媒发展的趋势。传媒产业也因此成为各国新的经济增长点和支柱型产业。特别在世界经济一体化的进程中，以信息经济为核心竞争力的经济形态的成功运作，标志着作为国家和地区对外宣传窗口的传媒业，其经济获利的巨大潜力正在得到长足发挥。在 WTO 规章体系的制约和调控中，面对传媒经济的迅速崛起和文化产业规模的急遽膨胀，对影视文化传播体制的变革势在必行。这在中国更是如此。

中国是全球最大的发展中国家，是世界未来的制造中心和

消费大国。众多的人口预示着传媒产品巨大的消费潜力，有待开垦的文化积淀则是资源潜力，高额的媒介市场回报吸引着跨国公司在中国发展传媒业的决心。

中国加入世贸组织之后开放的十大领域中，有两个与传媒发展紧密相关。一是“开放影音产品市场，允许更多外语片进口，每年最少 20 部，较目前增加一倍”；二是“开放电信业，向美开放电信市场，允许外商在电信服务领域持有 49%的股权并于两年后增持至 50%，外商可全面投资互联网市场”。与国内媒体相比，国际媒体集团无论在资本、规模还是运作机制、经营管理等方面，都占有优势，一旦进入中国，势必会对中国传媒市场原有格局产生重要影响，同时也会为中国传媒业的融合带来理念、资本、管理等方面的强烈冲击。而提升中国传媒产业竞争力的方略之一即是加强媒介融合的步伐，主动积极地参与国际竞争。

2. 产业结构变革推动着媒介融合的持续深入

规模经济和范围经济不仅是微观经济学中的一个重要概念，而且是产业组织理论研究的核心问题。规模经济是指在一个给定的技术水平上，随着规模扩大，产出的增加则平均成本（单位产出成本）逐步下降。范围经济是指多项活动共享一种核心专长，从而导致各项活动费用的降低和经济效益的提高。

规模经济和范围经济的存在，不仅能显著降低企业的运营成本，还能增加企业的抗风险能力。比如，规模经济由于规模的扩大可导致长期平均成本降低所带来的经济节约性。传媒业规模经济运行的结果，可出现随着传媒业务规模的扩大而发生的单位运营成本下降，单位收益上升的现象。而范围经济理论的主要思想提示我们，联合生产几种产品的支出比分别生产它们的支出要少。传媒业存在范围经济同样预示着产业联合生产的可能。

规模经济和范围经济的交互影响促进着传媒产业结构的变革，使得产业融合领域不断出现局部改变，从而推动着媒介融合的持续深入。具体在企业组织结构上的实现形式就是传媒企业的集团化建设以及相关的产业结构调整。传媒企业集团化建设势必需要处理好不同传媒形态之间的相互关系，而产业结构调整涉及传媒业与其他产业之间的关系等问题。这正是媒介融合问题的核心所在。

三、文化产业政策的确立明确了媒介融合的方向

媒介作为大众传播系统的主要组织构成，其在不断发展进步的历程中，除了技术因素、体制等影响因素外，特别在中国，相关政策的引导作为一股特殊的力量同样起着不可忽视的作用。

2002年11月，党的十六大报告在“文化建设和文化体制改革”中明确提出要积极发展文化产业：“发展文化产业是市场经济条件下繁荣社会主义文化、满足人民群众精神文化需求的重要途径。要完善文化产业政策，支持文化产业发展，增强我国文化产业的整体实力和竞争力。”

文化产业的特征是以产业作为手段来发展文化事业，以文化为资源来进行生产，向社会提供文化产品和服务，目的是为了满足人民群众日益增长的精神文化生活需要。由此也就从产业的角度圈定了传统意义上的“文化事业”及其相关行业的外延范围。文化产业的活动主体用产业方式进行运作，常进行以赢利为目的的经济活动。国内文化建设中的许多行业，如娱乐业、演出业、电影电视业、出版业、音像业等均受益于国家政策层面上的关注，在产业运作模式上获得了较大的发展。

传媒业的宏观竞争力同文化产业概念的提出以及国家相关

政策的确立关系密切。国内对传媒产业性质的认识经过了第三产业、信息产业和文化产业三个发展阶段。文化产业概念的提出，明确了传媒产业的本质，指明了传媒产业的内涵和外延，且对传媒产业的发展具有重要的指导意义。同时使媒介融合的方向更加明确，进一步为媒介融合奠定了理论和政策基础。

四、媒介融合的多元形态分析

如从融合的角度关注传播形态的发展，我们能够发现，进入 21 世纪，媒介融合的多元层次和相关形态日趋成熟，并逐步显现出了融合的特征和内在规律——立体化和多元性。主要包括传媒技术融合、内容融合、行业融合、组织融合、文化融合、政策融合等方面。媒介融合的本质是生产形态的融合。那么，技术融合是起点，内容融合、行业融合和管理方面的融合则是终极指向。

1. 技术主导下的产业链条融合

传媒产业链条融合是指传媒产业链间以及产业中各个环节之间的融合。在现阶段的技术主导下主要表现为内容融合、网络融合和终端融合等。

内容融合方面，技术主导的驱动力使得原有的若干产业链间产生了相互融合的内在需求，要求打破既有的产业组织形式，使若干原本相异的产业中的一方或多方发生技术变革，可以相互提供可替代产品服务等，并由此在相关规制趋向松动的情况下进行相互渗透、融合为一。具体而言，新闻、广告、娱乐、资讯之间的界限越来越小，信息化和娱乐化的功能越来越显著。而在形式层面，传媒内容的生产、推广和接受平台发生了变化，呈现出多媒体化的发展趋势。多媒体成就了数字技术强大的融汇力量，文档、视频、音频等信息形式在数字技术领域得到了全方位的融合。

针对网络融合，以三网融合为例，主要包括电信网、广播电视网和互联网之间的“三网合一”。另外网络融合还涵盖有线网与无线网之间的融合、移动网和固定网之间的融合等。三网融合实现了宽带通信网、数字电视网、新一代互联网的共同演进。三大网络通过技术改造，使其技术功能趋于一致，业务范围趋于相同，网络互联互通、资源共享，能为用户提供语音、数据和广播电视等多种服务。三网融合的不断推进将会促使广电行业原有的产业链进行重新分配并进而打造一个全新的生态链，使得广电生态产业链条日渐完善。

终端融合是指传媒接受平台的数字化、移动化、网络化的发展趋向，是终端平台通过各种方式进行渗透和整合的一种趋势。这是媒介融合形态中最为有力的组成部分，也是技术逻辑引导下进一步的发展方向，可迅速带动业务、市场和产业间的融合。

2. 产业主导下的集团化和集群化

从产业层面的异质性和同质性的角度来看，大型集团化和产业集群化作为当前实现资源优化配置的两种主流组织模式，是提升传媒产业核心竞争力的有效手段。产业主导下集团化和集群化的实现，可使传媒产业融入更宽广的产业领域，并可在空间格局、资源配置、组织结构、社会效益等方面获得长足、稳定的发展。

传媒产业集团化和集群化的发展趋势主要表现在传媒业与相关产业之间边际的消融。产业之间通过兼并、重组、强强联合等方式，以资本、产权或其他契约方式为主要连接纽带。内部企业之间也可参股、持股，经济上建立起强制的信任关系。这样组建的大型集团公司各成员企业可在资金、人力、技术、运作等方面形成利益共同体，大家相互依附、相互支持，形成紧密联系的内部组织结构，通过集约化经营，共同抵御市场风险，实现优势互补和全方位联合。

较为成功的范例我们以电信、广播电视和出版业的融合来分析。它们以数字融合为基础，由专用平台转换到非专用平台，三大产业在同一个操作系统中运作。电信、广播电视和出版业都只是这一新媒体操作系统的组成部分，使语音广播、电话、电视、电影、照片、印刷出版以及电子货币等信息内容融合为一种应用或服务方式。这种集群化的融合方式，可进而形成一个混业经营的大传媒业。目前，在欧美、日本等发达国家，由于传媒业管制政策的放松，集群化的经营已逐渐成为业界主流。

3. 文化范畴中的社会媒介化

媒介融合是一个持续扩张的过程。在这个过程中，传媒业内部之间以及传媒业与其他产业之间不断走向融合，其终极目标是信息社会的最终形成。从总体上来看，可以把这个过程分为三个层次和阶段。

第一个层次，在“小传媒业”内部，可理解为不同媒介形态之间的互生并存。当今，新媒体技术的不断涌现，使得处于信息社会枢纽和核心产业焦点之处的传媒业必须面对传统媒体与新媒体之间的分庭抗礼，重新以新的社会需求出发划分不同媒体技术之间的功能界限和服务范围，从而使各个媒体之间优势互补，实现媒体资源的充分利用。

第二个层次，传媒业与通信业、信息业等相关产业之间的相互融合交织、重新整合，形成“大传媒业”。“大媒体”的概念是美国学者凯文·曼尼在其《大媒体》一书中提出的。书中描述了传媒业不同类型媒体之间的错位竞争，谈到大众传媒业与电信业和信息业可融合成为一个新型产业，即“大传媒业”。

“大传媒业”概念的提出反映了“小传媒业”对电信业、信息业、文化产业等相关产业的吸纳能力，是传媒业内涵和外延扩张的必然结果。

第三个层次，在信息社会内部，“大传媒业”作为整个社会的枢纽产业和核心产业与社会其他产业之间交互融合。人类社会的发展历经了农业社会、工业社会和信息社会三个主要阶段，信息社会是以“信息的生产”为主要社会特征，其生产力的核心技术是传媒技术。而传媒技术发展的最终目标是“任何人在任何地点和任何时间获得任何所需要的东西”。因此，“大传媒业”也必将继续放大其社会影响力，成为整个社会的核心产业与连接纽带。

参考文献

[1] 王菲．媒介大融合——数字媒体时代下的媒介融合论［M］广州：南方日报出版社，2007.

[2] 托马斯•鲍德温，史蒂文森•麦克沃依，查尔斯•斯坦菲尔德．大汇流——整合媒介信息与传播［M］. 龙耘，官希明，译．北京：华夏出版社，2000.

[3] 约瑟夫•斯特劳巴哈，罗伯特•拉罗斯．今日媒介：信息时代的传播媒介［M］. 熊澄宇，等，译．北京：清华大学出版社，2002.

[4] 赵子忠．内容产业论：数字新媒体的核心［M］. 北京：中国传媒大学出版社，2005.

[5] 马健．产业融合论［M］. 南京：南京大学出版社，2006.

[6] 于刃刚，李玉红，麻卫华，于大海．产业融合论［M］. 北京：人民出版社，2006.

[7] 刘颖悟．三网融合与政府规制［M］. 北京：中国经济出版社，2005.

（原载《中国出版》2012 年 8 月下）

论无纸化数字编辑技术系统方案

李勇军

一、NPDE技术系统方案的优势

经过10年的探索，无纸化数字编辑技术（简称NPDE技术）已成为经过实践检验的成熟技术，NPDE技术的应用从绿色、高效两方面彻底颠覆了编辑工作离不开纸的工作方式。

在当前传统出版向数字化出版转型的必然趋势下，“数字出版相对于传统出版在出版思想、操作流程、经营策略、实现目标等各个环节都远远超出了以往的概念”[1]。NPDE技术为编辑们提供了一个切实可行、易于应用掌握的数字化编辑技术和手段。较之于传统出版的编辑方式，NPDE技术有着明显的优势，具体体现在如下几个方面：

首先，NPDE技术减少或消除了传统编辑工作在配合版式设计、校对、排版过程中所耗费的时间和精力，既能很好地使编辑思想在编辑工作中理想化，又大大节省了人力和时间，使编辑效率得到最大化的提高。

其次，NPDE技术把编辑、排版功能融合在一起，由编辑把握书稿内涵与版面设计风格的统一，能更好逼近编辑理想度。在编辑效率得到极大提高的情况下，编辑把作者原稿看作元稿件，对稿件的排版成为对稿件的再创作、再包装的过程，元稿件经过作者和编辑的共同努力，高效地产生各种版本、各种出版物衍生品，如电子书、多媒体读物、网络版读物，甚至数字影音读物等。

最后，NPDE技术的应用，在提高工作效率的同时，使纸质耗材较传统编辑工作得到90%以上的节省，充分达到了绿色产业的要求。更重要的是，数字出版业中所涉及的各种数字技术，如数字电子书的发布技术、数字网络出版技术及CTP直接制版技术在数字出版业中的推广应用，都对编辑工作的数字化手段提出了紧迫的要求，而NPDE技术正好顺应了数字出版业未来的发展趋势。

二、NPDE技术系统方案实现的技术要点

NPDE技术系统经过多年的实践检验证明，把握好以下几点，就能在出版单位的编辑群体中顺利推广，成功应用，使一个出版单位的编辑生产力得到飞跃发展。

1. NPDE技术对编辑的素质要求

在传统出版向数字出版转型的过程中，编辑群体掌握数字编辑技术是传统出版向数字出版转型的瓶颈。要使NPDE技术在整个编辑群体中推广应用，就要求每个编辑具有基本的计算机操作技能，经过一段时间的学习、使用，就能得心应手地应用NPDE技术进行编辑工作。从NPDE技术系统（见表）来看，编辑个人应熟练使用的计算机软件包括基本文稿处理软件、图片处理软件、音视频处理软件、通信交流软件、出版物发布软件等。

NPDE 技术系统构成表

NPDE 技术	技术要点	常用编辑软件工具
基本文字编辑技术	文稿的增、删、改写，查找、替换，插入批注、颜色标注	Office 套件、WPS 套件，各类文稿校对软件，各类文字输入软件
图、表、公式处理技术	做图的参数设置、做图的步骤和图片元制作，表内格式和表内图片的设置，公式制作程序和字号的设置等	Office 套件、WPS 套件中的制图组件、公式排版组件，Photoshop、CorelDRAW 等各类基本图片处理软件
版面设计、排版技术	全书版面风格的编辑创意设计实现、版面调整技术	Office 套件、WPS 套件
审稿技术	审读批注和数字签名	Office 套件、WPS 套件
多媒体处理技术	音频、视频处理技术	音频处理软件如 GoldWave，视频处理软件如会声会影、Premiere 等
交流互动通信技术	修改、批注的约定（如字体、颜色的标定）	网上视频会议软件、QQ、E-mail 等信息交流软件工具
出版发布技术	PRN、PDF 文件制作；电子书版本、网络版本、多媒体版本的制作发布；CTP 直接制版发布	PDF 转换软件，PRN 虚拟打印软件，多媒体演示制作软件，各类网络、网站发布软件，电子书发布软件等

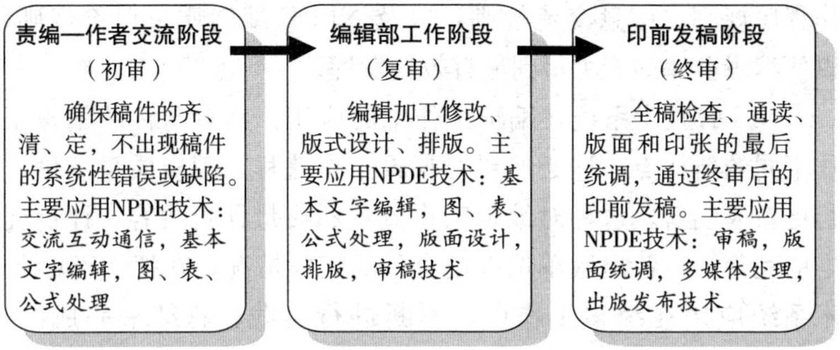

保证编辑质量的高效 NPDE 工作流程模式

在当前办公自动化普及的情况下，“出版社应当在网络出版和电子书产业中占据主导地位，理由有三：出版社是天然的内容提供商，出版社是最为专业的出版者，出版社是最积极的版权保护者”[2]。这就使 NPDE 技术系统在编辑群体中推广应用具备了可行性。根据四川大学出版社的实践经验，对于具有一定计算机知识基础的编辑，依照科学的培训方案，经过 3 个月时间就能把 NPDE 技术应用于实际的编辑工作。

2. 编辑工作流程的改革、创新

“从纵向上看，数字出版产业链的结构将保持稳定，编辑、印刷（复制）、发行三大环节逐级推进的总体流程不会改变，只是所有环节既可以由一个企业来完成，也可以由多个企业联手完成。”[3]数字出版物要求一个出版社的整个编辑群体素质高，而不仅仅是一两个编辑能力强，这样才能在整体上形成合力。可以毫不夸张地说，一个出版单位的编辑，若能普遍掌握并应用 NPDE 技术，则可使所在出版单位大大加快由传统出版向数字出版转型的步伐，在激烈的市场竞争中，走在出版行业的前列。

在编辑个人掌握 NPDE 技术的情况下，还要制定 NPDE 工作程序规则、信息交流规则，以及NPDE编辑质量评价规则，以使编辑群体的能力得到最有效的发挥。

NPDE技术系统在编辑工作中的应用，具有与传统编辑工作不同的新特点，这必然要对编辑工作流程、编辑质量评价进行更新或创新。这种对编辑工作流程和质量评价内容、评价标准的完善，是各出版单位根据自己的实际情况，在把NPDE技术系统应用在编辑工作中，不断进行实践、总结来完成的。NPDE技术系统应用下的编辑工作流程主要包括：责编—作者交流阶段，编辑部工作阶段，印前发稿阶段（见上页图）。

这个NPDE技术系统应用下的编辑工作流程，经过多年的探索实践证明，是一种能保证编辑质量的、较传统编辑工作更高效的编辑工作流程模式。

三、NPDE技术系统方案实现的编辑人员结构调整

“数字出版改变了出版理念，拓宽了出版领域，丰富了出版物态，打通了出版环节。”[1] NPDE技术的应用将成为出版单位体制改革的催化剂。由于其绿色、高效的特点，在编辑部门推广应用NPDE技术，可以成为出版单位深化内部改革的一个契机。这种改革涉及出版单位编辑部门的人才转型、任务转型、人员配备方案的改革。

从编辑人才转型来讲，出版单位编辑人员要成为系统地熟练掌握与数字编辑技术相关的计算机软件工具的人才，甚至包括对美术、音乐、影视方面的多媒体素质修养，这对出版单位编辑部门的人事招聘、人员培训和人员组成结构都提出了更高的要求。“在实际出版的电子出版物中，图、文、声、像等内容往往是组合在一起，以多媒体互动形式出现的，这样，就出现了多种媒体的组织和互动问题。”[4]

从编辑部门任务转型来讲，编辑人员不仅承担传统编辑工作中的审稿、编辑加工任务，而且还应使用 NPDE 技术承担版式设计和排版任务。这似乎使编辑人员的工作量较传统编辑工作有了翻倍的增加，但实际上却从总体上极大地缩短了传统编辑、出版工作中编辑、设计、排版的周期，从而节省了总体时间，这是本文提出的一个重要结论。对于这个结论，究其原因是由于应用 NPDE 技术，消除了传统编辑工作中编辑加工、审稿、设计、排版各个环节当中的冗余。换句话说，从编辑个人来讲，应用 NPDE 技术排除了传统编辑工作中带来的种种不理想因素、干扰因素（这种因素来源于出版单位部门结构、人员结构、工作流程制度、编辑技能和工作手段等），从而最大限度地使编辑的工作质量、工作进度逼近编辑理想度。对于编辑群体应用 NPDE 技术来讲，更能使一个出版单位较未采用 NPDE 编辑技术的传统出版单位体现出总体优势。

“只有深入研究数字出版的产业特征，解决其发展的瓶颈问题，选择合适的商业运作模式，数字出版产业才能更好、更快地发展。”[5] 为了适应电子出版产业的发展，从编辑部门人员配备方案的改革来讲，应用 NPDE 技术强调的是编辑部门人才类型的系统配备和整体协调。由于 NPDE 技术在编辑群体中的应用，可以极大地节省传统编辑工作中的版式设计人员、校对人员、排版人员。转型校对人员的工作，甚至淘汰传统出版工作方式的校对人员是本文提出的一个具有颠覆性的、挑战性的观点。三审制不会动摇，但三校制会从根本上动摇。我们推出一个比较理想的编辑部门人员配备方案是：编辑部门以熟练掌握 NPDE 技术的编辑人员组成，配备转型后的版式设计人员，重在进行书版艺术要求很高的版式设计；配备转型后的校对人员，重在根据多年的业务经验，采用读校、检查的方法，起到编辑助理的作用，对稿件的各种格式、错别字等重点检查，提出改正意见；要求出版单位专职的排版人员重在完成比较复杂的、难度很大的排版工作。

注释

[1] 张建明. 论数字出版泛化的出版概念对出版产业的影响 [J]. 出版发行研究，2009 (3).

[2] 谭晓婷. 出版社应成为电子书产业的主导者 [J]. 中国出版，2010 (11).

[3] 王鹏涛. 基于流程再造视角的数字出版产业链创新研究 [J]. 科技与出版，2009 (4).

[4] 沈波，刘全友，施迎难. 关于电子出版物所含内容与标准体系的探讨 [J]. 科技与出版，2008 (6).

[5] 熊玉涛. 论数字出版产业的运作与发展 [J]. 编辑之友，2010 (7).

参考文献

[1] 孙康江，王延霞. 无纸化数字编辑技术 NPDE 的应用和探索 [J]. 出版与印刷，2011 (4).

[2] 乔东亮. 数字出版的读者观 [J]. 出版科学，2011 (1).

[3] 满兴远. 数字出版的“世界”与“中国故事”[N]. 中国图书商报，2008-11-04.

[4] 付强. 数字出版：新的革命 [J]. 浙江大学学报：人文社会科学版，2008 (4).

[5] 2007—2008 中国数字出版产业年度报告（摘要）[N]. 中国新闻出版报，2008-10-21.

[6] 黄先蓉，罗紫初. 数字出版与出版教育 [M]. 北京：高等教育出版社，2009.

[7] 王正友. 论中国高校数字出版专业教育体系建议 [J]. 中国出版，2010 (2).

[8] 程凤. 出版产业园区建设要走自己的特色之路 [J]. 出版参考，2010 (3).

（原载《中国出版》2012 年 8 月下）

电子书的未来：为读者创造新的价值

邓建国

2012 年 4 月 18 日，美国商务部召开新闻发布会正式宣布，该部当天已在纽约一地区法院对苹果公司及五家出版商提起反垄断诉讼，指控它们涉嫌联手操纵电子书定价。促使美国商务部采取反垄断诉讼背后的原因是什么？电子书的未来到底在何方？

一、销售模式差异导致价格扭曲

此次美国商务部的反垄断诉讼的主要焦点是电子书的价格。而与纸质书一样，电子书的价格会因采取不同的销售模式（代理模式或批发模式）而不同。

相关五家出版商（哈切特 SA、哈珀·科林斯、麦克米兰公司、企鹅集团和西蒙 & 舒斯特）与苹果使用的是代理销售模式。2010 年，这五家出版商与苹果公司签署协议，约定出版商对“基于苹果公司在线平台销售”的电子书定价，销售额中出版商获得 70%，苹果公司获得 30%，同时该五家出版商不允许其他零售商（如亚马逊）以更低价格出售同类电子书。

与此相对照，亚马逊的图书则采取“批发销售模式”。在该模式中，出版商为图书确定批发价，图书销售商可以自行为电子书定价，在此模式下，出版商和亚马逊等电子书销售商的收入几乎均等。但由于以上销售模式的差异，苹果平台上销售的有些电子书竟然会高于亚马逊上打折销售的纸质书价格，读者对此显然是不理解的。因此，五家出版社与苹果公司的协议被认为阻止了作为苹果竞争对手的亚马逊为消费者提供更廉价的电子书，从而推高了电子书的整体市场价格，自然招致商务部的反垄断诉讼。

二、创造新价值是赢得读者关键

由于出版商和销售商的内部安排导致电子书价格高于相同内容的纸质书，这样的价格扭曲无疑需要纠正，否则不利于电子书的普及。但从更长远来说，电子书的优势绝不能仅通过其比纸质书低的价格来体现，而更应该通过它可以为用户创造更多和更新的独特价值来体现。笔者认为，相对于纸质书，电子书的前景如何，最关键的一点不在于价格（虽然目前价格也很重要），而在于它能不能为用户提供相对纸质书而言的新价值，从而对读者形成一种拉力，吸引他们以更快的速度接受电子书。

电子书并不是一种“一次性定型”的产品，它仍然在不断“演化”。它应该根据自己与纸质书的相对位置，不断做出调整。正如大多数“新”媒介技术的发展一样，作为新媒体，电子书的发展是一个不断弥补自身相对于“旧”媒体（纸质书）的不足，同时发挥自身独有优势的过程。换言之，相对于纸质书，电子书要做到“取长补短、发挥自身优势”，这样才能形成对读者的拉力。

很明显，在弥补自身不足方面，电子书已经有了长足进展。首先，在阅读的清晰度和舒适性上，电子书已经通过“电子墨水”基本解决了。据说 iPad3 的“Retina”（视网膜）显示技术在这方面也有很大的改进，可折叠的显示媒介亦呼之欲出。其次，为了能让读者像引用纸质书一样地引用电子书文献，现在很多电子书已经具备了与纸质书的页码对应功能。但是，我们要认识到，电子书“无限逼近纸质书”是不可能的，而且没有意义，其未来在于充分发挥自身所长。而在这一方面，实践已越来越多，方向也越来越明晰。

第一，便利性。如通过终端绑定信用卡一键购书，数十秒内书就可以无线传送到用户终端，这省去了读者花时间逛实体书店和排队付款等麻烦。

第二，便携性。如今很多电子书基本已经解决了便携性的问题。一个 Kindle 可以装载 3 500 本书，相当于一个可以随身携带的小型图书馆。

第三，数据安全性。如亚马逊推出的“云图书馆”让拥有多个终端（桌面电脑、笔记本电脑、手机、Kindle、iPhone 和 iPad 等）的读者在所有终端上阅读到动态同步的内容。即使电子终端丢失了，读者仍可以从“云端”将自己购买的书籍下载到新的终端里面，而不必重新购买这些书。这就确保了读者的藏书不仅可以随时随地获得，还可以永不丢失。

第四，社会化阅读。这包括两个方面：一是读者在电子书上做标注时，可以实时在自己的终端上看到其他读者对本书中同一段所做的标注；二是读者可将自己做的读书笔记实时发布到社会性媒体中，与其他读者实时共享。电子书的社会化阅读功能意味着，如果说我们从前的基于纸质书的阅读是封闭和独立的，那么现在的电子阅读则是开放的、社区性的和协作性的。在阅读的同时，读者能轻松找到同好，实时分享对某本书、某个观点和某个作家的看法，这是一种前所未有的阅读体验。

以上几个方面，都是电子书能够提供而纸质书不可能具备的，因此对读者而言是新的价值，能将读者拉向电子书。

三、尊重和满足读者需求

需要指出的是，电子书要被更多读者更快地接受，不能仅仅关注电子书或移动阅读平台本身，而更要快速响应读者的真实需求，围绕电子书和移动阅读平台为核心建设电子书阅读和销售基础设施与阅读环境。

以亚马逊为例，它在尊重和满足读者真实需求的基础上，着力建设一个基于 Kindle 阅读器的内容销售和服务生态环境，已经获得了巨大的成功。它向读者提供高效且与信用卡绑定的“一键购书”功能、全球有效的 3G 网络、无缝社交媒体发布功能；它为每一台售出的 Kindle 提供大容量云储存空间和免费邮箱，让全球范围内的读者能将个人文档转换成合适格式后再无线发回到他们的 Kindle 上。可以想见，为了能在 Kindle 上卖书和其他内容，亚马逊为此做出了多大的投入？这是一种实力，但更是一种远见。而让它具备这种远见的，其实很简单，不过是坚持“读者永远是对的”——尊重和努力满足用户需求而已。

在满足用户需求的同时，亚马逊又能发现新的机遇。如通过向所有 Kindle 用户提供免费邮箱和个人文档格式转换服务，亚马逊的服务器上积累了大量可供开发的内容，同时也动态地获得了每一个读者的阅读偏好等非常有价值的数据，为基于 Kindle 的个性化广告投放做好了铺垫。

在以上生态系统的支撑下，亚马逊卖出了一个终端，就绑定了一个读者，发现了新的商业模式，拓展了其收入来源。而考察其他不少电子书品牌，由于不能或不愿意投资建设相应的服务基础设施和生态系统，进而在自己和读者之间建立某种“抓手”，电子书提供者只能沦为一个硬件销售商，从事“一锤子买卖”，在卖出一个终端的同时就失去了读者——在卖出终端之后，其和读者之间的联系就中断了，无法形成可持续的商业模式。而且，这种方式还容易伤害纸质书的出版商，因为这样销售出去的终端只能让读者更愿意和更便利地阅读盗版内容。

目前，在美国，88％的成年人拥有一部手机，57％的成年人有一台笔记本电脑，19％的成年人有电子书阅读器，拥有平板电脑的人均比例也为19％，而63％的成年人至少有一种无线上网设备。而在中国13.39亿人口中，有10亿手机用户、5.13亿网民，2011年，中国手机网民数量达到了近4亿，移动互联网的覆盖和应用将在2012年出现快速增长。与此相适应的将是，埋头于手机或其他移动终端的移动阅读“低头一族”将会越来越壮大。因此，电子书的未来无疑是光明的，但这一光明的未来需要我们自己去创造。在这一过程中，我们固然会面临诸如盗版和价格垄断等障碍，但更重要的是要充分了解和用足电子书的平台特性，加强阅读生态的布局和建设，为读者提供纸质书无法提供的新的价值。

（原载《中国出版》2012年10月下）

我国电子书产业发展的误区与盲区

曾建辉

伴随着涌动的数字阅读浪潮，我国电子书产业也进入到一个飞速发展的阶段，新产品不断涌现，阅读人群不断增多，电子书已逐渐走进了普通人的日常生活。《2010—2011 中国数字出版年度报告》中的数据显示，2010 年电子书的产值为 24.8 亿元，按照数字出版产值每年近 50％的增长速度，2011 年电子书的产值大概在 36 亿元。我国已成为全球电子书的重要消费市场，电子书的迅速发展成为数字出版的最大亮点。然而繁荣之下存在巨大的隐忧，纵观近年来我国电子书产业的发展，在相当程度上存在着误区和盲区。

一、我国电子书产业发展的三大误区

1. 照搬亚马逊的发展模式误区

目前比较成功的电子书首推亚马逊的 Kindle。在推出电子书两年后的 2009 年，Kindle 在全球的累计销量达到 300 万台，牢牢占据电子书市场的头把交椅。2011 年 5 月，Kindle 的销售量已经超过了亚马逊旗下所有平装书籍和精装书籍的总和，增长惊人。我国的电子书产业正是在亚马逊示范效应的影响和强烈刺激下催生的，汉王、龙源、方正、盛大、翰林等不同行业的企业纷纷涉足电子书市场，这些企业都试图在中国这个庞大的市场上复制亚马逊的成功，全盘照搬 Kindle 模式，结果陷入了发展模式的误区。

细究亚马逊模式，不难发现，它的成功得益于电子书产业链的衔接、沟通和延伸。亚马逊集内容提供商、终端生产商、平台构建商和网络运营商等多重角色于一身，为读者提供全方位、立体化的服务，内容海量下载和实时更新、电子阅读器的人性化设计、内容和硬件无间隙的网络链接带给读者完美的阅读体验和服务享受。

我国目前还没有哪家公司拥有足够的实力覆盖整个电子书产业链，没有形成规模化经营。盲目地效仿亚马逊的发展模式，只会让市场份额分得更细，企业无处发力，导致低劣的恶性竞争。不论是大而全还是小而全的发展模式只会限制企业的创新能力和发展潜力。例如，拥有丰富内容资源的中国出版集团公司和读者杂志社都试图通过定制电子阅读器，掌控内容平台的主动权，但事与愿违，市场竞争是非常残酷的。据清科研究中心发布的《2010年第四季度中国电子阅读器市场分析》，包括读者杂志社在内的多家非专业硬件生产商全军覆没，没有任何斩获[1]。同时汉王、翰林等硬件生产商去做“书城”等内容平台，既分散企业精力，又存在难度大、短期难以赢利的弊端。反观亚马逊在推出Kindle时，就捆绑了9万种图书、10种杂志和14种报纸，内容和实体市场同步，这些图书的每一本都成为Kindle阅读器的最佳广告。我国的电子书企业应正视现实环境，保持自身的优势和特色，或致力于内容，或致力于终端，找到适合自己的发展模式。

2. 终端为王的赢利模式误区

电子书是一个技术含量较高的行业，电子阅读终端是产业链中的重要一环，普通读者对于电子书最直观的感觉就来源于电子阅读器，正是基于广大读者对数字阅读的模糊认识，电子阅读器硬件厂商对阅读器功能进行大力的改进、提升，频繁地更新换代。当汉王在电子阅读终端市场独领风骚的时候，更多不同背景的企业进入了电子阅读终端市场，它们无一例外地都将重心放在了阅读器的研发和销售上，不断开发出新的技术应用。上海世纪出版集团推出了以“辞海”命名的阅读器；新华传媒推出了“亦墨”阅读器；盛大推出了锦书 Bambook；主攻 mp3、mp4、手机等硬件产品的企业，如 OPPO、纽曼、艾瑞和等，也推出了自己的电子阅读器。电子阅读终端的膨胀发展，迅速改变了传统意义上的电子书产业链，呈现出一种“内容”和“终端”失衡的状态，中国电子书产业走进了另一个误区：终端为王的单一赢利模式。

我国的电子阅读器与国外不同。外国的电子阅读器一般不预装数字内容，数字资源需要付费下载；而中国的电子阅读器一般都预装相当数量的电子图书，随终端一起免费提供给消费者，无需另外付费下载。这些预装的电子图书都是终端商向出版单位一次性买断版权，费用相对低廉；此外在市场运作上，终端商可以单独利用内容进行宣传、发布，并对内容进行更新、修改、重新包装等，这样出版单位作为内容商从中获得的利润微乎其微，大量利润流入了终端商的口袋，终端商只需要出售电子阅读器即可获利丰厚，根本没有动力也无需再去搭建内容平台。“国内无论是做内容的、做平台的还是做终端的，眼睛里都只有电子书阅读器。”[2]中国出版集团数字传媒公司总经理刘成勇如是说。另外内容提供商因无利可图，也会逐渐放弃单一的内容提供服务，转而利用内容资源优势，走向终端生产，获得利润。由此形成电子阅读终端“军阀混战，各占山头”的局面。这种情况一方面造成赢利模式单一化，并演化为内容同质之后的“比谁容量更大，比谁速度更快，比谁功能更多”的硬件 PK，走进“终端为王”的死胡同；另一方面违背了电子书作为“书”的阅读目的，舍本逐末。电子书内容匮乏、雷同化、单一化，内容和载体的矛盾日益突出，不利于电子阅读产业链的形成。

3. 产品定位的误区

我国电子书产业在产品定位上存在着双重误区：技术方向误区与市场价格误区。

首先是技术方向。电子书相对于纸质图书，最大的优点就是轻薄、方便、宜携带，因此便携性成为电子书的主要特点。特别是在碎片化阅读时代，在公车、地铁、候车厅使用电子书已经成为一道风景。随时随地，单手阅读。但是过于强调移动性也会走入误区，因为这不符合人们的阅读习惯。阅读是为了获取知识，获得轻松而愉快的阅读体验。电子书的最大优势在于最新、最及时的海量知识，最方便、最快捷的存储与检索，是交互式的阅读体验。而现有的电子书，因为过于重视便携性和移动性，屏幕狭小，版式单一，反应迟缓，阅读体验很差，这制约了电子书产业的发展。所以电子书不必过分拘泥于“书”的概念，而应走出移动阅读的误区。大屏幕电子阅读器将是产业的发展趋势。

其次是市场价格。我国电子阅读器的产品定位不清晰，价格过于高昂，远离普通消费者。比如，作为国内电子阅读器行业领跑者的汉王电子书，主要定位在礼品消费市场，最便宜的产品也要500多元，最贵的近4 000元。产品优势不明显，很容易被其他新兴电子产品所取代。iPad一问世，汉王就一败涂地，仅2011年上半年就亏损近9 800万元。这个事实深刻说明，电子书定价高，虽然保证企业能够获取足够的利润，但同时意味着市场规模无法进一步扩大，无法进入大众消费市场，进而无法获得更大的发展，最终受害的还是电子书产业和企业本身。

电子书的真正发展是走进普通消费群体，学校和图书馆应该是电子书未来发展重要的倚靠领域。

二、我国电子书产业发展的四大盲区

1. 版权法律盲区

版权问题是电子书问世以来一直纠结的问题，也是一个相当复杂、相当关键的问题，对电子书产业的健康、顺利发展有重要的影响。目前来看，我国电子书版权还存在法律盲区。我国著作权法在 2001 年修改增加了一项“信息网络传播权”，但这远远不能解决不断产生的电子书版权纠纷，2011 年北京图书订货会上的“古炉事件”就暴露了这一点。当前，电子书版权比较突出的矛盾，如超过版权保护期的作品的电子版权问题、纸质版权与电子版权的分离问题、电子阅读器预装书的盗版问题等，在法律条文中都没有明晰的界定与规定。还有就是 2001 年“信息网络传播权”提出之前的电子版权的归属问题，现在也没有很明确的规定。据业内人士调研，传统出版企业拥有清晰数字版权内容的不会超过 30%，70%的数字版权掌握在作者、代理机构等手中[3]。电子版权的分散分布，再加上出版社、作者对数字版权的认知不够，极容易造成版权纠纷。另外，原有著作权法是纸质出版占统治地位时的产物，而现在出版环境已发生了极大的变化，电子出版占据越来越重要的地位，著作权法是否同样适用于电子图书，这点值得注意。我国法律存在电子版权的盲区，为消除这一盲区，除了推动国家政府部门尽快制定、完善相关法律法规，电子书产业界还应主动出击，加强合作，共同制定业界的规则，保障电子书产业的有序发展。

2. 产业标准盲区

电子书的火爆，吸引了诸多厂家投身其中，目前，国内已经有近百家正规电子阅读器制造商，而背后还有更多的大大小小的山寨厂商，我国电子书产业面临一哄而上的“山寨化”危险。造成这种情况的重要原因就是产业标准的缺失，产业门槛极低造成恶性低质化竞争。目前，我国电子书出版的国家或行业标准还是空白，应用的主要是一些企业标准。各出版商特别是终端商，为了利益最大化，纷纷推出自己所谓的“标准”，多种标准的并存，其结果必然是没有“标准”。

产业标准的缺失是我国电子书产业发展的一大障碍，没有标准，电子书的内容制作水平低、格式不统一、服务能力差、盗版严重，尤其是电子书格式不统一造成的成本增加，阻碍了产业发展。此外，产业标准的缺失加剧了“终端为王”的产业链畸形发展，产业界过于重视技术，忽视内容建设，电子书多采用盗版内容，严重损害了内容提供商的利益，影响产业发展。

我国电子书产业界也已经意识到了这个问题，国家新闻出版总署科技与数字出版司、出版管理司等相关管理部门联合中国出版集团、上海世纪出版集团、汉王、盛大等单位正在制定电子书的标准规范，包括四大部分：体系、术语、分类、标识等基础性标准，内容的质量要求、版式、通用出版格式等产品类标准，质量检测、发行统计、编校流程控制等方法类标准，行业的准入、退出等管理类标准。这份标准有望于2012年出台，产业标准盲区的填补，对我国正在发展的电子书产业，无疑是一件大好事。

3. 内容定价盲区

我国电子书主要是以预装电子内容的形式发售，电子内容的价格包含于电子阅读器硬件当中，只要支付了阅读终端的费用就可以免费阅读预装的电子内容，无需另外购买。同时，我国的电子书消费者远远没有养成付费阅读的习惯，更习惯于在网络上免费获得电子书。即使有少部分愿意花钱的消费者，也是越便宜的电子书越受欢迎。这些显然不是电子书发展的常态。从长远来看，随着“终端＋内容”的电子书产业模式得到公认，内容资源的重要性日益凸显，付费阅读最新最畅销的电子图书成为必然趋势，电子内容的定价问题也就亟待解决。电子内容如何定价涉及许多方面，目前在我国仍然是一个盲区。

出版商、数字平台运营商和电子阅读器生产商似乎都拥有电子内容的定价权。出版商希望价格高，主张电子图书与纸质版图书以同等价格出售，以期获得高收益；数字平台运营商和电子阅读器生产商则希望价格低廉，甚至免费，以此扩大终端机器的销售。除此之外，消费者已经付费购买了电子阅读器，自然希望得到免费或廉价的电子内容，但过低的价格又有可能导致消费者对产品本身价值的怀疑。因此电子内容的价格应尽快明晰，是采取三方合作定价或分成模式的方法，还是采取法国式的电子内容统一定价标准，对此予以确定，这样才能调动各方的积极性，尽快解决问题。

4. 人才培养盲区

电子书产业的发展日益加快，新产品、新技术、新市场、新领域不断涌现，对从业人员的能力提出了很大的挑战。电子书产业队伍的整体素质亟待提高，行业管理也亟待加强。从未来着眼，为夯实电子书产业的发展基础，要加快电子书产业创新型、技能型、复合型人才的培养，造就大批领导人才、经营人才、管理人才、专业技术人才。但从目前我国高校开设的数字出版专业来看，无论是规模、师资队伍还是课程设置方面，都还不能与电子书产业的快速发展相适应，我国电子书产业的人才培养也具有盲区。这就要求我国高校在人才培养方面，增加与电子书产业衔接度高的课程，与实际出版活动相对接，增强学生的岗位意识与动手能力，强化媒体运营和数字化管理能力的培养，尽快打造出电子书产业的专业人才队伍，推出电子书产业界的领军人物。

三、结语

我国电子书产业的发展需要政府和企业的共同参与和努力，只有双方共同面对发展过程中出现的误区和盲区，从自身特点出发，借鉴国外先进经验，才能提出切实可行的解决策略，推进这一新兴产业健康持续发展。

参考文献

[1] 李南. 数字出版　冷眼观潮 [N]. 出版商务周报，2011-01-16.

[2] 王磊. 电子书阅读器　没有蛋糕，怎托得起奶油 [EB/OL]. (2010-08-18). http：//news. xinhuanet. com/zgjx/2010-08/18/c_13450194. htm.

[3] 周立荣. 传统出版业向数字化转型的三个关键问题 [J]. 出版发行研究，2011 (6)：51.

（原载《科技与出版》2012 年第 7 期）

牢牢掌控优质核心内容资源
——论数字出版与传统书业之博弈

罗小卫

最近发布的《2011年新闻出版产业分析报告》显示，2011年，全国出版、印刷和发行服务实现营业收入14 568.6亿元，比2010年增长17.7%。其中印刷复制营业收入依旧位居第一；增幅最快的还是数字出版，去年，数字出版实现营业收入1 377.9亿元，比2010年增长31%，其增长速度尽管与2010年相比有所放缓，但仍超过全行业增长速度。

一、数字出版迷雾重重

在数字出版1 377.9亿的巨大蛋糕背后却是长期的迷惑。随着数字出版产业期的快速发展，传统书业将如何应对？作为传统出版单位，数字出版尚未形成能够盈利并可持续发展的商业模式。传统出版单位的数字化转型，在赢利模式上仍然处于探索阶段，在数字出版领域一直是投入大于产出。大多数的新媒体技术提供商在数字出版领域也是处于亏损状态，能够实现盈利者寥寥。因此，传统书业对数字出版既认可又犹豫，对数字出版的赢利模式处于迷惑状态。

二、传统出版优势尚存

传统书业和数字出版的一个重要变化是——阅读载体的不

断更新。在数字出版的冲击下，纸质图书依然是传统出版和大众阅读的重要方式，就目前中国阅读环境来说，大多数人还是崇尚传统的阅读方式，年轻人通过数字出版产品进行阅读的比例在整个国民阅读方式中仅占30%，特别是我国逐步进入老年社会，50岁以上的人群占了总人口的25%左右，这个年龄层次的人阅读习惯是难以改变的，看书的休闲性在其中起了很大的作用。另外，还有广大的农村现在还在解决图书数量不足，内容不对路的问题。我们作者多数生活在城市，反映农村、农业、农民问题的题材还比较少，这一问题不是短期内能解决好的，纸质出版物在中国农村还有广阔天地，大有作为。

纸质图书的封面、开本等装帧设计物理要素依然吸引着购买者的欲望，这仍然是纸质图书作为商品的重要卖点之一；对于深度阅读以及文化的传承和积淀而言，纸质图书仍然是最好的载体。在中国，从蔡伦造纸到活字印刷术，传统出版业历经几千年的发展，人们的阅读习惯也沿袭了几千年。汉字，特别是书法艺术的魅力和生命力远远是西方文字不可比拟的，这就使得传统文化的主要传承形式——纸质图书的生命力比国外更旺盛。因此，主要还是在于什么样的内容决定什么样的出版形式。

与此同时，还有一个值得注意的现象，根据《2011年新闻出版产业分析报告》，数字出版发展迅猛并没有对传统出版造成大的冲击，印刷复制业仍然是支柱产业，占据营业收入的半壁江山以上。图书品种和重版重印品种也实现同步增长，图书、期刊、报纸印数创历史新高。这表明，在数字阅读不断增长的情况下，大众类纸介质出版物仍然有发展空间。而在大众类出版物之外，中国许多出版社还拥有教材教辅和文化产业的优势，而且都得到了各级党委政府主管部门在政策方面的大力支持，党和政府强调的是导向正确，出版是宣传战线的主阵地之一，因此在经济上也会长期支撑纸质出版，这一点与国外完全市场化的情况有本质的不同。所以纸质出版物还会长期占据一席之地。

三、技术提供商群雄逐鹿

相对于纸质图书的深度阅读，手机阅读以及手持阅读器阅读等现在已成为大家闲散时间碎片阅读的重要方式。继亚马逊、索尼公司等推出自己的阅读器之后，国内的许多大公司如中国出版集团、方正集团和汉王科技都分别推出了自己的电子终端阅读器产品。在多种媒体铺天盖地的宣传和推广下，电子阅读器被广泛认可，成为数字出版产业的先锋产品。特别是汉王科技推出的电子书曾经辉煌一时，然而在 iPad 等平板电脑的强势冲击下，电子书价格一路直下，汉王科技在亏损和业绩压力下，不得不转型，由卖终端转向卖内容，引发外界对电子书产品未来的质疑。因此，不难看出，随着市场竞争的日趋激烈，电子阅读器市场必然重新洗牌，最终可能拥有核心技术和雄厚资金的少数几个生产企业独领风骚。

四、内容与技术孰重孰轻

我们比较数字出版的两个关键环节——内容和技术来看，现在购买阅读器的消费者大多是图新鲜，大多数人还是买电子产品的心态，而不是真有阅读需求。国内至少还需要 3～5 年或者更长的时间来培养数字出版的主流读者群。更新换代是电子产品的特点，届时，各类电子产品的博弈和整合不可避免。作为传统出版单位，我们无法准确预测未来，我们还是应该做好自己的本分，准备好优质且足够多的内容，在电子产品的大战中洞若观火。在数字出版时代，依然会有纸质超级畅销书的存在，而这正是以内容为核心优势所主导的。只要占据了内容优势，我们可以任意选择电子阅读器作为载体。因此，传统出版机构向现代出版传媒业转型，要抢占先机仍然是要掌握核心的肉容资源。

五、掌握内容资源才能夺得先机

我们再来审视出版社自身近些年来的历程，从某种意义上说，很多出版社拥有的不仅是内容资源优势，而是资源垄断优势，这就是书号。在数字出版时代，没有了图书书号的控制，作者完全可以不通过出版社，直接将内容通过网络实现自己作品的发布和交易。这就会让出版社丧失内容资源的话语权，失去安身立命之本。比如美国亚马逊直接签约作者出书，将各种体裁的书籍向读者提供印刷版和电子版两种版本，并开放部分后台数据，让所有作家都能直接查看作品在各个地区的销售情况，而不论他们是否让亚马逊出版其作品。另外，亚马逊还能让作者直接和书迷进行一对一的交流，成功打通从“作者”到“读者”的全部产业链，成为各大出版社的竞争对手，而这些出版商都曾是它最重要的供应商。

当然，由于出版资质管理方面的政府管控因素，这种运作模式不可能很快进入国内。然而，传统出版社还是必须未雨绸缪，采取有效措施，通过市场这只无形的手，将最好的选题策划团队、最优秀的作家和作品掌握在自己手中，发挥在对选题和作品的挑选、分类、编辑、加工、策划、推广等方面的优势，向大众提供最优秀的精神食粮，使自己成为具备核心竞争力的内容提供商。

六、掌握内容资源才是始终的“王者”

从表面上来看，手持阅读器生产商和网络出版商都拥有“海量”阅读资源，容量动辄几百GB甚至是TB级容量。但在我们的实际阅读中，很容易发现，与这些海量资源相生相伴的是海量的“文化垃圾”和“盗版资源”。即使貌似繁荣的网络文学，优质的作品还是凤毛麟角，大多数网络文学属于一次性快餐式消费品，很难长久，读者要在大量的文化垃圾中挑选出适合自己阅读的文章，必须耗费大量的时间和精力。大家追求快速阅读、浅阅读，文化快餐多了，难免影响数字领域传播内容的质量。而传统出版恰恰可以发挥自己的优势，利用自己在作品策划、编辑、加工方面的特长，遴选、甄别出优秀的精神食粮奉献给读者，不断传播民族优秀文化、社会主义先进文化和我们改革开放时代的创新精神、创新文化，不至于使出版走向低俗化。

同时，网络盗版比原来的纸版复制印刷盗版更加猖獗，范围更大，甚至到不可控制的地步。缺乏优秀的、可持续的内容资源，使得网络出版商和手持阅读器生产商很难持续发展。而传统出版社却拥有正版的、海量的内容资源，并且，在严格的出版审查机制下，绝大部分内容资源的质量经得起考验。这些内容资源，正是传统出版社的最大优势。无论是传统出版，还是数字出版，谁掌握内容资源就是“王者”。

需要特别指出的是，目前社会上舆论造势和理念轰炸，对传统出版社营造“传统出版落后”“传统出版将崩溃”“数字出版将取代传统出版”等悲观氛围，数字出版商目的是在产业博弈中获得竞争优势，而且直接的好处是从传统出版社以低廉的价格获得优秀的内容资源。一些出版社，不能清醒地判断形势，以极低的价格出售了数代人辛勤积累的核心资源。事实上，数字出版商从传统出版社购买内容资源的做法，也说明了传统出版社的优势所在。

七、优质内容资源来自作者

优质出版内容资源的来源是优秀的作者，拥有优秀的作者团队，就掌握了核心内容资源。数字出版商与传统出版社的市场资源争夺，最终将集中在优秀作者资源的竞争上。目前，在作者资源建设和维护上，传统出版社具有明显的优势。数字出版商因为商业模式还不够成熟，赢利模式还不确定，很难大规模、持续性地获得作者资源。没有规模化的、优秀的作者团队，如同鱼之无水，很难走远。即使目前所谓比较成熟的“付费网络阅读”模式，能够获得经济收益的作者也是非常有限。同时，一个更加迫切的问题是网络盗版。网络传播的特点——快捷、易操作、零成本、无时间限制等等，使得盗版更加容易。在盗版猖獗的情况下，数字出版商的利益无法得到保护，作者的权益同样容易遭到侵犯，版权纠纷不断。综合目前中国的版权保护能力和实际情况，这一问题的解决将会是一个漫长的过程。

八、传统与现代互动互融

当然，传统出版者也不能墨守成规，要利用和发掘数字出版平台上优秀的内容资源，传统出版和数字出版未来发展必然是一个并存、互融的结局。传统出版向数字化出版时代的转型不是数字化出版代替纸质出版，而是形式上的相互转换，相互借用，形成合力。

互动互融的一个方面在于优势资源的相互借用。目前，数字出版商正在大规模地把传统出版的优质内容进行海量地数字化，做成各种各样的阅读产品实现销售。同时，数字出版平台以其互动性强等方面的优势，也会在很短时期内造就一些网络优秀畅销作品，相比传统出版的策划、约稿、审读、编校、付印、发行、物流等周期要短得多，可以迅速地通过市场来检验一个作品的优劣。我们亦可让这些经过网络市场检验的优秀畅销作品“落地”纸上，海量发行。重庆出版集团与盛大文学、3G门户网站、当当、卓越等一批网络出版和销售公司建立了良好的战略合作伙伴关系，不仅没有削弱传统纸质出版，反而还在合作中打造了一批市场畅销书，有些书畅销达到几十、上百万册。

另一个方面，传统出版业要主动出击，通过资本运作的力量，打破行业界限，与数字技术提供商、网络出版社、通信产业融为一体。在一些发达国家早就已经开始了这方面的相互渗透以及交叉兼并。比如美国骑士出版公司就凭借自己在出版界的强大实力，联合各领域服务供应商，在电子空间构建了一个大规模的图书馆，涉及科学技术、人文、医药、商业、社会学专利、商业资讯等众多领域，短短几年让“骑士”的市场扩大了10倍。从以往数字出版和传统出版的博弈来看，往往是渠道主宰技术，然后技术、渠道两方一同边缘化内容生产者，现在要走向融合才能根本上解决这个问题。出版产业繁荣发展离不开产业链各方的努力，只有互相信任，合作共赢，才能分享价值，数字出版产业才会有健康长远的发展。

第三个方面，在于复合型领军人才的推动。人才，人才，最终还是人才，推动传统和现代的互动互融最终在于人的力量。从目前来看，既懂出版又懂技术的复合型人才成了传统出版与数字出版走向融合的关键。数字出版是一个新兴的开放型产业，传统出版社在过去专注于纸质书的出版，数字出版商和渠道提供商往往又对出版社的内容生产知之甚少，两者之间缺乏沟通和对接，造成复合型人才难以寻觅的现状。复合型人才并不是在所有方面全能，一手包办整个数字出版环节，而是能否融会贯通出版和技术、渠道，能够协调数字出版进程中所出现问题的复合型领军人才。所以传统出版社要给数字出版人才一个良好的晋升机会和较大的发展空间，改变单一的人才培养模式，建立多元化的人才培养体系，根据实际需求，在实践中培养和造就适合自己的数字出版复合型领军人才。

加快数字出版的发展，推动传统出版和数字出版的融合已上升到国家文化发展战略层面。传统出版单位要在数字出版大潮来袭时有所作为，就必须在坐拥优秀核心内容资源的基础上，立足优势，拓展经营，突破创新，在现代网络和数字技术的支撑下实现升级换代，最后与数字出版实现互动互融、互利共赢。

（原载《出版广角》2012 年第 9 期）

中国书装艺术的诗情画意美

宋焕起

书籍装帧设计有没有一个国家和民族的总体风格，抑或一个魂魄的东西？回答是肯定的。

一

做一个不被人们注意的实验。离开国内书店、书城和书展，把视野放到国际书展的宏阔平台，我们会有这样一个发现：倘若把中国的参展作品遮去中文字样或其他可显示国家、民族特性的一切迹象，仅就封面装帧设计风格特色而言，琳琅满目的作品，给人们的突出印象是什么？诗画一般的美好意境——“诗情画意”的美。

同理，国外书籍设计作品也给予我们对应的感受——表现出鲜明的国家和民族特色。最近从微博收到朋友发来的一组英国书籍设计作品，用不着仔细品读，也无需任何辅助说明，遮去封面的其他元素，其风格或田园牧歌，或优雅都市，浓浓的气息，扑面而来，一下子就把笔者“俘虏”了。

中国是一个诗歌的国度、绘画的国度，还是一个书法艺术的国度。生长在这样一个文化沃土上的中国书籍装帧艺术，天然地具有诗书画的基因。

二

“诗情画意”是有典的，出自宋代词人周密的《清平乐·横玉亭》：“诗情画意，只在阑杆外，雨露天低生爽气，一片吴山越水。”文论家把它从词中“拎出来”，定义为作品像诗画里所描摹的能给人以美感的意境。从此，词句变成审美样式，意义超越词作。虽说不是一个艺术范畴，但与审美本质、艺术风格和作品的民族性密切关联，是一个十分经典、影响深远、极具本土个性，并且被人们普遍接受的审美体验和审美感知。

意境说，其本源可上溯古代文论的诗学、画学和书学。齐梁时代的谢赫在《画品》中提出的“气韵生动”，唐代司空图的“诗品二十四则”，以及“韵外之致”“象外之旨”“景外之景”的论断，都可算作“意境说”的来源。近现代以降，经王国维奠基，继而由朱光潜、宗白华、李泽厚等中国美学家深化和完善，意境成为中国古代诗学的核心范畴。有学者将它标榜为中华民族最高艺术审美理想。笔者对此说极为推崇。我国的诗歌、绘画、音乐，甚至小说的创作和鉴赏，普遍地遵循意境的美学原则。作为艺术门类之一的书籍装帧艺术自然应当以诗情画意的意境说为自身创作与读者欣赏的重要追求。

什么是书籍装帧艺术的“诗情画意”美？依照前述基本观点，就是在作品的创作设计中基于本土基于民族基于中国文化渊源及其嬗变，注重表现意蕴、韵味、形神兼备、虚实相生意境的中国风（格）。诗情画意不是作品中雨后初霁、花鸟鱼虫抑或纹样色彩的外在直接呈现，其本质是营造氛围，表现意境，体现为作品的审美趣味、艺术境界和个性风格。

书装设计的诗情画意美，是有着深厚的审美积淀和历史传统的。现代印刷术进入中国之前和进入之后的很长时间内，书籍设计的总体风格是“简约派”，而且是极经典的，主要是书名字的经营，因而书法艺术的高思雅韵占据主导地位，没有或少有纹样装饰，不使用精良的材料，却空灵、凝重、深邃、悠远，一个“无”胜过一切的“有”，“少著纹饰（与文字）尽得风流”。商务印书馆的诞生标志中国现代出版业发祥，伴随而生的现代装帧设计，既秉承传统又借鉴新文化新时尚。不论怎样取法和出法，仍保持了意境的标榜，如《雪朝》（朱自清等人诗集）、《繁星》（冰心作品）、《一叶》（王统照）等。20 世纪 30 年代，一批艺术家、作家投身于装帧设计界，如丰子恺的《爱的教育》、陶元庆的《故乡》、闻一多的《落叶》、林风眠的《君山》、关良的《荔枝小品》，还有钱君匋的《文艺与性爱》。钱君匋“一身精三艺”，把书法、绘画和治印艺术的精髓糅进装帧创作之中，将作品的意境推向高致。这批饱学中国文化，又涉猎西方文明的新派设计先贤们，他们的共同探索建构了那个时代领风骚的装帧景象，作品里深深地融进了时代文人情怀，风格粗犷简朴，却散发着浓郁的乡土芬芳和昂扬的诗画意境。

进入当代，因印刷工艺和纸张材料的进步，书装的诗情画意之美有了更加丰富的表现空间。张守义、张慈中、宁成春、邓中和等一批设计家在创新中，不论是文学题材，还是学术著作，乃至大众读物和文化小品，都秉持了中国书装设计的审美意境。张守义有大量外国文学经典名著的封面和插图作品留给后人。其中人物造型十分独特，是运用中国美学“虚实相生”的手法和“无胜于有”的中国哲思，将人物面孔略去，绝妙得被同道戏称为“不要脸的设计师”。其效果出人意料：留给人们无限的想象空间，被略去的有形之形“面孔”，反倒表现出人物内心更加丰满的内涵。其实，张守义平生最重“脸面”，他的作品即便表现的是本土题材，也不忘运用国粹的诗意手法，在方寸之间尽情晕染“象外之象”的意境之美，艺术造诣堪称一绝，艺术品德遗泽后人。

张慈中暗合先秦一脉，注重艺术字体在设计中的核心作用，诗意地把玩用字的美，笔画的风情被诠释得淋漓尽致，粗一丝则肥，细一厘则瘦，韵致在毫厘之间。而且不放过一个字，哪怕出版机构的名称字，也要精心呵护。宁成春的作品讲求章法，设色、构图，有格律诗的谨严，齐整中出变化，韵律十足，颇具盛唐气象。邓中和的创作如同他的为人，还恰切他的名字，敦厚、温润、庸和。他的西画功底很深，造型能力亦强，却依旧向中国传统美学讨教，努力构建诗画般的中和意境，可贵的是这种追求不事张扬，蕴藉得犹如“羚羊挂角”。

装帧世界是绚丽多彩的，作品的诗情画意之美，可以从色彩、构图、用字，及其文化元素等几个方面透视出意境的血脉和基因。大红大绿搭配，是中国的特有色彩美学，大俗却生出赏心悦目的“惬”意。书名字和纹样竖式构图，沿袭了中国古代阅读的经典样式，感染力和视觉符号性一目了然。书名用字不论是印刷体还是手绘、手书体，其本身就是中国独有的艺术形态，最强烈又是极别致地表现文化的渗透意义。若再作“咀嚼”，唐代欧颜柳褚尚法，宋代“四家”尚意，“法”与“意”大相径庭，又相应相随，充满美学意味。一个用字手法竟有如此气象，更何况借力、借法和借势于中国绘画（国画）、中国雕塑、中国建筑艺术（砖木文化）、中国工艺美术，以及中国哲学（孔孟老庄，天人合一），等等。哪一个门类，哪一家学说，都独具性情和雅趣。

中国艺术和文化的特性哺育了中国的书装艺术，方方面面的元素，铸就了中国“这一个”书装艺术的风格，因而享有自立于世界设计艺术之林的价值和地位。

三

在世界的大格局中，我国已经跃居当今世界第二大经济实体，提倡文化的影响力的呼声随之越来越高，文学走出去，影视走出去，图书也要走出去，这一切当然是好事。在这种国际化大趋势下，文化的交流比任何时期都更加频繁更加密切也更加重要。宏大叙事的旋律中，书籍装帧文化与国际接轨的提法也不绝于耳。不仅呼吁，还有好事者组织了国际性的装帧设计赛事。为什么要接轨？能不能接上轨？接轨有这么急迫，真的有意义吗？

本文不是评价该不该设置“接轨”性质的奖项，也不评价接轨是否为客观必然性。提出这个问题，是为了求证本文的最初立意，用以证明中国的书籍装帧有自己的审美标准和美学价值诉求。我们以往的设计，在坚持、发扬诗情画意审美传统方面，不是已经做得尽善尽美、无可挑剔，相反，这是一项神圣的文化使命，是一个“英雄有用武”、永无止境、无比广阔的创作天地。在这个天地里，创作会充满滋味，进而升华为生动气韵。

西方设计艺术，包括书装设计艺术，确实有简约、抽象、凝练的特色和品格，而这一切也是西方艺术传统，包括哲学、历史、民族等文化个性的积淀。我们应当接受西方特别是当代西方优秀的设计思想和设计理念，甚至于手法，不能再闭关锁国，保守排斥。这是一个相互学习、借鉴，从而丰富完善自我、确立自我的艺术与文化交流。与其说“接轨”不如说“融汇”更准确，更有现实意义。树有根，水有源。“全球化”无论怎样推进和演化，并不意味着文化民族性的淡化或消解，不要一提书装艺术的国际接轨，就数典忘祖。“只有民族的才更是世界的。”一旦失去了个性，艺术的品质、价值即不复存在。

评价体系和标准，不能只是单边的。就像一部电影、一部文学作品，未必拿了国际大奖就是最好的。美声唱法和民族唱法各有千秋，不能以是否进入维也纳金色大厅为评判标准。国内评选“中国最美的书”还请来国际评委，此举本身就很难说是美的。

我们需要理性地思考中国的书籍装帧文化的诗意问题。诗情画意既是一种艺术审美风格，也是设计师，还有读者和出版人的一个文化理念，一种创作与欣赏的根脉。诗情画意不是静态符号，不是审美停泊。对诗情画意的探讨，说到底，是心存一个希望，亮出一个观念：应该把传统文化当中，特别是中国文论中最具活力、最有价值、最有生气的东西激活，从而张扬开来，引入到书装设计领域，使它成为我们的高尚追求，并转化为设计的高雅品位——当人们捧读一部作品时，能够真切地感受到“登山则情满于山，观海则意溢于海”的意境之美。

（原载《编辑学刊》2012 年第 6 期）

多元化阅读格局下的纸质书籍设计的策略

黄　彦

数字化、信息化技术的进步与网络的发展繁荣催生了光电出版物，人们阅读信息的媒介产生了变革，纸质出版物不再是阅读信息传递的唯一方式。网络阅读、电子阅读、手机阅读，这些数字化的全新的非纸质阅读方式随之出现，并逐渐成为人们日常学习生活的重要组成部分，阅读行为由原来单一的传统书面阅读朝着多元化的阅读行为转变。

事实已经证明，纸质书籍的价值仍然存在，且具有不可替代性，但它面临着严峻的考验。此时此刻，纸介质书籍设计的方向与发展趋势显得尤为重要。如何审视当前的阅读方式、行为以及随着技术变化趋势来调整自身的认识与策略，纸质书籍设计正从读者阅读行为心理入手进行研究，从整体设计观念出发，探索多样化的书籍艺术语言，为读者构筑有别于非纸质阅读媒介的综合审美空间。

一、理性审视当下阅读方式的多元化趋势

身处数字化社会，人们在接受媒介信息时，非纸质的阅读方式已不可避免，并且还将进一步深化、发展，传统纸质书籍阅读方式似乎正在失去绝对的霸主地位。但面对多元化阅读并存的格局，仍需清醒地看到二者的优劣，理性地审视纸质书籍所具有的价值。

1. 认知非纸质阅读的缺点

非纸质阅读可以加快阅读速度，却容易遗弃对文本的精深细读，时常会出现浅尝辄止的阅读现象。在走马观花式的阅读当中，读者往往无法将心沉静下来，对于内容难以留下深刻印象。如果长期阅读还会对媒介产生强烈的依赖感，一旦失去阅读工具，阅读行为突然中断，会导致阅读兴趣的减弱，甚至造成阅读者的想象力、欣赏力、注意力等能力的退化。此外，粗劣浅薄的网络阅读作品仍大量存在，这些未经过专业出版机构筛选和加工的阅读内容甚至是阅读垃圾，对读者修身养性、陶冶审美情趣毫无益处可言。

2. 纸质书籍的阅读具有不可替代性

纸质书籍的阅读代表的是一种传统和信念，它仍会受到青睐的，因为它具有许多非纸质阅读媒介不可替代的优势。比如它特别注重整个阅读过程的完整性和全面性，能细致地体现和表达各种微妙的情感和深度思想，有助于读者较深刻地感知所阅读的内容；纸张的真实触感不仅能使读者与之产生亲切效应，还能使其嗅到书体之香，更深层地领会书中之意味[1]。这种能让人进行深入思考，使书籍自身知识与读者亲密交流的方式，正是传统纸质书籍所独具的特质。

二、纸介质书籍设计的策略

我们客观地看到了多元化阅读并存和纸质书籍媒介的价值，同时也感受到了非纸质阅读对纸质书籍阅读的强大冲击。传统的纸质书籍这一有着千百年历史文脉的媒介，作为设计师，如何对这一媒介以新的物化存在方式进行规划，如何调整新形势下的设计策略，都是当前的重要课题，笔者就这一思路提出了一些设计观念。

1. 舒适性与亲和性的传达——“五感与五味交融”

纸质书籍设计舒适性与亲和性的设计，远远超越我们过去所局限的人与产品关系的认识，将向着时空、文化、心理情感、情趣化生活方式延伸。

为了给读者营造在阅读时能够产生丰富细腻的感受的空间，书籍设计中提出了“五感与五味交融”的概念。“五感”包括以下五种感受：视觉感受，指产生于阅读者目光在书的字里行间信步游走时的空间感受；听觉感受，指产生于阅读者翻动书页文本，随着翻书的轻重缓急、纸张的碰撞，听到不同材质的纸张发出或清脆或绵软的声音；触觉感受，指产生于阅读者的手自然地触摸到各种不同书页纸张肌理时，有粗糙、细腻、光滑、柔软等不同感触；嗅觉感受，指产生于阅读者手捧书本闻到纸张和油墨混融在一起散发出一种淡淡清香；味觉感受，虽不能吃，但可品，即品味书卷文化中的醇厚意韵。五味指产生于阅读者在读书的过程中在心里产生的一种积淀，有了酸甜苦辣咸的人生五味的体会[2]。阅读者在无声中潜移默化地百感交集，对书有了难舍之情。在数字媒体发展的今天，这书之“五感与五味交融”应该成为纸质书籍设计的出路。

2. 突出表现的艺术价值——“全方位、立体化的艺术综合体”

纸质书籍设计是将文字、图形、色彩、整体的版式安排、书体的装帧结构综合在一起，通过印刷的方式显现出来的综合化的艺术，也是将眼视、手触、心读、嗅觉进行联合构成的创造方式[3]。它体现的是立体化、全方位的艺术表现语言，这也是非纸质阅读媒介所不能替代的。阅读者在阅读信息时，能够获得前所未有的艺术享受，这一传统优势今后将要进一步发扬光大。

例如，吕敬人先生设计的作品《黑与白》，这是一本反映澳洲人寻根的小说，创作者将土著人与白人之间的矛盾用黑与白的设计对比方式贯穿于整个书籍。在全书的结构里，包括封面、封底、书脊、内文、版式、天与地甚至切口处都设计了黑与白的冲击与协调。整个创作形象地体现了原著书稿的内涵，还艺术象征化地为阅读者提供了一个丰富的思维想象空间，增强了此书的艺术价值。

3. 突破思维禁锢——书衣魅影，形无定势

（1）妙趣横生——形态语言的多元化表现。纸介质书籍的形态设计在保证有条理的层次信息传递功能基础上，还应尝试着不同的奇特创意、起伏跌宕的设计旋律，构建个性和丰富的思想寓意，真正让其成为一种能够让读者为之动情的生命形态，别出心裁地提升纸质书籍媒介的吸引力，创造出美观、方便、实用的静态之美。现代书籍设计形态特征已由单向性转向了多向性，设计的功能性也由此产生了变化，由原来的单向性知识传递形成的平面结构转向信息的横向、纵向及多向位的漫反射式的多元传播结构，这是全新的书籍设计理念的创立与突破，对于寻找新的纸介质书籍卖点具有实际的意义。例如，在作品《不裁》[4]的设计中可以发现，外形设计上颇有新意地在翻开封面扉页处运用模切工艺做了一把纸刀，功能是可以用来阅读时做书签，还能用来阅读时裁纸。更值得一提的是书口的大胆设计，留下部分折页并没有被裁开，而要读者在用扉页的纸刀裁开书页才能继续阅读，这不仅增加了内容的神秘感，同时给予了读者阅读的兴趣，在全部读完之后，书籍的形态也产生了相应的变化，带给读者全新的体验和感受。

（2）肌理与触觉的碰撞——材料与工艺。纸介质书籍设计为了加强书籍内容意境的追求，在材料与工艺上也能下足功夫，

创造出不一样的阅读氛围带来的感染力。关注书籍材质的性格语言造就书籍之美，趣味盎然的印刷工艺品质能使读者有种亲临境地的归属感。在《马克思手稿影真》一书的设计中，设计师通过纸张、木板、牛皮、金属以及印刷雕刻等工艺演绎出一本全新的书籍形态。尤其在封面不同质感的木板和皮带上雕出细腻的文字和图像，更是惟妙惟肖。“德国最美的书”中的获奖作品之一《AIR/LUFT》，封面用的是三维成像的立体光栅板材，依照不同角度呈现出不同的视觉效果。一个带吹气口的塑胶袋被放置在书的下面，充气后膨胀变成了一个类似于救生圈的充气袋，这样既保护了书的封面又让“空气”包围着书的内外，这时材料生动而有效地传递了设计的深层意味与内涵，发挥了良好的信息传达效果。

4. 叩问文化精神——塑造书卷之美

书籍作为文化产品所表现的文化属性是精神属性的再创造，这种精神属性的再创造存在于书籍设计中，传统文化中的书卷气所蕴含的意境美则是书籍形态创造中的最高追求。千百年流传至今的审美法则“形神兼备”，就是说的这个道理，“形神兼备”是书籍形态的整体美，也是书籍设计所追求的意境美之一，是贯穿书籍设计始终的基本要求。

形态设计中，“形”即是书籍的结构形态，“神”即是书籍内容的精神内涵。形和神相辅相成互为观照，使书籍成为既有实体又有灵魂的生命体，形成书籍形态的意境美。这种意境美归属于我们民族最具有生命力的精神世界，它超越了视觉感受和视觉体验，与触觉嗅觉和时空交织在一起，成为全感官的审美综合体。书籍设计的书卷气应是特指书的文化内涵和艺术上的高格调。在当今后工业世界领域里，人们在极力唤起对书籍文化的尊重，呼唤传统文化在设计中的回归。它能体现一种根植于本土的文化氛围，是对东方价值与本土文化的认知感。

纸质的书籍设计一方面应努力适应大众读者的功能需求，另一方面又不能完全被市场所束缚，可以采取淡化商业化痕迹的策略，追求返璞归真的书卷韵味和文化气质。设计师们越来越意识到要在设计中运用中国视觉元素和文字的重要性。需进一步挖掘汉字的图形化变化及汉字自身的文化基因，探索材质与文化传递之间的密切关联，在良好的材料与加工工艺中把书卷之气的意境美运用得恰到好处。在书籍装帧的形态语言上不断地提升符号的文脉传递作用，使其发挥更大的历史象征作用。还要在整体版式的营运安排上精益求精，在围绕传统意境美的核心塑造上，推敲好每一个文字、色彩、图形的表现尺度。

三、结语

吕敬人先生多次论述了纸介质书籍的整体设计的观念，强调整体设计中文本信息系统的建立、表达主题书韵语境、三维空间与时间的展示、节奏性条理化的布置、繁杂信息视觉化、轻便阅读、书卷气息的注入、阅读趣味、信息戏剧化的演绎等因素[5]。由此，对于现代纸介质书籍设计，设计师需要以动态的思维实现设计观念的转换，面对非纸质阅读方式的冲击，更应审时度势，清醒地认知变化以调整其应对策略，基于自身的优势，用理性的思维考虑长远的目标，建立属于自己的物质形态语言，发挥其不可替代的作用，让这一千多年的古老的文化媒介散发出应有的光彩。

注释

[1] 余秉南. 书籍设计 [M]. 武汉：湖北美术出版社，2001.

[2] 杉浦康平. 造型的诞生 [M]. 李建华，杨晶，译. 北京：中国青年出版社，1999.

[3] 杉浦康平. 亚洲的书籍、文字与设计 [M]. 杨晶，李建华，译. 北京：生活·读书·新知三联书店，2006.

[4] 吕敬人. 敬人书籍设计 [M]. 长春：吉林美术出版社，2000.

[5] 吕敬人. 敬人书籍设计 2 号 [M]. 北京：电子工业出版社，2002.

（原载《中国出版》2012 年 6 月下）

试论书籍设计中技术与艺术的链接

洪　磊

一个多世纪以来，随着机器印刷代替了人工印刷，产生了以工业技术为基础的装订工艺，出现了平装本和精装本，由此产生了装帧方法在结构层次上的变化，封面、封底、扉页、版权页、护封、环衬、目录页、正页等，成为书籍设计的重点。现代电子技术的发展，更引发印刷业日新月异的变革。但是，在书籍印刷装订的所有环节上，书籍以设计为先，而在设计的展开之前，首先要考量书籍的开本尺寸、书脊厚度、勒口宽度等，而后才是封面、封底、书脊等一系列的设计。

鲁迅先生是现代书刊设计的倡导者和奠基人，他把书刊看作一个完美的整体，从插图、封面、版式，直到开本、纸张、装订、书边的裁切都非常讲究。“五四”新文化运动之后，随着印刷工艺的进步，在鲁迅先生的倡导之下，我国书籍装帧设计逐步与国际接轨。改革开放后，书装迎来发展新时代。

一、书籍的“工艺”历程给予人们的启迪

书籍的发展经历了漫长的历程。相传伏羲氏、朱襄、仓颉“始画八卦、造书契，以代结绳记事”，开始造字，到殷商时代出现了书籍的雏形——龟册。当先祖们在单片龟甲上所刻的有限文字，已容不下所要表述的内容时，他们便将甲骨穿孔，几片串联起来，这就是传说中的“龟册”。公元前 8 世纪的西周至

战国时期，文字的传播开始出现在青铜铸造的铜鼎上，著名的毛公鼎，即是最早的青铜文。到公元前700多年周宣王时，出现了将记载狩猎的诗刻在磨光的石面上以流芳百世的石头书，这就是著名的石鼓文。但是，青铜、石碑显然太过于笨重，不利于交流、传播，于是公元前3世纪“简策”便应运而生。把文字刻写在长尺余、宽几分的竹片或木片上，称之为“简”。将一片片的简用绳串联起来，便于翻阅，这便是“策”。一策简卷起来用绳子系住，称为一卷。这就是我国最早的装订形式。成语“韦编三绝”说的就是孔子苦读，多次将连简成策的熟牛皮绳磨断的典故。“墨子南游，载书五车”，可见所装竹简之多[1]。汉代司马迁的不朽之作《史记》，就是写在竹简上的。1972年在山东临沂银雀山汉墓出土的《孙膑兵法》，也是简策。到春秋末年，纺织业发展，缣帛书写以代竹木，书的重量与体积才减少了许多。公元105年东汉蔡伦发明了造纸术，书的装订也有了新的形式，人们把书写好的纸粘在木轴上并卷起来，成为卷轴装。这就是画轴书画装裱的前身。唐代中期，错开装裱在卷轴上，便于飞快翻阅的“旋风装”也出现了。唐代，佛教中风行将长纸条一正一反连续平行折叠的“经折装”，至今字帖和册页仍然在沿用此法。宋仁宗时，毕昇发明了活字印刷，打孔穿线的线装出现，多卷本还有封套，以保护书籍。“蝴蝶装”因翻阅时从中缝展开，如蝶舞双翅而得名。因此种装订展开后的两页可平坦衔接，能印成一张整图，所以现在的地图册还在使用这种装订方法。这些装订形式都讲究“护帙有道”，裁切整齐，坚固耐用，便于翻阅，有书卷气，把装帧提高到给人整体美感的高度，真正印刷在纸上的书开始风靡世界，这是中华民族对书籍发展的重大贡献。

从先秦的“简策装”到唐宋以后的“经折装”“卷轴装”

“旋风装”“线装”“蝴蝶装”“裱背装”等，一直到近代机械印刷术传入后的种种复杂丰富的现代装帧形态，一部书籍形态发展的历史，不仅仅是独特视野下的审美文化史，更是书籍工艺的演变、完善史。

从最早的“龟册”到现代仍然沿用的“蝴蝶装”，我们不难发现，伴随着书籍的整个发展历程，人们始终在追求书的便捷、和谐，从而一次次地改良了书的“工艺”，书的技术完善带给了我们今天追求人类文明的便捷和快乐。

二、书籍设计的技术工艺因素分析

完善的书籍装帧设计是技术与艺术的统一。无论是社会上的平面设计人员还是艺术设计类专业的在校生，既重视平面设计又重视印刷技术工艺的人相对较少，这主要是因为在他们的潜意识里艺术设计也许是最重要的，只要设计出的书籍封面富有创意、文化内涵与艺术性，那就是理想的设计作品。正因为如此，许多设计师无法确知精心设计的作品能否在印刷中得到完美的再现；而一旦拿到印刷成品后，面对黯然失色的作品又不知所措。印刷工程师面对印刷技术难以实现的设计原稿，觉得力不从心却又不知如何沟通和弥补。设计和印刷作为书籍制作的两翼，形式各自独立，技术上分离，但结果又必须和谐统一。随着市场竞争的日趋激烈，书籍制作成本要求不断下降，设计要求日趋个性，可选材料日益丰富，印刷技术不断发展，设计艺术与印刷技术的结合将越来越紧密，许多细节上的处理将影响整体的效果[2]。

正常情况下，书脊的宽度与书脊的表面图文设计密切相关，尤其当书脊的颜色与封面封底的颜色不同，且书脊图文色块宽度恰好等于书脊设计宽度时，书脊的尺寸确定必须准确，否则在书籍印刷完成后装订时，容易出现书脊折痕与书脊图文色块宽度不相吻合的问题，使印刷成品变成次品。所以，在书籍装帧设计时，应该考虑到书脊的图案及颜色设计最好与封面封底有适当的衔接，也就是说书脊、封面、封底三个面在交接的地方有一个铺延，以弥补书脊宽度的设定误差，便于装订，并使整体显得美观、大方。

勒口是平装书籍装帧的一种常见形式。现在书籍使用勒口的越来越多，其带来的附加值不少，归纳起来有以下几大优点：书籍显得平服、挺括、精致，封面不会起角翘曲磨损，使平装书具有类似精装书的效果；同时勒口位置可以设计书载广告。与其他图书广告方式相比，书载广告是一种传统、高效、廉价的宣传方式，在书店的调查中发现位于排行榜上的图书在书载广告上下的功夫都很大。书载广告的主要内容有作者介绍、内容简介或要点罗列，权威人士或媒体的推荐文字，书评的摘句等。内容简介多放在后勒口处，并附作者照片。因此，勒口不可太窄，要有足够的宽度布置书载广告。一般有经验的设计师对勒口的宽度尺寸设定是比较讲究的，往往把勒口宽度设定为封面宽度的三分之一到三分之二之间。也有的设计师喜欢将勒口尺寸设计得尽可能大，显示大气豪华，但需要注意的是，勒口过宽，不便于折页，且装订时也容易使勒口边与胶水接触而带来不必要的麻烦。这里强调的是：勒口和书脊一样，与封面、封底的连接部分在装订时需要折叠，其图文色块要尽可能多地与封面封底的图文色块相联系，注意设计的衔接和铺延，以弥补装订的微小误差。

在色彩的设计时，许多设计师偏爱蓝紫色，但对蓝紫色印刷产生的色差又没有足够的准备，印刷出来的效果就与设计初衷相距甚远。如许多设计师爱用蓝紫色做成跨页，或者不同的页面上都用一个蓝紫色色块作为标记色，或者一个系列不同规格的包装盒上用了同一种蓝紫色等。有时设计师根据客户指定的某个蓝紫色色块进行设计，但客户拿到的印刷品的色彩与当初所指定的色彩有明显的差异。设计师在构图、用色、图文组合及版面布置等方面都很理想，但由于左右两页面在印刷拼版时分别被布置在两张不同的印版上印刷，而两页面上方共用一条蓝紫色色带做跨页给印刷带来了很大的麻烦，显然印刷时可能某页面青墨多了，而另一页面品红墨多了，墨量控制上的微小误差也会使得该样本的艺术效果大打折扣。

因为人的视觉对品红色色相的要求很敏感、苛刻，很纯的品红色往往需要用专色墨印刷才能达到色彩均匀性的要求。因此设计时对品红色的选择应慎重，尽量避免使用过于纯正的品红色，以增加不必要的印刷成本。

三、书籍设计制作的多元化技术考量

书籍装帧是一门综合艺术和技术，既要有较高的印刷质量、精良的装订工艺，又要有独特的封面设计。精美的封面是无声的推销员，使读者在未读其内容时便一见倾心，将它从琳琅满目的书架上挑选出来。

封面是书的外衣，是装订、粘贴在书芯外面的“门面”，所用材料大都为比较挺括、厚实的纸张，也有用布或其他材料的。广义地说，封面由封一到封四及书脊五个部分组成。封一即封面，印有书名、作者、出版单位、色块和图案；封二、封三一般印提要和检索；封四即封底，印书号、定价、社徽等。书脊印有书名、作者和出版单位，竖放、叠放时便于识别，当书籍立放在书架上，书脊就是一本书的全权代表。封面设计就是对封一至封四和书脊进行有美感的视觉设计。

书籍的形式由图书的内容、性质、厚度和装订手法所决定，主要有精装、平装、假精装三大类。精装书庄重典雅、精美坚固、便于翻阅，多用于经典作品或工具书。精装书有护封、包封带、包封袖、环衬、夹衬和扉页。硬质封面用纸板裱上纺织品或漆布、人造革等不同的面料，选材要注重体现书的整体风格。封面可用闷凸压印，以展示材质肌理之美。彩色图案则是印在纸上再裱在硬纸板上的。书脊有平脊、圆脊两种形式，上下有堵头布。装订形式有锁线订、无线订、塑料线订等，使书打开之后不易自行回合。为保护书，书外有盒装纸板做的函套，一般书中还有一条做书签用的丝带，使于检索。小开本的精装书多用软质封面，采用纺织物、人造革、塑料面等，携带轻便，可卷曲，便于阅读。

平装书是将印好的封面直接粘贴在书脊上，三面裁切而成的。有勒口的封面，则是先将书芯切好再粘贴封面，封面两头有个延长（延长部分是封面宽度的一半左右），延长部分向里折进即为勒口，勒口上可印作者介绍、提示或说明。

现在流行的假精装则介于精装和平装之间，护封印刷精美，内封则为普通硬衬纸，扉页、内文、版式设计则与精装相当，是印刷量大、既华美成本又低、便于流传的中档装帧形式。

随着国际交往的频繁、贸易的发展、技术的进步，装帧设计所肩负的任务必然越来越重。书籍装帧设计家不但应有扎实的绘画、色彩、平面构成、美术字等基本功，还要懂印刷装订工艺及纸张、油墨的知识，又要具有博大精深的文化素养及营销等方面的知识，这样才能面对形形色色的设计课题，以得心应手的书籍装帧设计，把最美好的精神食粮奉献给广大读者。

参考文献

[1] 杭间. 原乡·设计 [M]. 重庆：重庆大学出版社，2009.

[2] 芦扬，蔡婉云. 浅谈书籍装帧设计在中国的发展 [J]. 科教新报（教育科研），2011 (2).

（原载《中国出版》2012 年 7 月下）

数字时代跨平台出版的书籍设计与发展

李钟隽

书籍是人类传承文明、交流文化的重要媒介，在人类漫长的发展与进化过程中，书籍的形式也在不断发生演变：从“甲骨文”到“简策”“卷轴”“线装书”，再到如今装订成册的现代书籍；制造书籍的基本技术也不断取得突破：从造纸术到活字印刷术，再到如今突飞猛进的数字技术。21 世纪，人类延续千年的传统阅读习惯与快节奏、多媒体的数字时代发生了激烈的碰撞，数字书籍、纸质书籍和多媒体读物同时丰富着人们的生活，一本书籍若想在这样一个时代快速赢得读者的关注与认可，必然要致力于拓宽书籍发布的渠道，实行跨平台出版。

一、数字时代的出版平台

数字技术的迅速崛起为广大用户搭建了全新的信息传输平台，提供了全新的获得信息的渠道，同时，数字技术的使用也使书籍的设计、装帧、制作、出版、流通等各个环节发生了巨大变化。

传统意义上的书籍出版基本上是以纸张作为主要材质，以平面印刷为主要方式。随着数字时代的来临，手机、PDA（掌上电脑）、PC（个人计算机）、iPad（平板电脑）、数字电视等多种个人终端陆续成为书籍出版和阅读的载体，并不断与网络、“云计算”技术进行整合，各种出版平台不断翻新，如谷歌的

Android（一种以 Linux 为基础的开放源代码操作系统）操作系统平台、苹果 MAC（苹果电脑）操作系统平台等，呈现出综合多种技术手段和跨媒体的特征。

二、传统书籍、数字书籍、MPR

数字技术的飞速发展，为书籍出版提供了崭新的平台，书籍的形式也从传统的纸质书籍演变出数字书籍、MPR（多媒体印刷读物）书籍等依托多种平台的多种形式。

1. 传统书籍

传统书籍即纸质书籍（printed book），使用纸作为原材料，经油墨印刷装订的书籍，自造纸术与印刷术发明至今，已传承近千年，直至今天，纸质书籍的权威性和严谨性仍不容置疑[1]。

2. 数字书籍

数字书籍（digital book）是将一定的文字、图像、音频、影像信息以二进制代码的形式存储于数字媒介中，发布于终端并传播于网络。数字书籍以光、电、磁等介质存储，易于复制、便于携带且传播迅速。在当今这个互联网飞速发展、信息爆炸、注意力资源稀缺、生活节奏不断加快的时代，现代都市人不再有过多的闲暇时间感受墨迹与墨香，大多数人会更注重信息的时效性；当都市人提包中装着能随时从网络中获得海量信息和书籍的手机、PC 和 iPad，也就不必再随身携带厚重的传统书籍。数字书籍的出现，颠覆了人们千年以来的阅读方式和阅读习惯，其在互动性、影音特效方面的功能是传统书籍所无法比拟的。比尔·盖茨在若干年前就曾预言“电子书籍正在改变世界”，而传承千年的传统书籍是否会从此消亡，成为近年来人们热议的话题。

3. MPR 书籍

MPR 即多媒体印刷读物（multimedia print reader），是一种典型的跨媒体读物。MPR 这种“印刷读物”在纸上印刷的不只是图和文字，而且还装有与印刷的文字内容对应关联的数码信息芯片，通过触发这些小巧便携的芯片，激活书中的数码信息符号，人们就能闻听或观看与书上印刷内容一致的诵读或与之相关的讲解。

MPR 出版物在技术上应用了信息技术领域的二进制编码解码技术，编码后利用电频、音频信号输出；其在产品结构上是数字产品、传统书籍和互联网技术的综合利用；在出版的角度上，其集合了数字媒体、纸质媒体、网络媒体的优势，形成一种多媒体复合数字出版的方式，把出版内容的表达从单一的图文、单向的传授升级为附有声音和图像的、互动的阅读，这种崭新的立体阅读方式经济、便捷、实用，把数字出版引入纸质出版领域，使传统出版业再现勃勃生机，为传统出版业提供了广阔的市场前景。但由于技术方面的原因，MPR 问世 10 年来还只能是个别的制作与销售，没能进入出版行业进行产业化生产[2]。

MPR 是典型的纸质书籍与数字书籍互动的跨媒体产物，一部好的书籍，根据读者的不同要求进行跨媒体、跨平台出版是书籍出版的必然趋势。

三、跨平台出版的书籍设计

数字技术的应用将书籍设计与出版的形式推进到一个新的阶段，在科技冲击下，出版业必须将业务转型，采用“连横”策略，跨平台出版书籍。

1. 应用多种技术，发行于多个平台

书籍的跨平台出版绝不是简单地将一本书籍的内容毫无差别地移植到多个平台之上，如将纸质书籍转变成电子格式在网络上出版，或将网络小说直接印刷成为纸质书籍，而是应该考虑到各种阅读终端的特性，使同一本书在不同的平台之上阅读能带给读者不同的感受和收获，满足不同读者的需要。

日本著名平面设计大师杉浦康平指出：书籍设计有“五感”，完美的书籍设计能够引导读者的视觉、听觉、触觉、味觉、嗅觉，五感的相互交融赋予书籍强大的生命力[3]。纸质书籍带给人们的触感和淡淡的油墨味道，数字书籍带给人们听觉和视觉上的冲击及互动式阅读，二者各具优势。应用数字技术，在纸质书籍中植入数字芯片，在沿袭传统的阅读习惯，沉浸于传统书籍的书香墨迹的同时，也可以聆听音乐与有声文字，进行互动式阅读；另一方面，数字书籍虽在功能上趋于完美，具有便于携带、成本低、传输快捷、互动阅读、便于搜索等优势，但因其与人类延续千年的阅读习惯有较大差距，大众阅读习惯在短时期内无法完全适应，因此，应用各种技术手段开发新的阅读终端与平台，增进人们在阅读数字书籍时的触觉、味觉、嗅觉方面的体验是今后数字书籍发展的重要方向。亚马逊就于近期宣称：其产品 Kindle 的目标就是要达到数字阅读跟纸质阅读一样的境界[4]。

2. 统一多平台风格

小说是目前进行跨媒体出版最活跃的一类书籍，许多畅销小说都是从手机和网络中发行后转为落地出版。国内首部微博小说《围脖时期的爱情》和拥有1亿手机读者的作品《原来的世界》，均诞生于新媒体平台，如今又都回归纸质出版，分别在沈阳出版社和磨铁图书公司落地出版。

在书籍进行跨平台出版时，应统一多平台上的风格，尤其是在封面的颜色搭配、文字设计、图形选择和整体构图上，要和其他平台保持一致，以延续在其他平台上所做的前期工作及各种宣传，统一该书籍在大众脑海中的印象，使前期的投资和宣传工作发挥更大的效能。如《围脖时期的爱情》一书，落地出版的封面设计使用红白两色搭配，突出了时尚的气息，在标题的设计上将“的”变形为“@”，非常成功地突出了本书的来源，使读者能非常迅速地将本书与网络和微博平台联系起来，独具匠心的设计将多个平台统一起来，给读者留下深刻的印象。

3. 区别精读与浏览

据调查显示，目前用户阅读电子书籍的终端工具还是以个人计算机为主，因受空间位置的限制，在阅读数字书籍时，需端坐在计算机前，通常在翻至第 50 页时[5]，心情就开始烦躁，因而缺乏耐心，只是进行粗略的浏览；而阅读传统书籍只需要充足的光线，不受空间的限制，可以随意调适姿势，往往适于精读。

在跨平台出版时要充分考虑到上述问题，整体上，各平台要统一风格；细节处，需进行区别设计。出版传统书籍可按部就班地排列文字，注意纸张和印刷的质量；出版数字书籍，需注意用户的心理，适当设置节点和跳转以返回总目录，并注意每屏文字的分布、密度和总体长度。

4. 设置单向与互动

所谓互动性，是指读者通过数字终端的输入输出设备输入个人需求，而数字终端也瞬间通过输入输出设备回馈给用户其所需要的响应。例如：某人通过触屏点击手机上的图标“故事会”，屏幕上会马上打开“故事会”供其阅读，在这里，手机就是数字终端，手机屏幕就是输入输出设备，而某人点击后手机回馈这一过程就称为“互动”。

“互动性”是数字时代的产物，在书籍出版过程中，应合理运用互动性，与读者进行适当的交流，进行人性化设置，让读者感到自己的每一个需求都得到了响应和回馈。例如在专门为儿童出版的 MPR 读物中，应考虑选择该书籍的儿童可能遇到的问题、需要的解答，进而设置互动点。对于适合成年人仔细研读和珍藏的经典名著则不必设置或不必过多地设置互动，否则反成画蛇添足。

同一部书籍进行跨媒体出版时，应充分考虑每种平台的特性和选择该平台终端的用户的定位，进而对互动性进行区别设计。

5. 兼顾二维到多维

传统媒体的内容和形式均被限制在有限的二维平面范围之内，立体书籍出现后，纸质书籍的内容呈现空间扩展到三维。随着数字技术的兴起，互联网的超级链接和统一资源定位符的使用，对数字书籍的设计从二维扩展到多维，使数字书籍的结构更为丰富而复杂。跨平台出版的书籍，其内容在各平台保持一致的前提下，对于支持超级链接的平台，可针对某些关键词设计超级链接，支持读者在水平浏览的同时，进行纵深层次上的阅读，有助于更深刻地从多角度理解书籍的内容。但任何先进技术的使用都应控制好“度”，对于超级链接的深度级别也应控制在一定范围之内，帮助读者始终围绕本书内容进行阅读。

四、未来的发展

1. 关注“五感”的设计

读者在阅读过程中的综合感受主要体现在五个方面，即听觉、视觉、触觉、味觉、嗅觉，除此之外，兼有情感和心理方面的体验。因此，若想成功地将一部书跨平台出版，应从多角度、多方位关注读者的感受，进行多元化的设计，除传统的出版平台和现有的数字出版平台之外，应进一步尝试将以往的纸质书籍和现在的数字书籍按其特性进行解构和重组，形成新的产品、新的平台，带给读者新奇、刺激的感受，使阅读的过程充满新鲜感，并获得各方面的多重体验，尤其是对数字产品在嗅觉和触觉体验上的设计，目前仍处于起步阶段，有关技术仍需进一步研发，以满足更高层次的多元化需求。

2. 关注专业设计师的培养

书籍跨平台出版工作的设计和规划的难度要远远大于生产的难度。目前，多数跨平台出版只是简单地将印刷版改为电子版，或直接将电子版整理后进行印刷，并不能充分利用每个平台的特点，充分发挥其优势让用户有丰富的体验，因此，进行精心和专业的设计规划是跨平台出版的核心工作。在产品设计方面，国内大专院校中较少涉及数字、多媒体产品设计的专业，因此，此类设计人才在国内相对匮乏。在产品加工方面，涉及数码产品制作和加工的工序多集中在我国南方技术性劳动密集的区域进行，但由于设计人才的匮乏，产品的知识产权多掌握在欧美发达国家手中，因此，关注跨平台出版的专业设计人员的培养，中国书籍出版业才会有不断放大的、多元化的生存和发展的空间。

3. 关注体验式推广

受教育程度、文化差异、收入水平、社会环境等多种因素的影响，国内书籍的跨平台出版尚处于起步阶段，其推广和营销工作也刚刚展开，影响力较弱，消费者多数仅是对传统书籍及网络中的 TXT、PDF 格式的书籍较为熟悉，而对于 MPR 等新兴平台的产品了解较少。因此，出版市场必须立足于读者了解的出版平台，不断开发和推广新的平台，并在公共场所设置体验式推广，让更多的读者了解和体验新的平台、新的产品，以使读者能够充分利用新技术、新平台，感受、体验并自主地选择数字时代的多元化阅读。

参考文献

[1] 陈明明，滕玲. 传统书籍与数字媒体出版物的未来关系［J］. 艺术与设计，2011 (10).

[2] MPR. 百度百科［EB/OL］. http：//baike. baidu. com/view/1471033. htm.

[3] 洪缨，李朱. 发展与创新中的立体书籍［J］. 中国出版，2012 (1) 下.

[4] 刘运来. 新媒体时代数字出版对书籍设计的影响［J］. 出版广角，2011 (5).

[5] 付晓燕. 电子杂志视觉传达特点与设计方法［J］. 中国编辑，2007 (2).

（原载《中国出版》2012 年 12 月上）

跟周振甫先生学写审读报告

王书华

撰写审读报告是编辑的基本功之一。近年来，由于年轻编辑缺乏这方面的训练，撰写的审读报告往往不合要求。最近读书时，看到周振甫先生的两篇审读报告[1]，作为从事编辑工作二十余年的老编辑，我深受启发，叹为观止。

周振甫先生是我国著名的编辑家、著作家，新中国成立后，周先生先后在开明书店、中国青年出版社、中华书局、人民文学出版社工作。作为编辑家，周先生编辑出版了大量的文史读物。在中华书局工作期间，他审阅加工的书稿就有《管锥编》《谈艺录（补订本）》《李太白全集》《历代诗话》《历代诗话续编》《楚辞补注》《酉阳杂俎》等多部传世之作。

周先生虽然学养深厚，在学术界颇有声望，但他一生的主要精力还是放在默默无闻的编辑工作上。对于“为他人做嫁衣”，他甘之如饴，从之若素，从不拒绝编辑室委托他审读的书稿。对青年作者，他是热情扶植，助人为乐。对青年编辑，更是循循善诱，耐心帮助。在道德文章、业务知识和工作作风上，都堪称编辑工作者的楷模。

撰写审读报告是衡量编辑对书稿内容质量掌握程度的标尺，也是决定书稿是否采用的关键环节。责任编辑撰写审读报告，一般应包括书稿内容、作者情况、书稿特色、出版价值、社会效益和经济效益预测，以及对书稿观点、论证的评价，对结构、体例、文字质量的看法，对书稿的处理意见等。

这里，以周振甫先生关于钱锺书先生的《管锥编》的审读报告为蓝本，谈谈编辑如何撰写审读报告。

1977年，钱锺书先生将《管锥编》书稿交付中华书局出版，并希望周振甫先生担任责任编辑。周先生接到书稿后，于1977年10月24日，撰写了题为《建议接受出版钱锺书先生的〈管锥编〉》的审读报告。周先生这篇审读报告堪称图书审读报告的典范，值得我们认真学习和效仿。周先生的审读报告可分为八个部分，姑且称之为审读报告“八股文”。

一是书稿由来。在审读报告开头，周先生即交代了书稿的来源及组稿的经过。周先生说：“马蓉同志昨天去看钱锺书先生，钱先生谈起他的新著《管锥编》，说最近胡乔木同志去看他，看了《管锥编》的部分稿子，很欣赏，建议早日出版，不宜延搁。钱先生愿意把这部稿子交给我局出版。因为我看过部分稿子，希望由我来做编辑工作。由于这部稿子里有五种外文，校对工作可由他自己看清样。”短短几句话，交代了书稿的由来，介绍了胡乔木对书稿的评价以及周先生对书稿的处理意见。

二是对作者的学术成就及其在国内外学术界的地位加以简明扼要的介绍。周先生说：“钱先生在英国文学界有较高的地位，英国人编的文学史，有专章讲述钱先生的文学创作。钱先生的《宋诗选注》，日本人极为推重，有专文介绍。钱先生通几国文字，专研比较文学。他博览群书，把中国文学名著和西洋各国文学名著中之艺术手法，把中国的文艺论和西洋的文艺论互相比较，足以启发人的智慧。”周先生指出：钱先生是中西兼通的学术大师，不仅是比较文学研究大家，且其在文学创作和宋代文学研究方面的成就也被海内外文学界所钦佩。

三是对书稿内容及其规模的介绍。周先生说：“《管锥编》是分一部一部书讲的，共讲了《周易正义》《毛诗正义》《左传正义》《史记会注考证》《老子王弼注》《列子张湛注》《焦氏易林》《楚辞补注》《太平广记》《全上古三代秦汉三国六朝文》十部书，约有八十万字。”

四是对书稿体例结构的介绍。周先生说：“他（指钱锺书先生——引者注）就每部书中提出各个问题来讲，讲的时候往往用古代名著来比较；有时引用外国的名著或文艺论来作比较阐发。引用外文的部分在正文中都作了翻译，把外文的原文列入附注，不懂外文的人都可看。”这既赞扬了钱先生熔铸古今、贯通中西的大家气象，又称赞了书稿所具有的学术价值。尤其可贵的是，钱先生还将“外文的原文列入附注”，看似不经意的一笔，却透露了老一辈学者的博学与严谨，更是流露了老一代编辑家的慧眼识珠。

五是对书稿观点、论证的评价。周先生说：“这部著作不限于比较文学，也接触到其他学术问题，但以文学艺术为主。在讲《周易正义》里，讲到‘易一名而含三义：易简一也，变易二也，不易三也’。引了黑格尔的话，黑格尔称赞德文含义丰富，贬低中国文字贫弱，不宜思辨。钱先生就据中文含义的丰富，有并行分训，如‘空’有虚无、诚悫两义；有歧出分训，如‘乱’兼训‘治’，‘废’兼训‘置’。用来纠正黑格尔的错误，对加强我国人的自信心有作用。”该书内容偏重于比较文学，但并不局限于比较文学；钱先生的观点纠正了黑格尔关于中国文字的错误看法，对于增强国人的文化自信有重要作用。

六是对书稿创新价值的判断。周先生说：“讲《易经·艮卦》的‘艮其背’，引《红楼梦》风月宝鉴不可照正面，只可照背面。又引德国诗写贵人卧病，忽见美女仪表似天人，其背皆白骨，以及《镜花缘》之写两面国。通过中西作品的对比，对人有启发。讲《易经·归妹卦》，据斯德噶派‘万物有二柄’说，指出比喻有二柄，褒贬相反，如‘水月’既喻玄妙，又喻虚妄。比喻复具多边，如‘月’，既可喻明亮，又可喻圆形，又可喻明察，又可喻女主，各取月之一边。二柄多边之论修辞，未经人道。由于通过古今中外名著的比较研究，很有发前人所未发的创见。”寥寥数语，点明了书稿内容的创新之处。这样一部“发前人所未发的”书稿，其创新价值和出版价值不言而喻。

七是对图书出版后社会影响和社会效益的预判。“这书如果出版，至少在英国和日本，会引起重视”。由于当时的出版单位是事业单位，图书的经济效益尚不受重视，所以关于书稿的市场反应和经济效益，周先生没有提及。

八是提出具体的处理意见。周先生说：“根据陈原同志的指示，我局有责任出版有学术价值的著作，是否可以接受出版，请批示。”既指出了出版该书的必要性，又留有余地，请有关领导决策。

中华书局文学编辑部接到周先生的审读报告后，第二天即做出决定，同意出版这部书稿，并要求从审稿、发稿直到排印出书都作为重点书予以优先考虑。其办事效率之高，即便放在今天也毫不逊色。

1977 年 12 月 1 日，周先生又拿出一份更加翔实的审读报告。这份报告长达 38 页、数万字，是周先生在审读完《管锥编》第一批原稿（《周易正义》《毛诗正义》《左传正义》）后提出的具体评价和修改意见。作为该书的第一读者，周先生对该书的价值做出敏锐的判断和准确的评价，因而这篇审读报告也具有很高的学术价值。报告指出：“本稿是读书札记，这样的札记以前国内没有见过，因为它包括古今中外，偏重于比较文学，包括文字训诂修辞兼及哲理等。”之后，周先生用长达 30 余页的篇幅提出了对于书稿的修改意见。难能可贵的是，对于周先生的修改意见，钱先生高度重视，认真对待，逐一做了批注，有的意见被钱先生采纳，没有采纳的也予以说明。1979 年 8 月，《管锥编》出版，钱先生在序中说："命笔之时，数请益于周君振甫，小扣辄发大鸣，实归不负虚往，良朋嘉惠，并志简端。"[2]

从这个典型事例中，不但可以看出编辑大家是怎样撰写审读报告的，更可以学习老一代编辑家是如何处理与作者的关系的。周先生与钱先生的互相信任、互相尊重，不仅是出版界流传甚广的佳话，也成为中国文学史上编创合作的典范，值得我们编辑工作者学习和借鉴。

参考文献

[1] 丁伟志.《管锥编》选题建议及审读报告［G］//钱锺书先生百年诞辰纪念文集.上海：上海三联书店，2010.

[2] 张世林.想念周振甫［M］.北京：新世界出版社，2011：23.

（原载《编辑之友》2012 年第 5 期）

中国期刊如何走出去

——以《中国国家地理》为例

刘　晶

新闻出版总署在2003年召开的全国新闻出版局长会议上正式提出了新闻出版业要走出去的战略。截至目前，中国出版业走出去的主角是图书，已经有多家出版社开始了多语言版本的图书版权合作。而期刊业则是引进得多，输出得少。出版业担负着文化交流的重任，期刊的时效性，更有利于让海外读者近距离地了解中国人和中国人的社会生活，所以优秀的期刊应该率先行动起来。

一、国际上"国家地理"类杂志的海外扩张

全球范围内有三本有影响力的"国家地理"类杂志，其一是美国的《国家地理》杂志（*National Geographic Magazine*），其二是德国的《地球》杂志（*GEO*），再有就是俄罗斯的《环球》杂志（*Vokrug Sveta*）。

创刊于1888年的美国《国家地理》杂志从1995年发行日文版开始，至今已经发行了含英文版在内的34种语言版本，其英文原版杂志也被全球的读者订阅，2011年美国《国家地理》杂志英文版的月发行量是445万册。而有报道称，该杂志各个语言版本的总发行量中有1/3是在海外发行的。

德国的《地球》杂志诞生于1976年的德国汉堡，它的内容

定位类似于美国《国家地理》杂志，如今已经发行了21种语言的版本，海外扩张的轨迹遍布欧洲、非洲、亚洲和美国。《地球》杂志在德国和法国两个国家的发行量目前是50万册。

俄罗斯的《环球》杂志是俄文杂志中最老牌的，它创刊于1861年的圣彼得堡，比美国的《国家地理》杂志创刊早了近30年，因此说它是世界上科普类杂志的先驱之一。在经历本国政治风云的同时，《环球》杂志也经历着自己的起起落落，发行量曾经在1971年达到过230万册的高峰。这本杂志至今仍在发行，发行量在30万册上下。然而这本杂志并没有走向国际市场，因此我们对这本杂志的了解不多。

二、《中国国家地理》是中国大陆首个对外出售版权的期刊

《中国国家地理》杂志的前身是创刊于1950年的《地理知识》杂志，2000年10月，《地理知识》正式更名为《中国国家地理》。2002年1月，《中国国家地理》的日文版在日本正式发行，这是中国期刊首次进入海外非华语市场。出版发行的第三期就开始赢利。2003年6月，繁体字版在台湾省发行。出版发行的势头猛烈，抢占了台湾省本土原有地理类杂志的市场份额。2006年，《中国国家地理——选美中国》外文版发行，包括中文共发行了11种语言版本，深受海外市场欢迎。2008年7月，港澳繁体字版在香港、澳门地区及中国大陆以外的华语地区发行。2009年，《中国国家地理》英文版双月刊创刊，并进入欧美市场。改版至今的12年间，《中国国家地理》杂志努力地开拓着海外市场。

三、走出国门需要重视的问题

1. 互利的内容合作方式

期刊要想打开国际市场的局面，依然要遵循传播学的规律，

即“内容为王”。任何一本期刊在开拓新的市场时，都要首先在内容上动脑筋，所思所想仍然离不开“传播的受众是谁”这个问题。中国的期刊要想获得国际市场的认可，就要研究当地读者的兴趣特点，研究当地读者的阅读习惯，进而从内容选择到装帧设计都要“投其所好”。

期刊走出去有三种内容合作的方式：一是当地版期刊是原版期刊的同步化翻译版；二是当地版仅对原版期刊的部分核心内容进行同步化翻译，而期刊的其他内容则由该国自己的编辑队伍组织采写，反映各国本地的情况；三是原版期刊向各国的合作出版社出售原版期刊的内容版权，当地版可以根据实际需要重新编选原版期刊以往各期所做的内容，但要保证标题以及文字内容不得更改，可以根据当地读者的喜好适当更改图片及版式设计风格。

美国的《国家地理》杂志凭借全球人民对其英文版杂志核心内容的喜爱，成功地走过了17年的海外扩张道路。在发行海外版的早期阶段，美国《国家地理》杂志的决策层通过市场调查得知各国市场都需要英文原版的内容，于是，他们便让所有海外版本都保留英文版的原有内容，从而在同样的出版时间里，各国的本地版都可以看到与英文版同样的文章。然而后来，美国《国家地理》杂志的决策层决定各本地版中要有10%～15%的内容交给当地的编辑队伍组织采写，以适应各当地人民的口味。这样做的结果是，《国家地理》杂志的海外版本既拓展了英文原版的选题触角，又避开了与英文原版在各国出版市场上的销售竞争。

《中国国家地理》杂志在发行日文版、繁体字版和英文版的过程中，采取的都是上述第三种内容合作方式，即授权合作出版人对《中国国家地理》历年刊登过的作品进行重新汇编，当地版的编辑部可以根据所面向的读者市场，选择当期刊物以及过往刊物中的任何文章进行重新组合，文章中的正文、图片说明以及地图不能更改，图片和版式设计则可以根据当地版本的特殊需要进行改造，通常，当地版本的封面与原版的封面是不一样的。

上述第三种内容合作方式的好处在于，当地版本可以灵活地使用原版杂志多年积累的文章资源，依据当地的市场特点，最大程度地制作本地化的杂志；同时，原版杂志中的往期内容也可以得到再次利用。

2. 坚持中国本部对各海外版本的内容终审权

各地版本在内容上的合作，根本的原则是要适应当地的市场需求。然而，对于像《中国国家地理》杂志这样的地理类期刊而言，由于其内容涉及大量地图以及与国家版图有关的主权问题，因此，这类期刊在与海外出版人进行内容合作时应特别重视对杂志内容终审权的谈判。

从《中国国家地理》杂志的经验来看，对杂志终审权的谈判比对版税收入的讨价还价要艰难得多，往往要经历几个月甚至更长时间。由于一些西方国家对人类文明史，特别是中国文明史的认知存在一定误区，掌握杂志的终审权就成为国内期刊是否能以一本完整的中文媒体形象在当地落地的关键。在与各外文版和中文繁体版的合作中，《中国国家地理》杂志都保持了编辑内容的终审权，当地版本里的文字内容除了可以根据当地的语言习惯进行修改外，必须遵循杂志的原貌。当地版本中的地图不能违背中国领土与主权完整的原则。

3. 多种渠道开拓海外市场

中国期刊开拓海外市场可以多种渠道并行。

对外出售版权是比较常用的海外合作方式。这种合作的关键在于找准合作出版人。因为杂志的内容出售了之后，还应该关心当地版本在当地市场上是否能扎下根来并且发展壮大，这要求合作出版人的能力要强，所以要寻找在当地出版业有实力的出版人。

期刊开拓海外市场也可以依靠在境外开设专卖店的方式。在专卖店里一方面售卖当地语种版本的期刊，另一方面可以售卖企业旗下的品牌商品。美国国家地理协会就在世界好几个大城市开设了类似的商店。商店不仅强调了美国《国家地理》的品牌形象，还催生了美国《国家地理》品牌下诸多商品的制造，与商店配套的咖啡厅也生意兴隆。中国的期刊向海外走出去时不妨采取类似的品牌战略。

还有一种渠道就是在当地设立编辑分部，派驻本部的人去管理，雇用当地人。这样做的好处在于，人员成本和投资风险相对较小，弱点在于，本部派去的人需要较长时间才能在当地立足并熟悉当地的市场。

4. 培养外语人才

中国期刊走出国门需要的是既熟悉出版业务，又熟练掌握外语的人才。所以从现在开始，每一个想开拓海外市场的期刊领导都要重视员工的外语水平的提高。

《中国国家地理》杂志社十分重视对属下员工的外语培训，资助杂志社所有中层管理者参加高质量的英语培训，为将来杂志社向更广阔的海外市场开拓夯实基础。

四、结语

中国期刊走出国门，已经成为刻不容缓的事实。所以国内的期刊经营者们要开始重视这个话题。一方面要进行外语人才和版权谈判人才的培养，另一方面要积极参与各类国际出版行业的聚会，及时抓住机遇。

参考文献

[1] 邬书林. 总结经验，深化认识，努力提高中国出版“走出去”的水平 [J]. 中国出版，2011（6月上）.

[2] 唐圣平. 出版集团国际化战略研究 [J]. 出版发行研究，2010（3）.

[3] 魏玉山. 关于中国出版走向世界的思考——一种跨文化传播的方式 [J]. 中国编辑，2005（2）.

[4] 潘文年. 国内外中国出版业“走出去”研究现状分析 [J]. 淮阴师范大学学报，2011，（4）.

[5] 叶新. 美国《国家地理》杂志的海外扩张 [J]. 出版参考，2005（1月下）.

（原载《中国出版》2012年6月上）

教育出版数字转型的策略选择

——圣智学习集团提供的启示

李云龙

传播技术的持续创新和教育环境、需求的变化，使得传统教育出版转型升级的步伐不断加快。业界普遍认为，调整传统教育出版产业结构和发展模式以适应数字出版要求，不能只是依赖数字技术的简单移植来实现。数字转型涉及政策扶持、技术研发、国际合作、产品培育、企业打造等诸多方面，其中每个方面都是影响数字转型能否成功的重要因素。业内针对上述因素指出了传统出版数字转型面临的困境：出版社没有电信增值服务运营权，进军数字出版领域的能力不足，数字出版人才缺乏带来困扰，传统出版业网络运营能力距离现实需求尚有较大差距，难于实现硬件、软件、内容和网络支付的完美配合[1]。这样的转型困境，要求出版机构选择合适的策略、以有力的举措进行应对。教育出版领域坚持的不应只是单纯的出版本体概念，还要考虑在提高教育效果方面如何发挥作用。在这方面，圣智学习集团无疑提供了值得借鉴的启示。

2012 年 8 月 29 日第 19 届北京国际图书博览会期间，圣智学习集团总裁兼首席执行官罗纳德·邓恩（Ronald G. Dunn）与中国教育出版传媒股份有限公司董事长兼总经理李朋义展开过一次高端对话。罗纳德·邓恩先生以“教育出版的转变：从教材到教学解决方案”为题展开了主题演讲[2]。罗纳德·邓恩提到了圣智学习集团教育出版的转型，即由最初开发领先的教材、百科全书和原始档案，转向电子书和数码产品，现在他们已经开始整合各种应用，专注于提升学习效果、提供定制服务，而目前已经开发出完全创新的系统，来营造个性化的学习体验。

从行业发展视角来看，圣智学习集团教育出版的转型不单是一个企业的发展规划或战略的问题，作为世界范围内教育出版领域的领袖和巨头，它的企业发展规划与实施，关涉到整个行业的关注视域和业务转型。从这个意义上说，以其为观照对象从而进行数字教育出版策略的适应性反思和完善，对身处数字出版大潮裹挟中的企业而言是必要的。

一、明确教育出版的超越电子书的数字定位

2011年世界出版业数字化变革继续加速，其中美国电子书净收入达到20.7亿美元，较2010年翻了一番，而英国电子书全年消费总额则同比增长了366%[3]。世界主要出版集团来自于数字出版的营业收入亦出现大幅增长，许多出版机构开始通过重组、合作等方式搭建数字出版平台，越来越多的资本被投入到电子书的出版之中。出版行业和知名出版机构电子书销量在全世界的强劲增长，在很大的程度上暗示了出版物的数字转型是一个极具赢利空间的、容易操作的数字出版发展方向。比如日本的讲谈社、小学馆、集英社等20余家出版社即开始筹划成立合资公司，并将所有出版物的数字化定为公司重要目标。世界各地蓬勃发展的电子书，其内容涵盖了多种出版物类别，它的迅速推广，是因为电子书与相应数码产品所具备的在线和便携属性。对于教育出版面向的读者而言，在线和便携虽然也属于必须正视的产品功能，然而，分属于多个不同教育阶段的学生、教师、科研人员读者，显然并不像浏览报纸和阅读文学读

物的普通读者那样仅仅满足于此，他们需要产品能够对学习和科研给予最为广泛的数字支持。

寻求教育和学习过程中的数字支持，源于课程论和教学论的最新研究进展。在理念层面，建构主义认识论正在取代客观主义认识论从而逐渐成为教学领域的基本观念。建构主义教学观认为，学习在本质上是学习者主动建构心理表征的过程，教师和学生分别以自己的方式建构对世界（人、社会、自然、文化）的理解，建构主义学习环境由情境、协作、会话和意义建构四个要素构成，建构主义的教学策略是以学习者为中心的，其目的是最大限度地促进学习者与情境的交互作用，主动地建构意义[4]。数字技术的发展恰好可以为建构主义教学提供支持，通过设置丰富的、反思性的学习环境，引导学生自由地去探索、尝试和创造，保证并实现学生在课程与教学中的主体地位。发展到今天的云计算，具有基于网络的计算、以服务形式提供功能、资源共享、服务的快速伸缩性、按需服务和收费五个方面的特性，这些特性恰好与以学习者为中心的建构主义教学要求相吻合。

数字技术的发展能够为教育需求提供极大支持，而从另一个方面来看，传统教育图书的研发、出版比其他任何种类的图书都能适应当今数字技术的要求。与课程教学有关的图书，几乎无一例外地形成了由教材、教学教师用书、教学设计、评价手册、辅助学习资料等组成的完整系列，有时甚至是按照学习内容所属的主题（比如小学语文的拼音、识字写字、阅读、口语交际、习作），细分出不同的系列，这些在一定意义上已经完成了初始计算参数的设置。如果能够结合学校与学生的个体需求，适当补充相应内容门类，并做些升级开发，教育出版首先实现真正意义的数字出版应非难事。

圣智学习集团正是在课程教学理论指导之下，融合了其核心内容，研发出了超越电子书和单一软件平台的创新数字系统——MindTap（思维导图），它对解决方案、内容、服务进行了数字整合，基于云计算技术，提供应用平台和独立设备，能够让使用者获得全方位的学习解决方案，获得个性化的学习体验。按照罗纳德·邓恩的说明，这一崭新的数字教育出版产品，具有“更好地监控学习表现，学习材料不受时间地点限制，学习更有组织性，节省时间，辅助解答每道习题，将作业习题整合到学习过程中，获得更多参与性的学习体验，通过互动的练习、测验和作业学习概念，对课程概念有更深刻的理解，获得更好的成绩”的优势。这样的优势和效果是不言自明的，10年前信息技术推广初期的计算机辅助教学就已提出了部分设想，而今因为数字技术与传统课程教学内容的整合，则无疑使其教育价值实现了前所未有的最大化。

由此看来，圣智学习集团的 MindTap 并非是一家的创新产品，它提示的其实是一种超越电子书的教育出版数字定位。

二、在产业文化冲突背景下提高人才使用效能

圣智学习集团以 MindTap 为代表的创新数字产品的研发，不是简单的新起炉灶问题，他们同样经历了传统出版业转型升级而要面临的文化冲突。

数字出版是一种新兴出版业态，它对传统出版业从业人员的文化冲击是巨大的，因为他们往往是部分数字技术的使用者，而很少从出版角度去钻研数字技术该如何应用的问题，因此业界产生了要求及时学习、迅速充电的强烈诉求。实际上，数字出版本身还广泛涉及传统出版的学科专业问题，除了数字技术，传统出版面临的学科专业工作本身并没有减少。即便是对数字

技术最有研究的专业人员，如果没有相关学科专业的背景知识，也很难做好数字出版工作。数字出版同时也为传统编校人员和新兴IT业者带来了挑战。

传统出版与数字出版的静态差异是出版产业转型升级过程中不可避免的冲突。但若从转型升级的动态实效考量，如何科学有效利用两类人员实现数字出版人才使用模式的探索，走出版产业的数字转型与升级之路是不可避免的行业走势，人才适应是转型与升级的题中之义。而弱化文化冲突的最好办法，是正视传统编校人员和新兴IT业者各自的职业优势，通过互补优势共克数字出版难题，以提高两类不同人员的使用效能。

数字出版是科技发展所引发的学科融合的产物，在数字出版教育未能造就完全符合行业发展要求的“复合型”数字出版人才之前，通过分科专门人才——数字技术人才与其他特定专业人才的分工合作来突破数字出版这一新兴复合业务面临的产业发展困境，应该是基于产业教育与产业需求现状、提高人才使用效能的优选方案。一方面，企业可以充分利用旧有的特定专业的人力资源和内容资源，借助自身对于特定领域专业出版知识的了解，准确定位、开发、遴选相关内容，培育终端读者阅读取向，开发潜在阅读需求。另一方面，可以有效利用现有信息技术而不限于数字技术方面的专业人才，充分发挥他们在信息的采集、整理、集成、表达方面的优势，克服其特定专业知识方面的短板，着力解决其他特定专业知识如何在数字条件下满足终端读者的阅读需求。与由不很成熟的“复合型”数字出版人才或者原IT业者的简单移植并主导数字出版业务相比，两类不同教育背景和专业背景人员的合作，更易发挥各自的专业特长，从而以专业制高点攻克行业难点，这是什么都懂、什么都不精的一般“复合型”人才难以胜任的。

圣智学习集团的创新产品 MindTap，正是“基于圣智学习核心内容创建”，并有效利用这些核心内容，这是单纯的数字技术人员难以胜任的。数字教育出版从表面上看只涉及教育一端，但实际上，教育是一个广泛涉及不同门类、不同级别、各种学科专业的巨大集合，这些学科专业核心内容的打造，不仅需要传统编校人员，更需要教育课程和学科专家、教育政策制定者、教师和学生等群体的广泛参与。

三、通过并购、上市加速企业的数字化转型、升级

圣智学习集团的发展史，本身就是一部围绕品牌进行并购的发展史。2000 年，圣智的前东家汤姆森收购了 Prometric（普尔文公司）；2001 年，汤姆森出资 20.6 亿美元，买下了 Harcourt（哈考特）的大学教材和专业出版业务；2007 年，汤姆森以 77.5 亿美元的价格将旗下教育资产向 Apax Partners（阿帕克斯）和 OMERS Capital Partners（欧莫斯）组成的联合财团出售，同年 8 月 31 日，易名圣智学习集团[5]。汤姆森教育资产更名为圣智之后，借助巨大的财力支撑，进一步整合了诸如教育评估、图书馆等各个领域、层级的资源，并将原来分散的、各自为政的数字化业务人员全部安排到一起，借助一个统一的中央数字小组制定整个集团的数字出版战略。

通过兼并、收购、重组等产权交易形式和公司上市，可以升值产权资本，实现资本有效运营。而公司财务状况的改变、发展资金的募集，指向的都是强力推动企业发展的战略。兼并等产权交易形式的作用不限于此，它同时还是拓展新兴市场、完善产品结构、强化核心业务、重塑强势品牌的有效手段。对于教育出版而言，任何一个领域哪怕一个学科涉及的都是立体化的资源支撑，兼并等产权交易形式无疑能够快速推动资源集

聚进程，同时，成熟的数字技术一类企业的并购，又可缩短研发流程、实现不同教育出版产品小类之间的应用迁移以减少成本投入。培生集团 2006 年兼并职业测试公司 Promissor（普罗米瑟）、收购意大利最大教育出版公司 Paravia Bruno Mondadori（帕拉维亚·布鲁诺·蒙代多里）80%的股份，2007 年收购 Harcourt 子公司和在线远程教育公司 eCollege（大学在线）都是如此[6]。对于数字教育出版而言，任何平台的搭建和产品的研发，都具有周期长、投入大、风险高的特点，通过兼并、收购、重组和上市等手段来应对这些挑战，更是必须之举。

有鉴于传统出版向数字出版转型的现实困惑，有识之士指出，数字出版转型所需努力的方向体现在战略、机制、队伍、平台、渠道五个方面[1]。不过，仅仅提出发展数字出版须有明确推进的方向和目标、建立符合数字出版特点的体制机制等设想，难免笼统、宽泛了一些。圣智学习集团在上述三个方面提供的启示，则提出了具体有效、扎实可行的操作策略，也为走中国特色的教育出版数字转型之路提供了参考和借鉴。

在中国教育出版领域，随着中国教育出版传媒集团的组建和其上市步伐的不断加快，可以预见，五家成员单位对各级各类教育的全覆盖，加上强大的资本支持，一定会使其在数字化转型和升级方面获得长足进展。

圣智学习集团 2011 年数字业务营业额已经达到其总体收入的 37.5%[2]，这不是中国数字教育出版的终极方向和目标，但是一个可以对比的、将“未来教育业务的发展重点放在远程教育和电子解决方案上”并投入巨资的数字教育出版战略的现实成果。当然，有了财力支撑之后的资源整合、新品研发、效率保障、品牌重塑仍有不平常的路要走。

注释

[1] 蒋宏. 传统出版向数字出版转型的现实困惑与发展方向 [J]. 现代出版，2011 (2).

[2] Ronald G. Dunn. 教育出版的转变：从教材到教学解决方案 [R]. 第 19 届北京国际图书博览会，2012-08-29.

[3] 柳斌杰. 中国出版业的数字化转型之路——在 2012 北京国际出版论坛上的讲话 [R]. 第 19 届北京国际图书博览会，2012-08-28.

[4] 张华. 课程与教学论 [M]. 上海：上海教育出版社. 2001.

[5] 圣智学习出版公司 [EB/OL]. 2012-09-13. 大佳网，http：//www. dajianet. com/world/2011/0425/154076. shtml.

[6] 刘益，赵志伟，杨卫斌. 培生集团的经营管理与发展战略研究 [J]. 出版发行研究，2009 (12).

（原载《中国出版》2012 年 12 月上）

从“大编辑”理念看编辑出版人才培养的趋向

李　立

近年来，中国编辑学会大力提倡的“大文化·大媒体·大编辑”理念，不但得到国家出版总署的充分肯定，更引起了业界和学界的关注和认同。笔者认为，其中的“大编辑”理念，不仅为编辑出版学界和业界开阔了新思路、新视野，而且对编辑出版人才的培养思路产生了深刻的影响，对其培养方向、培养方式、培养机制等具有切实的指导意义。

下面谈谈对“大编辑”理念的个人理解。

“大编辑”理念，首先基于信息社会的形成。当下人人都有切身的体验，不管我们承认不承认，认可不认可，情愿不情愿，我们都已“没商量”地置于一个几乎是全民化的媒介信息社会。如今不仅是年轻人，即使是中老年人，如果脱离了媒体提供的信息，其生活质量就会受到影响。任何一种文化信息的传播都离不开媒体和编辑。过去，编辑的功能还可以称为“为人作嫁衣”，而在新的社会和文化环境下，编辑的职责应是对新的文化成果的优化传播，是一种创造性的精神生产活动。正如桂晓风所言：“编辑群体对传播的方向和质量起着决定性的作用。”因此，编辑活动在社会文化生活中所涉及的范围、所担当的社会责任使之构成“大编辑”的概念。“大编辑”之大，体现的是一种承载文化责任之重。

“大编辑”理念也基于“多媒体”整合时代的到来。随着以数字技术为代表的新技术的迅猛发展，不仅文化信息传播的功能在延伸和扩展，而且文化产品的传播途径和传播载体也在发生革命性的变化。因此，编辑和出版的内涵和外延都在发生变化。今天，如果还在固守传统的编辑和传播理念，就无法适应新的传播方式的要求。网络出版、电子出版、手机出版、多媒体传播等新的传播方式不断跟进，“每一种传播方式造就了一种新的媒体，每一种媒体又造就了新类型的编辑”，而且多媒体的整合，媒体之间的和谐，都向编辑工作者提出了新的挑战。因此，“大编辑”之大，也体现出编辑者面对新媒体环境的严峻考验。

“大编辑”理念还基于编辑者的综合素养。蒋子龙先生在一篇题为《编辑何以为“大”》的文章中列举了编辑的几种能力：“慧眼识珠”“点石成金”“打造名作”“培养作者”“掌握市场”……其实把这些能力合起来，就是一个“综合素养”。传统编辑者常常被称为“杂家”，后来又提倡“专家”（即“编辑学者化”）。笔者认为，杂家仍应为编辑的主要职业特征，过去的杂家，可能更多是知识的丰富、学识的深厚、技能的娴熟，而今天的编辑面对现实更需要新的意义的“杂”：具有选题策划的创新思维，具有把握稿件的文化功底，具有融汇多种媒体的复合技能，具有市场化的营销策略……因此，“大编辑”尤其不能缺少“综合素质”的积淀。

正是由于媒介社会的形成，赋予了编辑出版业更为重要的社会责任，媒介革命也使编辑出版面对更大的挑战，所以编辑出版人才的培养成为一个具有现实意义的问题。基于笔者对编辑出版专业的了解以及初步的研究生培养实践，谈一点粗浅的想法。

一要广读书，勤思考，积累“大编辑”的文化底蕴。

综观古今中外的优秀编辑，没有深厚的文化积累是做不了“大编辑”的，这一点应该是做好这个职业的前提。据笔者观察，有的研究生入学后就不大读书了，甚至就不想读书了，认为第一年的研究生课程就是“读书”，上完这些课程后就亟不可待地找地方实习了（甚至没上完课就开始进入媒体了）。因为当下对编辑出版专业理论结合实践的呼声较高，所以这个现象往往被学校和学生所认可。实际上作为未来编辑人和出版人的编辑出版专业研究生，作为“杂家”的功底积累在这一阶段是非常重要的，读书习惯也需要在这一阶段来培养（许多学生本科阶段课程多且不会读书，到工作岗位后没有时间读书）。所以建议三年制的研究生用中间的半年或一年在学校里“闲”上一段时间，在指导教师的帮助下集中精力读点儿书（可以泛读和精读结合），写读书笔记，同时选自己喜欢的课旁听，参加一些学校的学术活动等。中国传媒大学的编辑出版学研究生有过这样的体验，他们互相推介新书，互相交流读书心得，写读书笔记向教师汇报并与教师交流，他们觉得很有收获，不仅学习了读书方法，养成了读书习惯，也有利于读书风气的形成。更重要的是他们觉得真正利用了读研的宝贵时光，为走向编辑出版岗位积累了基本功底。

二要多策划，勤动脑，培养“大编辑”的创意思维。

与传统的编辑出版从业者相比，新时期的编辑出版人才，最突出的特点即编辑主体性的增强，创意思维的增强。尤其是图书编辑，面对市场竞争，选题策划、营销推广的环节更需要智力投入。对于创意能力的培养，很多学校是依靠学生到媒体去实践，但作为实习生的学生往往很少得到带有创意性的实践机会。所以，应尽力为学生创造在学校里培养这种能力的条件，如办内部刊物、内部报纸，做专题片等。例如，在给研究生上课时，专门布置各种媒体的文案策划作业，包括图书、报纸、刊物以及广播电视节目等各种文案策划作业，促进学生积极主动地寻找创作机会，营造创作氛围，同时也产生了共同研讨的个案范本。

三要跨领域、通媒介，练就“大编辑”的复合技能。

桂晓风曾指出：“当今编辑工作早已远远越出图书出版范围，正在报刊、广播、音像、电子出版乃至影视、戏剧、展览、网络传播、移动终端等更多领域，越来越广泛地影响着人们的思想。立足大出版，着眼大编辑，是整合和提升当代编辑工作的必然途径。”如果说以往的编辑只懂“编辑六艺”就可以掌握基本功，那么今天的新型编辑，必须具有适应多媒体融合的能力。近年来，以互联网为基础的新媒体，已广泛运用到出版领域，如编辑出版的无纸化操作、网络营销、影视与书业互动、电子杂志、手机报的出现……这些都说明，新型编辑人员如不能跨越领域打通媒介，使多种传媒方式和手段相结合，就无法适应变化越来越快的编辑出版业。因此，编辑出版专业需要为学生提供多样的实践平台，需要在课程设置上适时、适量地增加媒介融合的内容，如摄影、摄像、音响、剪辑、动画技术等，并为学生提供实践的机会，为其成为社会所需的复合型人才做好准备。

（原载《现代出版》2012 年第 9 期）

从就业趋向看跨媒体复合型人才培养

——以华南理工大学编辑出版专业建设为例

刘银娣　赵　泓

华南理工大学新闻与传播学院编辑出版专业创办于2004年，迄今为止，已经走过九个年头，培养了四届本科毕业生。兴办之初，正值“媒介融合”“大出版”这些新的出版趋势逐步形成之际，我们经历艰难的探索阶段，在依托学校和地方资源优势，明确专业定位之后，初步树立自己的办学特色，为广东乃至全国培养出一批优秀的跨媒体复合型人才。在这里，我们拟以华南理工大学编辑出版专业建设为例，探索新办编辑出版专业的高校如何依托资源优势，明确专业定位，形成办学特色，培养符合市场需求的跨媒体复合型编辑人才。

一、依托学校的办学定位和优势教育资源，明确专业定位，树立专业特色

华南理工大学编辑出版专业从成立到现在，专业定位几经调整，具体情况如下页表1所示。

表 1　华南理工大学编辑出版专业方向及课程设置沿革

年份	专业方向	主干课程
2004	无	中国文学、外国文学、新闻采编、传播学概论、图书分类学、新闻摄影、中国新闻传播史、外国新闻传播史、畅销书研究
2005	出版策划与营销方向	摄影与摄像、传播学概论、新闻学基础、出版学概论、编辑实务、出版选题策划概论、发行营销学、出版企业管理学、音像编辑、版权与版权贸易、畅销书与现代出版、书籍装帧
2007	电子与网络出版方向	编辑学原理、传播学概论、网络传播学、中外编辑出版史、新闻学基础、书刊编辑实务、电子与网络出版、多媒体设计与制作
2008	新媒体方向	编辑学、传播学概论、网络传播、中外编辑出版史、新闻学基础、书刊编辑实务、文化创意产业概论、传播技术基础、多媒体素材采集与制作、数字出版与网络编辑等

从表 1 可以看到，2004 年创办的时候，还没有明确的专业方向，依托于专业教师的文史学科背景和学院的新闻传播背景，开设大量人文类和新闻传播类课程，课程设置较为混乱。经过一年的探索和研究之后，考虑到广东省的商业氛围较浓，便试图从武汉大学编辑出版专业的成功中吸取经验，将专业方向确定为“出版策划与营销方向”，并随之调整课程设置，主干课程中加入出版选题策划概论、出版企业管理学、版权与版权贸易、畅销书与现代出版等出版营销类课程，并从业内邀请一些从事

出版策划与营销的专业人员来校开设讲座或授课。尽管我们为这一专业定位的推行做了大量工作，但是经过两年的发展，我们发现这一专业定位并不适合我校。因为相对于报刊业和新媒体行业而言，广东省图书出版业实力较弱，图书出版市场人才需求量相对较小。另外，也是因为武汉大学在图书发行营销领域早已建立非常强大的优势，而这一优势的形成一方面得益于该校在这个专业方向上的发展历史较长，具备强大的师资力量和丰富的教研经验；另一方面也得益于该校大量毕业生就职于图书发行营销领域而形成的强大行业人脉资源。前者不是我们短期建设可以与之比拟的，后者更是难以企及。同时，我们发现，因为我校是一个以理工科专业为主的院校，计算机技术、通信技术等技术类专业较强，学校更重学生实用技术的培养，人文氛围与一些综合性院校相比有很大差距。而且，我校编辑出版专业在招生的时候，采取的是文、理兼招的模式，文科生与理科生人数相当，其中理科生的人文基础相对较弱，通过调查发现，他们普遍希望增加技术应用类课程的比重。因此，我们调整过去纯文科的专业定位和课程设置，将专业方向调整为“电子与网络出版方向”，增加网络传播学、电子与网络出版等课程，并与计算机学院合作开设多媒体设计与制作等课程。2008 年，我院新增“新媒体艺术”专业，引进数位具有新媒体技术基础的专业教师，借助学校的办学定位和学院优质教学资源，在原来的基础上再次调整专业定位，确定“新媒体”的专业方向。在课程设置方面，将一些人文课程合并，并取消了版本目录学等课程，增加了传播技术基础、多媒体素材采集与制作、数字出版与网络编辑等课程。经过三年发展，通过毕业生和企事业单位的反馈发现，这一专业定位逐渐受到认可，在广东地区，初步树立培养跨媒体复合型人才的特色。

二、以就业为导向，采取“宽口径”培养模式，培养符合本地市场需求的跨媒体人才

编辑出版专业是一门应用性社会科学，其主要目标是要培养适应出版产业发展需要的专业人才，因此，就业是编辑出版教育的重要导向之一。当前，各高校编辑出版专业学生就业景象各不相同，有些学校学生就业惨淡，有些则供不应求。尽管华南理工大学编辑出版专业开办时间比较短，但是四届毕业生的就业情况还是非常乐观的（如表 2 所示）。

表 2　华南理工大学 2004 级、2005 级、2006 级、2007 级编辑出版专业学生就业情况统计

年级	传统媒体			数字出版企业		其他企事业单位			公务员	继续求学	未统计
	图书	报刊	电视台	新媒体	信息科技企业	编辑	文案	其他			
2004 级	1	9	1	10	9	4	2	11	8	4	0
2005 级	1	6	0	4	3	2	1	2	3	7	0
2006 级	3	7	1	9	4	4	5	5	4	10	0
2007 级	2	4	1	5	4	4	3	6	3	7	6
合计	7	26	3	28	20	14	11	24	18	28	6

从表 2 可以看到，除了 2007 级学生因为刚刚毕业，统计数据不完整外，其他各级毕业生的就业率都是 100%。从表 2 还可以看到，华南理工大学编辑出版专业的就业范围非常广泛，其中在传统图书出版单位和电视台就业的学生比例非常低，更多的学生去了报刊社以及数字出版企业，还有很多学生到其他企事业单位从事编辑、文案等与出版相关的工作。尽管就业范围非常广，但是总的来说，岗位大多数与编辑出版专业相关。之

所以出现这种情况，一方面是因为我校采取“宽口径”培养模式，课程体系中，除了传统的编辑出版课程外，还增加了摄影、新闻采访、广告学、报刊编辑、经济学原理、市场调查、数字出版技术等课程，着力于培养能够适应图书、报纸、期刊、广电、数字出版等跨媒体技术和经营管理人才；另一方面，也与华南理工大学所处的广东省人才需求情况有关。事实上，各高校的编辑出版学都处于共同的国内乃至国际出版大环境下，同时也处于各自不同的小环境，而从目前广东省各高校毕业生的就业情况来看，绝大部分毕业生都倾向于留在广东省内。因此，华南理工大学编辑出版专业就结合本地出版资源，有针对性地为本地培养出版人才。这也是差异化、特色化教育的一条路径。针对广东省商业氛围浓厚，且广东省企业文化建设需求较大，企业内刊众多的情况，华南理工大学编辑出版专业开设了一些经营管理类课程，并采取出版项目全流程的课程设置，使学生具备独立完成小型出版项目的能力。除此之外，由于广东省数字出版产业起步早，且受到政府高度重视，设立我国第一个数字出版行政管理机构——数字出版管理处，因此，华南理工大学编辑出版专业借助政府的大力支持和良好的数字出版产业基础，与一些数字出版机构联合培养数字出版专业人才。另外，广东省报刊和数字出版产业发达，而传统图书出版产业较落后的现状也使得华南理工大学编辑出版专业在培养方向上没有局限于传统的图书编辑、制作和发行工作，而是基于“大出版”的视角培养跨媒体复合型人才。

三、与其他学科融合，积极探索跨媒体复合型人才培养模式

编辑出版专业人才的知识结构必须具有某一专业学科知识

背景又熟知编辑出版理论实务。近年来，编辑出版专业学生在业界求职屡遭冷遇，就是因为当前编辑出版工作，尤其是编辑工作，非常强调专业学科背景。因此，编辑出版专业本科生应积极修读其他专业。学校在学位授予上，在本科阶段可以通过设置第二学位的方式，培养复合交叉型人才。华南理工大学编辑出版专业近年来就积极探索这种跨媒体复合型人才培养模式，不仅积极鼓励本专业学生辅修经济管理类、法学类、计算机类专业，而且还积极鼓励其他专业学生辅修编辑出版专业。其中2006级、2007级、2008级、2009级编辑出版专业学生辅修第二专业的学生比例达到70％以上，获得双学位学生的比例也达到20％以上。从就业和实习单位的反馈意见来看，这种复合型的编辑出版人才培养方式获得了企业的普遍认可和好评。事实上，近几年进入世界500强企业和中国500强企业的编辑出版专业毕业生中，80％是有辅修其他专业经历的；而进入专业媒体的，更是大多都取得了双学位。

四、综合采用多种途径，培养学生实践能力

实践性教学是编辑出版专业教学工作的重要组成部分，华南理工大学编辑出版专业注重学生实践能力的培养，通过多种途径，培养学生的实践能力。

1. 建立具备实践经验的师资队伍，奠定实践教学基础

华南理工大学编辑出版专业通过“走出去”和“引进来”两种方式，建立具备实践经验的师资队伍，为学生实践能力的培养奠定基础。华南理工大学编辑出版专业成立之初，其专业教师主要由原人文学院的教师构成。这些教师具备深厚的人文底蕴和理论基础，为学生人文素质的培养奠定了基础。但是，这些教师大多缺乏编辑出版学方面的专业知识和专业训练，没

有出版行业从业经验，对编辑出版工作非常陌生，教学内容便多流于纸上谈兵。为了改变这一现状，华南理工大学编辑出版专业与很多媒体，包括广东省电视台、南方报业集团、华南理工大学出版社等合作，鼓励专业教师“走出去”，到这些媒体挂职锻炼，弥补专业教师实践经验不足的缺点。除此之外，华南理工大学编辑出版专业还积极与国外高校开展合作，鼓励教师出国访问，以了解国外行业发展现状，吸收国外高校编辑出版专业先进教学经验。除了“走出去”的方式外，华南理工大学编辑出版专业还通过引进具有行业实践经验的教师丰富实践教学师资队伍。华南理工大学编辑出版专业的教师不少具备行业背景，例如赵泓教授曾经是南方日报出版社新闻编辑室主任，周可副教授是《新周刊》副主编。另外，华南理工大学编辑出版专业还聘请了数十位资深媒体人士来校开办讲座，积极利用第二课堂，培养学生的实践能力。这些行业内专家可以更好地向学生传授编辑出版实务知识，为学生实践能力的培养奠定基础。

2. 调整课程设置，加大实践教学比重

华南理工大学编辑出版专业定位几经调整，其课程设置也随之多次调整，在确立了培养“跨媒体复合型人才”的目标后，我校更是通过增加新媒体出版技术课程、有针对性地安排课程实习、加强毕业实习等方式加大实践教学比重，培养学生实践能力。经过几年的发展，编辑出版专业现开设有传播技术基础、多媒体素材采集与制作、网络编校软件应用、平面设计软件应用、网页设计、视频剪辑等课程，已初步形成一套完整的数字出版技术应用课程体系，并建立了非线性编辑实验室、数字出版实验室。除了开设数字出版技术课程之外，华南理工大学还在单科课程教学过程中，有针对性地安排课程实习。例如“编辑学”这门课程在教学过程中就要求学生模拟出版社编辑出版流程策划一本书的选题，并完成组稿、编辑加工、图书宣传与发行等工作；“网络编校软件应用”这门课程就要求学生分小组独立完成一本期刊的策划、选稿、设计、排版、印刷等工作；“报刊编辑学”则要求学生模拟报社编辑部门完成一份报纸的制作。这些课程实习可以帮助学生深入理解跨媒体编辑流程，对编辑出版工作的特点和要点也会更加清楚。加强毕业实习也是华南理工大学编辑出版专业强化实践教学的重要手段之一。华南理工大学编辑出版专业与多家媒体和单位合作建立了实习基地，学校一方面鼓励学生以就业为导向自主联系实习单位，另一方面推荐学生去实习基地实习。毕业实习规定不少于17周，每一周都要求学生记录下自己的实习心得，完成一篇实习周记，实习结束后，还要求学生完成一份实习报告。通过加强毕业实习，学生能够将所学专业理论和基本技能运用到媒体实务活动中，学生的实践能力明显提高。

3. 产学研结合，提高学生的实践能力和学术水平

编辑出版专业是一门实践性、应用性很强的学科，必须在与出版实践的紧密结合中实现自身发展，因此，产学研结合的办学模式对编辑出版学科建设而言意义重大。华南理工大学编辑出版专业充分利用学校与媒体在人才培养方面的优势，建设多家实践教学基地，在专业与行业、教师与媒体、学生与职业之间建立广泛的联系。其中，我校与南方报业传媒集团、广州日报报业集团、羊城晚报报业集团、21CN等20多家媒体正式签署了“校企共建实习基地协议”，为实践教学体系的实施提供保障。除此之外，我校还通过与企业合作成立媒体工作室等方式，培养学生的创新精神和实践能力。例如，我院与华南理工大学出版社合作成立了“大学城工作室”，在出版社编辑人员和

专业教师的带领下，组织学生为华南理工大学出版社策划图书选题、组稿、编辑校对和发行营销。其中 2011 年，2009 级编辑出版专业的学生就策划出版并发行《广州大学城一本通》一书。产学研结合的培养模式，不仅可以提高学生的实践水平，而且还有利于提高其学术研究能力。在产学研合作蓬勃发展的过程中，华南理工大学编辑出版专业学生获得了很多新的启示，申请并完成了多个学生研究项目，还协助教师完成多项科研项目，并为毕业论文的写作打下坚实的基础。

（原载《出版科学》2012 年第 4 期）

创新编辑人才培养机制

李明非

在中国的出版业由传统出版向现代出版转型时期，培养适应这一转型的创新型编辑人才，无疑成为出版业一项重要的发展战略。

培养创新型编辑人才，要求在培养人才的理念、内容、措施和经济保障等多方面都必须与时俱进，根据新的形势改革出新，尤其要在培养人才的机制上努力创新。机制顺了，其他的就都活了；机制出新了，培养创新型编辑人才的步伐就必然大大加快。

一、创新机制要有新思维先导

在早期，我国编辑学并没有成为独立的学科，也未曾有专门培养和输送编辑人员的渠道。像商务、中华、三联等老牌出版社，那时的编辑，要么从作家、记者改行，要么是在出版社类似“师傅带徒弟”方式下成长起来的。新中国成立以后从事编辑工作的，也大多是毕业于不同学科的专业人员。即使改革开放以后有了编辑出版专业的毕业生，但出版社引进人才时，更多的还是关注相关学科的专业毕业生。由此有些人产生一种看法，认为好编辑，还是要靠出版实践中不断磨炼而成。

强调实践锻炼当然没有错，长期出版实践也确实锤炼出不少优秀编辑，但是这种“等待实践出人才”的模式，太慢太窄太被动，已经不能适应当今时代发展的要求。创新编辑人才培养的机制，首要的就是要更新人才培养的观念，要用新思维，更加主动、全面地审视和规划创新型编辑人才的培养问题。这样的新思维，应该包含以下内容：

一是重新定位编辑的职责。以往责任编辑的职责，主要是确定选题，选择作者，针对来稿进行编辑加工，保证图书的质量。随着社会的发展，人们对出版的要求越来越高，编辑承担的职责也更加广泛。编辑不仅能编书，还应该会做书。要实现从“编”到“做”的转变，就要求：熟悉和掌握可利用的出版资源；敏锐地筛选和策划对路选题；善于组织作者队伍，建立和谐的人脉关系；充当图书编校质量第一责任人；介入营销并参与图书评论宣传，力争实现图书的双效益。只有达到这一步，编辑行为才算圆满成功。换言之，一个创新型编辑，必须实现从“单一型”向“复合型”的转变，成为图书出版的策划组织者、争取实现图书双效益的第一责任者。

二是强化编辑在出版全过程的中心作用。以往曾经提过“要以编辑为中心”，那时编辑的作用是受到充分重视的。但随着市场经济的发展，出版产品对市场的依赖度越来越大，许多出版社实行“以销定产”。每逢选题论证，多由营销部门最后拍板决定。由于营销部门事实上掌控了确定选题、印数，乃至封面、开本、装帧和定价的话语权，使得编辑在出版中的作用似乎显得无足轻重了。其实这是对编辑工作性质认识的误区。出版社的产品是图书，选择对路书稿、把握图书导向、保证图书质量、培育出版品牌、通过图书传播文化科技信息，这一切都有赖编辑创造性地去完成，编辑无疑充当着出版过程中龙头的角色。即使现在鼓励全社人人参与策划或推荐好选题，有些有能力的非编辑人员，也可能参与了某些编书做书的事务，但这并不能成为冷淡编辑的理由。可见岗位是不是编辑并不重要，重要的是编辑这个角色，在出版全过程中发挥的中心作用是不容抹煞的。

三是营造有利于编辑成才的环境。创新型编辑成才之路，主要靠自身的努力，这一点毋庸置疑，但是客观环境也很重要。现在一些民营文化公司中，有不少出色的编辑，他们来自国有出版社。有人也许会问，这些人以前在出版社何以没什么作为，而一旦跳了槽，其能量竟大不一样。道理就在于两者的环境存在差异。众所周知，国有出版社人才多，出头不易，尤其是关卡程序也多，成才之道往往被种种旧习惯势力挡着压着。可是到了民企，没那么多条框，只要你有本事，老板说了算，束缚一少，人自然就跑得快。所以要想加快培养创新型编辑人才，必须重视涉及编辑成才各项规章制度的改革，努力营造知人善用、唯才是举的公平环境，使不同层次的编辑各有用武之地，而且还能不断“充电”，实现知识飞跃。

二、创新机制要保证提升编辑创新能力

以往评判编辑的水平，大多偏重考核其专业知识和文字能力，这是当编辑的基本功，当然很重要。但是对照今天培养创新型编辑的要求，这些就远远不够了。都说编辑是给人做“嫁衣”的，现在“新娘”的要求越来越高，身为做嫁衣的“裁缝”，自然也必须具有更高更巧的手艺，这项新手艺，就是编辑创新能力。创新是一种无止境的过程，编辑创新能力也是不断发展的。从当前出版业面临的态势来看，新的编辑人才培养机制，必须保证编辑提升以下几种创新能力。

第一，坚持两点论，平衡对立矛盾的创新能力。在编辑出版实践中，时常会碰到各种矛盾和难题，有待做出判断和选择。

例如，怎么对待“打擦边球”的书稿，怎么处理两个效益的统一，怎么看待“姓文”与“姓钱”的争执，怎么兼顾主业与产业的协调，等等。对这些发展过程中派生出来的问题，既没有现成的答案，也不容非此即彼的简单了断。有眼光的编辑，就应该从实际出发，善于运用两点论，在矛盾双方中寻找最接近的兼容点，化阻力为合力。能这样做，就是一种创新。

第二，以跨文化的视角，捕捉文化科技新信息的创新能力。当今社会文化科技日新月异，各种信息瞬息万变。能否及时掌握、筛选、鉴别和捕捉信息，并使其转化为有效的出版资源，这是考验编辑创新能力的一项重要内容。在多元文化时代，编辑需要有更广阔的视野，不受自己所学专业的局限，善于从文化与科技的进步中，敏锐地发现新亮点、新事物，从而运用出版手段，当好传播先进文化的推手。面对娱乐盛行的社会风气，不能一味排斥娱乐消遣信息，但要善于去芜存菁，摒弃低俗，拒绝平庸，在大众文化中保持健康的品位。

第三，拓宽知识，能与高端作者对话的创新能力。出版物的质量，很大程度上取决于作者的水平，因此，联络和争夺学识丰富的高端作者，往往是出版社竞争的重要阵地。常见一些年轻编辑抱怨，专家难找，见了面也难说上话。这主要是编辑自身知识面太窄，不熟悉相关学科的学术专家，加以自身学识浅薄，对专家所长所知甚少，以致见了面，有时连问题都提不出，这样谈话怎能投机？要想广布人脉，多结交高端作者，编辑就必须努力拓宽知识，提升自己与高端作者对话的能力，力争成为学者型的编辑，这样才能受到专家的重视，才能组到高质量的书稿。

第四，掌握新技术，善于运用数字化的创新能力。数字出版的广阔前景已经鲜明地呈现在出版人的面前，而且还有更多尚未被人认识的领域有待探索。推行数字化，绝非单纯使用一项新技术，而是可能改变人们阅读、认知、传播、信息存储等一系列习惯的系统工程。创新型编辑，光会操作电脑还不行，随着电子读物的发展，编辑必须既熟悉出版内容，又是电子载体的内行，还可能是多媒体的设计者。总之，电子数字的出现，正在颠覆编辑传统的工作方法，谁越早地介入并融会贯通，谁就必然占据主动。

第五，增强法律意识，自觉学法用法的创新能力。以前出版社出现侵权纠纷，因为彼此都是国有同系统的兄弟单位，如金额不大，常常放弃追究。其实这是法律意识淡薄的表现。侵权不究，等于助长侵权。现在改制转企了，各出版社多是经营性商业主体，这就更需要学会运用法律武器来维权。在涉外出版活动中，尤其要关注法律的权利与义务，规避可能带来的风险，争取在版权交易中处于较有利的地位。

三、创新机制要维护编辑成才的有利生态

一项好机制的诞生与运作，需要相关方面有配套的措施，才能充分发挥出作用。要完善和创新编辑人才培养机制，除实现前面所述对创新型编辑的各项要求以外，还必须改善实施这项机制的保障条件，也就是要维护培养创新型编辑人才的有利生态。

一是完善对编辑人才的评价体系。以往考核编辑，大多看他每年编书多少万字，编校质量如何，有无得奖图书，以及创利多寡等。这些评价指标显然滞后了。必须根据培养复合、创新型编辑人才的新要求，改革和完善对编辑人才的评价体系。除编辑的专业及文字的功底必须坚持以外，要对编辑的导向把握、策划组稿、通联公关、宣传营销、双效益统一等各项能力

进行综合考评，以鼓励编辑向“复合型”的方向发展。编辑评职称、全国性及地方的优秀编辑评比，都应该更多地着眼编辑创新的成果，特别是要多向青年创新型编辑倾斜。

二是要有相应经济政策保障。现在出版社工资分配，多凭职务等级来设定，很少反映编辑人才实际能力的差别。即使实行了单项奖励工资的，也大多只看创利的成效。为鼓励创新型编辑人才能更快地脱颖而出，有必要把编辑行为更加细化，并尽可能制订量化指标，使编辑的创新努力，能够在经济分配上有所体现。此外在奖励政策上，也要对勇于创新并成果显著的编辑，实行破格重奖。有条件的出版社，可以建立编辑创新专项基金，加大对创新成果的奖励力度。

三是重视在“走出去”中培养编辑。现在大力推行图书“走出去”，这当然十分重要，其实，还有必要创造条件，让更多的编辑在“走出去”中得到锻炼。现在国际交往越来越多，出版业的国际交流也日益频繁，我国出版人不仅要立足本国，也要更多了解世界出版界的动向，以及图书出版过程中出现的新事物，这对拓展视野、及时跟踪世界出版业的发展、借鉴国外的好经验都有好处。出版社应该放手让编辑有更多的机会，与外商接触，参与版权贸易谈判，参加北京国际图书交易会，有条件的还要鼓励相关的编辑，学好外文，“走出去”参加国外的书展，以增进对世界图书市场的了解。总之，舍得投入，才有高产出，只要有创新的一套机制，就不难造就出一支高素质的创新型编辑队伍。

（原载《编辑学刊》2012 年第 1 期）

新形势下青年编辑培养模式探究

张俊玲

一

过去出版社常采用“一对一”“师傅带徒弟”的模式培养青年编辑。老编辑言传身教，青年编辑可以少走弯路。耳濡目染老编辑的工作作风，青年编辑容易树立工作的责任心和职业精神。但以这样的培养模式，一个新进的青年编辑成长为一个能独当一面的成熟编辑，至少需要三到五年的时间。这种模式在20世纪八九十年代具有一定的优势，当时出版社出书品种不多，人员规模不大，出版图书讲究精耕细作，生产节奏缓慢，出版社的人员管理仍为传统的人事管理水平，对人才的培养多采用较为传统的模式。及至20世纪末21世纪初，中国出版业步入迅速发展阶段，很多出版社人员规模急速扩张，出版社的管理也在向现代化管理过渡，为了适应新形势，各出版社纷纷开始探索如何促进青年编辑的快速成长。这种探索的动因有三个主要方面：出版社人员结构发生的巨大变化、行业形势变化带来的对编辑的新要求、出版社组织形式变化带来的生产关系变化。

出版业进入20世纪90年代末期快速发展前的5～10年内，大多数出版社人员招录处于几乎停滞的状态，造成出版社目前的编辑人员结构有一个模糊的年龄断层，即40岁左右的编辑偏少，70年代末及80后人员成为编辑的主力。笔者所在的出版社，40 岁以下的青年编辑占据了全体编辑三分之二的比例。老编辑和青年编辑的人员数量形成了倒挂，无法做到“一对一”的带教。同时因出版社发展迅速，生产节奏越来越快，青年编辑往往匆忙上岗，老编辑没有余力带教，青年编辑也没有时间慢学，造成青年编辑的基本素质常成为人们诟病的话题。

除了人员结构的变化，出版业态也发生了重大变化，比如市场化的进一步加强、数字出版的发展、全媒体对传统出版的影响等，这些变化直接带来了对编辑新的要求。笔者认为的市场化加强，不是简单的出版社从重社会效益到既重社会效益又重经济效益的转型，也不是简单的对编辑和发行实行经济考核，而是以先进的市场营销的理念来市场化运作图书。在这方面，许多民营传媒公司走在了前列，细数这十几年来，几乎所有的畅销书都是民营公司运作的。这是市场营销运作的典型例证。很多民营公司的图书市场营销功能是由编辑承担的。“营销编辑”岗位的设置代表着对编辑市场营销能力的呼唤，这就要求编辑应越来越具有市场研究和市场推广的能力。

数字化对出版业发展的影响是不言而喻的。多数出版社已经意识到了应该参与数字出版，但以何种方式参与，参与的程度如何，都未寻到理想的模式，每个出版社都是抱着“摸着石头过河”的心态。虽然有些出版社成立了专门的数字出版部门，有专门的人员开展这方面的工作，但目前出版社的数字出版仍然是基于传统图书内容的再造，只有熟悉内容的传统图书编辑才更能捕捉到数字出版的敏感点。数字出版在编辑工作中的比重将越来越大，编辑需要培养将传统出版和数字出版结合的能力，也需要培养在传统出版中发现数字出版商机的能力。

伴随着出版业快速发展，多数出版社的管理架构也随之发生变革，一些发展迅速的出版社为了适应规模的扩张，将组织架构做了调整，以“分社”或“事业部”的形式来进行图书产品的专业化发展。在这样的架构下，编辑的工作内容早从单纯的文字编辑发展到策划、文字编辑、控制进度、配合营销、配合数字出版、配合发行等多头并进，发展到纵横交织的项目运作。图书的内容本身虽然很重要，但最后是否成功，往往取决于编辑对这个项目的管理和运作。原来人们常说的编辑应做个“杂家”，多指涉猎多方面学科和知识，笔者认为现在的“杂家”，又扩展了编辑能力多元化的内涵，尤其是编辑的项目管理和运作的能力。

综上所述，因周期长、新型能力培养缺位，传统的“一对一”带教培养模式已不能适应出版社新形势的发展，对青年编辑如何快速成长的探索成为迫切的课题。

对青年编辑的培养有两层含义的期待：一是加快培养周期，使能力突出的青年编辑脱颖而出走上关键岗位；二是使青年编辑的整体素质（包含新型能力发展）尽快提高。

二

在人才培养领域，曾有一位专家做过一项调研，调研结果表明，一个人才能力的提高，通常来源于四个部分：挫折/困苦、挑战性锻炼、向他人学习、其他事件。以往对编辑的培养模式在某些方面也是暗合了其中一点（向他人学习）。在新形势下，我们需要拓宽编辑能力培养的途径。而笔者多年的工作实践验证了的却是前两者（挫折/困苦、挑战性锻炼）在人员能力的提高上起了关键的作用。

下面，笔者从所在出版社工作实践出发，对青年编辑的成长模式做具体探讨。

1. 应建立有效的培训体系

培训对于应知应会的技能和知识学习仍然是不可或缺的重要手段。虽然目前国内的许多院校建立了编辑出版专业，但出版社对编辑的招聘和录用主要根据图书产品的学科要求进行，编辑出版专业的毕业生做编辑的少之又少。编辑又确属专业性人才，审读校对的知识、对敏感问题的把握、工作流程的规范化，都可以通过培训来进行行之有效的学习。笔者所在的出版社每年都组织对新编辑的培训，培训内容涵盖编辑出版的各个环节，对刚到岗的编辑起到了良好的引导作用。为加强对青年编辑新型能力的培养，我们根据每年的考核结果对编辑的能力状况进行分析，做出有针对性的培训计划，对数字出版、项目管理、市场营销，都有专门的课程涵盖。我们还不定期举办各种讲座和论坛，一方面提升了青年编辑的学术涵养，另一方面也加强了编辑之间的交流，营造出积极的专业学习的氛围。

2. 为青年编辑提供“挑战性”的锻炼机会

一个人成长过程中，“挑战性”的锻炼机会是非常重要的。需要强调的是，只有“挑战性”的锻炼机会才能缩短人才成长的周期。心理学家马斯洛的需要层次理论把人类纷繁复杂的需要分为生理的需要、安全的需要、友爱和归属的需要、尊重的需要和自我实现的需要五个层次。成就自我实现的需要是最高层次的需要，是许多动机和行为的基础。当人们面临挑战，往往能激发起斗志，焕发潜能。有时任务本身就构成激励编辑的因素。当然，在给予青年编辑挑战性锻炼机会时，要明确工作要求及业绩考核要求，做到有的放矢。同时，工作目标的设定应该是不断提高、循序渐进的，满足其追求挑战的需求。在笔者工作的出版社，近年来敢于对一些青年编辑委以重任，比如让他们承担重大图书项目。还探索机制方面的改革，让青年编辑更贴近市场，承担图书营销的部分工作。有一些编辑虽工作年份不长，但已迅速成长为能独当一面的业务骨干，大大缩短了培养的周期。

3. 建立科学的激励机制

根据美国心理学家赫兹伯格提出的“激励双因素理论”，影响人们行为的因素分为“保健因素”和“激励因素”，保健因素是指基本的工作条件，激励因素则与工作内容和成绩直接联系。编辑作为脑力化劳动的专业人才，有着强烈的自我成长的要求，在考虑激励机制时，对编辑要尤其关注“保健因素”，要为编辑创造开放的工作环境、和谐的文化氛围、参与学科研究的机会。当然，“激励因素”是激励机制的基础，要根据出版社的实际情况，设计出合适的与业绩挂钩的激励机制。需要指出的是，很多出版社已经意识到，早期施行的编辑薪酬与经济效益直接挂钩、实行“提成”已不符合规模日益壮大的出版社的发展需要，不利于出版社关注有社会效益的重点项目，也不利于出版社的长期发展战略，更不利于编辑之间的团队作战。现在的出版行业，一本图书或者一套图书的成功，需要运作，需要经营，仅仅依靠某一个人，或某一个工作环节，是无法轻易做出好书的，也无法让图书实现市场价值。编辑的工作不仅是脑力劳动，而且是团队化的脑力劳动，个人的努力和业绩不容易被观测到，也不容易计量。因此，笔者认为，以团队业绩评价为基础，结合个人岗位重要性、承担业务量的业绩评价，两者有效结合，互相促进，可能是适合中等规模以上的出版社的有效的激励机制。笔者所在的出版社在这方面做了积极的探索，在促进编辑与发行互动、促进整体团队合作方面有了显著的效果。

当然，以上提到的三种编辑成长的途径都依赖于出版社管理层对青年人才培养的重视。在新形势下，出版社的管理者必须把青年人才的培养提到战略的高度，将青年人才培养放到和选题管理、市场开拓一样重要的地位来抓。只有这样才能将培训做起来，也才能在激励机制中体现对青年人才的鼓励，更重要的是敢于或勇于提拔青年人才，给予他们更多的锻炼机会。将这些工作做到实处，出版社的发展才是可持续的，才真正有发展的后劲。

（原载《编辑学刊》2012 年第 1 期）

文化自觉时代，重申编辑的人生境界修养

时世平

“国民之魂，文以化之；国家之神，文以铸之。”在中国政治、经济跃居世界前列的今天，文化作为软实力，对于国家竞争力提升的作用越发凸显。具有五千年优秀文明的中华民族，正在以强大的文化辐射力，彰显与践行文化自觉、自信与自强。作为中华文化的推介平台与扩音器，出版在文化“三自”中更应该实现其历史承担。但是，作为处于起步阶段的文化产业重要一环的出版业，与影视传媒等热门行业相比，地位与经济收益还明显处于劣势。“出版文化的高地建设，需要出版人的理性和坚守。口号与纲领能给人以鼓舞和信心，但作为出版文化建设的实践者，出版人注重的应是精神的凝聚和脚踏实地的行动自觉”[1]。文化强国需要出版创新，出版创新需要编辑对于职业的持守。时任新闻出版署署长于友先指出：“队伍问题仍然是促进繁荣的核心问题。……新闻出版事业对于队伍有着特殊的要求，它不仅要学有专长，而且要有品格和境界。”[2]由是，在现今文化自觉时代，我们不得不重申和重视编辑的人生境界修养这个关系文化强国的重要议题。

一、在耐得寂寞中持守

编辑，《辞海》如是界定：“指新闻出版机构从事组织、审读、编选、加工、整理稿件等工作，是定稿付印前的重要环

节。”编辑工作的性质，决定了编辑人员“幕后英雄”的角色。作者与编辑工作者，虽然为同一文化产品付出努力，但一旦作品出版面世，二者获得的经济效益与社会效益却有天壤之别。经济效益人所共见，我们暂且不谈。仅以署名而言，不管是书籍的出版还是报纸杂志的出版，作者的署名必不可少，且总是在最显眼的位置上绽放光彩（当然，作者是文化产品的生产者，这无可厚非）。而责任编辑在哪里？图书的编辑，一般只默默地出现在封底及版权页中。学术期刊编辑的署名，在没有实行责任编辑制度之前可有可无，现在实行了责任编辑制度，编辑的署名或者出现在文章最后，或是在杂志的扉页上集体出现。这种作者与编辑的显隐差别，暗含了编辑的角色地位。编辑实践证明，常年身居幕后的编辑，正是因为这种寂寞的持守而被歌颂：编辑是辛勤的园丁，扶植、培育百花开放，自己却不争春；编辑是精细的裁缝，终年补绣缀锦，奉献给别人知识的新装，却从不要人回报。这些被歌颂的美德，内涵之一就是在寂寞中持守。

在寂寞中持守，这看似很平常的话，其实践行起来难度相当大。在转企改制和数字出版转型的形势下，出版创新与出版自强需要复合型、创新型、实践性、开拓型的优秀编辑人才。但是矛盾在于，具有这样素质的优秀人才，往往不会选择出版作为职业，或是虽然选择了出版，但其精力主要集中在“自留地”上，“八小时之内，干公家的活，八小时之外，干自己的活”，其优势难以在出版中发挥出来。这样的局面，就其根本来讲，就是耐不得编辑工作的寂寞。教育科学出版社社长所广一指出：“优秀的编辑人才，既要求综合素质高，又要求能耐得住寂寞。然而，现实往往是综合素质高的人思维比较活跃，却耐不住寂寞。”[3]

编辑，只有耐得住寂寞才能绽放。这在古今中外皆有鲜活的榜样。在国外，可以冠以“伟大”称誉的狄德罗，竭尽精力编辑《百科全书》长达25年。《百科全书》已经成为人类知识的百科宝典永载于世，狄德罗的名字也永载出版乃至人类文明史册。在国内，这样在寂寞中守护人类文明之花的出版者，如邹韬奋、叶圣陶、赵家璧、范用等老一辈编辑家，他们“书里乾坤一生情”，其耐得住寂寞的持守，让他们经手编辑出版的“书比人长寿”。耐得住寂寞的持守，究其实质，是对国家、民族的高度责任感，是“兼济天下”的抱负。这些出版界的楷模，不管世事如何变幻，总在民族文化的传承与创造中寂寞担当。正是因为这些出版界前辈“俯首甘为孺子牛”，才铸就了中华文化的绵远与强大的辐射力和影响力。也正是他们甘于寂寞，才留下了如臧克家在《有的人》中所提及的“死”与“生”的辩证。甘于寂寞的，虽死犹生。反之，则是为编辑一生的悲哀。这也是现在所提倡的要培养“大编辑”的用心所在。

《中共中央关于深化文化体制改革推动社会主义文化大发展大繁荣若干重大问题的决定》中提到，精神贫乏与物质贫乏都不是社会主义。出版业作为内容产业，它所提供推介的，是中华民族世代绵延的文化精髓，是使中国精神屹立于世界民族之林的精神脊梁。缺少这种精神文化，就只能做这个世界的应声虫，诺诺于其他国家的文化，就是经济再发展，没有文化作为精神辅翼，也难以真正成为世界强国。编辑，正是这脊梁的支撑者与维护者。没有甘于寂寞的持守，编辑何堪担当民族脊梁的重任？

二、在甘于奉献中担当

“你的成功，消亡在别人的成功之中；别人的失误，却要分担惩罚。掌声和鲜花，只属于作者；你只是在无声无息的后台，完成自己的价值。”这是著名作家茹志鹃当年写给编辑的赞语。这是编辑工作的真实写照，没有对之深思体味的人不可能有此感触。在对编辑的传统认知中，编辑总是担当着为人做嫁衣的角色。这为人作嫁、甘当人梯的角色认定，本身就需要编辑具有崇高的奉献精神。在耐得住寂寞中持守，也同样需要奉献精神。

编辑的奉献精神，首先在于看淡名利，只为好书。在实际工作中，编辑工作“不比当市长、企业家、大学教授的工作轻松多少，终日忙忙碌碌，辛辛苦苦，却不如当市长的有权，当企业家的有钱，当教授的有名”[4]。奉献精神，对于编辑而言就是要将自己的所学所知，完全浸透在作者的文化产品中，辛劳并且充实地为作者做好嫁衣，多出好书。现在，有些编辑总觉得当编辑不如做教师、干科研工作等，轻视编辑工作，导致出版物错误百出，甚至连作为文字教育基石的中小学语文课本都不能幸免。随便翻看一本图书或杂志均可找出若干编校错误。其实，避免这类错误并不需要多么高深的学问，只需要编辑的责任心。责任心，来自于编辑的奉献精神。有奉献精神的编辑，会为出好书而奋斗一生，并在充实的忙碌中享受为编辑的乐趣。有奉献精神的编辑，是一个纯洁的人，无私的人，没有名缰利锁的束缚，抛却了一切浮华范囿，目标只在实现编辑的价值，完成编辑的人生追求——好书。

编辑的奉献精神，表现在以自己的所学成作者之美。虽然编辑工作看似只是一种文字的编辑加工过程，但这一过程，却是编辑将“自己平素所积累的全部财富和从自己血管里所分泌出的乳汁，无私地抚育他人的‘托儿’”的过程。托儿，就是作者的文稿。没有大公无私的奉献精神，就做不了乐为他人做嫁衣的编辑。上面所提到的古今中外的杰出编辑出版家，他们所处的时代，离我们不远，甚至有一些还与我们共同经历了20世纪下半叶的风雨，但是其风骨、学养、识见似乎离我们很远。为什么？那就是我们缺少他们那样的奉献精神。没有了奉献精神的编辑，怎么能有牺牲自己而成人之美的举动？由是，出版产品的质量也就难以保证了。当无错不成书成为出版界的常态时，奉献精神也就渐渐地淡出了出版界——连基本文字质量都不能保证的编辑出版，只能预示着出版界的危机在一步步地迫近。塞鲁斯·H. K. 柯蒂斯（Cyrus H. K. Curtis）说过，“当许多作者在刚出炉的书中发现可怕的文法、造句、不实资料、排字上的错误，甚或更糟糕的，被幸灾乐祸的朋友或评论家指出这些错误时，都不禁感叹：‘今天的珀金斯在哪里？’”珀金斯是发现并成就了海明威、菲茨杰拉德及沃尔夫等名作家的著名编辑。呼唤珀金斯，其实就是呼唤编辑奉献精神的回归。

编辑的奉献精神，还表现为无怨无悔的担当精神。随着经济全球化进程的加快和新科技革命的深入，文化力在综合国力竞争中的分量越来越重，如何提升民族文化力成为正在走和平发展道路的中华民族必须直面的重大课题，也成为编辑的文化自觉与担当。文化的力量是通过文化产品的传播来实现的，出版是文化传播的一种重要方式。因此，编辑要在此中自觉担当重要使命，要站在民族与国家的角度，强烈意识到自己对民族文化所负的责任，有高品位的文化追求，有不可动摇的文化原则，一心只在提高自己编辑的产品的文化含量上。每确定一个选题，策划一种出版物，加工一部原稿，推荐一种文化产品，都要考虑对民族文化复兴是起促进作用还是起“促退”作用。这才是勇于担当的大编辑情怀。而现在，有些出版单位存在“文化产品缺文化”的弊端，原创作品太少。模仿、跟风、重复出版等缺少文化精神的出版行为，是局限于“小家”的、只关注眼前利益和部门利益的出版行为，是缺少大国情怀、缺少文化强国的担当精神的出版行为。这种担当精神的缺少，究其实质，还是“小我”思想在作怪，奉献精神缺失。

文化强国需要文化巨人的产生，以复兴中华文化为使命的我国新世纪出版业需要更高层次人才的参与。遗憾的是，当前出版业还缺乏一批大师级领军人物，缺少像张元济、邹韬奋、茅盾、巴金、陈原那样的编辑大家、出版大家，缺少像周振甫那样的令钱锺书都为之折服的学者型编辑。而这些编辑的共同特点之一，就是甘于在奉献中担当文化强国的历史使命。无愧于时代，在甘于奉献中担当文化重任，正是今天的编辑需要去努力践行的精神。

三、决不敷衍的认真态度

小赫伯特·S. 贝利说过：“从来没有哪一家出版社是靠管理出名的，读者记住的就是它一个一个的产品，也就是好书。”[5]好书从哪里来？它不是凭空产生的，每一本好书，都浸透着编辑的心血与汗水，反映着编辑处处认真的工作态度。

态度产生动力，态度决定成败。认真态度，看似平淡无奇且老生常谈，但细一琢磨，但凡每一件成功的事，总与认真分不开，每一位成功编辑谈其成功经验，绝对少不了“干事认真”这一条。邹韬奋先生在办《生活》周刊时就曾决绝地指出：“与其敷衍，不如不办；如其要办，决不敷衍；我在职一日，必努力一日，宁愿卷铺盖，决不肯昧着天良敷衍。”“决不肯昧着天良敷衍”，这就是一个成功的出版人对于编辑工作的期许和要求。当然，上面所讲到的耐得寂寞、奉献精神等也是重要因素。没有无私奉献的精神，没有长远的职业追求，孜孜于名利，根本不可能事事认真，只能在编辑工作中敷衍了事，做一天编辑校改一天的文字。

叶圣陶先生有首诗，写出了编辑工作的真谛：“选题订稿校雠三，唯审唯精为指南。能在胸中存读众，孜孜矻矻味弥甘。”这首诗的升华点在“胸中存读众”。编辑一定要在选题、订稿、校雠工作中以审慎、精品意识作为工作要求，真心地为“读众”服务，再苦再累也甘之如饴。这是什么情怀？这是一种事事认真、决不敷衍的工作态度，一种对得起“读众”，提升中华文化软实力的负责任态度。有了这种态度，即使编辑工作再繁琐细碎，也可以谨慎为之。正如邹韬奋先生所说：“不愿有一字或一句为我所不懂的，或为我所觉得不称心，就随便付排。”“看校样时的聚精会神，就和在写作的时候一样，因为我的目的要使它没有一个错字；一个错字都没有，在实际上也许做不到，但是我总是要以此为鹄的，至少使它的错字极少。”如果没有一种认真负责的精神，怎能达到这种严格的要求？

决不敷衍的认真态度应该内化为一种编辑习惯。编辑工作包括出版物定稿付印前所有环节，组织、审读、编选、加工、整理稿件等。从宏观讲，需要策划选题，研习稿件的学术水平，做出政治与学术的判断；从中观说，需要将表述逻辑、文句辞章等调整理顺；从微观说，需要认真斟酌每一字每一句，连一个标点都不能放过。任何一个环节出现问题都会影响出版物的质量。而且，即使是最严谨的学者，也不可能不产生笔误，周振甫之于钱锺书的例子就说明，编辑唯有处处认真，才能让作者不留遗憾地将自己的得意之作诚心交付。所以，只有将认真不敷衍的态度转化为编辑的工作习惯，才能保证将出版物的差错降到最少。

文化强国需要文化自觉，文化自觉的前提是每一个文化参与主体都能发挥其主观能动性，在其负责的工作中，积极而为。出版执行力是新世纪初提出的一个新名词。细析一下其内涵，其中一个重要特征就是出版主体的自觉与主动。现在的出版市场选题重复现象层出不穷，无错不成书成为一种行业现象，究其原因，如果从表面分析，可以找到各种理由与借口，但本质上，还是编辑主体的自觉性与主体性发挥得不好。从这一点上讲，事事认真、决不敷衍就成了文化自觉与自强的必然要求，也就成了编辑出版工作的内在要求。现在有些编辑一味埋怨选题难做，其实这是一种惰性心理在作祟。选题从哪里来？实践出选题。但这种选题并非就能主动显现，它需要编辑以认真负责的态度，决不敷衍的工作热情，从盘根错节的实践表象上，过滤、淘择、甄选、梳理出来。如果编辑认识不到自己的职业使命，也就难谈事事认真，更难以树立决不敷衍的工作态度。如此一来，即使身在编辑工作中，也只能喟叹生不逢时，一味沉浮于变幻的生活浅表。有这种浅尝辄止的编辑态度，出现无错不成书的无奈现象也就可以想知。

综上所述，在当今文化自觉时代，重申编辑的人生境界修养是时代的必然要求。在耐得寂寞中持守、在甘于奉献中担当、决不敷衍的认真态度，这些构成了编辑人生境界的基石。文化软实力的提升，需要一代代真诚地为之奋斗并乐在其中的出版人。文化需要积淀，需要传承，而不是一时的喧嚣。文化强国目标的实现，需要具有为学术奉献终生的志愿以及有认真做事、踏实做人的工作态度的编辑出版人。

注释

[1] 吴士余. 出版人的文化精神［N］. 文汇读书周报，2012-03-02.

[2] 于友先. 坚持方向深化改革实现新闻出版工作的阶段性转移［N］. 人民日报，

1994-04-07.

[3] 杨云艳. 好编辑还得耐寂寞 [EB/OL]. [2012-03-12]. http://www.chuban.cc/ky/sw/201203/t20120330_104234.html.

[4] 高虹. 编辑的内涵是奉献 [J]. 出版科学，1995 (3).

[5] 小赫伯特·S. 贝利. 图书出版的艺术和科学 [M]. 王益，译. 北京：中国书籍出版社，1995：10.

（原载《出版科学》2012 年第 4 期）

论教育媒介人的专业素养

董惠铭

教育媒介是教育事业的有机组成部分，其战略重要性十分明显，所以教育媒介人必须讲政治、讲道德、讲纪律、讲真理、讲责任。这是必需的前提。

教育媒介是融教育、媒介、文化为一体的大众传播介质，所以教育媒介人必须要有教育专业素养、媒介专业素养、文化专业素养。这是必需的主体。

一、要有教育专业素养

教育媒介人要懂教育，并非教育媒介人都要当过教师、当过校长、当过教育行政领导才行。教育媒介人要懂教育，最关键的，一是要热爱教育。热爱教育才会有教育的意识，才会去高度关注教育，才会对教育充满深情厚谊。喜欢教育，热爱教育，就能写出或编出与教育同呼吸共命运的篇章，就不会写出或编出应景式的除了“教育”两个字以外与教育毫不沾边的文章。二是要领悟教育。领悟教育才会发现教育的内在本质，才会遵循教育的内在规律，才会融入教育的主流、切中教育的时弊。没有当过教师、校长、教育行政官员不要紧，只要把自己沉浸在教育中，学习马克思主义的教育观尤其是建设中国特色的社会主义理论的教育观，学习国际国内教育家的教育观，学习党和国家有关教育的路线、方针、政策和法律法规，就能高屋建瓴地概括和抽象纷繁复杂的教育现象，并从中找出主流价值，写出或编出动人心魄的文章。三是要深入教育实际。深入教育实际才能发现鲜活的典型的教育现象，才能了解和体会教育工作者的所思所想、所行所为，才能把教育深层次的矛盾和逻辑呈现出来，从而引导教育往良性的方向发展，才会有勇气和智慧对社会上的反教育规律观念和行为进行驳斥。深入教育实际就是要跟广大教育工作者交朋友，就是要紧紧依靠在基层第一线的通讯（记者）站和广大通讯员。上级有关部门推出的“走、转、改”“三贴近”，很多基层实践着的“教育年度新闻评选”“教育年度新闻人物评选”“教育年度影响力人物评选”“走进校园”“中学生文学联社”“小学生小记者团”以及导读等活动，都是记者编辑深入基层的理念支撑和良好载体，教育媒介工作者运用得好，是可以帮助提高教育理论水平的。

教育媒介人必须是教育方面的专家或者准专家，否则，从事教育媒介的人是办不出、编不出、写不出好的报刊和文章来的。

二、要有媒介专业素养

教育媒介人要懂媒介，这是天经地义的。关键是懂什么？理论上，找几本专业书看一看，譬如黄旦的《新闻传播学》、李良荣的《新闻学导论》、德弗勒的《大众传播通论》、杰克·海敦的《怎样当好新闻记者》、郑兴东的《报纸编辑学》、邵培仁和刘强的《媒介经营管理学》等，便可以对媒介从采访、写作、编辑、经营等方面说出个一二三四。实践上，再把《范长江新闻文集》《邵飘萍选集》《外国新闻通讯选评》《新闻通讯选评》等拿出来模仿一番，便也会有中规中矩的格式文章。此外，再在案头摆几部《新闻学大辞典》《中国新闻实用大辞典》等工具书和《新华文摘》《读者》《新闻大学》《中国新闻出版报》《中国出版》等报刊，那么教育媒介人日常工作中所碰到的一般问题都可以得到解决。

但是，光是这样是远远不够的。一个人不上正规学校不要紧，没有学历也不要紧，要紧的是要善于学习，向书本学习，向实践学习，向他人学习。学习到位了，就不怕没本事。古今中外，学历不高但成就斐然甚至学术成就斐然的人数不胜数，都是后天自学成就的。但是，光这样也还是不够。学习只是个技术层面的问题，只是解决了“会不会”的问题，要解决“好不好”的问题，要创造一番成就，光靠技术层面是不够的，还必须要有灵魂层面的东西，还必须要有精、气、神。

教育媒介发表的东西是给人看的、听的，所以要好看、好听。要好看、好听，就不能囿于经院式的八股模式，就要把自己的情感和灵魂融入进去。有一家教育报的一位已经仙逝的老记者，对教育和教育媒介的那份深情，常常使他不顾自己身体有病，下到一个地区或一个学校，吃住在那儿，一去就是一个星期甚至半个月，把自己的感情融入到了被采访的对象中，让自己的灵魂陶醉在了被采访的事迹中，写出了很多优质稿件，发表在国家级媒体上，推出了许多基层的先进典型，积累了宝贵的教育财富，深受领导和学校及广大教育工作者的好评。笔者曾亲眼目睹过一家教育报社的一位首席编辑、记者，不顾经纪人的阻挠推拦，硬是采访了一位名人到深夜，这是情感使然，是灵魂的执着，所以她写出来的东西、编出来的栏目就有血有肉，读者喜欢看，也把自己编的栏目打造成了省和国家评选的名栏目，把自己打造成了名记者。全国新闻战线重大人物典型、全国优秀新闻工作者俞佳友之所以能从一个平凡的农家子弟成长为杰出的新闻工作者，就是因为他对新闻工作的热爱，对党和人民的热爱。

所以，媒介人懂媒介，用的是一颗心，用的是一份情，而不是单纯地靠技术。媒介人用心去懂媒介，就会有媒介的敏感性，就不会放过有价值的主题。

三、要有文化专业素养

文化专业这个概念在研究领域有广义和狭义之分。狭义的文化专业一般指的是跟文学艺术、撰文著书等方面有关联的各个方面。笔者这里说的教育媒介人的文化专业素养也主要是指这些方面，尤其是指文字功底。

一个人的词汇积累，一般分两个类别，一类是消极词汇，即看书读报用的，看了是能懂的，但也就只是看到了才知道有这个词存在，懂其意而已。另一类是积极词汇，即不仅看书看报看到了是懂的，而且写文章的时候想得起来，能够恰如其分地运用到思想的表达中。这类积极的词汇越丰富，所写的文章表达的主题就越鲜明，文章就越漂亮，读者就越喜欢看。

很多人写出的文章非常漂亮，原因之一就是积极词汇量大。词汇量大，他们写文章选择的余地就大，写出来的文章就如行云流水，而不是干巴巴的。我们阅读鲁迅、沈从文的作品，虽然土著方言时常穿插其间，但是文章流畅、动人，词汇丰富多彩、极富特色，令人爱不释卷。再看曹雪芹的《红楼梦》，大概在遣词造句上无出其右了。宋鸿兵的《货币战争》和吴晓波的《激荡三十年》，把要用数字说话的财经类的书写得这么跌宕起伏、动人心弦，这不仅仅与他们的财经专业素养有关，而且跟他们的文化专业素养有关。所以，只要有丰富多彩的鲜活表达，数学是可以有趣味的，物理是可以表演的，化学是可以魔术的。

文化专业素养的积累来不得半点的偷工减料，不完全是靠聪明能够生成的，也不能靠《中外文学名著描写辞典》等工具书，因为写东西靠查词典，写出来的东西一定佶屈聱牙，没人愿意看的。文化专业素养的积累，唯一的办法是读书。读书可以精读，也可以泛读。多方涉猎，将看过的东西融化到血液里，自然无痕地积累积极词汇，写文章时就会用得上。写文章更多地是说自己的话，从自己的血液里流淌出来的话，最好是说别人没有说过的话。

总之，只有将教育专业素养、媒介专业素养和文化专业素养三位融于一体，方能塑造出有责任、有才华、有成就的教育媒介人，这是无数有影响的教育媒介人的真实写照，更是每个正在从事教育媒介工作和打算从事教育媒介工作的人所应具备的综合素质。

参考文献

[1] 陈湘年. 期刊之道 [M]. 广州：广东高等教育出版社，2006.
[2] 任晓峰. 报刊经营质量论 [M]. 海口：海南出版社，2006.
[3] 马振行. 教育报刊论 [M]. 石家庄：河北人民出版社，2005.
[4] 来载璋. 写作趣谈 [M]. 北京：亚太国际出版社，1999.
[5] 浙江省新闻工作者协会. 大爱方程式 [M]. 北京：红旗出版社，2012.
[6] 丁昌桂. 读者面孔与教育平媒 [M]. 南京：江苏教育出版社，2010.

（原载《中国出版》2012 年 11 月上）

数字出版技术对现代出版教育的挑战

王伟荣

在人类发展的历史上，出版与印刷有着密不可分的联系，进入21世纪的现在，印刷仍然是出版的主要形式，人们习惯地在出版和印刷之间画上等号也不足为奇。但是，20世纪后半叶，现代科技的迅猛发展和其在出版技术领域上的运用，引发了传统出版发行技术的翻天覆地的变化。

数字出版是近年来建立在计算机技术、通信技术、网络技术、存储技术等高新技术的基础上，融合并超越了传统出版内容而发展起来的新兴出版产业。在出版的整个过程中，它将所有信息以数字化形式存储于光盘等介质中，信息的处理与接收则借助电子终端等设备进行，其特点是内容的数字化、生产模式和运作流程的数字化、传播载体的数字化和阅读消费的数字化。其带来的变化主要有以下两点：（1）印刷工艺的数字化。数字技术在印刷流程上的辅助作用越来越大，取代了大部分的人工操作，从印前的素材采集、编辑制作、制版到印刷中的全数字版面操作，甚至印后工艺处理，介入了越来越多的数字技术，从而使印刷在质量、速度、成本等各方面有了质的飞跃。（2）出版方式的多样化。数字出版技术打破了传统出版内容只有文字、图形、图像等信息的限制，实现了文字、图形、图像、声音、动画、视频等多种媒体信息的统一集成，并且在技术上提供了丰富的处理、合成效果。出版界有了比以往更丰富的出版和表现方式上的选择，阅读者在阅读方式上也有了更多的选择。

一、对传统出版教学内容的挑战

数字出版技术已经步入数码技术时代，而传统的出版技术教学主要是围绕印刷流程的各个环节进行的。特别是网络发行的诞生到兴起和多媒体发行技术的完善，现代出版技术除了文字、图形、图像，还有动画、视频、声音等新的表现元素。每一个表现元素都有着各自的辅助制作软件，这给我们提出了全面更新出版技术教育内容的要求。

数字出版技术给传统出版技术教育带来的挑战是颠覆性的。它给传统出版发行带来全新的知识和技术，教学不能再仅仅局限于印刷工艺的教学知识。必须及时掌握新的知识和技术，更新观念，以发展的眼光对待数字出版技术课程。所以，学校要更新已经过时的教学大纲和教学内容，梳理教学思路，设置最合理、科学的课程，特别是加强数字化出版技术的教学。教师更要有不断学习和进步的意识，掌握最科学的数字出版技术。

二、对出版专业教育者的挑战

我国的出版教育发展较晚，大多从 1984 年前后开始全面展开。由于缺乏科学的理论指导和统一的宏观规划，各教学单位都是在摸索、开拓中办学，同时，业内之间教学交流不够。这对于一个科学、合理的教师队伍的形成和成长极为不利。

教师作为教学环节的核心，其在教学活动中的各个阶段都起到非常重要的作用。现在从事出版技术教育的教师大多是从印刷工艺、广告、编辑、中文、新闻、图书馆学系等转行过来或是兼课的教师，缺乏对出版技术及发行的实践经验。特别是繁忙的教学任务和科研工作使得大多数教师不一定能及时了解掌握出版业界的数字技术和最新发展动态。而出版技术本身是技术密集型的群体劳动，数字出版技术的发展更是日新月异。在这种状况下，教育界与业界之间的实际距离就会越来越大，使得很多学校的教学知识拿到社会却变成不符合实际需要的，甚至是过期的知识。

面对数字技术的挑战，现代出版教育工作者要做到以下两点：一是加强实践经验积累，熟悉业界最新的动态，才能真正地了解数字出版技术发展的现状和出版界的需求，从而培养出符合现代出版要求的人才；二是不断钻研、学习，熟悉出版技术发展的最新动态，适时地更新、完善、升级自己的知识和技术，及时、准确地把最新的技术推广运用到教学中，才能带给学生最科学和最符合实际的知识。

三、对教育对象学习观念和方法的挑战

作为教学环节中的另一主体，学生在学习中能动性和自我学习态度的重要性是毋庸置疑的。中国的教育方式从家庭到学校都是灌输式教育。在这种教育方式下，大多数学生养成了被动接受新知识的习惯，缺乏自主学习的意识。数字时代新旧知识更迭加快，尤其需要学生充分发挥自主能动性。

以相关的应用软件 Photoshop 发展为例，20 世纪 90 年代初大家开始使用 Photoshop3.0 版本，现在版本已经发展到 Photoshop CS5 版本，近乎一年升级一个版本的更新速度，同期又有很多与其密切相关的新软件、插件和外挂滤镜出现，可以说，Photoshop 的升级和发展情况就是现代科技发展的缩影。这些新旧知识的快速更替，仅仅靠课堂教学无法解决根本问题。学校只能做到教学学科技能内容和专业知识框架符合目前技术发展

水平，技术的深入和追踪要靠学生自身的钻研和学习。所以，教师在认真传授最新数字出版技术知识的同时，应该有意识地强调自我学习的重要性，加强对学生主动性的学习意识和方法的培养，鼓励学生积极关注新信息和新技术，分析和研究数字出版技术发展的趋势和规律，努力掌握最前沿的、最实用的技术知识。这也是教学者的一个重要责任。

学生应该要有较强的学习主动性、正确的学习方法。从思想上，要有关注专业技术发展的敏感性；从行动上，既要不断地钻研已有的技术，把已知技能掌握得更加扎实和熟练，又要敢于主动地接触新技术，尝试着让自己走在发展的前列。

四、对教学硬件的挑战

一是数字出版技术对教材的挑战。教材在教学中起到指导性的作用。出版技术教育本身发展时间短，又缺乏科学、系统的理论指导和统一规划，教材选择余地少之又少，让很多从事出版技术教学的教师非常头疼。以现在的印刷流程来说，前期的编辑排版、电分、打样、制版到后期的印制、印后工艺等无不渗透了密集的数字化技术，而数字化技术本身的更新和发展又非常迅速。基础的薄弱和新技术快速发展形成的挑战局面，使得数字出版技术教材相对滞后问题显得非常严峻和突出。

二是数字出版技术对出版技术教学仪器的挑战。现代出版发行是个群体合作的劳动过程，发行方式多样化，这使得在一个学校里建立完整的出版技术教学设备几乎没有可能。因此，设备问题是现代出版技术教育较难解决的一个问题。如何加强与出版业的联系，让出版业各环节的设备能在教学上得到共享是一个现实的办学思路。(1) 加强教学实验基地建设。学校应与当地有实力的相关企业加强联系，把教学中的一些实验课搬到出版制作的第一线去，既解决了学校实验设备空缺的问题，又可以让学生亲临现场，完整地学习现代出版技术的知识。（2）加强教学实习基地建设。亲身参与到出版发行的各个环节中去，有利于让学生把课堂知识和实际工作结合起来，掌握第一手的业界信息，了解出版界的工作要求，明确自己的学习方向。

五、结语

面对数字出版技术的迅猛发展的挑战，中国出版技术教育必须以积极的态度去应对挑战，明确出版技术转型战略目标，制定出版技术教育转型策略和调整教学大纲、教学方案，把面临的挑战转变成现代出版技术教育发展的引擎，使我们的出版技术教育更上新的台阶。

参考文献

[1] 谢新洲．数字出版技术［M］．北京：北京大学出版社，2002．

[2] 刘扬．印刷设计［M］．重庆：西南师范大学出版社，1998．

[3] 刘旭炜．数字时代的广告表现［J］．设计艺术，2004（37）．

[4] 王守之．平面设计史［M］．广州：新世纪出版社，1998．

[5] 陆本瑞．我国出版教育的回顾与展望［J］．编辑之友，1991（3）．

[6] 黄凯卿．编辑出版专业的学科建设［J］．编辑之友，2000（4）．

[7] 逯卫光．传统出版社积极应对数字出版时代的路径探讨［J］．产业与科技论坛，2012（4）．

（原载《中国出版》2012年11月下）

编辑出版学专业毕业生必须具备的比较竞争优势

易图强　龚维忠

编辑出版专业与非编辑出版专业的毕业生如果同时竞聘一家出版媒体的同一个岗位，应该靠什么取胜？只能靠比较优势。他人的优势无法达到，而自己的优势没有形成，是现行编辑出版学高等教育的症结所在。编辑出版专业毕业生必须具备的比较优势可以概括为四个字：广、快、专、新。“广”指知识面广博，“快”指上手快（入门快）；“专”指专于名著经典的编辑出版传播史，成为旧书新做的专家；“新”既指创新的意识与能力强，又指具有新媒体编辑出版工作的技能。具体来说，必须具有以下五个比较优势。

一、编辑出版专业毕业生必须涉猎广泛，具有广博的知识面

编辑出版学专业应为出版单位培养编辑出版人才，但出版单位特别是出版社普遍不愿意招收编辑出版专业的毕业生，尤其不想招聘该专业毕业生从事专业性强的编辑工作。湖南出版集团在网上公布的2010年校园招聘广告显示，出版社在招聘一般性图书编辑（如教材开发编辑）和一般性图书营销人员时尚愿意接受编辑出版专业的毕业生，但在招聘专业性强的图书编辑（如法律编辑、音乐编辑）时就只要其他相应专业的毕业生。

这并不奇怪。整体来看，科班出身的编辑出版专业毕业生的知识结构确实难以胜任那些专业性强、学术性强的书刊编辑工作。比较而言，非编辑出版专业学生的知识结构是专中有杂，而编辑出版专业学生的知识结构是杂中有专。当两个不同专业的毕业生竞聘编辑出版工作的同一个岗位时，非编辑出版专业毕业生的竞争优势自然是专、精、深。显而易见，编辑出版专业的人才培养如果一味地强调另一学科的专业深度，就无异于削足适履。不像非编辑出版专业那样专于某一个学科，恰恰是编辑出版专业的学科特质。编辑出版专业毕业生是一个知识面广博的杂家，应当是其首先必须具备的一个比较竞争优势。

编辑究竟是专家还是杂家？以培养编辑为重要任务的编辑出版学教研人员必须反复思量这个老问题。笔者的一贯看法是："编辑成不了专家，情有可原，但做不了杂家，不可宽恕。"[1]笔者非常赞同辽宁出版集团老总俞晓群的观点："出版人与学者是不可盲目比较的，他们身份交叉、行为互渗，但作为不同的角色，追求的结果不同。出版家表现为自身学识的宽泛和厚实，他们不专攻什么学科，但在出版的意义上却攻无不克、战无不胜。"[2]张元济一生都没有专著问世，但没有人否认他的学识。编辑的知识，好比农民的粮食和商人的资金。粮食储备得多，农民遇到灾荒时心里就踏实；资金丰厚，商人遇到危机时就能绝处逢生；知识广博，编辑就可以胜任更多稿件的加工。编辑出版专业的学生必须努力使自己"博"起来。

二、编辑出版专业毕业生从事编辑出版工作必须上手快入门快

比较而言，编辑出版学"属于应用科学，是行业之学、领域之学，不是理论科学"[3]，它直接服务于编辑出版实践。编辑出版学虽有自己的理论基础和理论原理，但它们属于应用理论的范畴。在编辑出版学的学科建设中，既不能满足于对编辑出版经验的概括，更不能盲目追求玄虚的理论体系，千万不能为理论而理论。编辑出版学专业主要是为编辑出版的业界培养人才的，如果这个专业的毕业生不能或者大部分不能在编辑出版业界就业，那么它还有存在的必要吗？“作为一个应用性很强的学科，用实践去检验理论永远是一根必须具备的标尺，脱离了实践，脱离了实践的检验，学科发展将失去持续发展的动力。”[4]诚哉斯言！西方出版强国的编辑出版学教育以实务技能教育为本位、以在职教育培训为特色的经验值得我们借鉴。

科班出身的编辑出版专业毕业生必须尽可能快地胜任编辑出版的日常工作。非编辑出版专业毕业生如果需要半年的适应期，那么编辑出版专业毕业生就只应为三个月甚至一个月。如果连这一点都做不到，就是编辑出版学高等教育的彻底失败。编辑出版学高等教育在这方面并非尽善尽美。例如，有些毕业生写不出像样的选题策划报告、营销策划方案和书评，甚至连校对工作都做不好。因此，培养实际操作能力的业务技能课必须进一步予以改进，在教学中必须将理论与实践密切结合的原则真正予以落实，必须设法使专业实习取得更大的实效。

三、编辑出版专业毕业生应努力构建自己的有特色的“专”

编辑出版专业学生没有必要因为自己是杂家而妄自菲薄，但与此同时还必须努力建构自己的“专”。与非编辑出版专业学生相比，编辑出版专业学生的“专”应该有自己的特点，这种“专”包含四种情况：(1) 专于编辑出版的流程与技能。在编辑出版工作中表现为上手快入门快，但这不是根本，上手快入门快不等于后劲足。非编辑出版专业毕业生用半年甚至三个月的时间也可以掌握语言文字的规范意识与编校技能，熟悉编辑出版工作流程。（2）专于编辑出版学以外的某一门学科或某一个领域。这种“专”主要因今后从事不同学科、不同领域的编辑出版工作而不同，因人而异。例如，从事文学编辑出版工作者要专于文学，从事法律编辑出版工作者要专于法学，等等。不言而喻，这种“专”并不是编辑出版专业学生的比较优势，因为专业学习阶段再怎么专于另一学科也几乎不可能达到非编辑出版专业学生对这一学科的专业化认知水平。（3）专于中外编辑出版史，尤其要专于名著经典的出版传播史。这种“专”是编辑出版专业学生形成自己比较优势的极其有效的突破口，应该而且必须具备。（4）专于新媒体的编辑、出版、传播工作。这种“专”既是应对数字化挑战的需要，又是建构编辑出版专业毕业生比较竞争优势的一条捷径。

编辑出版专业的毕业生为什么要专于中外编辑出版史，尤其是名著经典出版传播史？对此，笔者另有专文论述，这里只简述理由：（1）从一般的意义来说，熟悉编辑出版史有益于编辑出版专业学生认识编辑出版活动发展的规律，并从中吸取宝贵的经验教训；（2）从特殊的意义而言，编辑出版专业学生精通名著经典的出版传播史具有独特的意义——为重新包装运作这些好书，成为旧书新做的专家奠定坚实的知识基础；（3）在研习名著经典出版传播史的过程中，编辑出版专业学生还可以通过学习书中的主要内容而了解相关学科的基本原理、基本知识，从而拓宽知识面；（4）学习名著经典出版传播史，可以培养编辑出版专业学生的文化良知与文化追求。

四、编辑出版专业毕业生必须具有新媒体编辑、出版、传播工作的技能

今天，编辑出版专业的学生没有任何理由不去熟悉新媒体（互联网、手机等），没有任何理由不去掌握新媒体编辑、出版、传播工作的技能。

1. 数字化出版浪潮滚滚向前，对编辑出版人才的培养提出了严峻挑战

出版技术的不断更新，使新的出版形态不断涌现。一部出版史就是一部出版技术史。计算机技术、互联网技术、移动通信技术的迅速发展，对出版业的影响已经立竿见影。1970 年，美国学者贝利将“当天的订数能够当天印刷，第二天发货”作为人类的理想[5]。仅仅过了 24 年，他的梦想就逐步变成现实。1994 年，德国出现了能够随时满足消费者要求的“打印系统”，使按需印刷成为可能。2004 年以来，按需印刷在我国从概念迈向生产操作。2004 年，知识产权出版社属下的中献拓方科技发展有限公司正式启动了我国首项按需出版工程，致力于数字印刷在出版业以及商业领域的应用推广，为图书馆按需印刷数千种近现代善本图书和期刊[6]。

数字出版物的种类、数量呈几何级数增长，数字出版的优势日益凸显。一首《老鼠爱大米》彩铃下载的收入就达到了 5 000万元，而这首歌的专辑未必能卖出 500 万元。在日本，手机出版发展迅猛，“手机书籍”成为一种新兴文化。数字出版从根本上改变了传统出版的运行模式，极大地丰富了出版的内涵，改变了人们获取知识、信息的方式与阅读的习惯。传统出版业只有积极应对挑战，并适时调整战略部署，才能在新一轮的出版竞争中避免被淘汰出局的危险。积极的先期进入者已经开始了一场新的圈地运动，培育着品牌和市场，将成为数字出版的

领跑者。出版业需要与时俱进，直接为出版业培养人才的编辑出版学高等教育也需要与时俱进。编辑出版专业的学生要了解新媒体技术，要熟悉新媒体运行的流程，要掌握新媒体编辑、出版、传播的技能。数字化出版浪潮滚滚向前，编辑出版人才培养唯有逐浪前行。

2. 新媒体编辑、出版、传播技能，是构建编辑出版专业毕业生比较竞争优势的捷径

互联网的迅速发展催生了网络编辑员、网络搜索引擎工程师、数字视频策划制作师、网络课件设计师、电子商务师、网站策划师、网络游戏设计师、彩铃设计师、网络写手、短信写手、DV创作人等新职业。2006年的预测说，未来八年，网络编辑的需求量将呈上升趋势，总增长量将超过26%，其缺口将达到100万人[7]。正是在这样的背景下，越来越多高校的编辑出版专业调整了人才培养的定位。例如，华南理工大学于2004年创办了编辑出版专业。起初，也以书刊编辑作为培养目标，在课程设置上与大多数院校所设专业并无二致。后来经过反复论证，将培养目标定位在电子网络编辑上。浙江工商大学编辑出版学专业的创办人梁春芳认为，编辑出版专业的学科建设“要根据现代出版业发展的需要，以培养大批的数字出版应用型人才为主要目标，不要只将视野局限在传统出版领域，而是要将着力点放在数字出版方面”[8]。在这一思想指导下，该校的编辑出版专业向网络编辑转型，为此开设的课程有：网络编辑、网络出版与书业电子商务、电脑图文设计、网页制作与网站管理、数字资源检索、图像传播等。这样的调整，不仅顺应了数字化时代对编辑出版人才提出的新要求，也是避实击虚、培养比较竞争优势的有效举措。2007年，在大学生就业压力越来越大的情况下，该校初级助理网络编辑考试达标率为96%。

早在1996年，北京印刷学院创办全国第一个多媒体艺术设计专业的时候，就将多媒体设计和工具软件应用引入设计艺术教学，让书刊装帧设计方向的在校生可自愿选择转为多媒体艺术设计，并于当年实现艺术与技术复合型本科毕业生的输送。由于所培养的人才同新兴的产业发展需求衔接，因而一路走俏，培养规模达到每届毕业200多人，还供不应求。可见，编辑出版专业的学生应该站在数字化发展的浪潮前端，成为数字化编辑、出版、传播的弄潮儿。

五、编辑出版专业毕业生必须具有与时俱进的观念与突出的创造性思维

观念上与时俱进既是创新的重要体现，又是创新的先决条件。对编辑出版人来说，观念上与时俱进是其首要素质，创造性思维是其最重要的思维。干任何工作，要想出类拔萃，都需要与时俱进与创新，但编辑出版工作更离不开这两点，原因有三。

1. 编辑出版工作是生产精神产品的，而精神产品的生命力取决于特色

特色是出版物在市场竞争中的立足之本。我国出版业中盲目跟风、低层次重复出版的现象相当严重，造成了物力、人力和财力的极大浪费，还浪费了读者的时间、精力和钱财。盲目跟风、低层次重复出版是创新能力低下的体现。要避免这种现象，就必须坚持创新。邹韬奋说："没有个性或特色的刊物，生存已成问题，发展更没有希望了。要造成刊物的个性或特色，非有创造的精神不可。"[9]

2. 从编辑出版的历史与现实来看，出版业是真正需要与时俱进的行业

五四运动后，篇幅短小但蕴含丰富的“小诗”盛行一时，最引人注目的是冰心的《繁星》和《春水》。对此褒扬的人很多，但也有人极力批评，梁实秋说：“《繁星》与《春水》这种体裁，在诗国里面，终归不能登大雅之堂的。……冰心女士是一个散文作家、小说作家，不适宜于诗；《繁星》与《春水》的体裁不值得仿效而流为时尚。”[10]然而，这两本诗集最终成为中国文学名著。观念陈旧的人，或许可以成为优秀的作家或学者，但绝对成不了杰出的编辑家、出版家。1991 年，金丽红策划出版了具有突破性意义的《王朔文集》。她这样形容当时想做《王朔文集》的冲动：“我第一眼看到王朔的一本书《我是你爸爸》就立刻被吸引了，这个标题多么吸引人啊！于是我就有了做王朔的书的念头，而且是做他的全套文集。”业内人士评价金丽红的眼光很“毒”[11]。这种“毒”的本领源自观念与时俱进。湖北长江出版集团董事长王建辉在论及杜亚泉在新文化运动中的表现时说：“做编辑要与时代的主潮相一致，要激动潮流，不与时俱进是编辑家的大忌。”[12]

3. 编辑出版人只有适应变化，才能策划出适应变化的新颖选题

一个编辑出版人是否具有与时俱进的观念与突出的创造性思维，并不取决于学科专业与教育背景，而更多地与性格、价值观、人生态度、社会阅历、思维倾向有关。人文类文摘杂志《读者》的两位创始人都是理工科出身，胡亚权毕业于兰州大学地质地理系，郑元绪毕业于清华大学工程物理系；受正式学校教育不过五年、小学徒出身的王云五能够成为商务印书馆总经理和中国现代杰出的编辑出版家，得益于他年青时的广泛阅读，

与时俱进及创新，如出国考察并积极推行科学管理法。一个普遍存在的有趣现象是，专家往往迷信过去的经验，权威经常迷信理论教条，这恰恰是创新的死敌。杂家、外行、新人少有习惯性思维的束缚和条条框框的限制，兴趣广泛、视野开阔、思维敏捷，对新知新学新资讯新环境反应快，敢于打破传统、敢于挑战权威、敢于接受新生事物，反而更容易闯出一条新路、干出一番事业。在知识结构的专业性、深入性、学术性方面，编辑出版专业毕业生几乎无法赶上非编辑出版专业毕业生，但在观念的更新与思维的创新方面，编辑出版专业毕业生应该而且必须强于非编辑出版专业毕业生。处于改革开放和市场经济背景下的编辑出版人，其职业素质要有鲜明的时代特质：开放的心理、博大的胸襟、高昂的热情、积极的参与意识。对新理论、新观点、新题材、新文体、新体例、新风格、新版式、新工艺、新作者等，编辑出版人都应持欢迎、接纳的态度，要像孔子说的“毋意、毋必、毋固、毋我”，即不主观臆断，不绝对肯定，不固执己见，不自以为是。只有这样，才有可能策划出人无我有、人有我特、人有我新的出版物。

注释

[1] 易图强. 出版学概论 [M]. 长沙：湖南师范大学出版社，2008：142.

[2] 俞晓群. 出版人素质三论 [EB/OL] 2003-07-25. http：//www. booktide. com/news/20030725/200307250025. html.

[3] 全国出版专业职业资格考试办公室. 出版专业理论与实务（中级）[M]. 上海：上海辞书出版社，2002：39.

[4] 吴培华. 编辑出版学界与业界需共谋发展 [J]. 中国编辑，2009 (4)：79.

[5] 小赫伯特·史密斯·贝利. 图书出版的科学与艺术 [M]. 周旭洲，等，译. 武汉：武汉大学出版社，1987：100.

[6] 中献拓方科技发展有限公司. 重拳出击：开启中国按需出版市场 [EB/OL]

(2006-10-23). http：//www. 2g2g. com/member/zhongxian. htm.
[7] 薛亚东. 互联网催生新职业成就新贵族 [N/OL]. 人才市场报，2006-05-31.
[8] 田胜立. 数字传媒时代对编辑出版人才培养的要求 [J]. 中国编辑，2007 (5)：70.
[9] 邹韬奋. 经历 [M]. 北京：生活·读书·新知三联书店，1978：77.
[10] 语文：九年制义务教育实验教材七年级上册 [M]. 北京：人民教育出版社，2001：199.
[11] 程蕾，民任. 华艺：策划赢家 [J]. 中国市场，2003 (4)：37.
[12] 王建辉. 老出版人肖像 [M]. 南京：江苏教育出版社，2003：51.

（原载《现代出版》2012 年第 1 期）

我国编辑出版学专业课程体系数字化演进探析

丛 挺 刘晓兰 徐丽芳

数字时代的来临使出版业发生了许多变化。出版业数字化对从业人员提出了新要求，进而对高校编辑出版学专业教育提出了更高要求，将带来我国编辑出版学专业本科课程体系实践新一轮的调整和改革。

目前，数字出版已成为出版产业发展的新业态、新趋势。数字出版运用新的传播技术和传播手段，其出版物集多种媒体于一身，由图文、音频、视频、动画等元素构成。这就需要从业人员既能掌握数字出版技术，又懂得设计艺术；既有扎实的出版理论素养，又要具备数字出版实践操作技能。高等院校编辑出版学专业应在“宽口径、厚基础、多技能”的要求下，以“大出版”“大传播”为目标培养适应新技术新媒体发展和信息时代传播多元化趋势，拥有策划创意、信息处理和分析能力，能够在数字出版领域从事网络出版、创意策划、新媒体出版技术与管理、数字装帧设计、媒体运营、数字版权管理等工作的复合型人才[1]。课程设置是以培养目标为依据的，因此，数字时代编辑出版学专业课程体系应积极适应出版业现代化、网络化、专业化发展趋势做出相应调整。

一、我国编辑出版学专业本科课程体系的数字化发展现状

在经济全球化以及媒介融合不断加强的背景下，当前出版

产业发展有两大趋势：一是随着国际化、市场化的发展，出版社的经营管理成为核心；二是随着信息技术尤其是网络技术在出版业中的广泛应用，出版业技术含量越来越高，各个环节对从业人员的信息技能有了更高要求[2]。对此，一些院校编辑出版学专业本科课程设置做出了相应调整，以应对出版业数字化转型和升级带来的变革（见表1）。

从表1可以大致看出：一是与其他学院背景相比，设在信息管理院系下具有图书情报学学科背景的编辑出版学专业，其课程体系数字化更加明显；二是脱胎于印刷专业的编辑出版学专业，其课程的技术色彩更加浓厚；三是与大陆相比，台湾地区更为重视数字出版技能的传授。

表1　大陆与台湾地区部分院校编辑出版学专业本科课程设置最新情况[3]

高校名称	所属院/系及专业名称	传统编辑出版学课程	数字出版相关课程
北京大学	新闻与传播学院编辑出版学	编辑出版概论、中国图书出版史、期刊编辑事务、编辑实用语文写作、出版经营管理、出版法规与版权贸易、选题策划与书刊编辑实务、出版案例研讨、媒介经营管理（装帧设计、古籍资源与整理、新闻出版名著导读、中外出版业、近现代出版文化、出版营销）[4]	信息检索与利用、电子出版技术（媒体与语言）

续表

高校名称	所属院/系及专业名称	传统编辑出版学课程	数字出版相关课程
武汉大学	信息管理学院编辑出版学	出版学基础、编辑学原理、书业法律基础、中国出版史、书业营销学、出版经济学、书业企业管理、世界书业导论、知识产权法、书业财务管理（出版文化学、期刊编辑与制作、期刊广告与发行、书业物流管理、出版物市场管理、对外图书贸易、图书装帧设计、读者学）	数字出版导论、计算机基础、网络编辑、信息系统设计与应用（PhotoShop入门与提高、多媒体应用技术、高级语言程序设计、数据库原理与应用、网页设计和网站建设、编校软件应用）
南京大学	信息管理系编辑出版学	管理学原理、文献学、出版学、编辑学、发行学、出版法规（文献研究方法、知识产权、目录学、书籍装帧设计、印刷基础与管理、传播学、公共关系学、文秘学、文献计量学、专业英语、书评学、连续出版物、世界书业概论）	数据库系统及其应用、程序设计语言、信息传播技术、信息检索、信息导论、信息存储与组织、Internet实用技术、现代出版技术（信息系统开发工具、信息服务与用户）

续表

高校名称	所属院/系及专业名称	传统编辑出版学课程	数字出版相关课程
南开大学	文学院编辑出版学	出版编辑学、编辑学概论、报刊编辑学、中国出版现状与对策、图书发行网络与业务、传播法规、图书策划与整合营销、编辑写作	计算机基础及数据库、网络技术与网络编辑
北京印刷学院	新闻出版学院编辑出版学	传播学、出版学、编辑学、中国编辑出版史、出版法规、选题策划、出版社经营管理、出版物市场营销、出版物成本核算、版权贸易、出版应用写作、校对实务、读者学、印刷工艺	多媒体信息采集与处理、网络出版技术、计算机排版系统
	新闻出版学院传播学（数字出版）	传播学、编辑出版学	电子信息科学与技术、数字出版概论、数字媒体编辑理论与实务、数字出版物设计与制作、数字出版技术、网站建设与管理、数字出版营销

续表

高校名称	所属院/系及专业名称	传统编辑出版学课程	数字出版相关课程
台湾世新大学	图文传播暨数位出版学系出版学	出版学、印刷概论、编辑理论与实务、图书设计与制作、出版经济学、出版与写作、平版印刷、字形及版面设计、出版史、编辑企划、出版行销、出版财务、智慧财产权、阅读人消费行为、印刷成本分析与评估、出版经营管理	编辑企划、影像处理、数位印刷、资料库出版、排版软件应用、数位出版科技、跨媒体复制、网页设计、网路行销、出版电子商务、跨媒体出版

武汉大学与南京大学的编辑出版学专业都设在信息管理院系下，因此课程的数字化和信息化转向更为明显。相比较之下，南京大学编辑出版学专业课程较多沿袭图书情报学专业课程。武汉大学编辑出版学专业则不仅新设了更多有针对性的数字出版课程，如数字出版导论、网络编辑、多媒体应用技术、网页设计和网站建设等，并从 2008 年开始实行文理兼收的招生政策。2011 年，教育部公布年度我国高等学校本科专业设置备案或审批结果，同意武汉大学新增“数字出版”本科专业。武汉大学自 2012 年秋季学期开始，在原有的编辑出版学专业之外独立招收数字出版专业本科生，以适应转型升级后的出版行业对信息化、网络化、数字化高级专门出版人才的需求。这标志着我国数字出版高等教育事业迈入了新的发展阶段。北京印刷学院的编辑出版学专业本科课程变化并不大，但是它于 2008 年新增了传播学（数字出版）专业，其课程以数字出版相关的技术、

内容加工与传播类课程为主，而以传统编辑出版学课程为辅。大陆其他高校的编辑出版学专业往往只是增开“网络与电子出版”“电子出版技术”等较少量的数字出版课程，似乎尚未形成出版学课程体系数字化。此外，台湾世新大学的出版学具有悠久的历史，现今设在图文传播暨数位出版学系下的数位出版学专业也脱胎于原来的印刷专业，因此其课程设置特点与北京印刷学院非常相似，其中网络信息媒体相关课程与传统编辑出版学专业课程的比例不相上下。

综上所述，通过对我国大陆与台湾地区代表性高校的编辑出版学专业本科课程设置情况进行研究，发现在媒介融合以及出版数字化的冲击下，我国编辑出版学专业大多对本科课程设置进行了数字化调整，但是仍需加强和拓展。

二、编辑出版学专业本科课程数字化演进中的问题及对策

由于我国数字出版教育和培训尚处于起步阶段，因此，高校编辑出版学专业本科课程数字化演进不可避免地存在一些问题，主要表现在以下几个方面。

首先，数字出版教学理念和课程体系亟需更新。数字出版产业的发展包含传统出版产业发展与新兴媒体产业发展两种驱动力，因此必然需要融合两种不同的思维以形成独特的教学理念和体系。但是迄今为止，我国大部分高校尚未能或未及开设独立的数字出版本科专业及相关课程并形成体系。囿于各种现实条件的限制，其往往在原来编辑出版学专业培养方案的基础上补充、嫁接一些数字技术类课程，教学内容也仍以纸质载体和传统出版流程相关理论为主导。显然，想用“旧瓶装新酒”或者小修小补的方式来革新编辑出版学专业，并以此来满足一个年产值已经超千亿的新兴产业对人才的巨大需求是不现实的，

我国必须建立起符合数字出版人才培养需求的教学理念和专业课程体系。

其次，数字出版理论教学与实践存在脱节。中国出版科学研究院院长郝振省在《2010 中国数字出版产业年度报告》中指出："我们的数字出版人才严重匮乏，我们对数字出版的准备严重不足，我们的出版教育与出版产业严重脱节。"[5]这种出版教育与产业的脱节在数字出版课程体系建设中主要表现为理论教学与实践教学的不平衡。与国外相比，园内院校理论课程较多[6]，而进入实验室上机练习，进入企业实战训练，接受来自业界人士指导的机会较少。从对国内数字出版相关课程调查情况来看，尽管目前像网站设计、数字出版物制作、网络信息编辑等实际操作课程已逐步进入出版学专业课程之中，但整体比例依然偏低。而在开设的技术类课程中，技术与实践缺乏紧密联系容易造成"两张皮"的现象，无法为学生提供可迁移的技术学习能力。

最后，师资队伍严重缺乏。我国高校有六百多个编辑出版类专业教学点，在校生十万多人，覆盖专科、本科、硕士、博士等多个教育层次，每年毕业近三万人[7]。编辑出版专业本身的师资力量就不足，而数字出版方向的教师队伍更显匮乏。其中拥有数字出版从业经验，同时接受过博士层次教育的教师人才十分稀缺。这也造成目前数字出版课程建设、人才培养满足不了需求，成为阻碍数字出版产业进一步发展的主要瓶颈。

针对数字出版教育特别是课程建设中存在的诸多问题，国内许多学者和教育界人士提出了相应的发展思路。通过梳理和分析各方观点，我们认为要解决数字出版课程建设中存在的问题不能仅仅局限于课程设置本身，而需要从各种因素相互联系和影响的不同方面和角度予以突破。

1. 形成数字出版的专业特色与方向

由于历史发展与学科归属等原因，我国数字出版教育在不同高校分属不同的学科院系，包括新闻与传播学院、信息管理学院、艺术与人文学院等。这本身对于培养复合型的数字出版人才并非坏事，可目前有一些学校盲目设立数字出版专业方向，而没有立足自身优势打造独具特色的数字出版专业教育。这方面英国出版学教育的经验值得我们借鉴。近几年，英国部分院校的出版学专业允许学生根据自己的兴趣和背景选择不同的研究生教学项目，在完成规定的课程和论文后即可获得该具体领域的出版学硕士学位[8]。因此，充分利用不同院校的学科背景，为数字出版专业教育引入不同的教学视角，将有助于我国数字出版人才培养的健康发展。另外，在培养目标上应强调继承与创新并重。首先要继续原有传统出版教学的优势，尊重原有的学科基础，培养有特色的出版专业优秀人才，同时，又要大胆创新，跳脱出传统出版的某些思维束缚。正如优酷网副总裁魏明在中国首届新媒体教育高峰论坛上所指出的："没有新媒体，只有新思维。所谓的新媒体的'新'字主要是具有创造性的思维，能够与时俱进。"只有将传统出版教学中对文化基础与专业知识的重视，与新媒体教学中强调的创造性与批判性思维相结合，才能培养出适应未来数字出版产业发展的高端人才。

2. 结合办学单位的培养目标，优化技术类课程教学

针对即将开设的数字出版专业，武汉大学信息管理学院方卿教授曾表示：一方面，与传统出版相关的重要课程还会部分保留；另一方面，作为新生出版业态，数字出版在技术和流程上与传统出版相比又有很多不同，其中技术的重要性更大，因此必须增加 IT 类以及数字传播等课程[9]。笔者认为，在一段时期内仍然需要提高数字技术类课程的比重，有条件的单位还应

当尽可能增设数字出版实验室，配置教学必需的硬件与软件设备。不过，技术教学始终要服务于出版专业的本质定位，以把握技术背后的思想原理为教学核心。只有遵循这一基本原则，数字出版专业才能在鲜明的学科定位下最大限度地培养复合型人才。比如有关数字权利管理系统（Digital Rights Management，DRM）的教学，其主要目的在于让学生了解系统的核心架构与功能模块，熟悉系统的运作流程，并通过实际观察了解该系统在数字出版版权保护和权利授受中的重要作用；但是并不见得需要教会学生掌握独立开发数字权利管理系统的能力。

3. 促进理论与实践教学相结合，推动教学方式改革

关于数字出版教育理论与实践教学之间的关系，国内外学界与业界一直存在较多争论。随着 2011 年出版硕士专业学位授权点在全国 14 所高校开设，以学术研究为导向的学术型教育和以专业实践为导向的专业型教育得以区分。这为我国培养不同类型的高层次数字出版人才提供了有力保障。出版学的应用性学科定位决定了出版学专业培养的大部分学生应以实践工作为主要目标，只有少部分学生才会走上纯粹的学术研究道路。但这绝不等于说前者就完全以实践训练为专业学习方式，后者就完全专注于理论研修。

事实上，在欧美发达国家的图书出版教育中，理论学习的重要性从来没有被忽视，如德国埃尔朗根大学图书专业就强调：坚实的学术研究帮助学生提高了分析问题、解决问题和独立思考的能力。而这正是当前处于更为复杂环境中的出版企业迫切需要的人才素质[10]。正如管理学大师克莱顿·M. 克里斯坦森在《困境与出路》一书中所写：“尽管绝大多数管理者认为自己不属于理论驱动型的，实际上他们却是狼吞虎咽的理论消费者。问题在于，管理者很少意识到他们正在使用理论——而且他们

经常使用错误的理论处理他们所处的境况。”理论学习的重要性可见一斑。然而与英美出版专业高等教育中强调新媒体思维与可迁移的学习能力不同，我国出版教育更多采取的是知识乃至常识的灌输。在实践训练明显不足的情况下，学生将不仅缺乏对业界的感性认识，而且由于储存的理论知识普遍不具备可迁移性，导致其在不断变化的行业环境中难以找到合适的定位。美国印第安纳大学的传播学者莫里斯和奥根曾表示：“如果大众传播研究仍旧完全不理会潜势的因特网的研究，他们的传播理论将会变成无用的东西。”[11]

鉴于上述情况，数字出版专业教学和课程设计需要积极借鉴国外成功方式，除了基础概念和技术常识的讲授之外，宜更多采取案例教学、专题讨论、项目策划等方式，强调学习过程中的问题意识，培养学生努力从当下数字出版实践出发，积极思考现象背后的内在规律，让扎实的理论学习最终服务于数字出版实践。

4. 强化数字出版师资队伍建设

高素质的师资队伍是构建数字出版人才培养模式、进行教学改革、提高数字出版教学质量的重要保障。《新闻出版业“十二五”时期人才发展规划》中指出：支持实践经验丰富、具有一定理论水平的产业人才到高校担任兼职教师。支持产学研联合开发教学、培训教材。支持有条件的新闻出版单位设立实习实训基地。进一步发挥高等院校新闻出版人才培养基地的作用，支持人才培养基地举办新闻与传播及出版硕士专业、在职研修班、专题研讨会、专业培训班。“规划”对数字出版师资队伍建设提出了明确要求和实施办法、路径。

鉴于目前我国数字出版师资队伍严重匮乏，建议采取“走出去与引进来——两条腿走路”的方式[12]。一方面，在国内具备师资优势的院校率先开办师资进修班或培训班，或利用国家已建设的数字出版基地，组织全国专业教师进行数字出版专业知识与技能的培训，以尽快解决我国出版教育师资队伍知识结构不合理的问题；另一方面，针对目前很多高校引进师资门槛高的问题，部分高校应本着实事求是的开放态度，灵活调整专业的用人机制，将数字出版企业的实践专家引入课堂，解决当前数字出版教师队伍实践经历匮乏的问题。

注释

[1] 黄先蓉. 简谈我国编辑出版学教育的发展方向 [J]. 出版发行研究，2004 (3)：30-32.

[2] 周蔚华. 关于出版学本科专业教学改革的思考 [J]. 出版科学，2008 (1)：5-8.

[3] 表 1 课程资料来源于各大院校网站对应院系培养目标课程安排最新情况。

[4] 表 1 “传统编辑出版学课程” 与 “数字出版相关课程” 两栏文字中括号内为专业选修课程，括号外为专业必修课程。

[5] 2010 中国数字出版产业年度报告 [EB/OL] (2010-07-22). http：//news. xinhuanet. com/newmedia/2010-07/22/c_12360171. htm.

[6] 周瑜. 数字时代中美出版教育比较研究 [G] //数字出版与出版教育（第二届数字时代出版产业发展与人才培养国际学术研讨会论文集）. 北京：高等教育出版社，2000：265-272.

[7] 贺永祥. 论出版人才培养的教学困境与实践途径 [J]. 当代教育论坛，2010 (3)：9-10.

[8] 李武. 英国出版学研究生教育的特征分析——一项基于深度访谈的实证研究 [J]. 新闻出版教育，2009 (1)：58-62.

[9] 白玫. 数字出版学科建设刚起步路还长 [EB/OL] (2012-04-01). http：//www. cptoday. com. cn/UserFiles/News/2012-04-01/54757. html.

[10] Buchwissenschaft Erlangen [EB/OL]. http：//www. buchwiss. uni－erlangen. de/english－version. shtml.

[11] 中国网络新闻传播教育的现状及趋势 [EB/OL] (2011-07-20). http：//www. eguilin. org/zhuanti/Print. asp? ArticleID＝6165.

[12] 朱晓军. 数字出版人才培养的策略 [J]. 教育探索，2008（8）：83-84.

参考文献

[1] 罗紫初. 构建编辑出版学专业本科课程体系 [J]. 出版广角，2004（1）. 12-14.
[2] 徐丽芳. 近距离观察美国出版教育 [N]. 中国图书商报，2005-07-22.
[3] 周蔚华. 关于出版学本科专业教学改革的思考 [J]. 出版科学，2008（1）：5-8.
[4] 王一婵. 数字出版时代编辑出版学本科教育存在的问题及对策分析 [J]. 中国编辑，2009（1）. 72-75.
[5] 黄先蓉. 论编辑出版学专业的培养目标与学科建设 [J]. 出版科学，2007（3）：16-20.
[6] 罗昕. 媒介融合时代编辑出版学专业的实践教学体系建构 [J]. 中国编辑，2009（4）. 80-83.
[7] 李新宇. 数字出版专业人才培养的现状与途径 [N]. 中国新闻出版报，2011-04-18.
[8] 南长森. 数字传媒语境下编辑出版学专业课程设置与人才培养模式 [J]. 出版发行研究，2007（7）：63-66.
[9] 周远成，谢先卷. 大成　通博　专精——大学编辑出版类本科专业人才培养现状与策略 [J]. 衡阳师范学院学报，2011（1）：141-147.
[10] 杜朋朋. 大陆与台湾地区出版教育比较研究 [J]. 大学出版，2009（3）：43-49.
[11] 林余荫. 美国出版教育特征分析 [J]. 广西民族大学学报：哲学社会科学版，2006（12）：261-263.
[12] 赵苏阳. 美国出版教育体系及其对我国的启示 [J]. 中州学刊，2009（2）：255-257.
[13] 保尔•理查森，英国的出版教育 [J]. 徐鸿钧，徐钟庚，译. 宁波大学学报（教育科学版），2002（1）：67-73.
[14] 赵苏阳. 英国出版教育的多层面对我国出版教育发展的启示 [J]. 河南师范大学学报：哲学社会科学版，2009（3）：268-269.
[15] 杨金荣. 澳大利亚高等出版教育的定位、特点与启迪 [J]. 中国编辑，2007（4）：92-96.
[16] 毛娟. 编辑出版学专业课程建设研究 [J]. 编辑之友，2002（3）：36-38.

（原载《中国编辑》2012 年第 5 期）

我国全日制专业硕士培养过程中的问题及对策

——以四川大学全日制出版专业硕士为例

白　冰　吴林娜

2010 年，为加强研究生教育中的实践教学，教育部新增了 19 种专业学位，并就高校申办专业硕士学位的基本条件做出规定，尤其是对实践教学条件、培养模式、课程设置、行业师资比例等做出相应规定。四川大学有幸成为西部地区唯一一所全日制出版专业硕士的招生单位。经过近两年运行，有人指出我国不少高校乃至部分专业硕士在教学中存在换汤不换药，培养方案与学术硕士相差不大的现象。一时间，社会对于全日制专业硕士的招考培养制度议论纷纷，对专业硕士招考培养制度的负面评价纷纷扬扬。那么，该如何认识和理解专业硕士这一招生制度？如何在实践中做好专业硕士的培养工作，尤其是类似出版类专业硕士等实践性较强的专业硕士生的培养？这些都是摆在我们面前的现实问题。

一、社会及媒体对全日制专业硕士招考及培养制度的诟病和质疑

1.“缓解就业”论

此论认为，现有的招生方案在制定中就专门强调针对应届本科生的招生，其实践教学时间不得少于 6 个月，这样的安排无形中让人质疑增设专业硕士的目的和意图，正所谓醉翁之意

不在于学位教育，而在于延缓本科毕业生的就业压力。这在一定程度上暴露我国硕士研究生培养中存在的两难问题：一方面是在现有的软硬件条件下高校存在不断扩大学术型硕士生招生规模的内在动力；而另一方面，这样培养的结果是大量学术型研究生难以胜任实际工作岗位的需要。换言之，人才市场需求的变化倒逼教育行政管理部门不得不反思现行的硕士生招考培养制度。如何解决这一现实困境？去“学术化”，将那些未来将走上实际操作岗位上的硕士生分离出来，实施专业技能培养，成为教育管理部门的又一选择。

2. 培养方案“换汤不换药”论

当前，有不少高校专业硕士的培养方案与学术硕士的培养方案大体一致，培养体系“同质化”。按理说，专业硕士的教育教学有它自身的发展规律，比如行业参与、特色培养、社会监督及认证评价、项目制运作、实习实践更为专业等。然而，不少高校在专业硕士的配套制度建设、培养方案制定、课程目标和内容选择、教材建设、实习实践基地建设、设备投入等诸多方面准备不足，最为便捷和省事的做法，就是沿用学术硕士的培养方案。这引起相当多专业硕士生的不满，甚至出现专业硕士生状告学校的事件。

3. “收益”论

一直以来颇为红火的工商管理硕士学位（MBA）、公共管理硕士学位（MPA）的招生模式，令不少学科和专业教师十分羡慕。如果能像工商管理或公共管理硕士学位那样招生，一来可以扩大招生规模，更重要的是通过招生名称的变化，即可将学费提高，从而“创收”。为此，不断有专家学者呼吁改革现有的全日制专业硕士学位的招考制度，模仿 MBA 或 MPA 那样招收在职人员。他们深知在短期内无法改变招生对象，但通过去

"学术化"的专业硕士招生，即可提高收费标准。全日制专业硕士学位的学费明显高于学术硕士的学费这一事实，无疑印证了这样的说法。

4. "差生"论

即考生成绩差才被录取为专业硕士。按照现有的全日制专业硕士的招生对象、考试方式、招生政策选拔出来的专业硕士生未见得受到高校教师们的"待见"。事实上，专业硕士成为高校教授眼中"生源质量差"的代名词。考试分数高的那部分学生已被录取为学术型硕士，剩下的要么转为专业硕士，要么从其他专业中调剂录取。"差生"论也就不足为奇。

5. "招考模式"雷同论

全日制专业硕士的招生从招考对象、招考方式等应与学术硕士有所区别，并非所有专业学科都适用于全国统考的招考方式。有些学科需要有相当程度的从业经验，需要在相应的专业岗位上积累足够的经验。然而，现有的专业硕士招考能否选拔出适合专业硕士的生源的确让人担忧。尽管面试所占分数的权重加大，但涉及创意能力、学习悟性、创新思维等方面，教师难以在一时做出判断。如果不开辟新的招生渠道、变革招考模式，即便招到生源，也很难改变现有的教学和培养模式。

二、全日制专业硕士招考及培养中存在诸多诟病和质疑的原因分析

1. 培养方案"换汤不换药"确实存在，即培养方案并未做实质性改变

由于专业硕士的招生时间短，不少学科对于如何培养专业硕士尚无经验，尤其是对于实践要求较强的专业硕士的培养。尽管国务院学科指导委员会提出了一些解决方案，但事实上指

导委员会本身也是摸着石头过河。在这样的情况下，套用学术型硕士的培养方案就成为首选。“换汤不换药”也就自然而然地出现了。

2.“差生”论所述情况也的确存在

由于宣传不到位，考生对专业硕士培养并不了解，公众对专业学位的认识存在偏差，认为专业硕士学位的“含金量”不如学术硕士，致使考生缺乏报考意愿，报考的人数少。以四川大学出版专业硕士为例，2010年报考的人数仅为4人。再者，参加学术硕士全国统考中分数较高的考生被录取为学术硕士，未被录取的则被要求转为专业硕士进行录取。相当部分考生就是通过专业调剂这种途径被录取的。

3.业界内专业师资队伍奇缺

专业硕士培养重在实践培养，而原有的学术型指导教师相当部分没有实际工作经历，自然也就谈不上实践经验。要求他们在短时间内迅速转型并不现实。即便在业界聘请导师，也存在着如何甄选的问题，并非所有业界的成功者或精英都能够胜任三尺讲台，答疑解惑。

4.缺乏实践实习基地

由于人文社科类对实践实习能力的培养存在诸多差异，不同学科对实践性、动手能力的要求不一，建设各专业实践实习基地的物资匮乏。比如，出版类专业硕士、新闻传播类专业硕士对实习实践的设备要求明显高于其他学科。而目前高校在这些硬件、软件的投入上尚未做好准备。

5.对专业硕士生培养的认知上存在不足

主要体现在学校领导、行政部门、后勤保障乃至教师本身的认知不足。长期以来，高校培养的重点是本科生和全日制研究生，对专业硕士的培养则划入工商管理、公共管理硕士的层面即创收来理解。而对于全日制专业硕士的培养尚未形成认识。

6. 学术培养与实践操作偏废

通常一说到实践操作，就将其与学术培养对立。事实上，不少实践业务层面的成功者并非不进行理论思考或理性思考，只是没有像教师那样进行专业写作，理论基础和理性思考仍然是他们成功的诀窍之一。

7. “招考模式”雷同论的出现是由于现行的硕士生招生制度的刚性制约

专业硕士生的招生只能从参加全国统一的硕士生入学考试的应届或往届本科毕业生中录取，这就把在工作岗位上的人员排除在招考范围之外。更为严重的是招考试题出题、评阅均由学术型指导教师承担，尽管增加了面试环节，但是并没有将学术型与专业型有效分离，使得招生模式和渠道雷同。

三、四川大学全日制出版专业硕士培养模式的新探索——基于全员转型与情境实践型教学模式的提出和实施

鉴于上述全日制专业硕士在招考培养中存在的问题，四川大学出版专业硕士在培养过程中通过对教学理念、培养方案、教育方式转型的探索，力图消除全日制专业硕士培养中存在的上述问题和偏差。

1. 办学理念转型：“走出去、请进来”，动员社会力量共同办学，让双导师制真正落实到位

四川大学在对出版专业硕士的培养过程中，邀请在全国编辑出版行业具有较高影响力的业界专家担任课程指导和讲授，比如中国出版集团的王涛先生，中国新闻出版研究院的徐升国研究员，四川新华文轩出版传媒集团的张京总编辑、四川省社会科学院《社会科学研究》的郭丹先生、何频先生，四川新闻

网的魏翔宇副总编，《西南民族大学学报》原副主编王珏先生等参与专业硕士生的课程讲授、论文指导工作，极大地推动了同学们的学习积极性、主动性。同时，加强业界单位如中央电视台、四川出版集团、四川党建期刊集团与我们专业的共建活动，建立了四川大学人才培养基地等。一方面，专业内学术型的教师可以到这些单位锻炼学习；另一方面，通过聘请这些单位的业务骨干到学院讲课，实现双向互动，提高了培养高端编辑出版人才的效率。

2. 指导教师转型：从学术培养转型实践操作

要让指导教师迅速从学术型向实践型转变的确困难重重。首先，现有的指导教师基本上是从学校到学校的培养路径出来的，他们自身缺乏在业界的从业经历，在短时间内使其具备实际操作技能的确有点勉为其难。其次，学校对教师的考核仍然沿用原有的学术型指标体系，论文发表、科研项目申报仍然是教师晋升职称的重要依据，这就在相当程度上减缓了专业学位硕士生指导教师转型的内在动力。另外，学校在实习实践基地的建设上资金匮乏，人文社科不像理工科拥有自己的实验室，只能依靠与业界单位的合作或是把学生送到实习单位去实习，这就在一定程度上降低了指导老师从事实践和实践教学的积极性。

四川大学出版专业硕士学位培养过程中根据专业的自身特点，要求专业硕士的指导教师参与学院专业书刊的编辑出版工作，如《新闻传播研究》一书。通过参与学院自办学术刊物的编辑出版工作，在一定程度上锻炼了专业硕士指导教师的业务技能。从书刊的选题、组稿、编排、校对、书籍的装帧设计，到最后的营销发行，全部由指导教师独立参与和制作。通过这样的安排，可以在短时间内让指导教师在丰富的理论基础上熟悉实际的编辑出版工作，同时发现自己的问题和不足，以便更好地进行教学。

3. 教学方式转型：课堂教学上学术硕士与专业硕士分离，即分开授课，前者注重理论探讨，后者注重案例分析

针对部分高校学术型与专业型硕士生课堂教学合上的情况，四川大学出版专业硕士则严格区分，在课堂教学上将学术硕士与专业硕士分离，即分开授课。由于两种硕士的培养目标、培养方向上存在差异，合上将带来上述目标、方向上的混淆，让学生无所适从。学术硕士注重学理的探讨，突出创新思维，挖掘知识生产的潜能；而出版专业硕士的培养目标显然具有更强的实践性，要求学生在 3 年学习期间，把自己训练成既有扎实的出版基础理论，又掌握策划、营销及数字化出版技能，同时还具备现代出版经营管理能力的人才。正因为目标不同、要求不同，授课的方式、方法也迥异。分开授课加大了教学运行成本，但从实际运行的效果上看，课程分设有助于教学目标的实现。

4. 情境实践型教学模式的提出和实施：强化出版实践课程教学

出版实践不再是课堂讲授，而是通过项目制形式，设置诸多出版项目让学生独立或组队完成。比如通过与四川省教育厅信息管理中心合作，组织学生为其编撰《四川省信息化建设和管理历程》一书。从图书策划到合同拟定，从组稿、编撰、排版、装帧设计、印刷到发行，整个过程均由出版专业硕士的同学完成。通过这一出版活动，让学生对出版流程有了一个直观和较为全面的认识。此外，让学生参与学术书刊《新闻传播研究》的编撰工作，参与学院“学易·云出版”数字平台的建设工作。在出版过程中，有意识地让同学们外出寻求社会赞助，进

行图书销售工作，锻炼和强化学生的出版市场意识，并把能否有效地将社会资金和资源引入书刊出版作为一个重要考核指标。这就极大地调动了出版专业硕士的能动性。从实践上看，这样的做法深受同学们认可。

5. 传统型出版技能向数字型出版技能的培养转型

数字编辑与数字出版技术的培养放在突出位置。针对专业硕士在招考过程中对数字技术能力考查上存在的不足，四川大学出版专业硕士在教学中强化数字技术课程的教学，学院为此引进了在计算机及软件开发方面具有较高造诣的计算机博士，开设出版专业硕士的多媒体与数字技术课程。通过建立“学易·云出版”网站，设计、编程、制作、后台管理等整个过程全部由学生自己负责，这就培养了专业硕士在网络编程、数据库建立、网站制作、网站内容建设、网络平台管理等环节的数字编辑和出版技能。

6. 单一型培养目标向多元化培养目标转型

我们认为，全日制出版专业硕士学位的培养重实践，但这并不意味着不要理论。事实上，许多著名编辑、出版大家不仅是出版工作的实践家，同时还是理论家。为此，四川大学出版专业硕士学位在培养中要求同学们在重视实践技能培养的同时，注重和加强出版理论知识的学习。每位指导教师至少开列 10 部图书原著，让同学们阅读，并规定每学期撰写不低于 1 万字左右的读书笔记并把它编撰成书。这不仅敦促了同学们阅读，还培养了同学们编辑出版的专业技能，正可谓一石二鸟。

总之，基于全员转型与情境实践型教学模式的出版专业硕士的培养工作才刚刚开始，专业硕士的教育工作将是一个漫长的过程，这其中难免会遇到许多困难和新问题。但我们坚信，只要锐意进取，勇于探索和不断总结经验、教训，就一定能为我国专业硕士的培养蹚出一条既符合专业硕士教育规律又能为社会公众认可的路子来。

参考文献

任欣荣，肖凤翔，张立迁. 全日制专业学位硕士生招考工作问题之归因［J］. 学位与研究生教育，2011（5）.

（原载《出版科学》2012 年第 5 期）

忆戴老

——为纪念戴老逝世四周年而作

邵益文

戴老离开我们已经四年了，回想往事，历历在目，他的音容笑貌也经常在我脑海泛起，有时竟忘记他已经离开我们了……

我开始知道戴文葆这个名字是在1983年，那时正是“文革”以后，各出版社开始评高级职称，我当时在中国青年出版社工作，具体张罗这方面的事。人民出版社是出版界评高级职称的全国试点，文化部出版局主办的内部杂志《出版工作》又做了报道。为了更好地掌握评审标准和具体做法，我和中青社人事处的同志去人民出版社“取经”，总编辑张惠卿和其他有关同志接待了我们，并向我们介绍了有关经验和情况。在谈到如何掌握编审这个标准时，他谈到了戴文葆同志，并且说，什么样的人可以评编审，他们就树立了戴老这个标杆，接着谈到戴老的知识水平、编辑经历、工作成就等。我听了以后，肃然起敬，心里想这个标杆可能太高了。但当时正是评审工作全面推开的初期，上面的精神是从严掌握，后来《出版工作》刊登了戴老的材料，他实际上是我国出版界1983年评编审的样板，或者说是“标准”的具体化。这使他在我心目中留下了深刻的印象。

我和戴老真正接触，相识相知，还是在中国出版发行科学研究所草创之时。1984年初，我奉调到文化部出版局工作，具体负责筹建中国出版发行科学研究所（1989年8月后改名为中国出版科学研究所，即现在的中国新闻出版研究院）。这项工作是根据1983年6月《中共中央国务院关于加强出版工作的决定》中的有关精神具体提出的。当时文化部和出版局的领导都很重视，出版局各部门的同志也很关心，局分党组除分工由刘杲副局长主管以外，还特请老领导、当时的顾问王益同志兼任筹备组组长。可是对我来说，从一个出版社转到出版局，不仅到了一个新单位，而且工作性质也不相同，所以不能不多方求教，寻求多方支援。这样，戴老就自然而然地成了我难得的老师和许多事情的顾问。

1988年4月经新闻出版署批准，成立了研究所学术委员会，戴老是这个委员会的副主任，是研究所社外力量的重要支柱，也确实为研究所的工作提出过许多好的意见。他曾就当时编辑出版的实际工作和学术研究的情况和趋势，做过认真分析，提出过很好的建议，如怎样看待商品经济条件下编辑出版工作的新动向，以及图书发行工作中的新问题等。同时，戴老还为编辑研究做了许多实际工作，如给编辑培训班讲课，应聘担任南开大学编辑学专业的兼职教授，在条件很差的情况下，每周不止一次地往返于京津两地。有些工作甚为琐碎。1993年8月，第六届国际出版学研讨会在北京召开，这是在我国首次轮值举办。依照惯例，需要去机场迎接与会的外国代表。由于主要的代表都来自日本和韩国，因戴老和我曾去两国参加过前两届的研讨会，较为熟悉人头和情况，我就把他老人家请出来帮助去接机。戴老二话不说，第二天一早就和我们出发到机场。可是来得太早，加之飞机晚点，大家等了很长时间，而戴老一直都在那里耐心地等待，给大家留下了很深的印象。类似这样的工作，无论大大小小，戴老都做，都一样地上心、认真。这可以说是戴老对研究所成立以来的一种高兴、兴奋的情感流露；但更多的，还是戴老一生对编辑、出版工作的热忱与执着。对我来说，无论是在研究所还是在编辑学会，与戴老共事时我都能深深地感受到他的热情关怀和大力支持。

作为中国编辑学会的发起人之一，戴老一直没有离开学会，从第一届到去世前都是顾问。学会凡是需要他参加的会议，都请他出席，他也积极参与，提出各种建议。1994 年 9 月，我从中国出版科学研究所退下来，从事编辑学会的工作。在学会工作的这段时间，现在能找到的戴老曾寄送给我的两张贺年卡和他的一本新著弥足珍贵。其中一张寄于 2000 年元旦。当时，我们编辑队伍当中有的人存在严重的剽窃行为，将作者稿子中的内容、观点据为己有。这一苗头被戴老一针见血地指出。他在贺卡上写道："编辑学会教育我们学会编辑。编辑队伍越来越兴旺，各种人才都有，好得很！队伍庞大，免不了庞杂，我们管不着，不能、不应管，只'统'不'战'。终南山进士钟馗只管打鬼，不能打编辑。"这贺卡的背面，恰是一幅钟馗捉鬼图。戴老就是主张编辑学会要有钟馗，打击这些不道德的东西。后来，我根据戴老的这张明信片，在《新闻出版报》上发表过一篇短文，专门讲编辑的道德问题。

第二张贺卡寄于 2002 年元旦前夕，戴老希望我"多写点针对性文章，为中国编辑学会生辉"。那个时候，编辑学讨论刚刚兴起来，不同观点很多。我当时有一段时间集中整理这些不同观点，工作的重点集中在学术方面，对当时的现实情况，比方说当前的编辑工作、出版工作到底有什么问题，注意得不够，戴老的提醒，对我有很大的教育意义。平时，戴老也对我十分关心，经常通过书信和我交流工作上的事情，我们之间的深厚情谊随着这些书信往来也愈发醇厚。可惜由于搬迁，这些书信都已流失，现在想来，十分懊悔。

2006年初，他送我《射水纪闻》一书。该书是他在逆境中被迫迁居桑梓，从事劳动之余，不辞辛劳，奔走四方乡里，采乡谈，编旧闻，为后人留下来的三十余万字的著作。射阳河畔的真实，为近代史研究者提供了有价值的佐证。这是多么令人起敬的作为！但他在给我赠书的题词中只写了淡淡的两句话："源于敬乡之诚，出于桑梓之情"。

我对戴老渊博的学识和丰富又坎坷的经历早有所闻，与他共事的经历中，有两件事让我对他的知识丰厚、博闻强记印象极深。

第一件事发生在1991年，我与戴老去韩国参加国际出版学研讨会。这是我与他第二次一起出国（第一次是1989年去日本）。当时去韩国需要从香港转机。到韩国后，行李没有随航班一同到达，而我们两人参会发言所需穿着的西装都还在行李里。我除了箱子里的一套，身上还穿着一套，可戴老随身只穿了一件普通夹克，西装在行李里还不知被托运到了哪里。

会议上，韩方安排我首先发言，之后未着正装的戴老从容上台，大家立刻对这位一身便装的老先生增添了几分好奇。戴老首先对大家表示歉意，说明今天未穿正装、有失礼仪的原因。这对于经常往来于各国参加会议的代表们来说，托运行李发生问题是难免的事情，当然可以理解。戴老随后开始了他关于"中韩文化交流史"的发言。他在台上引经据典，讲到中韩文化交流中很多不为人熟知的内容，尤其是朝鲜李朝与我国明、清两朝在商贸、文化等方面交流的史实。戴老引用《朝鲜李朝实录·宣祖实录》，讲述：万历时，朝鲜联合明朝两次挫败日本丰臣秀吉发动的侵朝战争，说明两国友好源远流长。又以李朝世宗李裪遣使到中国购求《资治通鉴》等典籍一事为引，大谈中韩文化交流史上的传奇，其中很多情况连韩国人，尤其是比较年轻的与会者所不知道的，一些历史细节听也没有听说过。戴老以其丰富的学识，震撼了会场，整个发言过程中全场鸦雀无声，会后一些学者纷纷找戴老，希望进一步交流。

原来，20世纪60年代戴老被摘去“右派”帽子之后，“编制”问题始终没有着落，时任中华书局总经理的金灿然派人到人民出版社借调戴老去编书。当时中华书局准备出版《朝鲜李朝实录中的中国史料》，戴老就承担起整理修订的任务，被安排去核对《朝鲜李朝实录》。

朝鲜的李朝（1392—1910），相当我国明、清两朝（1368—1911）。《朝鲜李朝实录》记载了由朝鲜王朝始祖太祖李成桂到哲宗的25代472年（1392—1863）间历史事实的编年体汉文记录，加上最后两任君主高宗和纯宗的记录，总共27代519年。戴老在《吴晗和〈朝鲜李朝实录〉》中曾写道：“日本吞并朝鲜后，汉城帝国大学法文学部于1929年筹划影印，主要采用太白山本，小部分系用江华岛本，至1932年完成，共印30部。”中国当时只有北平图书馆藏有一部。从1932年开始，吴晗为补清修《明史》之缺，每天步行到北平图书馆去抄《朝鲜李朝实录》中有关明清的史料，连续几年，抄书笔记有80册之多。他认为，这些丰富的史料记述了建州女真发展壮大的过程，其中包括朝鲜使臣到明朝和建州地区的工作报告，很具体，很可靠，对研究明朝历史有极大帮助。

在中华书局期间，戴老循着吴晗先生的足迹，每天到北京图书馆去查补史料和补抄遗漏的文字，使这部书稿得以完善成型。1980年，12册的《朝鲜李朝实录中的中国史料》最终出版，戴老成为《朝鲜李朝实录中的中国史料》的最后一名责任编辑，完成了前人为清修《明史》的未竟之业。在这一过程中，戴老早已对《朝鲜李朝实录》的情况了然于胸，对其中中韩关系的史料十分稔熟。因此，他去韩国时就专门讲中韩文化交流方面的内容，可以说无需准备，基于自己过去的了解就已经可以从容应付了。戴老的学问如此丰富，以至于这件事今天想起，我仍记忆犹新。

第二件事是2001年8月，我们在哈尔滨召开中国编辑学会第六届年会。会议期间，哈尔滨方面安排我们参观索菲亚教堂。索菲亚教堂始建于1907年3月，原为沙俄东西伯利亚第四步兵师修建中东铁路的随军教堂，全木结构。1932年11月25日落成，成为远东地区最大的东正教教堂，以其精美的建筑艺术和丰富的历史文化内涵享誉中外，是很珍贵的文化遗产。在我们去参观前，黑龙江省新闻出版局曾经给有关方面打过招呼，说这次去参观的都是一些知识分子，他们中有的还是高级知识分子，讲解时要注意准确详细。

到达索菲亚教堂以后，对方为我们安排了一位大概四十多岁的资深讲解员。参观中，讲解员为我们进行了专业、详细的讲解，讲解员走在前面讲，大家跟在后面听，戴老呢，走在队伍中又给我们进行补充，补充一些有关的细节情况。补充讲解的声音虽然非常轻，可还是被讲解员听见了。起先，讲解员以为大家有什么问题，询问过后大家不做声，便继续讲解下去。就这样，大家一路参观下去，有的同志悄悄地问戴老，戴老就慢慢地补充。待到参观完，那位讲解员已经知道了其中的缘由，就追了上来，非要向戴老求教，我们只好先回到车里等着。那位讲解员问了戴老许多问题，我们在车上望着两人交谈甚欢，忽觉有些不对头，原来两人在那里站着聊了半个钟头还多，只好去催戴老上车。最后，那位讲解员把戴老的姓名、地址、电话都留下来，说今后再遇到什么问题一定要向戴老请教。我当时就想，参观索菲亚教堂戴老事先又没有准备，但是他的补充讲解连资深讲解员都很佩服，戴老可真是知识丰富。戴老参观中的这一“插曲”无疑为我们的索菲亚教堂之行增色不少，后来我请黑龙江教育出版社的编审张希玉同志给我整理了一个关于索菲亚教堂的材料，一直希望有机会把戴老的这件事整理记录下来。

戴老丰富的编辑、审读经历不仅反映在他百科全书般的知识储备上，还表现在他博采众长的学术造诣中。

戴老曾担任《中国大百科全书·新闻出版》卷出版分编委会副主任，主笔“编辑”与“编辑学”两个词条。当时，究竟如何定义“编辑”，学界并没有一个较为统一的观点。因此，戴老在编写“编辑”这一词条时将各家的观点都集中起来，再进行分析。正如他自己在“编辑学”条目最后所写的：“中国正处在改革开放、百废待兴的新时期，编辑学理论处于创建过程中。在编辑出版事业需要革新的情况下，一时尚难出现成熟的编辑学理论体系。也正因为这样，在编辑学的理论建设中，由于人们踊跃提出各种设想和论见，突破框框，已表现出良好势头。将如章学诚所说：‘后人之学胜于前人，乃后起之智虑所应尔。’对此，有理由怀抱着诚挚的期望。”

面对不同意见，性格宽厚的戴老从不跟别人争论什么，他常说，“哎呀，七十多岁的人了，还跟三十多岁的人去争论什么呀”，即使观点是错误的，戴老也是耐心地说服。记得是在 1987 年的 9 月中旬，研究所在新疆乌鲁木齐组织了一次以图书编辑规律为主题的“图书编辑学研讨会”，由边春光同志主持。一位年轻人写了一篇文章提交会议，文中提出了一个新名词，叫“出版膆”，认为研究这个就是研究出版学，还生造了一个“膆”

字。当然，大家都不太同意。上午的第一次讨论会上大家都没有就此发言，会下是有议论的。下午的会，戴老就坐在那位年轻人的身边，对他说，不要生造这种名词，这对学术研究是没有益处的。他们两人坐在那里整整谈了两个小时，那位同志最终被说服了，后来他自己也承认创造这种新名词是没有必要的。

然而，就是这么一位受人敬佩的良师益友，却永远地离开了我们。

那是2008年9月8日，我去总署听柳斌杰署长讲我国上半年形势、出版改革和机构“三定”等问题的讲话，结束后，听到有人说起戴老去世的消息，不觉心中一惊。虽然戴老前几年健康状况不佳，还住了院，但走得这么快，实在有些意外。随后我就打电话给刘杲同志，得到证实，说是9月7日17时55分，戴老的心脏停止了跳动，我们扼腕叹惜，深感这是中国出版界的一个大损失……

回想起2008年的8月26日，刘杲同志在电话中告诉我，说戴老病重住院，他去医院探望过，戴老已不认识人，平时是睡时多，醒时少。我得知这一情况后，心情十分沉重，即邀中国出版科学研究所的同志一起去解放军305医院探视。次日，研究所买了一个花篮，由沈菊芳等同志和我同行前往。我们进了病房以后，戴老正睡着，只见他骨瘦如柴，人已脱相。看护人员把他唤醒，他瞪着两眼看我良久，但没有表情，我握着他的手，呼他唤他，也毫无反应。不一会儿，他又睡着了。我们只好向看护人员了解一点情况，知道他还能吃点东西，也能吃药，但昏睡的时间较多。离开医院以后，我们曾议论这种状况也许还能维持一段时间，但要康复出院，就要看医治情况和他的运气了，想不到只过了十多天他就走了。

2007 年底到 2008 年初，为编辑《纪念边春光同志逝世二十周年》的文集，我打电话请戴老写稿，他一口承应。过了几天，他打电话来，说："老了，过去的事都记不清了，材料也找不到，怎么办?"我建议他把边春光同志逝世时写的吊唁文章，做些修改，重新发表，他赞成。我把他当时写的文章《我的唁辞》寄给他，他把文章的标题改为《我的追念》。对文章内容，戴老认认真真、逐字逐句地进行了修改。

文章寄回后，我发现戴老的文稿字迹清楚，改得很规范，连一个标点也不放过，显出一位老编辑的严谨，每当想到这是他在经常头晕的情况下做的工作，就深受感动。现在我想，这也许是他亲自动笔修改的最后一篇文章了。

2008 年 3 月初，戴老给我打电话，说他想给刘杲同志打个电话，但通讯录找不见了，也忘了刘杲同志家里的电话号码，要我告诉他；又说或者由我给刘杲同志打个电话，请刘杲给他回个电话。我当即把刘杲同志家的电话告诉他。但又想到戴老现在记忆力很差，有时同一句话可以反复说几遍，不如按他的第二种办法，即刻电告刘杲同志，请他给戴老打电话为好。刘杲同志后来说，他给戴老打了电话，但戴老也没说什么事。后来我想，也许时间一过，戴老把原来想说的事忘了。

隔了一天，戴老又来电话，说复旦大学葛兆光教授到他家做客，把一本自著的新书忘在了他家里，他想寄还给他，但不知具体地址，要我把这件事转告给葛教授。我因不认识葛教授，有些为难，但因戴老所托，而且他又将此当作一件事情来办，我便一口应承，答应按他的要求办。随即打电话给复旦大学出版社社长贺圣遂同志，请他转告葛教授，贺社长当即同意。同时，我又把贺社长的地址告诉戴老，请他把书寄给贺社长即可。但我心中认为，此书是葛教授送给戴老的，戴老也许没有听清，也许没有理解，以为是葛教授忘在他家的，所以要寄还给他。但我还是完成了戴老所托。这也是戴老打给我的最后一个电话，要我办的最后一件事。

通过这两件事，我意识到戴老的病情可能越来越重了，心中不禁黯然起来。又回想大概是 2008 年春天，戴老给我打电话，说“我现在住院啦”。我问他住哪个医院，他说：“我不知道，这个医院是很高级的，有山有水，风景很好，但是路很远，我是他们开车把我送来的，我也不知道坐了多久的汽车才到这，好像在西山。”我问在西山什么地方。他说：“你也不要问，也不要来。”

后来我得知，戴老那次住院与他临终住的是同一所医院，都是临近景山、北海的解放军 305 医院。历经大风大浪，始终乐观的戴老，面对生死他再次“幽了一默”。就像我和戴老的那次韩国之行，还是在香港机场，当时转去韩国的飞机已经没有了，我们要等到第二天。我心里是有一些急的，戴老却从自己的行李里拿出一条床单，铺在地上躺下来。我当时觉得非常有趣，就给他拍了张照，他笑着说这种留念是很难得很难得的……

这么多年以来，戴老的形象早已随着那一下快门，深深地印在我的脑海。

戴老，我们想念你！

附言

我想写一篇纪念戴老的文章，从他一去世就开始了，而且已经动笔，大约写了一千余字，由于心情不好，难以续笔，不得不放下了。后来，有关同志为编纪念戴老的文集，约我写稿，我当然同意，就寻找过去开头写的那段文字，但没有找到，于是从新开头，大概又写了一千余字，不想突然接到一个有一定时间性的任务，只好再次放下。不想此后，我突发手疾，不能握笔，心里着急，也没有办法，幸亏李频同志找了他的研究生马步匀同志，帮助我整理书面材料和口述内容，总算了结了这个心愿，我在这里向他们深表感谢。

（原载《出版科学》2012年第6期）

从人物比较看张元济的出版人格构建

吴 楣

在中国出版史上，值得后人敬仰和纪念的，代不乏人，灿若繁星。人格的概念乃是历史的建构，并非一成不变，然而，总有一些东西值得传承。传统文化中的人格资源浩大繁复，本文选取了张元济，这位被茅盾誉为“开辟草莱的人”，意从当下目的出发去比较、对话和发掘，来探讨出版人格的构建，旨在从传统人格中汲取养料，以资效法和继承。

一、从与胡适的比较看张元济的出版信念

1921 年，为了改变商务印书馆稳重有余、趋新不足的惯常形象，跟上蓬勃发展的新文化潮流，商务印书馆把目标瞄准了新文化运动的发起人之一——胡适。

同年 4 月，时任编译所所长的高梦旦亲赴北京，力劝胡适辞去北京大学之事而到商务主持编译所，而张元济亦复致书胡适：“极思借重长才”。然而，即使听聆高梦旦“北京大学固然重要，我们总希望你不会看不起商务印书馆的事业。我们的意思确是十分诚恳的”的肺腑之言，胡适仍然婉谢了。他说：“我决不会看不起商务印书馆的工作。一个支配几千万儿童的知识思想的机关，当然比北京大学重要多了。我所虑的只是怕我自己干不了这件事。”对这位“宁鸣而死，不默而生”“但开风气不为师”的人物来说，始终是“著书为上”，出版，只是“那完

全为人的事”，太寂寞了。

反观张元济，1902 年，当排字工人出身、只有普通中学文化程度的夏瑞芳斗胆邀请他加盟当时还只是一个小型家庭式印刷作坊，主要为教会印刷《圣经》、承印商业表册的商务印书馆时，时任南洋译书院院长之职的他一下子就在对方勤勉务实的作风与民间文化实业的巨大空间中，深刻地洞察到自己作为一个知识分子的真正安身立命之处，在次年辞却了译书院一切“公家人”的位置，入股商务，出掌商务编译所。

与胡适不同，执着的信念来源于理性的认识。十年探索使张元济深刻认识到，“吾辈不操尺寸，惟有以身先之。逢人说法，能醒悟一人，即能救一人”，而当务之急“总以鼓动人心为第一义”，“盖出版之事，可以提携多数国民，似比教育少数英才尤要”。遂与夏瑞芳相约“以扶助教育为己任”，在商务成就了一番影响深远的文化大事业，使中国的出版业真正走上了现代化的轨道。“昌明教育平生愿，故向书林努力来。”他选定了出书出刊、办报办学这样的道路，毕其一生，兀兀终年，服务书业几六十载之久，可谓鞠躬尽瘁、死而后已。

诚然，对于“学贯中西，博古通今”的张元济而言，从事了出版工作，使他未能给后代留下什么传世之作，相较于胡适的大名鼎鼎，他在业外几可算是默默无闻。商务印书馆的辉煌，与张元济的默默奉献密切相关，他在商务的所作所为即是他思想的最好表现。他的加盟为商务注入了一份深厚的人文色彩与精神底蕴，商务由此获得了文化上的提升。在经营实践上，从单一的经济行为转变为一种复杂多元的文化行为，在规模与地位上由传统的印刷作坊跃升为现代的出版重镇，成为世纪之初在新文化建设进程中与北京大学互为呼应、联手上演精彩好戏的双子星座般的文化重镇。从这个意义上讲，张元济的传世之作又何止一部？正如《智民之梦——张元济传》作者陈建民所言："他没有留下显赫的声名，他毕生的事业却让人广泛受益。"

二、从与鲁迅的比较看张元济的出版经营

自"长毛状元"王韬始，集学者、作家、报人、出版人于一身，出版社兼书店兼印刷所全包全揽这一情况，始终是中国出版界的一大特色，且在 20 世纪 30 年代的上海达到了最高潮——新中国成立后，随着计划经济公有制，方才逐渐走入历史。然而，除开明书店等少数成功范例，此类"作者书店""同人出版"多数慎始亦难善终，而以佳话、史话的成分居多。究其原因，主要在于出版业不独是一种文化行业，它还是一种企业。既是企业，经营的好坏则至关重要，甚至可谓生存命脉之所系。而文人办出版，首先对其经济属性的必要认识还欠缺，不擅经营管理之道。

试以我国现代伟大的文学家、思想家和革命家，同时又是著名的编辑出版家的鲁迅先生为例。鲁迅先生以笔做刀枪，把出书看作自己投身革命的途径，以出版作为振兴民族的手段，其一生始终不曾离开写作和书刊的编辑工作：从 1907 年在日本筹办文艺期刊《新生》算起，一直到 1936 年逝世前三天为曹靖华译作《苏联作家七人集》写序，整整 30 年。然而，其编辑作品中却少有影响至大、绵延至今者。个中缘由固是不一而足，但徒具理想，缺乏必要的经济意识和管理手段显然是其中一个主要原因。关于这一点，我们可以从鲁迅先生在报上所登的一则小启略窥端倪——"宁可折本关门，决不偷工减料。"固然体现出鲁迅先生对所出书刊的极端负责，对质量问题的高度重视。然而，出版社毕竟是经营实体，在经营之初即存了"宁可折本关门"的心理，那么还能不能办下去、办大办强就很难说了。

商务印书馆25年资金增长一览表

年份	1897	1901	1903	1904	1905	1913	1914	1920	1922
资本（万元）	0.375	5	20	50	100	150	200	300	500
为1897年倍数		13.3	53.3	133.3	266.6	400	533.3	800	1 333.3

而从商务发展史来看，张元济固然葆有启迪民智、扶助教育的出版理想，亦始终着力于经营管理，才能使商务印书馆不以盈利为目的而有盈利，迅速完成了它最初的原始资本积累。在短短二十几年时间里，资本猛增一千三百多倍（参见上表），从而更好地服务民众，传承文明。它以印教科书起家，渐渐发展成拥有自己的编译队伍、自己的学校、发行所、印刷所和多种文化期刊的庞大文化出版机构。到20世纪30年代，就已经形成很成熟的商业与文化的运转机制。

在张元济主事阶段，商务印书馆面向市场、顺应民意，生产对路产品；聘请技师、引进设备，进行技术更新；重视广告、强调推广，促进书刊销售；科学管理、培养人才，不断壮大自己，发展之迅速、业绩之辉煌，可谓一时无两。张元济既为商务印书馆的经营者创造了高额利润，获得了自身的高速发展，又为中国近代社会文化事业的发展做出了世人瞩目的卓越贡献。

文化追求与经营理念，在张元济身上得到了和谐的统一。从对出版属性的认识来说，鲁迅先生尽管与出版爱恨交织、纠缠一生，却可能更多地只是停留在“情结”这一感性的层面上，而没有真正地深入到理性认知和实践，也就无怪乎他的出版生涯只能是尝试了。正应了韬奋先生的那句话：“无论何种事业，能干的还要愿干，否则难有责任心；愿干的还要能干，否则难有效率。”而张元济主持商务数十年，就使其发展成中国最大的出版社，与他在深怀为天地立心、为生民立命、为往圣继绝学、为万世开太平的宏大智民之梦的同时，深刻认识到出版作为一个经济实体的经济属性，致力于经营管理，既“愿干”，亦“能干”是分不开的。

三、从与沈知方的比较看张元济的出版品格

与鲁迅先生的不擅经营不同，学徒出身、独资创办世界书局的沈知方被誉为“书业奇才”，具有精明的商业头脑和敏锐的洞察力，不仅对书价成本计算精准，市场把握眼光独到，营销手段更是独辟蹊径。

然而，正所谓成也萧何，败也萧何。这样一位“书业奇才”却在1933年，因书局周转不灵，濒临破产，只得改组董事会，辞去总经理职务改任监理。这与他个人品性和一味追逐利润，忽视出版业文化属性的经营方针是分不开的。沈知方虽在筹资方面很有办法，甚至于将作者的稿酬都转为股票，但筹资过大，就要向投资人回报，使得世界书局常常陷入一种不断筹资、不断还利的怪圈。而世界书局的股票又不像商务多由职工持有，而由投机商控制，容易买进卖出，书局所得无多，使之陷入资本周转的困境，在发展中潜伏重重危机。1933年，官僚资本控制了世界书局，而沈不得不于翌年隐退，并于数年后落寞而死。

而张元济作为出版大家，其可贵之处在于，“他不只是一个持筹握算的生意人，同时更是一个具有文化理想的文化人；不光具有‘生意眼’，同时还具有‘文化眼’”。

张元济倾大半生致力于文化事业，广泛编撰教科书，以启发民智为己任；锐意译介西方名著，令时人耳目一新；辑“衲史”、印“四部”，钩古沉今、薪传百世。可谓融西贯中、继往开来，功绩卓著，当世罕有相左。为了扶助教育，“学术之书，他家力量所不能出版者，本馆可以多出。欧美名著已译成多种，尚可继续进行。现在编译百科全书，一二年后当可出版”。整理编校古籍，更是为了使古代文化精华“化身亿万饷世人”。在他“启迪民智”的信念指引下，其编辑原则十分明确：始终以“提携广大国民”为导向，有利于提高国民素质的书一定要出，于国民无利甚至有害的书坚决不出，有所为并有所不为。

而其对出版物质量的追求，更是一丝不苟、精益求精，务求尽善尽美。商务的书不能说本本都是高品位、高水平，但至少可以说，商务从来没有出过一本带有黄色、散发铜臭、低级趣味的书，更没有出过一本粗制滥造的书。相较沈知方与世界书局，在当时那个书业混乱、竞争激烈的年代，一个以盈利为目的的民营出版社，能坚持这样一种出版品格和文化操守，确是难能可贵的。而或许也正因为有了这样的坚守，商务印书馆方得以长盛不衰。

正所谓“小贾谋利，大贾谋天下兴亡”，自与粹芳相约始，张元济始终葆有“以扶助教育为己任”的志向与抱负，对文化事业高度负责，融文化的理想于商业的智慧。而恰恰是这种精神，这种品格，构成了商务与一般以赢利为唯一目的的书局在出版品格上的差别，从而在历史的风云激荡中，一如黄钟大吕，号召绵远。

四、从与王云五的比较看张元济的出版理念

和张元济一样，王云五亦是商务印书馆的大功臣，张奠基于前，王拓展于后。在文化与商务的结合上，王云五堪与张元济比肩，甚至在经营上有过之而无不及。然而，在出版理念上，王云五始终抱定以出版为本业的主张，只以狭义的书籍出版为主，甚至于不包括印刷，是一种“小出版”的概念。

王云五时代，商务出书的种类增加，数量也有很大的增多，营业额也有较大的提高，但是其他文化实体和产业却大多萎缩了。尤其是在“一·二八”事件之后，商务把自己的发展方向完全收缩在编译和发行上。出书方向和路数亦变得相对单一和狭小。客观原因固然在于经过战难，商务要多方面发展已很困难；主观原因则不能不说根源于王云五的“小出版”观，和张元济相比，缺乏那种对编译所高瞻远瞩的指导思想和原则，多为学人所批评，亦为商务后来的主持者陈原先生所诟病。

相对应，张元济的“大出版”观则始终为陈原先生所称道。诚如他所言：“商务印书馆创业时期是富有创造性的。这里呈现着一个非常奇特而又非常壮观的图景：它不单是一个出版社，而且是一个‘多媒体’。作为主体的出版机构，拥有编译所、发行所和印刷所。”“更值得惊奇的是，在这个主体的周围，展开了庞大的两翼。一翼是一系列的教育机关：幼儿园、小学、中学、师范和商业讲习所，以及对象更加广泛的函授学校，出版社办教育机关，而不是教育机关办出版社！这就是本世纪初商务印书馆的奇景。另一翼则是一系列的文化设施：电影厂、玩具厂、文具标本仪器厂、印刷机械制造厂和尚未成形的唱片厂。出版社办文化机构，而不是文化机构办出版社！这又是商务印书馆呈现的另外一个奇景。这里呈现的图景，表明商务印书馆是张元济的理想的试验场。”

若是囿于出版的狭隘定义，就难以概括商务印书馆的从业方向。因为在建树具有里程碑意义的出版物的同时，商务朝着全方位的出版结构迈进，开办了各式的所谓附属机构，或教书育人，或造物益智，也许离开纸质出版物越来越远，但它们的核心——扶助教育却是那样惊人地相似。

也许对张元济而言，办出版社只是一种方式，传播思想、变革社会的一种方式。因此，他把触角伸向了出版所能涉及的一切领域，只要是对开启民智有利的图书和事业，都在他的视野之内。“昌明教育平生愿，故向书林努力来。此是良田好耕植，有秋收获仗群才。”1952 年，张元济以 86 岁高龄写下的这首《留别商务印书馆同仁》，或许最能充分表露出他入主商务的胸襟与抱负。

云山苍苍，江水泱泱。先生之风，山高水长。商务以一簿一书的微小事业，发展到与生民同休戚，与国运共盛衰，几经变乱、备历艰难；而始终为学林所倚重，为舆论所称扬，灵光岿然、功业辉赫，诚致叹于其创办人信念之坚定，经营之有方，品格之高远，理念之雄强。无怪乎王建辉先生在参观海盐张元济图书馆时，发出“张元济不可追”的喟叹。作为一个出版产业的成功实践者，张元济这个名字不啻是一个生命的符号，更是一个响亮的人格符号，历史已赋予其特殊的寓意。

“森森兮千丈之松，矫矫兮云中之龙。”也许我们永远无法同前贤比肩，我们但望能绵延其精神，承继其品质，使张元济先生通人达才的出版人格构建百年流芳——不老如千丈之松，造福如云中之龙！

参考文献

[1] 胡适，曹伯言. 胡适日记全编 [M]. 安徽：安徽教育出版社，2001：226.
[2] 王绍曾. 近代出版家张元济 [M]. 北京：商务印书馆，1984.
[3] 肖东发. 中国编辑出版史 [M]. 沈阳：辽海出版社，2002：426.
[4] 中国出版科学研究所科研办公室. 近现代中国出版优良传统研究 [M]. 北京：中国书籍出版社，1994.
[5] 章宏伟. 出版文化史论 [M]. 北京：华文出版社，2002：472.

[6] 雷群明，邹韬奋，陈原，王建辉，等. 编辑修养十日谈［M］. 上海：上海科技教育出版社，2002：53.
[7] 罗紫初，方卿. 出版探索：纪念武汉大学编辑出版学专业创建廿周年校友论文集［G］. 武汉：武汉大学出版社，2003：180.
[8] 李艳. 张元济的编辑思想［J］. 出版科学，2002（1）：65.
[9] 陈原. 商务印书馆一百年［M］. 北京：商务印书馆，1998：284-285.
[10] 王建辉. 文化的商务——王云五专题研究［M］. 北京：商务印书馆，2000：180.
[11] 王建辉. 老出版人肖像［M］. 南京：江苏教育出版社，2003：321.

（原载《出版广角》2012 年第 8 期）

把时代记在心里

——浅谈赵家璧编辑艺术

田　俊

第一次注意到“赵家璧”这个名字，是因为“一角丛书”。“五角丛书”风行的时候，我是个小学生，对这种五角钱一本的窄长小册子爱不释手。等我坐在研究生的课堂，才知道“五角丛书”的前生“一角丛书”来自一个年轻编辑——年方25岁的赵家璧的灵光一现。

所有的成功，都不会只因机缘巧合。赵家璧所编的第一部成套书——“一角丛书”得以写入出版史，为后世编辑借鉴学习，一用再用，也决不是他在《编辑忆旧》里轻描淡写的“我自信先可从小的做起”。

《编辑忆旧》第235页摘引了鲁迅先生为“中国新文学大系”写的《编选感想》，他写道：

> 把时代记在心里，就知道那时倒很少有随随便便的作品。

鲁迅先生是为所编选在大系中的小说有感而发，我作为一个阅读着编辑前辈的忆旧之作的小编辑，倒读出了另一番含义：一个好的编辑，何尝不是把时代记在心里，从而为后世留下有留存价值的文化遗存？

时光的印记

文学，往往是记录，是历史。一部文学作品，可能就是断代史。

一个文学编辑所收集、整理、珍藏的，从某种意义上说，无不是时光的印记。

赵家璧在良友工作的年代，千疮百孔的中国灾难深重，笼罩在一片白色恐怖之下。因为“一角丛书”中收纳了大批左翼作家，如丁玲、钱杏邨（阿英）、周起应（周扬）、沈端先（夏衍）、林伯修等的作品，“良友文学丛书”继鲁迅的两本后，又大张旗鼓地出版了刚刚被捕的丁玲的长篇小说《母亲》，一帮自称“影界铲共同志会”的人就用大铁锤击碎了良友门市部的大玻璃窗。时任上海教育局局长的潘公展竟施展流氓恐吓手段，威胁良友的经理解雇赵家璧。而国民党图书杂志审查会的主管项德言则借口“中国新文学大系”的编选者有鲁迅和郭沫若，以出书拿稿费为名头，有恃无恐地敲去了五百元大洋。这些故事，也许写在鲁迅先生的杂文里，也许隐在序、前言后记的曲笔中，永不会被埋没被散佚，因为有出版，有编辑。

那个时代，无数的作家以笔为枪为匕首，在呐喊，在抗争，在战斗。上海地下工作者葛琴，在敌人的鼻息之下艰苦地完成着党的任务。在身边的文学爱好者朋友的鼓励下，她又走上了另一条抗争之路，拿起了文学这一有力的武器。是鲁迅先生，给予了她极大的肯定，为这个文学道路上的起步者写序，尽力推荐，让葛琴诚惶诚恐地惊愕于“中国现在还有这样年轻的老人”；是赵家璧，是良友公司，为她的《总退却》出版发行了单行本，让更多的人得以一睹为快。

赵家璧的忆旧中，有国民党时期的反动压制，有新中国伊始的百废待兴，也有十年浩劫的不堪回首。盛世，出版也百花齐放，欣欣向荣；乱世，出版无法幸免，成为首当其冲的重灾区。

出版的兴衰，编辑的喜苦，莫不是时代之光的折射。

为作家忠诚服务

《文坛忆旧录》第 98 页，赵家璧深情地回忆起老舍先生对他的殷切期望：以诚相见，为作家忠诚服务，出版有益于人民的好书。

看过几本大出版家、名编辑的回忆录，他们的事业无一例外地都与一大批传世的名字紧密相连，而超越工作的，则是彼此之间弥足珍贵的战斗友谊。一个编辑的回忆，也许让人看到的，是更真实更立体的作家本身。

地下党员、左翼作家阿英生活困难，但他历年节衣缩食，搜购到很多五四以来的新文艺书刊。家里的藏书室，除了中间放一张供全家人吃饭用的黑木书桌，四壁全是封闭式的白木书箱。上海各大图书馆所没有的书，他大部分都有，而且以初版本居多，有的还是作者签名赠送本。听闻赵家璧要编“中国新文学大系”，这位爱书之人立刻表示，如有需要，他愿意无条件供应。为赵家璧的编选，提供了强有力的支持。

茅盾为人热情，做事踏实，是“中国新文学大系”第一辑和第三辑的积极支持者，两次都是第一个交稿的编选者。被赵家璧尊为对自己帮助最大，为“大系”出力最多、期待最多、感情最深的前辈作家。

丁玲的母亲与向警予并肩作战过。向警予像一只报春的飞燕，带领丁玲的母亲等姐妹共同筹组妇女俭德会，创办工读学校，是一群反封建的先知先觉者。大革命失败后，丁玲的母亲停止了社会活动。革命的火棒传递给了女儿。当胡也频去世后，丁玲被捕，母亲怀着对革命的缅怀和向往，默默地担负起抚育孩子的家庭重任。丁玲把这一切写入长篇小说《母亲》，良友印行四版，是真正的畅销书。

张天翼因为《脊背与奶子》、短篇集《移行》、长篇《一年》，与赵家璧交上了朋友。赵家璧北上访友组稿，特意在南京中途下车，与张天翼相处两天。张天翼陪他在夫子庙吃饭，畅游燕子矶。两人的合影，赵家璧一直保留着。计划出版“中篇创作新编”时，赵家璧委托张天翼代为组稿，两人的交往进入新的领域。

徐志摩是赵家璧的英国文学老师，赵家璧感怀这是位“有赤心之心的好老师”，企图用诗人气质去启迪学生的性灵。但他逃避现实、悲观失望之余，希望以“尽量的通婚”来改善民族、建立理想国。徐志摩与陆小曼的恋爱，是充满爱、自由与美的浪漫史，但理想成为现实之后，却是幻灭的悲剧。陆小曼因体弱多病，染上烟瘾，在上海租界懒散荒废，对徐志摩极力动员她迁离上海，和他一起到北平的提议置之不理，让徐志摩不禁哀叹：“我就不懂何以做了夫妻，形迹反而往疏里去了?”

郑振铎为人善良耿直，对人对事，是非分明。和他熟悉的朋友，背后都戏称他为“老天真”。待人接物，他常怀一颗赤子之心，爱用绝对意义的字眼，“这个人好极了!”看到一册精本画册，他会赞不绝口，“美极了！美极了!”对当时落水当汉奸的文人，就面红耳赤地骂：“这个家伙可恶极了!”

老舍以稿费为生，经济拮据，生活压力很大，孩子们都说，很少见父亲笑。国外常有人盗版他的书，《骆驼祥子》被改得面目全非，还不给他一分钱版税。难得能从国外获得一点稿费，得知良友公司倒闭，赵家璧无处栖身。老舍仗义地拿出刚收到的美金，与赵家璧合伙创办了晨光出版公司。可就是这“美元”“办公司”，成了他在“文革”中百口莫辩的罪行，被诬为“美国特务”“反动资本家”，成了压倒骆驼的最后一棵稻草。

鲁迅一向以扶持青年作家、青年编辑为己任，赵家璧也身受其惠。为了介绍十月革命的辉煌事迹，为了让木刻青年多有借鉴，鲁迅抱病花了整个下午到良友公司为《苏联版画集》选画。回去不久就卧病于床，“终至艰于起坐”。在连每日必写的日记都停笔的大病之中，仍念念不忘这批苏联版画，病中口述，由许广平在病榻旁逐字记录，为画集新写了四段序文。鲁迅去世后，赵家璧前去悼念，见日本雕像家奥田杏花为鲁迅做石膏面容翻模，一时竟难以接受。六七岁的海婴尚不懂事，笑言“他为爸爸刮胡髭啦”，引起现场一片酸楚。

当然，作家也千人千面，编辑不免为某些人烦恼无奈。赵家璧倾尽全力，与陆小曼共同编辑《志摩全集》，初稿编订就绪之际，胡适却“先下手为强”，以良友出版不合适为理由，以预支版税为诱饵，硬是说服陆小曼把《志摩全集》改交商务印书馆。

编者有专攻

编辑，与“潇洒、飘逸、伶俐、玲珑”的作者相伴，正如赵家璧所总结的，作为文学编辑的最大喜悦，莫过于看到从作家手里接过来的一大叠手写原稿，通过自己的劳动编印成书；又经过漫长的时间考验，不但在本国读者中被公认为传世之作，而且被译成各国文本，流传遐迩，赢得国际文坛的声誉。

赵家璧爱他的作者，所以我们会看到他为“文革”中失散的往来信件而懊恼不休，会看到他收藏的图书书影，以及作家手迹。从他收藏的文稿原件中，我们看到鲁迅的冷峻孤傲、蔡元培的大气儒雅、茅盾的俊逸工整。

赵家璧有他的独门绝技。茅盾、老舍都记得他的催稿，也感谢因此而有作品脱胎于脑海、形诸笔端。叶圣陶更给他起绰号“良友邀约能手”。

赵家璧的案头有其他编辑所没有的盈亏表，他会细算成本，即使当年对“一角丛书”，也是严格核算过纸张、印刷、发行成本，确定销三千册可保本之后，才付诸行动的。他慢慢总结了经验，初版一般都会亏，再版就会消灭赤字，而三版后就会有盈余。

赵家璧注意宣传、广告。为了配合“中国新文学大系”发售预约，征求订户，让读者对这套大书心中有个概貌，赵家璧编了一本四十余页的《大系样本》。书前印了赵家璧写的《编辑中国新文学大系缘起》，大致介绍策划意图，接下来用两个版面，印了蔡元培《总序节要》手迹，十位编选者的《编选感想》各占一页，此外是书影、预约办法、预约单等。分量之重，堪称艺术品。三联总编辑范用对此很认同，与其心有同感焉。

赵家璧赞成“出版社既卖书，又印书”，以此实现“快些出书”；赞同用英国版画家的“十种走兽”套印《中篇创作新集》封面，形成相对完整的封面风格；赞同郑伯奇的说法，编选一本书，对自己个人，是一个再教育的机会……

这一切，都是赵家璧成为名编辑的内功修炼，都是他之所以成功不可或缺的因素，价值远远超过机缘巧合。

郁达夫在为“中国新文学大系”写《编选感想》时，写道：

照灯笼的人，顶多只能看清他前后左右的一圈，但在光天化日之下，上高处去举目远望，却看得出四周的山川形势，草木田畴……现在是接迹于过去，未来是孕育在现在的胞里的……

他说的当然是新文学，但我还是看出了编辑的意义：为更多的人看清更广阔的世界，保存过去和现在，为了将来！

（原载《出版史料》2012 年第 4 期）

全心全意做编辑

——记“开明人”徐调孚的编辑生涯

李　雅

徐调孚（1900—1981），浙江平湖乍浦镇人。原名骥，字调孚，笔名蒲梢。1919 年毕业于浙江省立第二中学，1921 年 4 月考入上海商务印书馆英文函授学校部工作，后来经人向张元济介绍，以补习生的资格进入商务印书馆编译所，1923 年加入文学研究会，1924 年经郑振铎介绍，参与编辑《小说月报》。1927 年继续协助叶圣陶编辑《小说月报》，其间帮助郑振铎完成了《文学大纲》第四册的写作。1931 年 9 月接替郑振铎主编《小说月报》，直到 1932 年初停刊。1932 年，徐调孚加入开明书店，直到 1952 年公私合营后离开。在开明书店期间，他编辑出版了一批有影响的新文学作品和重要古籍。

新中国成立后，徐调孚随开明书店调往北京。开明书店公私合营后，他调入古籍出版社工作，后来又转入中华书局。1981 年 5 月 9 日病逝，享年 81 岁。

一、学者型编辑

在徐调孚的一生中，始终从事的是“为人作嫁”的编辑工作，自己留下的著作很少，署名的有《木偶奇遇记》《中国文学名著讲话》《校注人间词话》《现存元人杂剧书录》。这四部著作的内容涉及儿童文学、文学史、诗词和戏曲方面。可以说，徐调孚是一个学者型编辑，由于繁忙的编辑工作，使他的研究没有深入下去。而这仅有的四部著作，也还是他编辑工作的副产品。

徐调孚翻译《木偶奇遇记》，是源于对章锡琛和开明书店的支持。1925年，徐调孚和章锡琛同在商务印书馆工作，分别负责编辑《小说月报》和《妇女杂志》，两人还同是文学研究会的会员，同事关系以及相同的志趣令彼此之间的关系甚为亲密。章锡琛因编辑《妇女杂志》的“新性道德号”遭到商务印书馆当局的不满，愤而自办《新女性》杂志，终被商务印书馆解雇。这一系列的遭遇，徐调孚都颇为同情。他出于对新生的开明书店的支持，与顾均正、赵景深一起，翻译了一套“世界少年文学丛刊”，交给开明书店出版。在这套丛刊里，徐调孚从英文本转译了意大利童话作家科洛提（作者按：也译作科罗狄、科洛迪、高洛第）著的《木偶奇遇记》。这部童话曾经在《小说月报》上连载过，开明出版了单行本，十分畅销。另外，他还翻译了安徒生童话《母亲的故事》。这么做，一方面提高了开明书店这个出版界新生力量的知名度，另一方面，他又把出书所得的版税全部用来购买开明的股票，给开明进一步以经济上的支持。而在开明书店经济基础稳定，逐步步入正轨之后，他就不再从事翻译工作，而是回到了编辑的本职工作上来。徐调孚仅有的这次翻译实践，对正处于起步阶段的儿童文学翻译和创作起到了很大的推动作用。

《中国文学名著讲话》是徐调孚在担任《中学生》杂志编辑期间，在《中学生》上连载文章的结集。其内容是关于中国古代文学名著相关知识的介绍，从《诗经》《离骚》《乐府诗集》到《唐诗三百首》的发展，讲到《唐人小说》的出现，从讲唱文学《八项变文》等的产生，再到宋词的起源和发展，以及宋代短篇小说的出现，介绍了元代散曲、杂剧和明代传奇的代表作，最后是对明清《水浒》《三国》《西游》《红楼》四部长篇小说的解说[1]。这部集子中的文章写于新中国成立前，却直到1980年初才被徐调孚整理出来，当时他早已离开北京的编辑岗位，外放到四川江油与儿子一同居住。据当时中华书局编辑周振甫的回忆，“中华认为可以出版，因为它除了介绍重要的中国文学名著外，还注意谈各种文学样式的特点和演变，有它的特点。”[2]28这部书于1981年6月出版，遗憾的是，徐调孚于当年5月去世，没有能够看到自己著作的问世。

徐调孚在开明书店做了许多文学古籍标注的工作，《校注人间词话》是他最为倾注心力的一部。他以王国维的手定本为底本，加上赵万里的补辑本，再把王国维著作中搜集来的有关论词的文字，以及陈乃乾从王氏藏书中各种词集里辑录出来的眉批作为补遗附后，因此被公认为是最完备的《人间词话》本[3]。

1954年，徐调孚整理出版了《现存元人杂剧书录》。徐调孚从小深受精通目录学的父亲影响，为他从事古籍整理工作奠定了基础。此外，中学时代在学习中养成了对词曲的爱好，对他的古典文学编辑工作也产生了不小影响。这个目录早在1948年已经编成，由于当时发表后看到的人不多，又鉴于同好关心，便“重新印一个单行本，以供中国戏剧史和中国文学史研究者暂时的参考”[4]。

二、出版全才

从20世纪20年代进入商务印书馆到70年代，徐调孚从事将近半个世纪的出版工作，拥有丰富的编辑出版经验。“他一辈子在出版界工作，知道他的人不很多，我不免代他感到寂寞。这种寂寞，调孚生前可能并没有感到。‘人不知而不愠’本来是编辑工作者应有的胸怀”[5]30。可见，徐调孚是甘于这种“为人作嫁”的编辑工作的。在商务印书馆时，徐调孚主要协助郑振铎和叶圣陶编辑《小说月报》。杂志的主要编辑人员长期只有两人，先期是他和郑振铎，后来是他和叶圣陶。因此一个人要承担多方面的工作，组稿、看稿、编辑、校对、通信等都要做，甚至包括杂志插页的制版和彩印等也要亲自过问。有时还要同时做杂志以外的工作。这段经历对年轻的徐调孚来说是一个很好的锻炼。

进入开明书店之后，徐调孚先是负责出版部的工作，后来又担任编审部主任，其后还曾兼任推广部主任并参与编辑《中学生》杂志。开明书店的机构简单，人员也比较少，很多时候一个编辑除了阅稿之外，还要负责书稿校对、修改到印刷出版的多方面工作。徐调孚“跟制版厂、排字房、印刷所、装订所打交道，当然是出版部的事，还有版式设计和装帧设计，出版部也要管，此外还要管发稿计划和出书计划”[5]31。徐调孚在商务英文函授学校和小说月报社时，经常和商务的中英文排字和印刷工人联系和接触，因此非常熟悉这方面的业务。“一·二八”事变中商务印书馆总厂被毁，其中的印刷厂也无形解散。主持人王云五便贷款给这些印刷厂的工人，让他们自行开设小型的排字房和印刷厂，使他们能够自给自足，避免工潮的发生。这时担任开明书店出版部主任的徐调孚，便根据这些工人的能力和技术，把开明书店图书印刷的部分工作分给他们做。一方面帮助了他们，提高了积极性；另一方面在降低开明书店出书成本的同时，加快了出书速度。

开明书店出版的文史方面的书籍，有很多是通过徐调孚的人际关系约来的。他编辑《小说月报》多年，与众多作家打过交道，加上还是文学研究会的会员，与其他会员的关系也非常密切，到了开明书店之后，“调孚管得更宽，许多作者本来是他的熟朋友，就由他出面联系”[5]30。当时开明书店出版了不少文学作品，著名的如茅盾的《虹》《蚀》《茅盾短篇小说集》，巴金的《灭亡》《新生》《家》《春》《秋》等长篇小说和他的短篇小说、散文集，夏衍的剧本《上海屋檐下》《水乡吟》，吴祖光的剧本《风雪夜归人》《林冲夜奔》《正气歌》《少年游》等，都是徐调孚组来的。这些与徐调孚良好的人际交往能力和独到的编辑眼光是分不开的。

三、作者的知音

徐调孚在编辑工作中处处为作者着想，是现代出版界公认的作者知音。早在商务印书馆编辑《小说月报》时，他便获得这一赞誉。《小说月报》创刊于1910年，1921年沈雁冰对《小说月报》进行革新，发表了大量新文学作家的作品。1923年改由郑振铎编辑，徐调孚不久便加入杂志的编辑工作。这个时期的《小说月报》采取灵活的编辑方针，每期的内容都很丰富，除了长篇连载和专栏外，还发表论文、小说、散文、戏剧、诗歌等，其中有原创作品，也有翻译作品。这些内容力求每期都有涉及，从而显得“杂”。每期都有十二三万字，新年号的字数更多，除此之外还不定时地组织刊发专号和特辑。《小说月报》丰富的内容和新颖的编排受到读者的欢迎，吸引了大量初出茅庐的青年作家纷纷投稿。虽然小说月报社人手长期少至两人[6]，但这不影响到徐调孚以一丝不苟的态度来对待稿件，因为他充分体会到投稿者对杂志的信任以及对作品投注的期望，“编辑者过去往往都做过作者，更明确地说做过投稿者，一个投稿者的心理，难道编辑不知道吗?”[7]《小说月报》在那个时候刊登了较多名作家的作品，对于文坛新秀的佳作也相当重视，许多人因此成名。丁玲就是其中之一。丁玲的处女作《梦珂》在《小说月报》上发表后，反响平平。后来她又撰写了一篇《莎菲女士的日记》寄给《小说月报》。据徐调孚的子女回忆，这篇稿子是徐调孚在检查字纸篓时发现的，认为是一篇好稿子，和叶圣陶商量过后发表了。这件事徐调孚一直没有跟人提起，直到20年后才因缘巧合地回忆起来，告知子女[8]。叶圣陶也回忆说："在那个时期，《小说月报》刊登了不少新作者的作品，好几位作者后来成了名。近年来常有人提起，说这是我的功劳，并不切当。……是调孚和我共同做的工作，有许多好作品正是调孚在成堆的来稿里发现的。那时给《小说月报》投稿的作者可能还记得，他们收到的复信有些正是调孚写的。"[5]30 徐调孚就是这样默默无闻地尽着自己的职责，因此许多作家常常回忆和怀念他。赵景深也是深受徐调孚奉献精神鼓舞的老友之一，称徐调孚为"助人而不望回报的好朋友"[3]。1924年夏，经郑振铎介绍，赵景深与徐调孚结识。赵景深、徐调孚、顾均正三人共同参与了"世界儿童文学丛刊"的翻译工作。1925年夏，赵景深失业后暂居上海，徐调孚介绍他为《小说月报》撰写"文坛消息"。徐调孚每天午饭前后便给赵景深送英文文学杂志，作为写作的参考材料，两年来从未间断[9]。而对古代小说戏曲的爱好使得两人的友谊延续了一生。

进入开明书店以后，徐调孚负责出版部、编审部、推广部的工作，接触作者的机会很多，也常常会有作者来找他，如郑振铎、赵景深、李健吾、吴祖光等。他们都是徐调孚的朋友，来的目的也不都是谈工作，但有工作上的事也会来和他商讨。在开明书店期间，徐调孚还是保持着一心为作者着想的工作态度，提携文坛新秀，提供作品的发表机会。施蛰存的散文集《灯下集》便是经徐调孚介绍在开明书店出版的。1936年，开明书店为纪念创业10周年，要编辑出版一本小说集，施蛰存的一篇小说《嫡裔》也是徐调孚约来的。施蛰存回忆说，如果没有徐调孚的敦促，也不会有这篇小说的产生[10]。夏丏尊的学生杨荫深打算把第一部作品《少年英雄》在开明书店出版，签订出版合同时需要一个中间人。徐调孚虽然不认识他，但知道这事能够帮助青年作家，便欣然出任这个中间人，在出版合同上签字[11]。周振甫当时刚从无锡国学专科学校毕业，也是由徐调孚推荐加入开明书店的。后来开明书店出版节本《三国演义》，徐调孚便把删节的工作交给周振甫做，许多年轻编辑就是在这样的帮助下成长起来了[2]26。抗战胜利后，欧阳文彬协助徐调孚负责推广部的工作。徐调孚从刊登广告如何有效利用版面，如何配合书刊放置相应的内容，撰写广告的范围和类型等一一教授给她[8]。在开明书店，徐调孚"火线救书稿"的事迹也是广为流传并为人称道的。"一•二八"事变发生时，位于上海闸北区的美成印刷所遭到日寇飞机的轰炸，大火烧到正在排印书稿的排字房。徐调孚不顾个人安危，只身冲入车间抢救出茅盾的《夕阳》和端木蕻良的《科尔沁旗草原》。他将这两部书稿交给茅盾，当时他还不认识端木蕻良，便请茅盾代为转交。这件事徐调孚从未向人提及，直到40多年后端木蕻良撰写纪念茅盾的文章才为人所知[12]。徐调孚这种种行为，完全出自于他作为编辑的责任感和他对编辑工作的热爱，体现出徐调孚作为一个"开明人"具有的崇高精神和高尚情怀。

注释

[1] 徐调孚. 中国文学名著讲话 [M]. 北京：中华书局，1981.

[2] 周振甫. 作者的知音：记调孚同志 [M] //宋应离，袁喜生，刘小敏. 20世纪中国著名编辑出版家研究资料汇辑（第5辑）. 开封：河南大学出版社，2005.

［3］王建辉. 徐调孚：平平淡淡才是真［J］. 出版广角，2001（11）.

［4］徐调孚. 现存元人杂剧书录［M］. 上海：上海文艺联合出版社，1955：序例.

［5］叶圣陶. 追怀调孚［M］//宋应离，袁喜生，刘小敏. 20世纪中国著名编辑出版家研究资料汇辑（第5辑）. 开封：河南大学出版社，2005.

［6］1921年到1923年沈雁冰任主编，加上一个专事事务工作的人员，共2人；1923年到1927年，郑振铎任主编，其间徐调孚加入，共3人；1927年到1929年，由叶圣陶代编，徐调孚协助，共3人；1929年到1931年，郑振铎任主编，徐调孚协助，共3人；1931年至停刊，徐调孚1人任编辑，共2人。

［7］徐调孚. 杂忆和杂感［M］//宋应离，袁喜生，刘小敏. 20世纪中国著名编辑出版家研究资料汇辑（5）. 开封：河南大学出版社，2005：9.

［8］欧阳文彬. 作家的知音：记徐调孚［J］. 民主，1996（8）.

［9］易林. 徐调孚与赵景深的友情［J］. 新文学史料，2002（1）.

［10］施蛰存. 缅怀开明［M］//怀夏师. 中国出版工作者协会. 我与开明. 北京：中国青年出版社，1985：65.

［11］杨荫深. 忆开明［M］//怀夏师. 中国出版工作者协会. 我与开明. 北京：中国青年出版社，1985：103.

［12］柳和城. 徐调孚火线救手稿［J］. 世纪，2003（1）.

（原载《出版科学》2012年第5期）

贾祖璋的编辑理念

刘燕丽

科普作家、生物学家贾祖璋（1901—1988）先生同时又是一位编辑家。他在五十多年编辑出版生涯中，把主要精力奉献给了编辑出版事业，其编辑理念主要体现在以下几个方面。

一、注重把图书的社会效益放在首位

无论是在编辑工作中还是在科普创作实践中，贾祖璋特别注重图书要对读者有益，而绝不出版对读者有害的书籍。他认为，把图书的社会效益放在首位，并不是不顾及经济效益，而是应有所侧重。关于赢利问题，他说："我们是文化单位，不是工厂商店，应该有所不同。"他是这样说的，也是这样做的。

例如，他写于1927年的《鸟与文学》，1931年由开明书店出版。他把科学与文学融为一体，既能给读者以科学知识，又能从中受到文学的熏陶。夏丏尊先生在该书序言中，称赞这本书能与日本小泉八云所著的《虫的文学》齐名。叶永烈先生发表在《科学与文化》1981年第5期题为《奋斗不息的八旬老人——记科普老作家贾祖璋先生》一文中，感慨地说："这本书别有一格，五十年过去了，没有出现一本能与它匹敌的同类书。"

又如，针对英译本《毛泽东诗词》几处动植物译名的错误，他在《读书》杂志1981年第1期上发表了《蚍蜉和蜉蝣》一文，介绍了有关生物学的知识。文章发表后，江苏高邮读者戎椿年先生评价道："作者博古通今，引经据典，通俗地介绍了有关生物学的知识，文字生动风趣，有很大的说服力。"

再如，他在商务印书馆任职期间，与许心芸、林仁之等先生合编了一套《小学基本自然课本》（含《动物学》《植物学》等）。在开明书店任职期间，先后与顾均正先生合编了《开明自然课本》，与唐锡光、章嘉禾先生合编了《开明自然课本教学法》（共两册），还主持编写了《开明动物学教本》（上下册）、《开明植物学教本》（上下册），编辑出版了《初中博物纲要》《开明新编高中生物学》《高中生物学纲要》，与顾均正先生合编了《高级小学自然课本》等。这些生物学教科书，曾影响了几代人。

二、强调图书的出版质量

保障图书的出版质量要坚持稿件三审制度，这是我国图书出版单位历来遵循的审稿制度，也是贾祖璋反复强调要做好的一项重要工作。在中国青年出版社和科学普及出版社任副总编辑期间，他对编辑部门提出要求，编辑人员须按程序进行工作，其具体做法是：编辑提出选题，经他确定取舍；选题确定后，编辑要提交组稿意见，如果室主任同意，他便会同编辑和室主任商定；组稿意见通过后，要求作者报送写作提纲，经编辑、室主任及他三审后再让作者写样章；样章也要三审后提出编写意见；作者根据意见编写，书稿完成后再由编辑初审，室主任复审，最后由他终审。除此以外，他还要亲自通读清样，连注释、引文、插图说明和外文字母等都不放过。这些举措，看似有些烦琐，却保障了图书的出版质量。

1997 年 6 月 26 日，新闻出版署颁布且至今仍在执行的《图书质量保障体系》明确规定：要“坚持稿件三审责任制度”。“稿件交来后，要切实做好初审、复审和终审工作，三个环节缺一不可”。所以说，贾祖璋坚持的这一编辑理念和具体做法具有前瞻性。

三、坚持实事求是和“三性”结合

早在1927年，贾祖璋在翻译密勒氏的《鸟类初步》和《鸟类入门》时发现，书中所讲到的全是栖息在美国的鸟类，他觉得如果直接翻译过来，有些内容对我国的读者并不适用，于是参考了我国鸟类的有关资料，编译了《鸟类研究》和《普通鸟类》。这两本书于1928年出版，由于其内容联系实际，资料翔实，语言生动，因而深受读者的欢迎。

在编辑工作中，他坚持因地制宜，从实际出发，实事求是，如他在《初中博物教本》的“编辑例言”中说：“本书取材悉依部颁课程标准，但我国幅员广大，风土物产随地而殊。故教者宜斟酌情形，变更一部分材料及排列的顺序，以适应就地风土时令。”

20世纪50年代初期，我国的科普作品大部分是翻译苏联的，贾祖璋则倡导要增加我国著作的品种，不能“一边倒”。在“大跃进”年代，社会上急躁冒进、高指标等不良风气波及出版界，有的出版单位为完成或超额完成高指标的出版计划，粗制滥造，采取“剪刀加糨糊”的方法出版一些低质量出版物，而贾祖璋不盲从，不跟风，坚决抵制。他坚定地对编辑人员说：“教师是教书育人，我们编辑是编书育人。”正如吴世灯先生称赞的，这就是贾祖璋“不唯书，不唯上，只唯实”的独特的编辑风格。

贾祖璋在从事科普编辑工作的同时，还利用业余时间创作科普作品，他坚持“科普创作，包括科普小品，都要注意三性，即思想性、科学性和艺术性”。他不仅这样要求自己在创作中坚持“三性”，而且在其编辑出版工作中也处处体现，如前所列的生物学教科书的编辑出版就是明证。正如邵益文先生所说，“三性”结合，“是他留给科普创作、科普编辑的最珍贵遗产，是我们应该珍惜和发扬的”。

四、倡导要重视年轻编辑的培养

关于培养年轻编辑，一方面，贾祖璋倡导要放手让年轻编辑通过实践，提高业务水平，而老编辑应担负起义不容辞的责任，要热情帮助，悉心指导。对此，他以身作则，履行一位老编辑的责任，为年轻人增长才干倾注心血。当年曾同在开明书店任职的陈天昌先生发表在1983年第2期的《魅力》杂志上的回忆文章中，描述了贾祖璋帮助他提高编辑工作能力的有关细节时说：“贾先生对青年人的培养教育，主要不是用话，而是用一颗赤诚的心。”“我修改完书稿，他拿去再加工一遍，然后再递给我看。我领悟老人无言的教诲。他要对我说的话，全在他对书稿一字一句改动的字里行间了。”“就这样一本又一本，一年又一年，我主要是在细看”他“帮助我重新修改的书稿中，仔细揣摩体会，而逐步成长的”。

另一方面，贾祖璋还倡导年轻编辑业余写作，认为勤于写作不仅能提高文字表达能力，还能有利于做好编辑工作。他说：“出版社应当鼓励编辑写作，培养编辑成为作家，一个出版社能有几位编辑是作家，对出版社应是一件好事。”

贾祖璋逝世已经24年，他生前在几十年的编辑工作中形成的编辑理念，值得我们去研究，去实践。认真做好出版工作，需要我们拥有像贾祖璋那样的编辑理念，使出版工作富有时代感，把科学知识和求真务实的理想、追求与新时期编辑出版理念紧密地结合起来。

参考文献

[1] 贾柏松. 献身于编辑事业的贾祖璋 [J]. 编辑学刊，1989 (2).

[2] 中国近代现代出版史编纂组. 中国近代现代出版史学术讨论会文集 [G]. 北京：中国书籍出版社，1990.

[3] 吴世灯. 贾祖璋的编辑风格 [J]. 编辑学刊，2002 (5).

[4] 邵益文. 编辑的心力所向——编辑工作和编辑学探索 [M]. 贵阳：贵州人民出版社，2004.

（原载《出版史料》2012 年第 4 期）

心揣出版文化，笔底书业波澜
——《民国出版史》读后

向　敏

民国时期出版业上承晚清新式出版之萌蘖，下启新中国出版之肇端，在中国出版史上有着独特地位与意义。正因如此，“在当前应该提倡和重视20世纪出版史即近百年出版史的研究”渐成学界共识。近年来，有关民国出版史的研究成果不断涌现，吴永贵教授新作《民国出版史》（福建人民出版社，2011）（以下简称“吴著《民国出版史》”）即是其中的代表之一。作为民国出版史研究的集大成之作，吴著《民国出版史》在广泛综合以往研究成果的基础上不断创新，除了具有很高的学术价值和现实意义外，还形成了该书独特鲜明的个性与特色。

一、一部“纯粹”的出版史著作

称吴著《民国出版史》是一部“纯粹”的出版史著作，首先在于它摆脱了传统书史的研究模式与写作风格，具有真正的出版史味（借用范军先生的词句）。汪家熔先生2000年在《出版史研究二十年印象》一文中曾言辞激烈地批评以往的出版史，特别是古代出版史写作大多未能摆脱书史模式，“自1985年开始，至今，凡以‘中国出版史’为题目的，厚薄不等，都未能脱其窠臼。即模仿书史，并堆砌书名或事实。其中尤以古代出版史更甚。一本书可以叫‘中国书史’，可以叫‘中国出版史’，也可以叫‘中国印刷史’，证明这些都源于抄袭书史”[1]。尽管这是十多年前的批评，但是汪先生的话语对于今天的出版史写作者依然有警示和启迪意义[2]。吴著《民国出版史》避免了传统书史的研究套路，着力于出版活动内部要素以及出版活动与社会的互动关系两个层面的研究。该书共13章，大致可分为三大部分，一是有关民国出版业的整体考察与宏观分析，包括晚清出版业的近代转型（第一章）、民国出版业的发展历程（第二章）、民国出版业的学科分布与区域布局（第三章）；二是中观层面对民国出版业进行考察，包括出版法律与出版管理（第十章）、各种类型图书的出版活动（第十一、第十二章）、中国共产党领导的出版业（第十三章）；三是民国出版业的微观研究，包括民国出版企业简介（第四、第五章）、重要编辑出版人物列传（第六、第七章）、编辑出版工作（第八章）和书业经营管理（第九章）。可以看出，与坊间流行的许多出版史专著不同，吴著《民国出版史》无论在研究的思路还是内容的选择上都透着浓郁的出版史味道，这是称其为“纯粹”的出版史著作的第一个因由。

其次，虽然出版史是以历史上的出版活动为研究对象的一门专史，研究领域涵盖报纸、期刊、图书等出版形态，但从实际情况看，“出版史”一词多用于图书领域，而报纸、期刊的出版史则划归“新闻（报刊）史”的研究范畴，这种差别在当前以“出版史”“新闻史”“报刊史”为名的各类著作中清晰可辨。与以往一些出版史著作“越界”——旁及报刊，甚至以报刊代替图书——的做法不同，吴著《民国出版史》论述范围局限于民国时期的图书出版，无论是对出版机构的介绍、对出版人物的品评，还是对出版经营管理的研究，无一不是围绕图书出版展开。其间虽涉及一些书局所办的期刊，但仅属偶尔提及，至于报纸则弃而不论，所以作者说该书更确切的书名应该是《民国书业史》（《后记》，第651页）。也正是因为作者紧绕“图书出版”这一中心，所以读者能从该书中见到一些在以往出版史著作中很少提及的出版机构与出版人物介绍。如正中书局，该书局1931年10月10日成立，之后发展很快，抗日战争爆发前俨然已属全国六大书局之列，抗战时期其经营管理也多有可称道之处（第138—141页），只是因为其属于国民党政府官办性质，在以往一些著作中大都略去不言。再如张竞生，今人知道这个名字多是因为其“性博士”的骂名，其实在编《性史》之前，他撰写的大学讲义《美的人生观》早已成畅销书，1925年至1927年的两年间重印7次之多；他编辑《性史》的初衷不过是给性学研究提供科学意义上的材料，只因社会反响之激烈以及无良书商的胡编乱造，使得他背负一世骂名；与人合伙开办美的书店，将其打造成一小型专业出版社，并曾有翻译两三千本世界名著的宏伟计划；开书业之先河，首创雇佣女店员的做法（第297—301页）。凡此种种，都说明他是一位不该被出版史遗忘的人。这是称吴著《民国出版史》为一部“纯粹”出版史著作的另一原因。

二、现实观照与文化情怀

历史学家克罗齐曾言“一切真正的历史都是当代史”，这一说法强调历史必须由今天的历史学家加以重新体验和赋予生命才能成为真正的历史，而历史学家必须学会用今人所能理解的情感和思想去重新体验历史，必须能够带着自己对现实的深切关怀去和历史进行对话。吴著《民国出版史》正是这样一部充满现实关照与文化情怀的专著，作者从经济与文化两个维度钩沉史事，品评人物，实现史学研究的现实借鉴价值。

民国出版业是出版近代化的延续与发展，所谓出版近代化，其本质是出版领域的资本主义化。它讲究市场竞争，强调优胜劣汰。民国期间以商务印书馆、中华书局、世界书局、大东书局、开明书店、北新书局、亚东图书馆、泰东图书局、上海杂志公司为代表的民营书业企业，能够在激烈的出版市场竞争中存活并发展，依靠的是良好的经营与管理，可以说在经营管理上每家都有自己的“独门秘笈”，这些无疑能为今天同样身处激烈市场竞争中的出版企业借鉴与参考。吴著《民国出版史》专门辟出第八、九章从中观角度勾勒民国编辑出版工作和书业经营管理的面貌，条分缕析，从选题组稿、装帧印刷、发行渠道、推广宣传以至图书评论，从企业组织形式、机构设置、人员构成、制度管理、融资方式到多种经营，其中许多做法，即使在今天看来依然不失其新意与可取性。以出版企业融资为例，民国时期出版业融资主要有五种途径：募捐、邀股、办读书储蓄会、办读者俱乐部、预约出书。返观今日出版业，除了经营利润转化为资本和部分大型出版集团努力争取上市融资外，很少见到其他“开源”措施。再如编印图书样本。民国时期书业企业在大部头图书的推广上，往往有编印图书样本进行促销的举动，如商务印书馆的《百衲本二十四史》《万有文库》，中华书局的《古今图书集成》《二十四史》，世界书局的《诸子集成》《国学名著》，开明书店的《二十五史》《二十五史补编》等，均是如此。其具体做法是出版者在该书尚未正式发行之前，将书中或有典型代表意义的内容，或有宣传价值的文字，选取若干，装订成册，以供读者阅览。这种做法对出版者而言可以展示图书精华，突出该书卖点，对读者而言可以略窥图书全貌，提供购买参考（第 342—343 页）。

除上述两章外，该书其他章节对民国时期书业经营管理的描述也不少，以出版人物列传为例，作者记述了沈知方、章锡琛、张静庐等书业奇才的事迹，这些都称得上书业经营的经典个案。如作者称为“四马路出版界霸才”的张静庐，经营才能卓尔不凡，在出版活动中多有独具匠心之举，以1935年出版《中国文学珍本丛书》为例，其时张静庐即以“珍本大众化”“丛书杂志化”为号召，广泛征订、预约出书。所谓“珍本大众化”，就是将一些流传较为罕见的古籍，用低廉的价格将它们选印出来，供给一般的读者；所谓“丛书杂志化”，就是规定该丛书的刊行，每逢星期六出版一部，其情形类似定期出版的周刊杂志，同时为避免读者阅读时感觉枯燥和单调，有意将诗词、文曲调剂开来，在出版时间上错杂相配（第271—272页）。

民国时期出版业既有经济性的一面，更有文化性的一面。有学者曾评价民国出版业的价值时说：“如果当时没有开明、北新、良友、文化生活、海燕这样一批体现知识分子人格的出版社，那么20世纪三四十年代的中国现代文学史将会改写。如果没有商务、中华、亚东这样一批出版社，那么，中国现代文化史也将会改写。”[3]此言着实不虚，民国时期出版人对于当时文化之贡献，既体现为出书，又表现为出人。所谓出书，是指出版优秀作品，推动学术文化之进步。民国时期出版许多学术精品，如改革开放后上海书店曾出版一套《民国丛书》，该丛书共收民国时期在我国境内外出版的中文图书1 126种，其中许多著作，如冯友兰的《中国哲学史》、梁漱溟的《东西文化及其哲学》、梁启超的《清代学术概论》、陈寅恪的《隋唐制度渊源略论稿》《唐代政治史述论稿》、李达的《社会学大纲》、李剑农《中国近百年政治史》等，时至今日依然广泛为学者所重视。所谓出人，是指民国时期出版人关爱作者，积极帮助新人成才，这以叶圣陶、巴金、曹禺三人之间的故事最为典型，可称得上民国文化史上的一段佳话。叶圣陶先生在编辑生涯中关心扶持新人无数，其中就包括巴金。巴金还未成名之前，写了长篇小说《灭亡》，因缺乏自信不敢投稿，请朋友帮他自印几百册，后来叶圣陶在巴金朋友那里发现小说原稿，将之在《小说月报》连载并做了热情洋溢的推荐。巴金回忆此事，曾满怀感激地说："倘使叶圣陶不曾发现我的作品，我可能不会走上文学的道路，做不了作家，也很有可能我早已在贫困中死亡。作为编辑，他发表了不少新作者的处女作，鼓励新人怀着勇气和信心进入文坛。编辑的成绩不在于发表名人的作品，而在于发现新的作家，推荐新的创作。"正是在叶圣陶的影响之下，巴金在日后的编辑工作中也注重"发现新的作家，推荐新的创作"，积极扶持文艺新人，其中最典型的例子就是曹禺。当时还是清华大学学生的曹禺完成了自己人生的第一个剧本《雷雨》，但稿件交由好友靳以看后因种种原因被存放抽屉两三年，巴金偶然从靳以处看到《雷雨》后大加赞赏，略做处理后即在《文学季刊》上发表，曹禺也因《雷雨》而在文坛一举成名。除此之外，何其芳的第一本诗与散文合集《画梦录》，陈荒煤的第一篇小说《灾难中的人群》，都是被巴金采用的。罗淑、刘白羽、萧乾、芦焚、臧克家、丽尼等人的处女作，也都是在巴金手下出版的（第264—265页）。吴著《民国出版史》专门辟出章节，叙述商务印书馆、中华书局、世界书局、大东书局、开明书店、北新书局、泰东图书局、文化生活出版社等出版机构的文化贡献，为张元济、高梦旦、陆费逵、舒新城、夏丏尊、叶圣陶、鲁迅、巴金、汪原放、赵家璧等编辑出版人立传，载其出版史事，探其出版精神，忆其文化贡献，无一不是源于作者的文化情怀及对当前出版业的反思。正如作者在后记中所言：

说机构，论人物，举制度，言环境，谈影响……笔者琐琐细细不厌其烦地写下来，是感慨于那个时期很多出版机构的一份独立与自尊，出版人物的一份锐气与敬业，也希望读者能从那个时期的书局书人书事中，感受到一份令人神往的出版精神和文化情怀。

三、范式意义

吴著《民国出版史》是一部民国出版史研究的集大成之作，在一定程度上具有科学哲学家托马斯·库恩所说的范式（Paradigm）意义[4]。它以经济和文化维度作为研究视角，改变了以往书史叙事的简单模式。可以想见，在很长一段时间内，这种学术思路、研究方法将成为出版史研究，特别是民国出版史研究的推动力之一，为后来者借鉴与继承。具体而言，吴著《民国出版史》一书的范式意义主要体现在以下几个方面：

一是史料搜集。有史家曾言“史学即是史料学”，“史料的发见，足以促成史学之进步，而史学之进步，最赖史料之增加”。可见，史料在史学研究中的巨大价值和决定性意义。我们常常羡慕西方出版史学界能做出许多开创性的研究成果，其原因之一正在于其出版资料之丰富与保存之完整。曾因《启蒙运动的生意：〈百科全书〉出版史（1775—1800）》一书获得美国历史学会1979年Leo Gershoy奖的著名新文化史学家罗伯特·达恩顿几次提及他能完成该项研究，着实得益于“好运气”，即他寻找到了18世纪最重要的法文图书出版商之一纳沙泰尔印刷公司的文件，这些文件包含了图书史各个方面的信息，包括“如何对待作者，如何生产纸张，如何处理文稿，如何排版，如何印刷，如何装箱运输，如何讨好当局，如何计取警察，如何给销售商供货……”[5]。正是有了这些档案材料，罗伯特·达恩顿才能尽可能地再现18世纪的欧洲出版世界，并最终讲述了一个出版史上的“好故事”。吴著《民国出版史》能够达到如此高的学术水准，资料搜集的全备是一重要原因。这一方面得益于近年来出版史研究者在相关基础史料搜集整理工作上的进展，以出版史料集而言，除了我们熟知的张静庐编纂的《中国近代出版史料》《中国现代出版史料》，陈江、吴道弘辑注的《中国出版史料》（近代部分、现代部分），徐蜀、宋安莉编辑的《中国近代古籍出版发行史料丛刊》等大型史料集外，近年来新兴数据库资源的出现，如“民国期刊全文数据库”“大成老旧刊全文数据库”等，也为研究者查找民国时期书业资料带来了便利。从这个角度上说，未来出版史料的搜集整理决定着出版史研究的宽度与深度，更多优秀的出版史著作得以生成有赖于此项工作的进步。另一方面则取决于作者本人的学术眼光。毕竟，同样一种材料，在此人眼中为宝、在彼人眼中则否的例子比比皆是。翻看吴著《民国出版史》的主要参考文献及引文出处，我们可以大致看到作者史料搜集目光之所及，除了各类出版史著述外，从出版志到出版史料、档案文件，到辞书目录、传记、年谱、日记、书信、书评书话、文集、纪念册，再到文学史、教育史史料、著作，可谓门类众多，丰富无比。对出版史领域之外，如文学史、教育史等资料的借鉴、利用，既反映了作者学术眼光的独到与全面，同时也意味着吴著《民国出版史》不只在出版史领域，而且在教育史、文学史等其他相关领域也将产生相应的学术影响。

二是研究路径。吴著《民国出版史》在研究路径上的示范意义，主要体现在从经济和文化两个维度来考察民国出版业，前已多次论述，兹不赘言。笔者想要着重指出的主要是两点：一是吴著《民国出版史》所代表的行业史、文化史研究路径虽在史学界谈不上新颖，但是在出版史学界却是少见的，这从汪家熔、范军等先生对以往出版史著作的批评不难看出。此种研究视角在未来出版史学界必将激荡风气，并拥有一批学术践行者。二是风起于青萍之末，以此为契机或能实现出版史研究模式的飞跃，推动整个出版史研究的进步。如当前的西方出版史研究出现了脱离纯粹资料史的藩篱，将出版史（书籍史、阅读史）纳入到以社会史为代表的总体史学研究中去的研究转向，既包括运用社会史的研究范式研究书籍传播中的社会结构及其社会影响，也包括以书籍的历史为切入点探究社会行为和社会心理[6]。

作者在《后记》中曾提及有续写民国期刊史和报业史的想法，若此想法能付诸实施，那么这样的三部曲无疑使民国出版史研究更为完整与全面，对此，我们满怀希望并乐观其成。

注释

[1] 汪家熔. 出版史研究二十年印象 [J]. 编辑之友，2000 (3). 对相关问题的辨析可参见：林穗芳. 关于出版史研究的几个问题 [J]. 出版史料，2003 (2).

[2] 以2008年出版的《中国出版通史》为例，这部凝结近200位专家学者心血，历时8年才告完成的通史巨著，依然存在“有的分册真正属于出版史独到内容的东西不多，‘出版’史的味道不浓”的问题。范军. 中国出版史研究综述 [J]. 出版科学，2010 (5).

[3] 陈思和. 近代出版与知识分子的人文精神 [J]. 复旦学报，1993 (3).

[4] 托马斯•库恩认为“范式”是指特定的科学共同体从事某一类科学活动所必须遵循的公认的“模式”，它包括共有的世界观、基本理论、范例、方法、手段、标准等等与科学研究有关的所有东西。托马斯•库恩. 科学革命的结构 [M]. 金吾伦，胡新和，译. 北京：北京大学出版社，2003.

[5] 罗伯特•达恩顿. 启蒙运动的生意：《百科全书》出版史（1775—1880） [M]. 叶桐，顾杭，译. 上海：上海三联书店，2005：3.

[6] 有关西方出版史（书籍史、阅读史）研究的转向，可参阅：张仲民. 从书籍史到

阅读史：关于晚清书籍史、阅读史研究的若干思考［J］. 史林，2007（5）；于文. 西方书籍史研究中的社会史转向［J］. 国外社会科学，2008（4）.

（原载《出版科学》2012年第4期）

学术研究贵在创新

——评《编辑学理与媒体创新》

王建平

《编辑学理与媒体创新》（河南大学出版社）是著名编辑学人王振铎教授的学术力作。该书的核心思想是建立具有中国特色的社会主义编辑学理论及完备的学科体系，包含五部分（出版文化史论、编辑学理、媒体创新、编辑出版与教育、编辑审读与评论），共计50多万字，既描绘了中国编辑学60年来的发展历程与学术脉络，又凸显了编辑学理论建构的创新性。

一、学术术语的创新使用

按照语言文字生成发展的规律，该书开创性地使用了“媒体间性”这一术语。西方现代哲学领域有一个关键词叫作“主体间性”或“交互主体性”，作者由此切入编辑学，不但提出了“编辑主体交互创新论”，还借助西方美学“文本间性”的概念，引申出“多媒体交互创新论”，创造出了“媒体间性”（intermediality）一词。“从广义的‘大文本’视角来看，传统的书、报、刊等文字文本与现代的电影、电视、广播、网络与手机视频等新型媒体之间也无不充满着交相兼有、互动互补的复杂而多样的结构关系，这就是与‘主体间性’‘文本间性’相匹配的‘媒体间性’。”后在国际出版学会议上，为了与西方哲学层面的学术研究接轨，遂改为“媒介间性”，其对应的英文术语也改为

intermedialitionality。一个词的产生，使编辑学从职业工序的经验操作层面走上理论的科学研究层面，建立了一个把编辑学理与媒体创新贯通起来研究的学术范式，就像1990年12月美国《克利夫兰旗帜日报》使用林穗芳先生创造的Redactologe（编辑学），而使独具学术创造性的“编辑学”一词风靡世界一样，“媒介间性”被中外学术界所认可，也表征了中国编辑学理论研究的深化。

二、研究方法多样

方法的创新是深化学术研究的必由之路。该书研究方法运用多种学科的研究方法和知识理论，“当我们致力于建设一门新的学科——编辑学的时候，刚开始，不能不借鉴一些相关学科或相近学科的已有成果”。在此思想指导下，或信手拈来，或融会贯通，或直接借用，或举一反三，或纵横向嫁接，或跨越式链接，精彩纷呈。比如，符号建模编辑原理对符号学、讯息传播编辑原理对现代心理学的信息论，就是直接借用。“编辑活动，从符号学的眼光来看……”“现代心理学和讯息科学表明：人类最善于全面采集和处理各种讯息的”。再如，“媒介交互创新论”对西方现代哲学的“主体间性”、文艺美学的“文本间性”，“编辑创造媒介说”对传播学的“后视镜”理论，则是跨越式链接。“每一种旧媒介就是编辑所要创造的新媒介的‘后视镜’。”

全书从书名直言“媒体创新”到内文标题“编辑创新”“文化创新”以及行文中的“新发现”“新理念”等，字里行间都充满创新的活力。

（原载《中国出版》2012年12月下）

美国出版业教育培训服务的发展与趋势

李　欣　严文蕃　黄　旭

在充满变革的时代，所有从业人员都要不断地进行学习才能跟上时代的步伐，特别是在美国这样一个非常注重绩效的国家。近年来，美国教育界内层出不穷的教育改革迫使教育工作者不得不及时更新自己的知识，学习教改政策，提高教学能力和管理能力。教师和教育领导者的学习热情得到了美国出版业的积极回应，各大教育出版社都把教育服务作为其战略规划的必要内容。例如，麦格劳-希尔教育出版社的战略规划为“通过提供教育产品和服务，来提高教和学，以此成为全球最大最强的教育出版集团”，体现了其战略决策中的“教育服务”思想，说明“教育服务”与“教育产品”在其公司战略中具有同等的地位。下文分析了美国三大出版社教育服务的最新情况和总体发展趋势，旨在为我国转型期的出版社提供参考。

一、美国出版业的“无为而治”

1. 管理上的“放任自流”

美国的图书种类繁多，图书的出版发行销售体制与中国有很大的差别。从管理体制上看，美国不但没有全国统一的政府出版管理机构，也没有地方管理机构，可以说，图书出版完全处于“放任自流”状态。在美国登记成立出版社，与成立其他私人公司一样，手续十分简单，一般在所在州、郡或市登记后，交数十美元即可。正是这种宽松的环境，造就了美国出版业的大繁荣。

2. 市场上的“优胜劣汰”

美国的出版社数目众多，按 2008 年的统计，全美约有63 000家出版机构，其中除了每年出书 100 种以上的大型出版社150 家左右、每年出书 50～100 种的中型出版社 1 000 家以外，其他都是小型出版社或者个人出版社。出版社之间的优胜劣汰完全靠市场的筛选作用。每年都有出版社的兼并和出版社业务的转让。为了在激烈的市场竞争中搏出位，不同的出版社都有高度细化的顾客群体，市场细分程度发展非常成熟，即便同是教育出版集团，每个出版社都有自身的明确定位。如麦格劳-希尔公司是主打教材、教辅资料和专业技术参考书的出版社；而培生集团主要以英语教育类书籍的出版为主要业务。经过市场长期的优胜劣汰，目前产生了出版业的几个巨无霸，如威立、培生和哈考特等出版社。

二、三大出版社教育服务的最新进展

1. 培生教育出版社的教育服务

培生（Pearson）教育出版集团是目前全球最大的图书出版集团，其下属的著名出版公司包括朗文（Longman），艾迪生维斯理（Addison Wesley）等二十几个子公司。特别是其旗下的朗文集团已有 280 年的英语教育出版历史，不仅出版了世界上首部英语辞典，更是在辞典、英语教程教材、英语语法和读物等领域占据了全球权威地位。在学龄前和中小学教育领域，培生教育集团的教材、教师资源、数字化和网络教育、测试测评构成了完整的教育服务体系，在整个基础教育领域发挥着主导作用。

（1）培生教育出版集团的教育服务方式。

①培生学校（Pearson Schools）。培生学校旨在全球范围内管理、运作和建立高质量的学校，能在这些学校使用培生全球化的知识和经验，以合理的价格为中产阶级提供世界一流的教育。培生集团计划在5年内建立100所学校，自2008年进入学校领域以来，培生学校计划通过接管现有的低效小型学校和建立新学校等方式实现扩张。培生学校在印度和尼泊尔等国发展迅速，目前仅印度就有20所培生学校[1]。

②ICT教育服务。ICT是信息、通信、技术三个英语单词（information、communication、technology）的首字母组合。培生公司为学校提供传统课堂的改造服务，通过硬件和多媒体软件等技术，把传统的教室转化为具有高度互动性的数字教室。目前，培生数字化教室被印度、尼泊尔、马尔代夫、阿拉伯联合酋长国等国的2 000所学校采用。

③与政府合作。在美国国内，培生还与众多州政府建立伙伴关系，为学校安装多媒体设备，并培训教师学会使用多媒体教室。

④博学学习中心（Erudite Learning Centre）。主要设在印度和迪拜，始于2005年，是印度发展最快的高质量教育培训品牌，为各种入学考试和大学联考提供培训服务。此外，还提供职业培训课程，例如英语口语培训等[2]。

（2）培生教育出版社的教育服务特点。

总结起来，培生教育出版社的教育服务有以下三大特点：其一，注重亚洲市场开发，与印度、尼泊尔、中国等亚洲国家关系密切；其二，注重信息技术在教育中的应用；其三，注重英语教学培训服务的实施。

2. 约翰-威立出版社的教育服务

约翰-威立出版社1807年创立于美国，是全球知名的出版机构，面向职业人士、教育界、终身学习者和广大读者出版学术著作、期刊、大学教材、畅销书，以及在线出版物。在学术出版领域，威立出版社一直位于世界前列，并且拥有“世界第二大期刊出版商”的美誉，以质量和学术地位见长。目前，该出版社的教育服务主要通过旗下的威立学习学院来进行。

（1）威立学习学院（Wiley Learning Institute）。

该学院隶属威立出版公司，每年会推出春季和秋季两期培训课程，每期培训班都有针对不同学员的课程设置。下面以它即将开班的春季培训班为例，详解其培训项目。

2012年春季培训班有两类，一类是针对一线教师的研讨班，其课程包括：新教师最佳教学指南、如何利用教与学的学术力量、如何最好地利用师生关系、如何做有技巧的教师、让学生热爱学习的技巧、如何解决学生学习中的问题，以及如何解决当今课堂里的挑战。

另一类是专门针对大学系主任的培训班，分为基础性系列和实践性系列。前者是针对刚入职的系主任，为他们提供入职培训，支持他们出色地胜任其工作。后者是专门针对具有一定经验的系主任而设计的，可以使他们学会如何成功地应对这一职位带来的挑战，如何在这个重要的职位上采取最佳的实践做法，能够把他们提高到一个全新的水平[3]。

（2）威立学习学院的特点。

主要有四个方面：第一，紧抓热点专题，紧密围绕教学、领导和网络教育这样的教育热点问题；第二，培训分层定位，从普通教师到系主任，每个培训系列都有明确的培训对象；第三，员工结构精简，该学院仅有3名专职人员，分别是主任、项目经理和项目助理，运作非常有效；第四，师资力量强大，目前有45名兼职课程讲师，这些讲师遍布全球，既有大学及科研机构的学术型人才，也有多年从事行政管理的实践型人才，还有专栏作家和教育类的畅销书作者。他们中绝大多数都是威立出版社的作者，所讲授的课程都与其出版的专著有关，通常学员注册课程后，就会赠送讲师的专著，这也是促销的有效手段。

3. 霍顿-米夫林-哈考特出版社的教育服务

霍顿-米夫林-哈考特（Houghton-Mifflin-Harcourt）出版社成立于1837年，是19世纪美国著名作家亨利·梭罗和爱默生创办的出版公司，1967年在纽约交易所上市，之后完成了一系列的并购交易，市值也随之膨胀。第二次世界大战期间，出版社出版了希特勒的《我的奋斗》；战争结束后，向英国首相丘吉尔约稿，并成功出版了丘吉尔的回忆录；后又陆续出版了巴顿和蒙特哥马的作品。随着这一系列与第二次世界大战有关的书籍出版的结束，出版社又转而进入一个高等学校教材的高速发展期。同时，在标准化考试教材出版中，公司与当时全美的教育研究中心——爱荷华大学联合，确立了自己在该领域出版中不可撼动的领袖地位，成为全美四大教育出版商之一。进入21世纪后，该出版社专门设立了“领导力与学习中心”来提供教育培训服务。

(1) 领导力与学习中心（Leadership and Learning Center）。

该中心提供专业发展和教育咨询服务，它的与众不同之处在于：通过把研究与实践紧密结合，从而带来真正的变革和学员的可持续发展。该中心为整个北美的学员提供研讨班、高峰论坛和证书培训。所有的活动都是基于最新的科研成果，学习的方法能够被立即用于课堂和学校，所请的专家都有多年的教育经验。培训项目涉及教育领域的多个方面。

该中心由四个下设部门组成，其中“职业发展部”负责专业培训项目的研发和设计。例如，该部门研发的“领导力地图”（Leadership Map）就是具有突破性的自我评价工具，结合问卷和教育数据库等电子资源，帮助学员发现自身的优势和弱势，帮助他们提高领导水平。“会议与活动部”负责学术研讨会、培训班等活动。证书培训是主要的业务，有网络课程也有现场培训，证书培训的要求较为严格。例如，“州立共同核心标准”（Common Core State Standards）证书培训，要求学员必须先参加由中心举办的为期两天的“共同核心标准高峰会”，在整个培训中还要求学员之间每天都要进行互动和对话。此外，证书培训在管理方面也较为严格，学员必须完整参加四整天的学习，有任何缺课或早退问题都无法取得证书；对外地学员而言，宁可延误航班，都不能提前离课。“图书与光盘部”主要负责网上书店的运营和出版物的销售、版权和售后服务等事项。“多媒体资源中心”主要提供辅助学习的资料，如文章、教育博客、图书阅读指南、新闻报道、资料数据库、操作性评价资料、资源目录及多媒体资源[4]。

（2）教育服务特点。

该出版社的教育服务特点包括：首先，培训内容全面。包括四个领域，即标准与评价、数据分析与合作、领导与问责，以及教学与写作。其次，培训体系完善。不仅注重培训班的学习，也注重对学员所在学校进行实地指导，从管理和课堂教学两个方面帮助教师和管理者诊断问题，并提供相应的支持和解决方案。再次，专职及顾问人员队伍庞大。该中心的专职工作人员高达40余人，负责中心各方面的事务。与中心合作的顾问和讲师人数高达60余人，他们都是在教育领域颇有建树的专业人士，在不同的教育机构和组织里做出过显著贡献，既有在学区工作的，也有在课堂一线工作的。并且，他们出版的书和发表的论文涉及教育的各个方面。由于他们的经验既丰富又全面，能够有效地为学员解决问题，帮助学员提高课堂、学校和学区的教育质量。最后，部分培训与资格证书和大学学分挂钩，这使得其培训更具有吸引力。

三、美国出版业教育服务的整体趋势及启示

通过以上分析，可以看到美国出版业在从事教育服务方面具有以下五个趋势：第一，服务纵深化。教育服务不仅仅局限于传统的课堂授课，也包括课前的专业化诊断，和课后的实地指导，甚至是对学员提供终身的专业发展咨询。教育培训的“售前诊断”和“售后服务”日益受到重视。第二，发展品牌化。在教育服务方面，各出版社都结合自身的特点，发展出了各自的优势品牌，抢得市场先机。例如，培生出版社突出自身的外语教育优势，创设“培生学校”，威立出版社开发的“威立学习学院”则是网络教育的品牌。第三，市场全球化。在全球化的时代，各出版社都不仅服务本国市场，也注重世界新兴国家，特别是亚洲国家的教育市场。在教育培训方面，培训讲师遍布全球，并为全球不同国家和地区的学员提供教育服务。第四，项目多元化。充满变革的时代给教育领域的从业者带来了危机感，传统的服务项目已经难以满足教育市场的需求，美国的教育出版社已经从原先单一的“售书”模式走向了“售书＋授课＋认证”相结合的多元发展模式，并直接参与指导一线的教育改革。第五，网络数字化。通过传统图书网上销售，提供网络电子资源，开发网络课程，迅速适应信息化时代的市场需求。

我国的出版业正面临着转型的困境，网络和多媒体技术的发展、电子书的兴起，严重压缩了出版社传统业务的发展空间，甚至威胁到一些出版社的生存。然而，学习型社会的到来也为出版社的转型带来了新的契机。出版社拥有丰富的学习资源（图书）和人力资源（作者），美国的出版社在教务服务领域的探索为我国的出版社提供了成功的范例。如果我们也能够充分调动自身资源为满足不同群体的学习需要服务，那么就有望实现成功的转型！

参考文献

[1] Our Mission [EB/OL]. [2012-02-01] http：//www. pearsonschool. com/.

[2] Pearson Introduction [EB/OL]. [2012-02-01] http：//www. pearson. com/about-us/education/international/.

[3] Spring 2012 Workshops [EB/OL]. [2012-02-01] http：//www. jbfacdev. com/pg/pages/view/527.

[4] Harcourt Leadership and Learning Center [EB/OL]. [2012-02-01] http：//www. leadandlearn. com/.

（原载《科技与出版》2012 年第 4 期）

德国教育出版及数字化管窥

王安琳　毕海滨

2011年10月，笔者有幸参加由德国图书信息中心组织的“2011教育·数字出版高级研修班”，围绕“德国教育出版的现状和不同的出版形态，德国教育出版的产品、商业模式及数字化应用，德国教育出版企业数字化出版的技术解决方案和瓶颈，以及德国政府与行业协会对教育出版企业的数字化转型的支持”等问题进行了参观考察，对德国教育出版业的现状，特别是教育出版数字化转型方面有了初步的认识。

一、德国教育出版市场概况

此次研修的主要任务是考察德国三大教育出版社——克莱特出版集团（Klett Group）、康乃馨出版集团（Cornelsen Verlag GmbH & Co. OHG）和韦斯特曼出版集团（Westermann Verlag GmbH）。这三大出版集团均是以教育出版为主体的综合性教育出版集团，出版范围涵盖学前教育、职业教育和成人教育，出版图书品种不仅有教材、教辅、教学参考书，还有学术、科学、大众、少儿图书等。它们出版的教材不仅在德国使用，还在奥地利以及东欧的德语国家使用。以克莱特出版集团为例，它不仅引领德国教育出版市场，在欧洲也享有盛誉，在17个国家和40个地区设有分公司，每个公司在教育出版、文化出版、专业出版以及成人继续教育等方面各有特色。

德国中小学教材的出版发行同大多数西方国家一样，完全是市场化运作模式。德国有 16 个联邦州，每个州教育体系不同，课程标准和教学大纲迥异，出版商开发中小学教材，也要根据各州不同的教育体系和课程标准来进行。教材的选用自主权在学校和教师。此外，购买教材的支付方式在不同的州也不同，柏林地区主要由家长来支付教材费用，有的州是由学校或社区来支付，还有介于两者之间的支付方式。因此，出版商会将教材营销的重点放在为教师和家长提供服务支持上。比如，在德国中小学教材出版上排名第五位的韦斯特曼出版集团总部坐落于德国不伦瑞克市，但在全国设有 11 个教材服务中心，其主要功能：一是方便学校和教师选购所需的教材，了解教材发展的新动向；二是组织当地教师进修和培训，走访当地的中小学，征求教师对教材的意见；三是每年在不同学科中安排学科专业大会，为教师提供经验交流的机会。

笔者一行参观考察了韦斯特曼集团设在柏林的教材服务中心，该中心主要负责柏林地区的中小学教材的发行、销售、服务、培训等业务。在假期，教师会自发来到中心，或选用教材，或参加培训，络绎不绝。学期开始时，教师会为家长提供书单，家长也会带着学生来到中心，或购买教材，或为学生的学习问题进行咨询。中心不仅有教材销售厅，还有会议室和活动中心，用于教师培训和家长、学生选用教材的活动场地。出版社正是通过设在各地的教材服务中心来巩固和开拓教材市场，为当地中小学教师、学生和家长提供服务的。

德国中小学教材都经过精心设计。比如，韦斯特曼集团的教材设计遵循两个原则：一是唤起学生的学习兴趣，二是简化教师的工作。德国的教材出版后会相对稳定，教材开发完成后可多年重印，学生教材也可循环使用，教材修订周期一般为 4～6 年。

由于中小学教材市场规模相对较大，值得各教育出版集团投入较多人力物力来维护，而高等教育教材由于专业细分，一般由规模不大但专业特色鲜明的出版社出版。而单一的中小型出版社进行市场开发和客户维护时显得力不从心，因此，小型德语区（德国、奥地利、瑞士）教育出版联盟UTB应运而生。

UTB设在斯图加特市，目前有16家专业出版社加盟，出版领域非常明确，主要是大学教材和专业学术图书。UTB于1970年成立，成立之初就将加盟的出版社所出版的大学教材和专业学术著作统一封面包装，以平装书的形式，采用不同的市场营销策略，走低定价路线，得到了大学师生的青睐。

希望纳入UTB统一出版的图书，由各个加盟出版社提出选题，UTB根据是否是教材和学术著作、是否有足够的市场需求量、作者的知名度等一系列评判标准来选择。有些图书即使没能纳入UTB选题范围，各个出版社也可以自行出版。

UTB经过40年的发展，已出版学术著作和大学教材8 000余种，包括社科、自然科学等类别，重点是文史哲。大学教材和学术著作经过UTB统一包装后，进行规模化的市场营销，取得了不错的业绩，已成为欧洲德语区最强的大学教材出版基地。这种将学术著作和大学教材集约化出版发行的模式，值得国内专业出版社和大学出版社借鉴。

二、数字化转型初见端倪

围绕纸质教材的出版，德国各教育出版集团还提供了相应的教学辅助工具，如教具、字典、音视频文件等，同时也十分关注新的数字技术对教育的影响以及对传统出版的冲击。德国大多数出版商对数字出版持谨慎态度，试图与新的数字技术保持距离，这可能是德国人求稳的性格使然。但面临数字出版大潮的冲击，德国的教育出版也开始谨慎转型。

康乃馨出版集团不仅开发了数字教材，还在一些学校试点建立数字化课堂。针对数字化课堂的需求，他们开发了两种数字产品：一种是用于训练词汇的软件——单词卡，其内容包括教材中的所有单词、句型及配套发音等，同时还提供单词测试功能；另一种是电子练习册，主要包括电子化习题、电子化学习档案记录、自我评估等功能。

康乃馨出版集团还针对教师、学生和家长开发了一个在线教学平台，其设计理念是从课堂学习（“learning at school”）扩展到课外学习（“learning at home”），最终将实现跨电子白板、个人电脑、移动终端等多平台接入。康乃馨出版集团开发的数字资源和产品，集成了教学中讲解、练习、考核三大功能，特别强调资源的多渠道开发、最大化使用，提升资源的价值。

目前康乃馨出版集团还没有专业的技术团队，他们采用的制作模式是由编辑部门提出电子教材的设计和想法，由技术公司来完成开发和制作。虽然电子教材开发和使用都处在试点阶段，但正如康乃馨出版集团国际关系/对外版权部主任霍尔格·贝姆（Holger Behm）所说，集团要有迎接数字化学习的能力和准备。

克莱特教育出版集团对数字出版投入了更多的精力。针对近年来教育和学术出版市场在数字技术冲击下的变化，克莱特集团在教育出版方面制定了新的发展战略，致力于逐步扩大电子教学资源库。克莱特开发了与纸质书配套的在线视频讲解、在线练习、在线测试等功能，并在纸质教材或教辅中添加相关链接，使学生能够同步查看到更多网上或多媒体介质中有关的延伸学习内容，从而将纸质出版物与数字出版物紧密结合起来。

随着德国使用电子白板的学校不断增加，克莱特集团还为学校提供各学科的交互教学资源。此外，为了便于学生进行自测和个性化学习，还提供涵盖所有学科的学习工具和资源。目前，在教育出版方面，克莱特集团正在开发的有两个数字产品：一是试题库，提供历年考试真题和答案；二是阅读能力训练网站，专门用来训练儿童的阅读能力。

另外，克莱特集团旗下的旁氏公司（PONS）作为德国最著名的辞典出版商，除了出版纸质字典外，近年来着力发展电子辞典，开拓新的市场。目前，旁氏的在线学习辞典能够实现在线德语与英语、法语、意大利语、俄语等57种语言的相互翻译，提供全文翻译、机器翻译功能，成为旁氏字典出版史上新的里程碑。

克莱特集团由于在数字出版方面的多元化产品发展策略，使其数字出版的盈利已达到集团全年利润的25%，引领着德国教育出版中的数字出版潮流。

三、结语

通过对德国教育出版及其数字化情况的考察，笔者看到，目前德国教育出版的数字化进程还比较平缓，对数字出版的发展持谨慎的乐观态度，这或许是德国人的理性使然。但我们也看到了在这种平缓下涌动着的数字出版暗潮，从出版商到发行商，从书业协会到技术公司，都在积极参与数字出版，在数字化学习方式带来的巨大变革面前，积极应对、谨慎前行，这也是笔者此行在务实的德国同行身上学到的宝贵经验。

（原载《现代出版》2012年第3期）

关于日本出版业的现状考察及启示

盛　力

不久前，笔者有幸随国内一代表团出访日本，对于日本出版业的现状及特点颇有体会与感悟，特记录要点如下。

一、日本出版业的分类

日本的出版社按照出版物的内容可以分为以下几个类型。

1. 书籍出版社

专门出版各种书籍，出版的书籍种类多，但数量有限。有的出版社专门出版法律、医疗、美术等书籍，这种特定化的出版社，一般不受出版界景气程度的影响，销售量保持在一定的水平。比如，以出版学术书为主的岩波书店，拥有职工200人左右，年销售额基本维持在200亿日元。以出版医学书为主的医学书院也拥有职工200人左右，年销售额基本维持在100亿日元。

2. 杂志出版社

出版月刊和周刊的出版社。和书籍相比，杂志一般刊行数量多，而且是定期出版，所以经营上有比较稳定的收入。另外，广告收益这一特点是书籍所不具有的。但是，因为近年来杂志的销售册数逐渐减少，很多杂志停刊，所以很多杂志出版社为了生存，不断地改变经营方针，逐渐向综合出版的方向转化。

3. 综合出版社

综合出版社除了出版书籍和杂志，还参与电影制作、数字媒体等领域的工作，是实行综合化、多样化经营的出版社。一般而言，综合出版社需要大规模的资金和人员，并且要不断开辟新的经营领域。比如，日本最大的综合出版社讲谈社的资金为3亿日元，职工近1 000人，年销售额在1 300亿日元左右。该出版社除出版书籍和杂志以外，很大的一块业务即是参与电子游戏的制作以及电视台节目和电视剧的制作。

4. 教科书出版社

主要出版从小学到高中的教科书。

5. 自费出版社

书籍的制作费完全由作者自身负担，出版后作者买下全部书籍。也有一部分是出版社和书店签订协约后可以在书店进行销售。文艺社是自费出版社的代表，资金为8 000万日元，职工约200人，一年出版的新书数量在1 700种左右。

二、日本出版业的特点

1. 东京一极化

日本的出版社有76%在东京都，约有2 920家，其余的分布在大阪府（157家）、京都府（132家）、神奈川县（90家）、玉县（60家）、爱知县（47家）、千叶县（45家）、北海道（31家）、兵库县（30家）。如果把东京都和周围的神奈川县、玉县、千叶县加起来，不难看出日本的出版社绝大多数集中在东京及其周边地区。这一构造和其他产业基本相同，即出版社也存在着“东京一极化”的高度集中现象。

2. 小规模的出版社多

日本资金在500万日元至1 000万日元的出版社占30%，职员在10人以下的出版社约有2 000家，占50%。上述的特定化的出版社规模一般都比较小，由于人员的成本低，不需要庞大的广告费。和大型出版社相比，经营简单，所以，有的小型出版社并不希望扩大人员。

3. 出版社的递减

日本出版业在1976年首次突破1兆日元的大关，进入20世纪80年代以后，杂志的销售额超过了书籍，形成了杂志主导日本出版界的局面。1989年出版业的销售额突破了2兆日元，以后持续增长。1996年达到26 980.802亿日元。1996年以后受泡沫经济的影响，销售额连年下滑，2010年的销售额已经和22年前的1988年持平。

由于出版业不景气，自然导致了出版社减少。根据《出版年鉴2011》的统计，2010年日本的出版社有3 815个，与最多的1997年相比减少了797个。出版社减少的原因除经济不景气以外，刊物形式上的变化也是不可忽视的原因。特别是电子书籍杂志出版的增加，对出版社无疑是最大的挑战。

三、日本出版社的销售方式

1. 一般书籍—销售集团—书店型

无论是书籍出版社还是杂志出版社或是综合出版社，采取的主要销售方式是通过专门的销售集团来销售发行物。日本主要的书籍销售集团是东贩和日贩，出版社和它们签订协约后，出版社的出版物将被摆在日本全国的1万家书店里。这样，运输问题、与各个书店的联系问题都由销售集团解决，在一定程度上减轻了出版社的负担，因此70%的出版社采取这种销售方式。

2. 专门书籍—专门销售集团—专门书店型

以出版教科书、法律、医学、音乐、美术等专门书籍为主的出版社通过专门的销售集团在专门的书店进行销售。比如，教科书专门出版社东京书籍的销售基本上通过日教贩集团，以出版地图为主的昭文社出版的地图册主要通过日本地图共贩集团在各个书店销售。

3. 大学的教科书—销售集团—大学内书店型

大学用教科书是大学教师根据课程需要自行选用的，没有审定制度。教师选定教材后，通过大学内的书店订书，所以出版社向大学教师推荐教科书也在各个出版社推销的范围以内。如果被大学教师采用为教科书的话，该书每年都有固定数量的销售。这样的出版社有斐阁、岩波书店，还有各个大学的出版社，他们的主要销售对象是大学生。

4. 古籍复刊书籍—销售集团—书店外卖型

古籍复刊的书籍有的一本销售价格为数万日元，如果是系列或全集，一套的价格高达数十万乃至数百万日元。这类的出版社如不二出版社、柏书房出版社，其客户主要是大学等研究机关的图书馆和公共图书馆。因此一般不摆在书店里，而是通过大型书店外卖部门进行销售。

5. 出版社—书店型

为了减少和销售集团之间的手续，也有一些出版社直接和书店签约，销售书籍。这就需要出版社自己负担运输和处理卖不出去的书籍。但是出版社可以按照自己的意图在书店进行宣传，有一定的自由性。

6. 出版社—读者型

出版社不通过中间的销售集团和书店，直接向读者销售，这主要以杂志为主。如日经 BP 出版社，年销售额为 500 亿日元，其中向预订读者邮寄的杂志年平均为 3 400 万本，而通过销售集团—书店的销售形式卖出的杂志约为 1 400 万本。

另外，还有像以出版农业书籍为主的农文协出版社，在全国有营业所，直接到农民的家推销书籍。

四、日本出版业的海外市场

与其他企业不同，出版社的海外市场主要是版权出口。日本的版权出口主要以漫画为主。日本的漫画出口从20世纪90年代开始递增，海外市场的销售额已经超过了100亿日元。主要出口国为亚洲的中国（包括大陆、台湾和香港）、韩国，欧洲的法国、德国、意大利、西班牙，以及北美的美国、加拿大。

除漫画以外，现在日本的小说在亚洲也颇受欢迎，小说版权的海外出口数量不断增加。这主要是由于亚洲地区出现了大批精通日语的编辑人员，熟悉日本的出版动向，推动了日本小说的翻译市场。日本流行小说在很短的时间内就被翻译成中文或韩文，有的知名作家的作品几乎和日本同时出版。比如村上春树的《1Q84》三部曲系列，在中国的销量超出了100万本，在外文翻译作品中是罕见的。除此之外，日本的侦探小说和言情小说在中国也有很大的市场，比如渡边淳一的《失乐园》在中国的发行量也很高。

与此相比，日本当代小说的版权在欧美的销量不大。主要原因是，在欧美地区，当代作家的作品竞争很激烈，所以作品的数量和质量都很高，使日本作家的作品很难打入市场。同时，精通日文的编辑人员缺乏，当代日文作品难以得到重视。另外还有一个原因就是，在欧美地区大多情况下翻译家只拿翻译费而得不到版税，所以职业翻译家几乎没有，多数情况下是大学教授翻译和自己专业有关的书籍，因此，翻译出版业在欧美整个出版业中所占的比重不大。

近年来日本大型出版社都在开发亚洲的市场，特别是和中国出版社的合作越来越多。1995年日本主妇之友出版社和中国轻工业出版社合作，发行了中国版的《瑞丽》时装杂志，在北京和上海发行了约40万册，超过了在日本的发行量，其内容40%为日本版内容，60%是中国版独自的内容。继中国版之后，2006年又发行了泰国版。

五、日本出版业面临的新挑战

2010年被称为是日本“电子书籍元年”，《日本出版新闻》（2011年8月上旬号）对日本的电子出版情况做了总结和推测。最新统计结果表明，2010年日本的电子书籍市场的规模为650亿日元，比2009年增加了13.2%。其中针对手机发送的电子书籍占了90%，主要内容以漫画为主。这和主要以通俗小说为主的美国电子书籍市场有很大的不同。简单地说，当今的日本电子书籍市场主要依赖于手机，离开了手机就没有栖息之地。

预计到2015年，电子书籍的市场规模将达到2 000亿日元，是2010年的3倍。这主要是由于美国的大型信息技术企业苹果、谷歌、亚马逊等将参与日本的电子书籍市场。

随着电子书籍的发展，出版社、销售公司、书店这一日本传统的出版系统将发生变化。为了适应这一潮流的变化，日本的出版社纷纷行动起来。据有关部门的统计，2009年发行电子书籍最多的前3家出版社是光文社、讲谈社和角川书店。2010年2月讲谈社、小学馆等大型出版社联合设立了“日本电子书籍出版协会”，对日本的电子书籍市场进行各方面的调查，着手制定一系列的法规，规制电子书籍市场，保护出版社及著者的权益。

六、日本出版业的经验对我们的启示

当今，中国的出版业也面临着很多问题。由事业单位转变成企业单位、资金的筹划等都成为出版社的棘手问题，这也导致了中国的出版社大多依赖于教科书类型的书籍和翻译引进作品的出版。由于中国除中考、高考以外各类考试不计其数，与之相关联的各类参考书自然有一定的市场。另外，畅销书的内容多数依赖翻译作品，本国作家的作品尚缺乏竞争力。

日本的出版社多数规模很小，可是在激烈的竞争中却生存了下来，他们的经验值得中国的出版社借鉴。首先，各个出版社保持自己的出版特色，有专项特长。其次，努力做到少而精，降低成本。这就使各个领域的出版物保持一定的数量，对国外翻译作品依赖较少。

日本的畅销小说在中国有一定的市场，就说明日本读者和中国读者在一定程度上有相互理解的基础，中国的作品也可以介绍到日本、韩国等国家去。中国的出版社开拓国际市场，需要语言的能力和经济基础，这也对出版社在人才方面的培养提出了新的要求。日本大型出版社都设有海外部，专门对海外图书市场进行分析，并提出相应的对策。与此相比，我们的大多数出版社虽然也设有版权部门，但大多着眼于引进，对输出产品则少有规划，信心也显得不足。

（原载《中国出版》2012年7月上）

中国编辑学会2012年活动纪事

1月15日　中国编辑学会在全国政协礼堂召开主题为“加强编辑责任，强化编辑功能”的迎春茶话会。新闻出版总署副署长邬书林，中宣部出版局副局长郭义强，新闻出版总署原副署长、全国政协委员、中国新文化促进会会长李东东，中宣部原常务副部长徐惟诚，原新闻出版署署长宋木文、于友先等老领导，在京各大出版单位社长、总编辑，部分获得中国出版政府奖、韬奋奖等重要奖项的优秀编辑代表出席会议。

邬书林副署长、郭义强副局长、桂晓风会长在讲话致词中号召全国编辑工作者切实加强自身建设，提高创新能力，以高远的文化追求、高尚的职业道德、高度的职业素养、高深的职业技能，多出弘扬社会主义核心价值体系的好书，多出时代独有的能站得住、留得下的出版物，为我国文化大繁荣、大发展做出贡献。指出当前要突出做好学术著作的出版规范工作，做好索引、主题词、参考文献的基础工作，以强有力的责任感使我国的图书出版质量有一个大的提升。

2月3日　学会党支部书记袁良喜参加新闻出版总署召开的直属单位党支部书记“关于做好新闻出版总署党的十八大代表候选人预备人选推荐工作和出席中央国家机关党代表会议代表推荐工作”会议。

2月15日 于翠玲、吴艺文、吴培华、任火、张爱民、李翔、关迎春、吴惠娟、吴婷、周雅娟等10名同志的论文被评为中国编辑学会第十五届年会优秀文章，获得荣誉证书。

2月25日 “编辑人才评价体系研究”课题组召开了“编辑人才评价体系及培养模式课题研究”讨论会。会上对第一稿论文框架、结构及各章节的主要观点进行了充分讨论并提出了修改意见。

3月14日 学会向中华书局发去贺信，祝贺中华书局成立一百周年。

3月22日 编辑史专业委员会在人民教育出版社召开“《中国近代编辑史》编写工作研讨会”。与会专家、学者对《中国近代编辑史》编写中的问题进行讨论，提出了许多建设性意见和建议。

5月7—15日 2012年第一期出版社编辑人员业务培训班在北京铁道部党校举办。来自全国9个省（自治区、直辖市）26个出版单位的81名学员参加了9天（72学时）的集中学习，获得了新闻出版总署的培训结业证书。

5月16日 科技读物编辑筹备专业委员会组织专家对新形势下“三农”读物编辑出版工作研讨会的论文进行了评选，评出优秀论文15篇，向优秀论文作者颁发了证书。

5月19—20日 由中国编辑学会主办，中国编辑学会编辑史专业委员会承办，湖北省编辑学会、华中师范大学出版科学研究中心协办的“民国时期多元出版文化学术研讨会”在武汉举行。来自国内编辑出版行业的专家学者围绕民国编辑出版思想理论、民国编辑出版人物、民国编辑出版制度、民国编辑出版史料、中外编辑出版交流等议题进行了研讨。

5月21—22日 2012年度“经典中国国际出版工程”专家

评审会在中国职工之家召开。新闻出版总署副署长、“经典中国国际出版工程”评审委员会常务副主任邬书林出席并讲话。中国编辑学会会长、“经典中国国际出版工程”评审委员会副主任桂晓风就评审中的若干业务问题，向专家做了说明。119 家出版社送审项目 369 个，是近年来最多的一次。经专家组初评，总署评审委员会审定，58 家出版社的 91 个出版项目列入 2012 年度的“经典中国国际出版工程”。

5 月 25 日 由中国编辑学会主办，电子与网络编辑筹备专业委员会承办的“数字出版平台建设、网络编辑策划与项目运营”专题研讨会在厦门市召开。副会长兼常务副秘书长袁良喜出席会议并讲话。

6 月 1 日 桂晓风会长出席由新闻出版总署和宁夏回族自治区人民政府共同主办的第 22 届全国图书交易博览会开幕式。

6 月 4 日 为使单位会员了解学会会刊的编辑出版情况和学术研究动态，学会决定购买《中国编辑》杂志，赠送给单位会员。

6 月 7—8 日 副会长兼常务副秘书长袁良喜同财务工作人员石宝菊参加新闻出版总署主管社团管理工作会议。

6 月 9 日 “编辑人才评价体系研究”课题组召开“编辑人才评价体系及培养模式课题研究”讨论会。会上对第二稿框架、结构及各章节的主要观点进行了充分讨论，并提出较详细的修改意见。

6 月 12 日 秘书处在办公室召开各专业（筹备）委员会秘书长会议。副会长兼常务副秘书长袁良喜传达 6 月 7 日总署召开的社团工作会议精神，对各专业委员会的自身建设提出要求。

6 月 16—19 日 副会长兼常务副秘书长袁良喜出席由新闻出版总署、福建省人民政府主办，福建省新闻出版局、海峡出版发行集团承办的第四届“海峡论坛·海峡新闻出版业发展论坛”。

6月28日 《中国编辑研究》编辑委员会在人民教育出版社召开学术年刊编写会议，编委会主任王德有、副主编卞葆主持讨论了《中国编辑研究（2012）》入选目录。

6月 由少年儿童读物专业委员会编辑的《编事编议——全国少儿读物编辑论文集》出版。该书收集了2009年学术研讨会和2011年学术研讨会的获奖论文百余篇，全书约60万字，由中国和平出版社出版。

6月29日—7月2日 电子与网络编辑筹备专业委员会在西宁市召开“《著作权法》修改与著作权纠纷案件审理及数字版权保护专题研讨会”。

7月18—27日 2012年第二期出版社编辑人员业务培训班在北京铁道部党校举办。来自全国11个省（自治区、直辖市）21个出版单位的80名学员参加了9天（72学时）的集中学习，获得了新闻出版总署的培训结业证书。

7月26日 桂晓风会长出席在北京人民大会堂举行的生活·读书·新知三联书店创建80周年庆祝大会。

7月28日 工具书与百科全书专业委员会举办“《姜椿芳文集》出版座谈会”，弘扬老一辈百科人的奉献精神，为百科全书事业的发展而不断努力。

8月20日 学会向中国期刊协会第五届全国会员代表大会发去贺信。

8月29日 桂晓风会长，张增顺、周百义、胡守文、郭德征、袁良喜副会长在中国建筑工业出版社会见尼泊尔编辑家协会主席高塔姆等一行10人。中国建筑工业出版社在新疆饭店举行招待晚宴。

8 月 30—31 日 由中国编辑学会、中国图书进出口（集团）总公司联合主办，北京印刷学院新闻出版学院承办的 2012 数字出版与文化传播国际学术论坛暨第八届全国电子网络编辑年会在北京中国国际展览中心（新馆）隆重召开。本次会议作为 2012 年北京国际图书博览会（BIBF）的专业论坛活动之一，以“促进我国出版传媒业的数字化发展，增进数字出版及新媒体领域的国际交流和合作，推进网络编辑及数字出版的专业研究”为宗旨，来自全球业界、学界的代表及全国相关专业的高校师生 150 余人出席论坛。

9 月 5—14 日 2012 年第三期出版社编辑人员业务培训班在北京铁道部党校举办。来自全国 11 个省（自治区、直辖市）45 个出版单位的 147 名学员参加了 9 天（72 学时）的集中学习，获得了新闻出版总署的培训结业证书。

9 月 20 日 美术读物编辑筹备专业委员会年会在江西南昌召开。桂晓风会长、郜宗远副会长出席会议，全国 31 家美术出版单位负责人到会。会上进行了全国优秀美术图书“金牛奖”和优秀编辑的评选。31 家美术出版单位送评图书 298 种，经初评（入围）、复评（产生金奖、银奖、铜奖推荐品种）、终评（小组评审），评出金奖图书 11 种、银奖图书 22 种、铜奖图书 37 种。21 家出版社推荐 30 名编辑参加优秀美术编辑的评选，在认真评议的基础上，通过无记名投票，评出 10 名优秀美术编辑。

10 月 19—21 日 中国编辑学会组团参加在日本东京举行的第 15 届国际出版学术会。中国编辑学会副会长、团长田胜立，河南大学新闻与传播学院院长李建伟，河北联合大学出版管理中心主任任火，南京大学出版科学研究所教授张志强向大会提交了论文。研讨会的主题是“转折期的出版媒介”。会议决定，

2014年第16届国际出版学术会在韩国首尔举行，由韩国出版协会承办。

11月16日 中国编辑学会召开在京副会长、各专委会（含筹备委员会）主任、中国编辑杂志社有关人员和学会秘书处全体员工会议，传达总署学习贯彻党的十八大会议精神，部署学习贯彻落实的具体措施。桂晓风会长出席并讲话，要求："一、提高认识，迅速掀起学习十八大的热潮。二、利用各种形式推动编辑界学习贯彻落实党的十八大会议精神的深入。三、在深入学习党的十七届六中全会和党的十八大会议精神的基础上谋划好明年的工作，把学习与贯彻结合起来，把深入学习与持久贯彻落实结合起来。"会上还学习讨论了邬书林副署长在加强学术著作出版规范座谈会上的讲话和总署《关于进一步加强学术著作出版规范的通知》（新出政发［2012］11号）。

11月23日 桂晓风会长赴台参加在台北市举办的第十三届大陆书展（新疆主题展）开幕式及两岸出版论坛峰会。

12月5—9日 数字时代的图书选题策划研讨班在北京铁道部党校举办。来自全国4个省（自治区、直辖市）21个出版单位的44名学员参加了5天（40学时）的集中研讨，获得了新闻出版总署的培训结业证书。

12月8日 长江三峡集团传媒有限公司成立，学会发去贺信。副会长兼常务副秘书长袁良喜出席挂牌仪式。

编后记

由中国编辑学会主办的《中国编辑研究》，是集学术性、资料性于一体的年刊，1996 年创刊，每年一卷，至今已出版 17 卷。

《中国编辑研究（2013）》年刊选收了 2012 年公开发表在编辑出版刊物上的 64 篇文章。

2012 年是极不平凡的一年，11 月 8 日至 14 日万众瞩目的党的十八大在北京隆重召开。党的十八大报告中提出了“增强全民族文化创造活力”的要求，为我们进一步做好编辑工作，促进出版业大发展大繁荣指明了前进方向。

“卷首篇”栏目选收了柳斌杰同志的文章。作者指出，热爱学习、勤奋读书是中华民族生生不息的文化血脉，在浩瀚的书卷里，蕴藏着古今中外的知识和智慧。他特别强调，要集各方之力，倡导阅读风尚，引导阅读方向，建设书香中国。

“改革发展论坛”栏目体现了与出版形势合拍的时代特色。邬书林同志在文中强调，加强学术著作出版规范关乎我国的学术风气和整个文化建设，要发挥出版工作传播知识、传递信息、推动社会进步的功能，促进社会主义文化大发展大繁荣，为中华民族伟大复兴做好基础性文化工作。其他的文章直面文化产业的转型升级、中小专业出版社的经营管理、大学出版的定位